KB246241

正·面·突·破
정·면·돌·파

C

프로그래밍
기초 넘나들기

| 강성수 지음 |

BM 성안당
www.cyber.co.kr

C 프로그래밍 기초 넘나들기

2015. 2. 16. 초판 1쇄 발행
2016. 2. 24. **초판 2쇄 발행**

지은이 | 강성수
펴낸이 | 이종춘
펴낸곳 | BM 주식회사 **성안당**
주소 | 04032 서울시 마포구 양화로 127 첨단빌딩 5층(출판기[ ]&D 센터)
     | 10881 경기도 파주시 문발로 112(제작 및 물류)
전화 | 02) 3142-0036
     | 031) 950-6300
팩스 | 031) 955-0510
등록 | 1973.2.1 제406-2005-000046호
출판사 홈페이지 | www.cyber.co.kr
ISBN | 978-89-315-5338-3 (13000)
정가 | **25,000원**

이 책을 만든 사람들
책임 | 최옥현
진행 | 조혜란
교정·교열 | 최동진
본문 디자인 | 김인환
표지 디자인 | 박원석
홍보 | 전지혜
국제부 | 이선민, 조혜란, 김해영, 김필호
마케팅 | 구본철, 차정욱, 나진호, 이동후, 강호묵
제작 | 김유석

이 책의 어느 부분도 저작권자나 BM 주식회사 **성안당** 발행인의 승인 문서 없이 일부 또는 전부를 사진 복사나
디스크 복사 및 기타 정보 재생 시스템을 비롯하여 현재 알려지거나 향후 발명될 어떤 전기적, 기계적 또는
다른 수단을 통해 복사하거나 재생하거나 이용할 수 없음.

※ 잘못된 책은 바꾸어 드립니다.

C 언어 초창기에는 K&R C 표준인 ANSI C를 발표하여 사용하다가 1994년 C89 표준을 부분 개정하여 C95를 발표하였다. 1999년 C99 표준을 발표하여 현재 공식적인 표준이 되었다.

C 언어는 워드프로세서, 스프레드시트, 컴파일러, 자동차, 카메라, DVD 플레이어, 다양한 전자 제품에 내장되어 있는 마이크로프로세서를 제어하는 프로그래밍 언어로 사용한다. 또한 현재 각광 받고 있는 임베디드 시스템(embedded system), 컴퓨터 게임 등 수많은 응용 프로젝트를 개발하는데도 사용한다.

C 언어를 처음으로 접하는 독자는 C 언어가 왜 필요한지, 무엇이 중요한지, 프로그램은 어떻게 작성해야 하는지 등에 대한 방향을 잡기가 어렵다. 이러한 점을 고려하여 현재까지 출판된 수많은 C 언어에 관한 책들을 면밀히 비교 분석하고, 오랜 세월 동안 익힌 실무와 교육 경험을 바탕으로 본 교재에 충실히 반영되도록 원고를 집필하였다.

특히 오랜 강단에서 학생들이 어려워하는 기본 개념과 실수하기 쉬운 부분까지 고려하여 쉽고 명확하게 이해할 수 있도록 설명하였으며, 실무에서 필요한 엄선된 예제를 중심으로 기본 문제는 물론 응용 문제까지 해결할 수 있도록 배려하였다.

독자 여러분은 C 언어의 기본 개념이 무엇인지, 어떤 용도로 사용하는 것인지를 정확하게 파악한 후 연습 문제는 직접 작성하고 스스로 해결해야만 코딩 능력이 배양된다. 또한 시간을 할애하여 인터넷에서 웹서핑을 한다면 주옥 같은 수많은 C 프로그램 소스를 얻을 수 있는데, 이것을 분석해 보면 좋은 코딩 기법 등을 익힐 수 있다.

저와 관련된 사랑하는 모든 사람들에게 감사드린다. 이 책이 출간될 수 있도록 많은 도움을 주신 성안당 출판사의 모든 분들께 깊이 감사드린다. 저를 지금까지 이끌어 주시고 능력과 지혜를 공급해 주시는 하나님! 그 분께 깊은 감사를 드리고, 이 작은 결실을 바친다.

저자   강 성 수

Chapter 11 문자와 문자열 함수

Chapter 12 구조체

Chapter 13 파일 입출력

Chapter 14 전처리와 매크로

Chapter 15 정렬과 C 어셈블리

C 프로그래밍 소개

학습목표

- C 언어의 소개
- 프로그램 작성 단계
- 윈도우에서의 프로그램 개발
- Visual Studio 2010 사용 방법

1장에서는 컴퓨터가 데이터를 어떻게 표현하는지, 표현하는 단위와 C 프로그램에서 사용하는 문자 등을 이해하자. 또한 여러분은 C 프로그램을 완성하는 과정을 익혀야 한다. Microsoft에서 무료로 제공하는 Visual Studio 2010을 사용하여 C 프로그램을 작성하고 컴파일한 후 링크한 실행 파일을 실행하는 방법을 이해하자.

01 프로그래밍 소개

C 언어

C 언어는 1970년 초 벨 연구소의 데니스 리치(Dennis Ritchie)가 UNIX 시스템을 개발하기 위해 Ken Thompson의 B 언어를 기반으로 만들었다.

C는 다음과 같은 특징을 갖는 언어이다.

❶ 다른 CPU를 갖는 컴퓨터에서 개발한 코드를 거의 수정하지 않고 다른 컴퓨터에서도 사용할 수 있으므로 이식성이 좋다.

❷ 컴파일한 크기가 작고 실행 속도가 빠르므로 효율성이 좋다.

❸ 작성한 문장 순서대로 실행하는 절차지향 언어로, 구조적 프로그래밍과 모듈식 설계가 용이하다.

❹ 하드웨어 제어가 가능하다. 즉, 저급 언어이면서 고급 언어의 특징을 갖는다.

❺ 강력하면서 범용성이 좋다.

C 언어는 과학 계산용 프로그램, FA(공장 자동화), 데이터베이스 프로그램, 자동차, 그래픽 프로그램, 워드프로세서와 스프레드시트 등과 같은 OA(사무자동화), 카메라, 컴파일러, DVD 플레이어, 마이크로프로세서와 임베디드 시스템(embedded system), 컴퓨터 게임 등 거의 모든 분야에서 사용된다.

컴퓨터의 데이터 표현과 코드 체계

컴퓨터 내부에서 데이터 표현은 전기가 흐르는 On(1)과 전기가 흐르지 않는 Off(0)인 두 가지 전기 신호로 표현하므로 수의 체계로는 2진수 정수로 표현한다. 컴퓨터에서 사용할 정보를 '데이터(data)'라고 부르는데 데이터를 저장하려면 메모리 공간이 어느 정도 필요한지와 해당 정보가 저장될 위치도 알아야 한다.

ⓒ 정보 단위

정보 단위는 정보를 저장하는 최소의 단위를 '1비트(bit : binary digit의 합성어)'라고 한다.

❶ 1비트는 2진수로 저장되므로 1은 비트가 설정된 상태(전기적인 On 상태)이고, 0은 비트가 해제된 상태(전기적인 Off 상태)인데, 이렇게 두 가지 상태로 표시한다. 이때 1니블(nibble)은 4bits이다.

❷ 1바이트(byte)는 문자 표현의 기본 단위로, 기억 용량의 크기를 재는 단위인데, 8개의 비트로 구성하므로 256(2^8)가지의 정보 종류를 저장할 수 있다. n비트(bit)를 사용하면 총 2^n개의 서로 다른 문자를 표현할 수 있다.

[표 1-1]과 같이 킬로바이트(KB), 메가바이트(MB), 기가바이트(GB), 테라바이트(TB) 등과 같이 2^{10}(=1,024)마다 단위가 올라간다.

정보 단위	내용
bit	정보의 최소 단위로 2진수로 0과 1의 두 값 표현 가능
니블(nibble)	4bits
바이트(B : byte)	8bits, 한 개의 문자
킬로바이트(KB)	1,024B(1×2^{10} bytes), 천B, 1/2 페이지 책 분량
메가바이트(MB)	1,024KB(1×2^{20} bytes : 1,048,576), 백만B, 500페이지 책
기가바이트(GB)	1,024MB(1×2^{30} bytes : 1,073,741,824), 십억B, 영화 1편
테라바이트(TB)	1,024GB(1×2^{40} bytes : 1,099,511,627,776), 조B
페타바이트(PB)	1,024TB(1×2^{50} bytes : 1,125,899,906,842,624), 천조B
엑사바이트(EB)	1,024PB(1×2^{60} bytes : 1,152,921,504,606,846,976), 1,000PB, 영화 5조편

※ 정보 단위는 2^{10}(=1,024)마다 단위가 올라간다.

❸ 워드(Word)는 여러 개의 바이트로 구성되는 단위로, CPU에서 처리되는 자료의 단위이고, 실제로 사용하는 연산의 기본 단위가 된다. 워드의 크기는 CPU에 따라 결정된다. 워드의 종류는 하프워드(Half Word 2바이트), 풀워드(Full Word 4바이트), 더블워드(Double Word 8바이트)로 구분된다.

❹ 필드(Field)는 자료 처리(data process)의 최소 단위로 성명, 코드 번호 등과 같이 특정 의미를 전달할 수 있는 단위이다.

❺ 레코드(Record)는 하나 이상의 필드로 구성되는 프로그램 처리의 기본 단위이다. 논리 레코드(프로그램의 처리 단위)와 물리 레코드(논리 레코드로 구성된 프로그램 입출력의 단위)로 나뉜다.

❻ 파일(File)은 연관성 있는 레코드들의 집합으로, 프로그램 구성의 기본 단위이다.

❼ 데이터베이스(Database)는 서로 관련된 파일들의 집합이다.

C 수의 표현과 진수

컴퓨터에서 정수는 2진수와 2의 보수 방법을 사용하여 양수와 음수로 표현한다. 2진수는 0과 1로 구성된 수이다. 양수의 정수 표현은 부호(+ 또는 −)를 나타내는 비트가 필요 없고, n비트 수는 0부터 2^{n-1} 값을 표현한다. n비트(bit)를 사용하면 총 2^n개의 서로 다른 문자 표현이 가능하므로 n비트(bit)를 사용한 정수는 음수와 양수를 모두 표현하면 $-(2^{n-1}) \sim (2^{n-1}-1)$까지의 정수 범위를 갖는다.

이 범위를 초과하는 정수는 정상적인 값으로 표현할 수 없는데, 이것을 '오버플로우(overflow)'라고 한다.

1byte(8bits)는 256가지의 정보를 표현할 수 있고, 양수와 음수를 모두 표현하면 $-(2^7)$~(2^7-1)까지의 범위를 표현할 수 있다.

1바이트를 구성하는 각 비트들은 [그림 1-1]처럼 각 자리에 해당하는 2의 거듭제곱을 나타낸다. 즉, 가장 오른쪽에 있는 것이 비트0이고, 그 다음에 비트1, 비트2 등이다. 양수를 비트로 표현하면 비트0(2^0), 비트1(2^1), 비트2(2^2), 비트3(2^3), 비트4(2^4), 비트5(2^5), 비트6(2^6), 비트7(2^7)까지의 범위에 해당하는 덧셈 위치의 비트 값을 1로 넣고 나머지는 0으로 채운다.

예를 들어 2진수로 10001011은 10진수로 다음과 같다.

$$10001011 = 1 \times 2^7 + 0 \times 2^6 + 0 \times 2^5 + 0 \times 2^4 + 1 \times 2^3 + 0 \times 2^2 + 1 \times 2^1 + 1 \times 2^0$$
$$= 128 + 0 + 0 + 0 + 8 + 0 + 2 + 1$$
$$= 139(10진수)$$

10진수를 2진수로 변환하는 방법은 다음과 같다.

10진수를 2의 멱승으로 표현한 값으로 분할한 후 더한 결과를 각 비트의 위치 2^{n-1}, … , $2^7(128)$, 비트6(2^6), 비트5(2^5), 비트4(2^4), 비트3(2^3), 비트2(2^2), 비트1(2^1), 비트0(2^0)의 값의 항목을 1로 놓고 나머지는 0으로 채운다.

2진수로 표현한 수는 8진수, 16진수의 변환은 알아야 한다.

8진수는 2^3이므로 비트 0부터 왼쪽으로 3자리씩 묶어 8진수로 변환한다.

16진수는 2^4이므로 비트 0부터 왼쪽으로 4자리씩 묶어 16진수로 변환한다. 음의 정수 표현은 부호 비트를 사용(0 : 양수, 1 : 음수)한 부호화 크기(signed magnitude) 방식으로, 최상위 1비트(MSB : Most Significant Bit)는 [그림 1-2]와 같이 부호(1이면 음수, 0이면 양수)로 사용하고, 나머지 비트는 수의 크기를 나타내는 방식이다.

예를 들어 int count=65;는 (64＋1)이므로 컴퓨터 내부에 2진수 정수로 4바이트의 영역(64＋1)에 저장된다(정수는 기본적으로 4바이트에 저장된다). 이때 앞의 3바이트에는 0이 채워지고 bit 64와 bit 1의 위치만 1로 채운다. 이를 2바이트만 표현하면 [그림 1-2]와 같다.

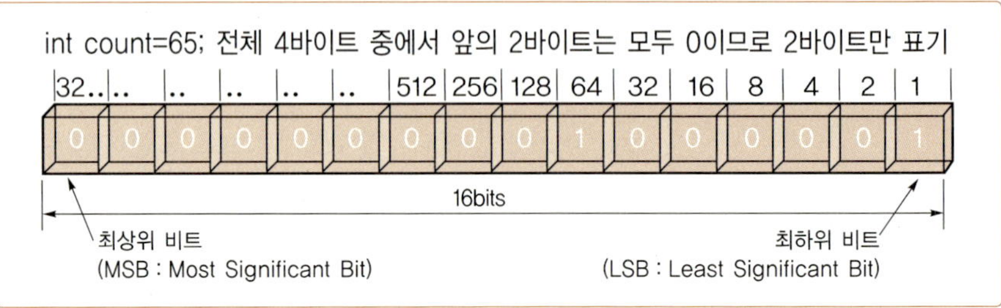

1의 보수(1's complement) 방식은 이진수의 각 비트를 0은 1로, 1은 0으로 바꾸어서 표현하는 방식이다. 예를 들어 ＋5는 00000101로, －5는 11111010으로 표현한다.

음수 정수는 일반적으로 2의 보수 방법을 사용하여 표현한다.

컴퓨터에서 가장 많이 사용하는 2의 보수(2's complement) 방식은 1의 보수에서 1을 더하여 숫자를 표현한다. 예를 들어 ＋5(00000101)의 2의 보수는 －5(11111011)으로, [그림 1-3]과 같이 변환한다.

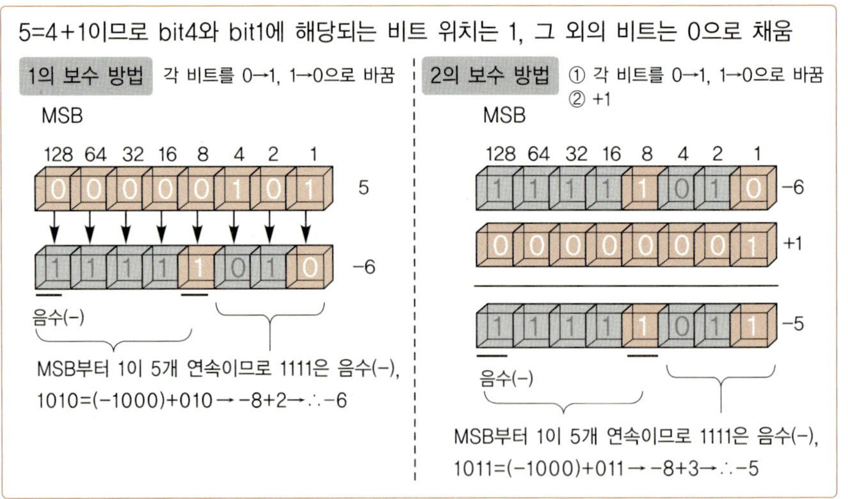

컴퓨터 내부에 저장된 데이터를 프로그램에서 인식하기 위한 방법으로 변수 선언문을 사용한다. 컴퓨터에서 사용하는 모든 문자와 숫자, 구두점(.)과 같은 기호들은 그대로 처리할 수 없기 때문에 문자를 각각 정수로 처리하고 각각의 조합에 문자를 할당하여 지정한 코드를 문자 코드라고 부른다.

국제 표준인 문자 코드는 아스키(ASCII) 코드, 엡시딕(EBCDIC) 코드, 유니코드(Unicode) 등이 있다. 이 가운데 가장 널리 사용하는 문자 코드는 미국에서 제안한 ASCII(American Standard Code for Information Interchange) 코드로, 영어 문자를 기반으로 한다. ASCII 코드는 7비트로 구성하여 128개의 문자, 숫자, 특수문자 코드를 규정하고 있다. 즉, 키보드 상에 있는 문자와 숫자, 구두점(.)과 같은 기호들을 누르면 컴퓨터 내부에서는 ASCII 코드에 해당하는 수치로 처리하고 화면에 출력할 때 코드에 해당하는 문자로 변환하여 출력하는 것이다.

예를 들어 키보드에서 A를 입력하면 문자 A에 해당하는 코드인 65(1000001)로 변환되어 메모리에 저장되고 출력할 때에는 저장된 65에 해당하는 문자 A로 변환하여 보여주는 것이다. 따라서 입력할 때 문자 A에 해당하는 코드인 65를 입력하지 않고 직접 A를 입력한다. IBM 메인프레임은 IBM 사에서 제정한 8비트로 구성한 엡시딕(EBCDIC) 코드를 사용한다. C 프로그램에서는 하나의 문자를 'A'와 같이 작은따옴표(' ')를 사용하여 표시한다.

 문자

국제 표준화 기구(ISO)와 국제 전기 기술 위원회(IEC)는 UCS(Universal Multiple-Octet Coded Character Set)라는 문자 집합을 ISO/IEC 10646 표준으로 발표하였다. 이 표준은 4바이트(또는 4옥텟 : octet는 8비트의 묶음)로 구성된 인코딩 방법인 UCS-4를 정의함으로써 지구상의 모든 문화권이 사용하는 문자들을 표현할 수 있다.

소스 코드는 ISO/IEC 10646에서 제정한 [표 1-2]와 같은 문자 집합을 사용한다.

문자 집합	문자 요소
라틴 대소문자	영문자 A~Z, 영문자 a~z의 52개 영문자
숫자(digit)	0, 1, 2, 3, 4, 5, 6, 7, 8, 9의 10개 숫자
공백(space)	스페이스 바 키를 누른 빈 칸(space)
제어 문자 (control character)	수평탭(HT : Horizontal Tab), 수직탭(VT : Vertical Tab), 폼피드(FF : Form Feed) 추가 : 백스페이스(BS : Backspace), 캐리지리턴(CR : Carriage Return)
그래픽 문자 (graphic character)	29개의 문자(!, #, %, ^, &, *, (_), -, +, =, ~, [,], ´, ¦, \, ;, :, ", {, }, , , ., ⟨, ⟩, /, ?)

또한 그래픽 문자는 [표 1-3]과 같이 29개로 정의한다.

문자	명칭	문자	명칭	문자	명칭
!	느낌표 (Exclamation Mark)	+	덧셈 (Plus Sign)	"	큰 따옴표 (Quotation Mark)
#	숫자 기호 (Number Sign)	=	등호 (Equals Sign)	{	왼쪽 중괄호 (Left Curly Bracket)
%	퍼센트 기호 (Percent Sign)	~	물결 기호 (Tilde)	}	오른쪽 중괄호 (Right Curly Bracket)
^	곡절음 (Circumflex Accent)	[	왼쪽 대괄호 (Left Square)	,	쉼표 (Comma)
&	앰퍼샌드 (Ampersand)	]	오른쪽 대괄호 (Right Square)	.	마침표 (Full Stop)
*	별표 (Asterisk)	'	작은따옴표 (Apostrophe)	<	미만 부등호 (Less Than Sign)
(	왼쪽 괄호 (Left Parenthesis)	¦	수직선 (Vertical Line)	>	초과 부등호 (Greater Than Sign)
_	밑줄 (Lowline Underscore)	\	백슬래시 (Reverse Solidus, Backslash)	/	슬래시 (Solidus, Slash, Divide Sign)
)	오른쪽 괄호 (Right Parenthesis)	;	세미콜론 (Semicolon)	?	물음표 (Question Mark)
-	하이픈 (Hyphen Minus)	:	콜론 (Colon)		

C 프로그램에서 표준은 아니지만 추가로 사용하는 기본 라틴 문자는 [표 1-4]와 같다.

문자	명칭	문자	명칭	문자	명칭
$	달러 기호 (Dollar Sign)	@	커머셜 At (Commercial At)	`	저음 (Grave Accent)

C 프로그램을 실행할 때 사용하는 문자는 실행 문자 집합이라고 부르며, 다음 문자들을 추가하여 제공한다.

❶ 널 문자(NULL character) : 코드 값으로 0의 값을 가지며, 문자열의 끝을 표시한다.

❷ 개행 문자 : 캐리지리턴(CR)이나 폼피드(FF), 수직탭(VT)을 사용하여 소스 프로그램에서 각 라인의 끝을 표시한다.

❸ 경보(alert : BEL), 백스페이스(BS), 캐리지리턴(CR)

Windows 시스템에서 C 프로그램 개발

프로그램 개발 과정

    C 프로그램 작성 과정은 [그림 1-4]와 같이 소스 코드를 에디터를 이용하여 작성하고 컴파일한 후 오류가 없으면 링커를 거쳐 오류가 없으면 실행 파일을 생성한다.

그림 1-4 ▶

프로그램 개발 과정

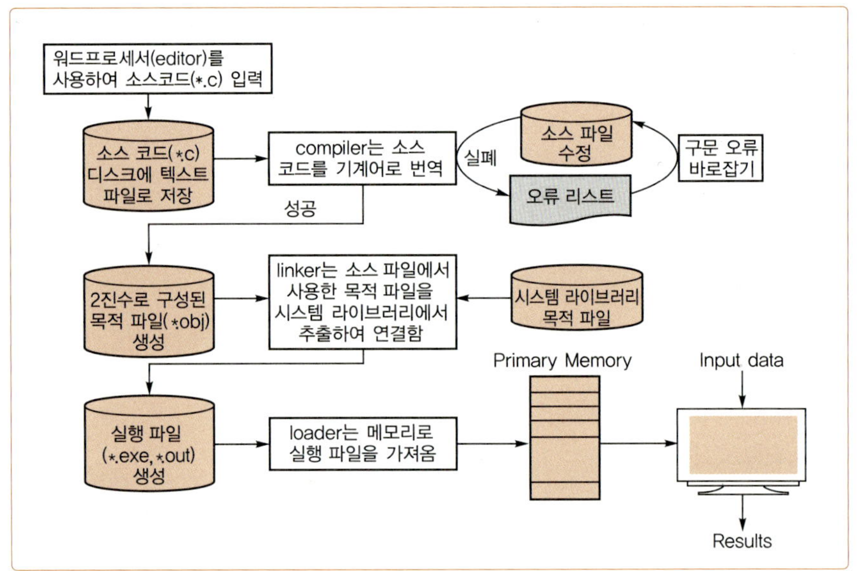

소스 코드

    C 언어로 작성한 프로그램을 소스 코드(source code, 원시 코드)라고 부르며, 소스 파일 이름은 '파일명.c'로 저장한다. 컴퓨터는 소스 코드를 알지 못하므로 컴파일러(Compiler)를 사용하여 기계어로 바꿔주어야 한다.

C 에디터

C 소스 코드는 메모장 또는 통합 개발 툴을 사용하여 입력한다.

C 컴파일

컴퓨터는 0과 1로 구성한 2진수 값으로 표현한 기계어(Machine Language)만 인식할 수 있기 때문에 소스 코드를 컴퓨터에서 직접 실행할 수 없다. 따라서 컴퓨터에서 실행할 수 있도록 컴파일러(Compiler)를 사용하여 기계어로 번역한다. 번역된 기계어는 목적 코드(Object Code)라고 부르고, 목적 파일에 저장된다.

윈도우에서는 확장자가 '.obj'이지만 유닉스(UNIX)나 리눅스(Linux)에서는 '.o'이다.

컴파일러는 정확한 C 규칙을 어긴 코드에 대해서는 구문 오류(syntax error)를 발생시킨다.

컴파일할 때 오류가 발생하면 목적 파일이 만들어지지 않는다. 따라서 반드시 소스 코드에서 오류가 없을 때까지 틀린 코드를 올바르게 수정하고 컴파일하여 오류를 바로잡는다.

C 링크

목적 코드에는 소스 코드에서 사용한 표준 라이브러리 함수들에 대한 코드가 삽입되어 있지 않다.

링크는 '링커(linker)'라는 개발 툴을 사용한다. 링커(linker)는 컴파일러가 생성한 각 목적 코드에서 사용한 표준 라이브러리 함수들을 표준 라이브러리에서 필요한 코드 모듈을 가져와 목적 코드에 삽입하고 연결(링크, link)하여 실행 가능한 실행 파일을 생성한다.

왜 컴파일과 링크 과정을 분리하였을까? 하나의 프로그램이 여러 개로 작성된 파일인 경우 변경하지 않은 파일은 한번만 컴파일하여 목적 파일을 만든 후 변경한 파일만 다시 컴파일하여 목적 파일을 만들어 링커를 통해 통합하는 것이 효율적이기 때문이다.

C 실행

링커를 통해 작성한 실행 파일은 컴퓨터에서 실행할 수 있다.

윈도우에서는 확장자가 '.exe'인 파일을 클릭하거나 실행 메뉴를 사용하여 실행시킨다. DOS, 유닉스나 리눅스에서는 작성된 실행 파일의 이름만 입력하고 Enter 를 누르면 실행된다.

C 디버깅

디버거(Debugger)는 오류가 발생했을 때 쉽게 오류를 찾을 수 있거나 소스 코드를 단계별로 실행하면서 해당 프로그램에서 사용한 변수들을 조사하는 작업이다.

디버깅(debugging)은 프로그래밍을 작성하고 실행을 할 때 원하는 결과가 아닌 경우 그 원인을 찾아서 수정을 하는 행위이다. 즉, 코드를 실행하면서 변수 값이나 메모리 사용 등 문제의 원인을 찾아서 수정한다.

> **주의 Visual Studio 2013 사용 시 주의 사항**
>
> scanf( ) 함수, fopen( ) 함수를 사용할 경우 소스 코드 맨 앞(#include <stdio.h> 앞)에 다음 문장을 추가해야 컴파일 오류를 없앨 수 있다.
>
> ```
> #define _CRT_SECURE_NO_WARINGS
> #include <stdio.h>
> ```

Visual Studio 2010 사용 방법

04

컴파일러는 마이크로소프트에서 무료로 배포하는 Visual Studio 최신 버전(본서는 2010 Express Edition)을 다운 받아 사용하자.

 프로젝트 만들기

단계 1 Visual Studio 2010 실행하기

바탕 화면에서 [시작] 단추를 클릭한 후 [모든 프로그램]→[Microsoft Visual Studio 2010]을 실행하면 [그림 1-5]와 같은 화면이 나타난다.

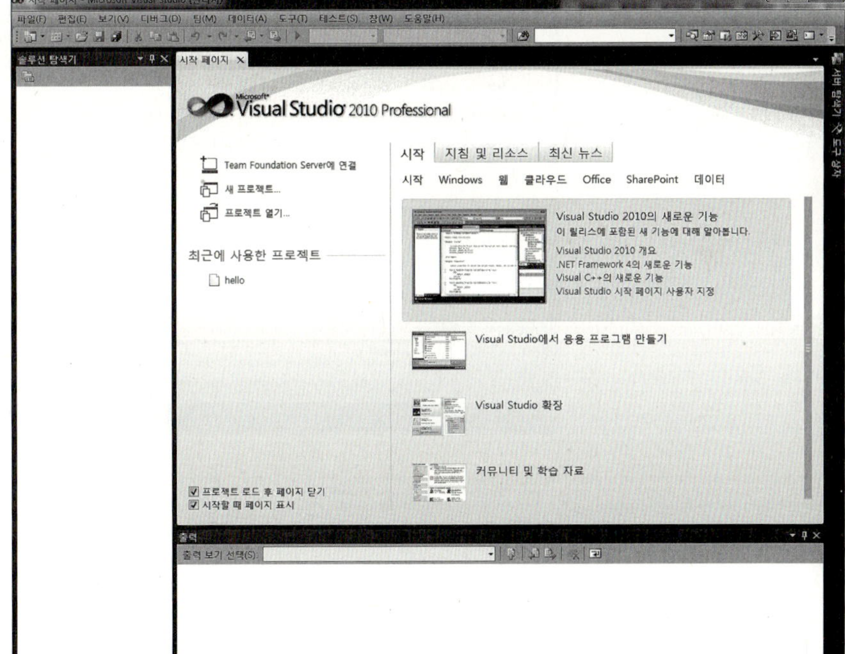

 프로젝트 생성 시작

새 프로젝트를 생성하기 위해 [그림 1-6] 상단의 [파일]→[새로 만들기]→[프로젝트] 메뉴를 선택한다.

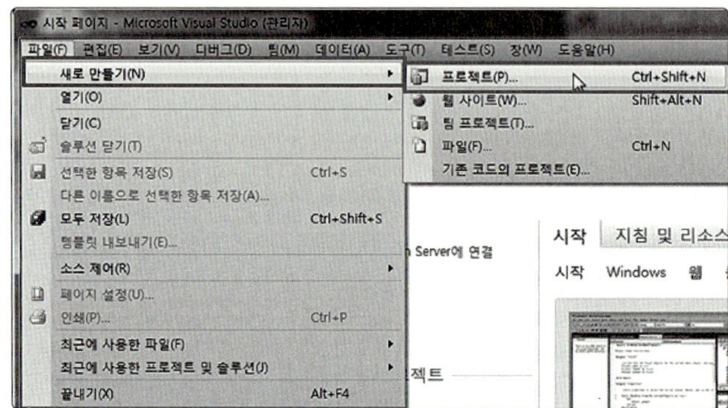

그림 1-6 ▶
새 프로젝트 시작 화면

[그림 1-7]처럼 새 프로젝트 화면이 출력된다.

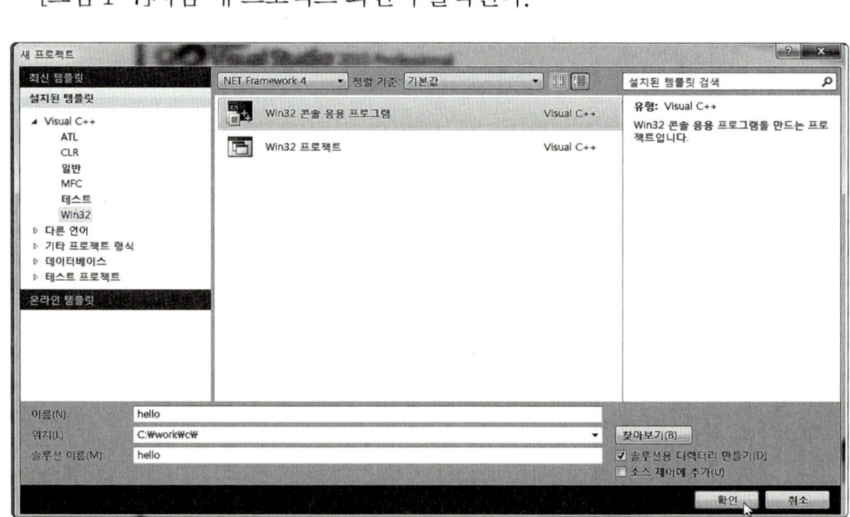

그림 1-7 ▶
새 프로젝트

[새 프로젝트] 대화상자에서 다음 항목들을 설정한다.

좌측 [프로젝트 형식]에서 [Win32]를 선택하고, [템플릿]은 [Win32 콘솔 응용 프로그램]을 선택한 후, 아래 [이름]은 프로젝트 이름을 입력한다. 여기서는 'hello'를 입력한다.

[위치]는 프로젝트를 저장할 폴더를 지정하는 것이므로 [찾아보기]를 클릭하여 나타난 폴더 창에서 저장할 폴더를 선택한다. 여기서는 'C:\work\c'에 저장하자. 이 폴더가 존재하지 않으면 먼저 이 폴더를 만든 후 다시 작업해야 한다.

그리고 [확인] 버튼을 클릭하면 [그림 1-8]과 같은 대화상자가 표시된다.

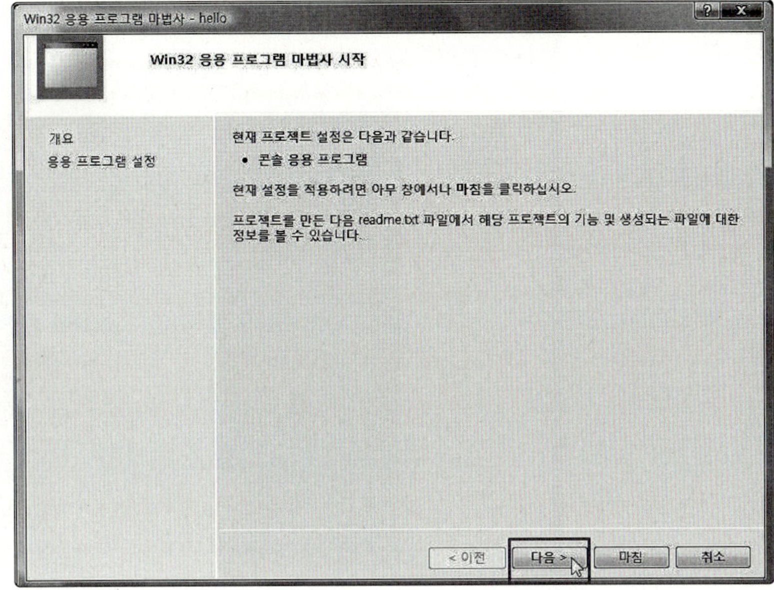

이제, [다음] 버튼을 클릭하면 [그림 1-9]와 같은 대화상자가 표시된다. 이 때 [응용 프로그램 종류]는 [콘솔 응용 프로그램]을 선택하고 [추가 옵션]은 [빈 프로젝트]에 체크하여 선택한 후 [마침] 버튼을 클릭한다.

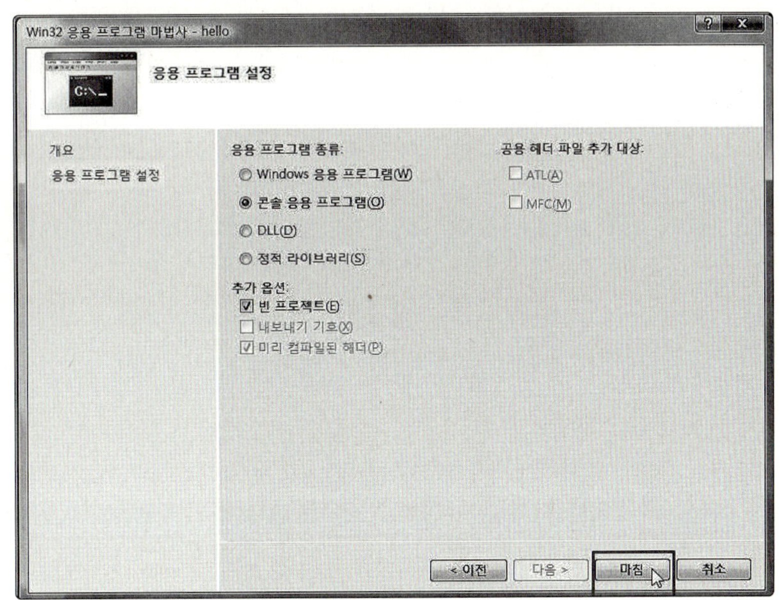

[그림 1-10]처럼 솔루션과 프로젝트가 생성된다.

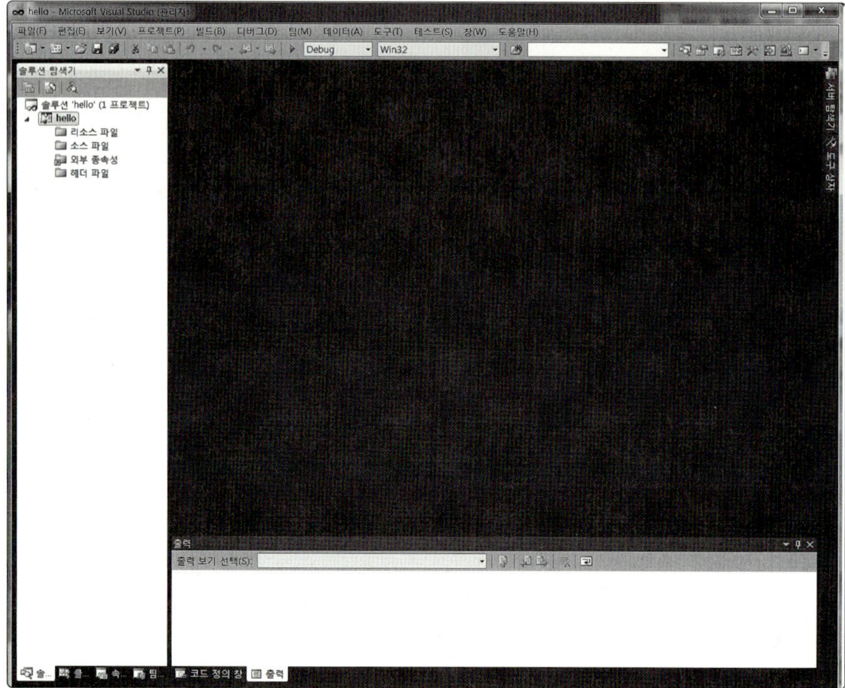

환경 설정 정보를 확인하는 방법은 솔루션 탐색기의 hello 아이콘 위에서 마우스 오른쪽 버튼을 클릭한 후 [속성] 메뉴를 클릭한다. 만약 솔루션 탐색기가 표시되지 않으면 주 메뉴의 [보기]에서 [솔루션 탐색기]를 클릭한다.

[이름] 항목에 프로젝트 이름을 입력할 때 "다른 프로젝트가 … 폴더에 이미 있으므로 프로젝트를 만들 수 없습니다."라는 오류 메시지가 출력되는 경우가 있다. 이것은 동일한 이름의 프로젝트가 저장할 폴더에 있기 때문이다.

이를 해결하려면 해당하는 폴더에 있는 폴더 이름을 다른 이름으로 변경하거나 [Project name]을 다른 이름으로 수정하여 입력해야 한다.

 ## 소스 파일 생성

단계 3 소스 파일 생성

프로젝트를 생성하였으니 이제, [그림 1-11]과 같은 [솔루션 탐색기] 창의 [소스 파일]에 마우스 오른쪽 버튼을 클릭한 후 표시되는 이 팝업 메뉴에서 [추가]→[새 항목]을 선택한다.

그림 1-11 ▶
솔루션 탐색기

[그림 1-12]처럼 [새 항목 추가] 대화상자가 표시된다. 이때 '템플릿'에서 [C++ 파일]을 선택하고 하단의 [이름]에 작성할 C 소스 파일 이름 'hello.c'를 입력하고 [추가] 버튼을 클릭한다.

그림 1-12 ▶
[새 항목 추가] 대화상자

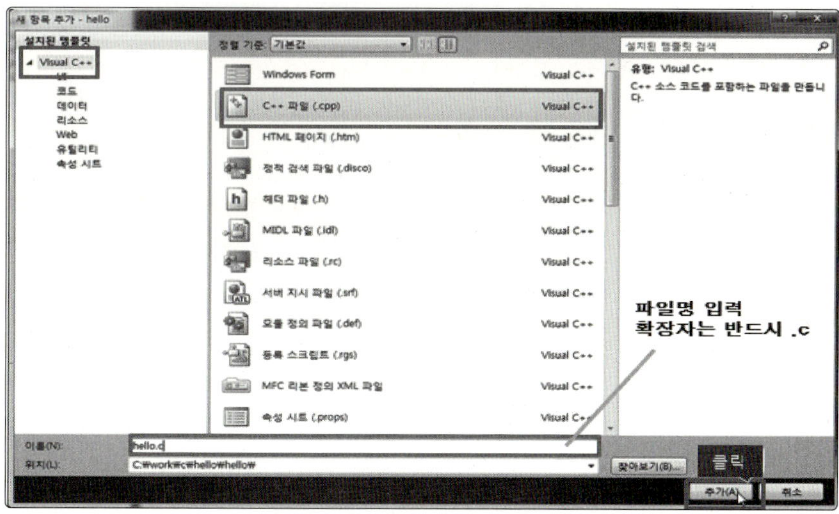

✓ 주의 '이름' 항목에 파일 이름을 입력할 때 확장자를 .c로 붙여야만 C 프로그램으로 인식한다. 만약 확장자를 붙이지 않으면 자동으로 확장자를 .cpp로 변환된 C++ 소스 파일이 생성된다.

단계 4 C 소스 코드 입력

이제, 드디어 [그림 1-13]처럼 C로 작성한 프로그램 코드(소스 코드 : Source Code라고 함)를 입력할 수 있는 편집 창이 나타난다. 이제 오른쪽 빈 공간에 작성한 소스 코드를 입력한다.

그림 1-13 ▶
편집 창

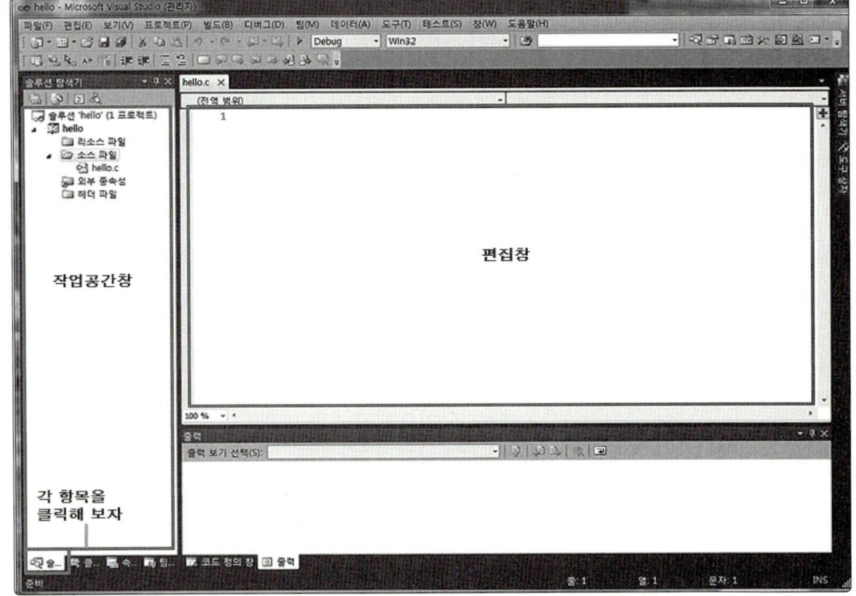

[실습 1-1]과 같은 C로 작성한 프로그램 코드를 입력하고, 파일명을 'hello.c'로 저장한다.

소스 파일명
hello.c

C 실습 1-1 | Hello! 출력하기

```c
#include <stdio.h>

int main()
{
        printf("Hello!\n");
        return 0;
}
```

다 입력하였으면 [File] 메뉴의 [Save] 명령을 선택하여 저장한다.

C 컴파일

 컴파일 단계

소스 코드를 다 입력하였으면 컴퓨터에서 인식할 수 있는 기계어로 변환하기 위해 [그림 1-14]에서 [빌드]→[컴파일] 메뉴를 클릭하여 컴파일한다.

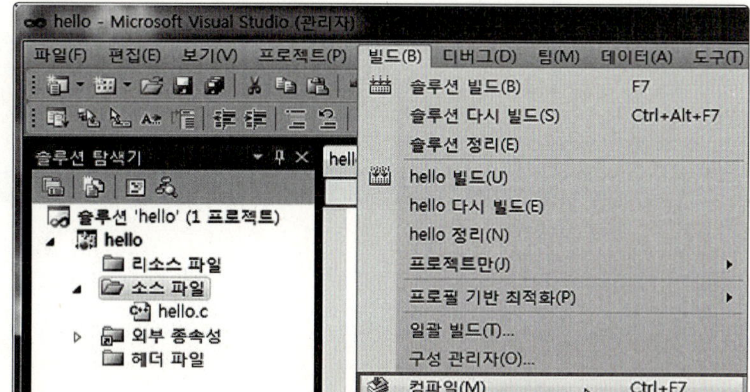

컴파일하면 [그림 1-15]와 같이 성공 여부가 출력된다. 소스 파일이 오류 없이 컴파일되면 목적 파일(확장자가 .obj인 Object file) hello.obj이 생성된다. 만약 오류가 발생하면 소스 코드의 어떤 부분이 잘못된 것인지를 F4 를 눌러 확인하면서 수정하여 오류가 없을 때까지 [단계 4]와 [단계 5] 과정을 반복한다.

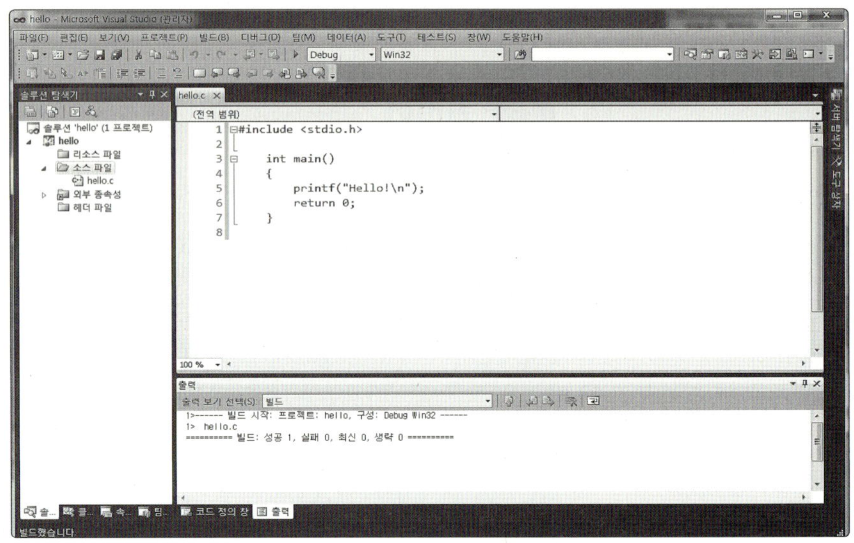

컴파일 과정에서 오류가 없으면 디버깅 단계를 건너뛰고 [단계 9] 링크 과
정으로 이동한다.

 실행 파일 생성

단계 6 링크하여 실행 파일 생성

[그림 1-16]에서 [빌드(Build)]→[솔루션 빌드] 메뉴를 선택하거나 단축키
F7 을 누른다. 빌드 과정은 소스 파일을 컴파일하고 소스에 오류가 없으면 링
크 작업을 하여 확장자가 .exe인 실행 파일을 생성한다. 여기서는 hello.exe
파일이 생성된다.

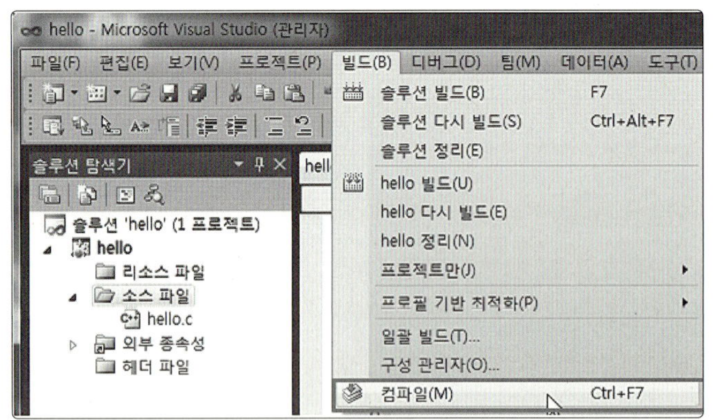

　　그러나 소스 코드를 수정한 후에는 [솔루션 다시 빌드] 메뉴를 클릭한다.

　　빌드 과정을 거치면 [그림 1-17]과 같은 결과 창이 출력된다. 오류가 발생하면, 소스 코드가 잘못된 것이므로 출력되는 메시지를 참조하여 소스 코드를 수정한 후 컴파일부터 다시 시작해야 한다. 오류가 없을 때까지 계속 수정해야 한다. 이미 빌드 작업을 한 경우 컴파일 작업을 생략하고 이미 컴파일된 목적 파일을 링크한다. 물론 파일을 수정한 경우는 컴파일 작업을 한 후 링크 작업을 수행한다.

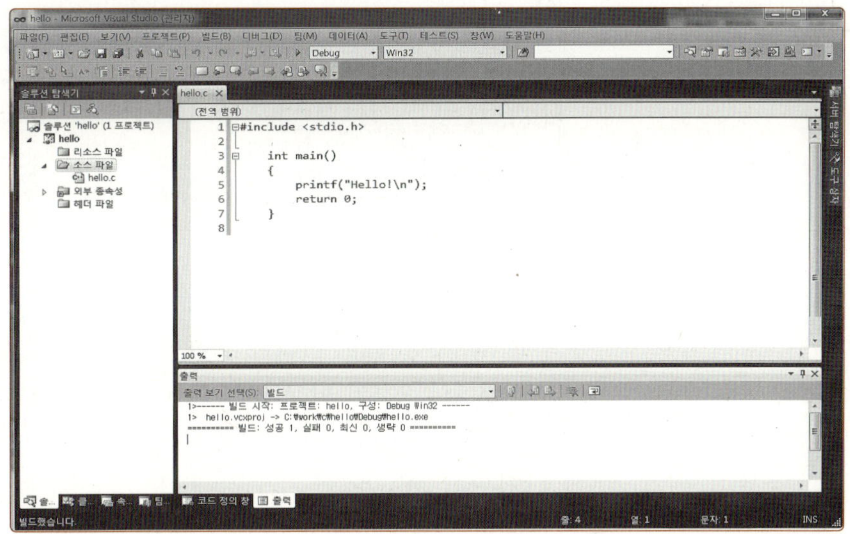

디버깅

단계 7　코드를 수정하여 디버깅하기

　　단계 6 에서 오류가 없으면, 단계 9 로 이동한다. 디버깅 과정을 익히기 위해 printf("Hello!\n");을 printf("Hello!\n")로 수정한 후 다시 컴파일하면, [그림 1-18]처럼 에러가 발생한다.

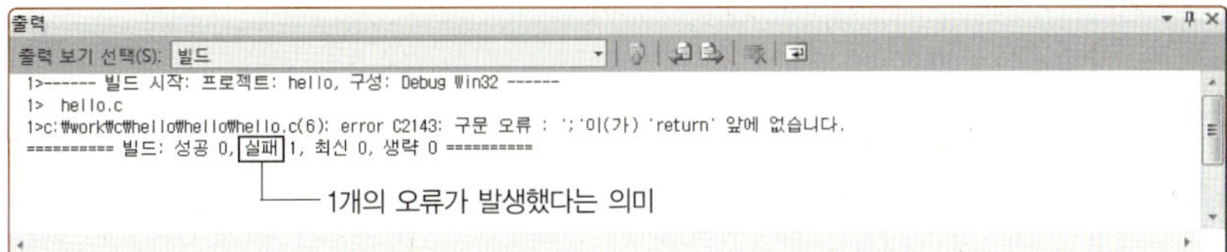

이 오류 메시지의 맨 아래 내용에서 실패가 1로 되어 있으므로 1개의 오류
가 발생하였다는 의미이다. 이것은 소스 코드를 잘못 입력한 것이므로 정확
한 소스 내용을 입력해야 한다.

단계 8 　디버깅 방법

[그림 1-19]에서 화면의 오른쪽에 있는 스크롤바를 위로 드래그하면, 틀린
부분에 대한 도움말이 표시된다.

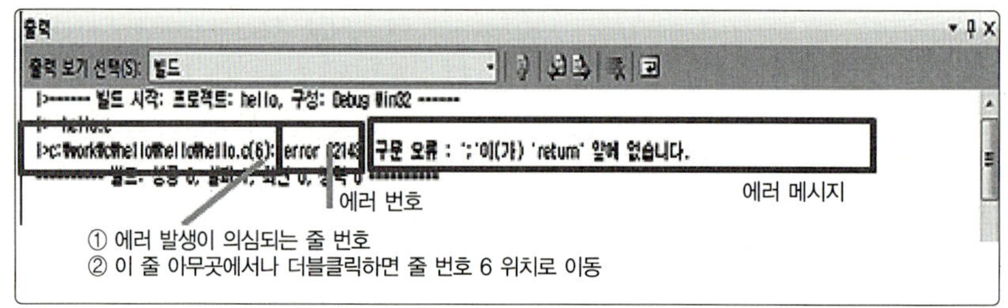

[그림 1-19]와 같은 오류 정보는 다음과 같은 의미이다.

'C:\work\c\hello' 폴더의 'hello.c' 파일에서 6번째 행을 포함한 위치부터
그 이전에서 오류가 발생하였다고 알려준다. C2143는 에러 발생 번호이고,
에러 메시지는 return문 앞에 ;이 생략되어 구문 에러가 발생함을 의미한다.

소스 코드의 에러를 정정해 보자.

출력 창의 에러가 발생한 라인의 아무 위치에서 마우스를 더블 클릭하면,
[그림 1-20]과 같이 편집 창의 에러가 발생한 위치로 자동으로 이동한다. 여
러 개의 에러가 발생하면 항상 맨 첫 번째부터 차례로 수정하면서 다시 컴파
일한다.

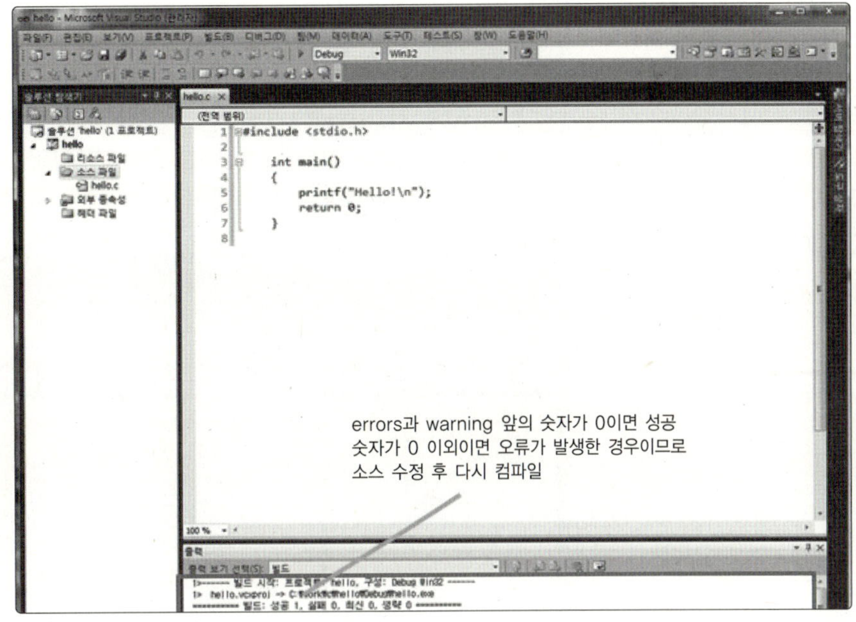

이때 printf("Hello!\n");로 수정한 후 다시 빌드(컴파일과 링크)하면, 에러 없이 컴파일이 완료되면서 hello.obj 파일이 생성되고 링크하여 실행 파일 hello.exe을 생성한다.

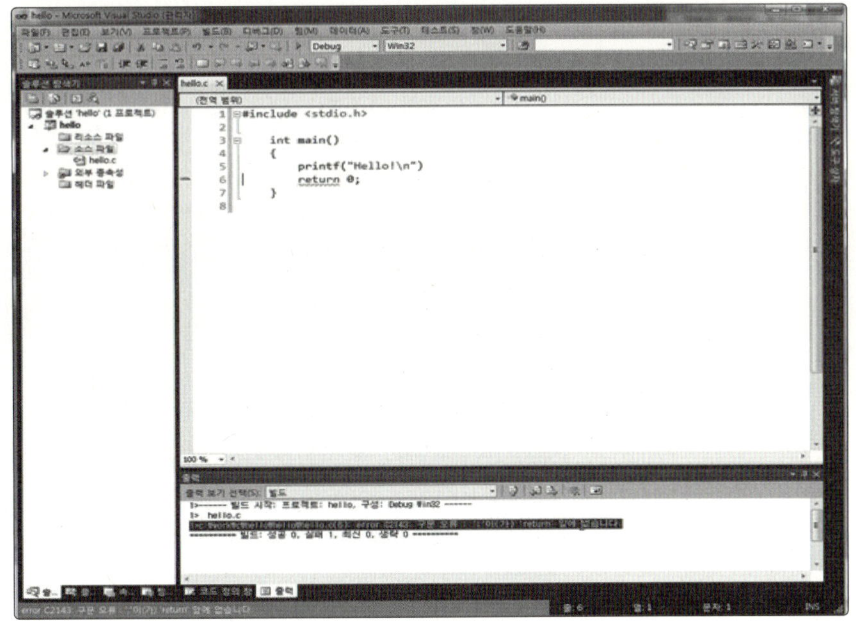

 **프로그램 실행**

 프로그램 실행하기

　생성된 hello.exe 실행 파일은 [그림 1–22]처럼 [디버그]→[디버깅하지 않고 시작] 메뉴를 선택하여 동작시킨다.

그림 1–22 ▶

실행하기

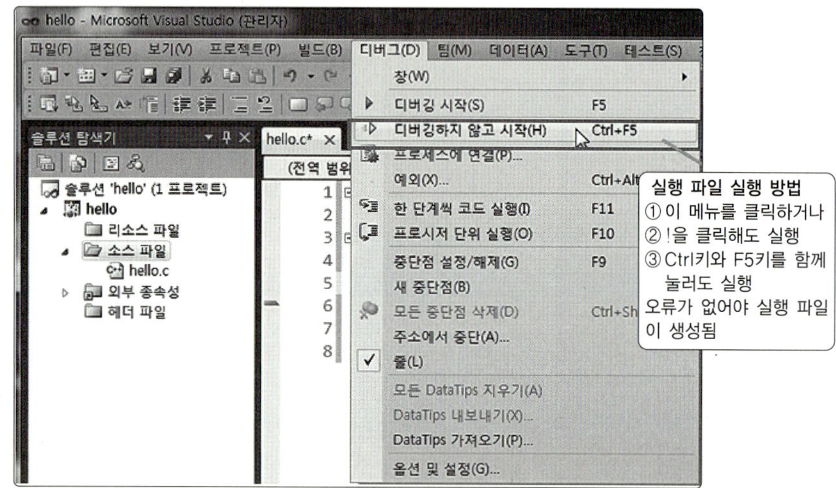

　[그림 1–23]처럼 출력 결과가 도스 창에 나타난다. Hello! 밑에 영문판에서는 'Press any key to continue'가 나오겠지만 한글판은 '계속하려면 아무 키나 누르십시오'가 표시된다.

　지금, 작성한 C 프로그램을 컴퓨터에서 실행하여 성공한 것이다. 내용대로 아무 키나 누르면 편집 창으로 되돌아간다.

그림 1–23 ▶

프로그램 실행 결과 도스 창

 ① 새로운 C 프로그램 코드를 작성할 때마다 [파일 메뉴의 솔루션 닫기] 메뉴를 선택하여 현재 작업 중인 workspace를 닫는다.
② 그리고 [단계 2]부터 [단계 10]까지의 과정을 반복하여 작업한다.
③ 만약 [솔루션 닫기] 메뉴를 선택하지 않으면, 바로 전에 작업한 workspace에서 작업하게 된다. 그러므로 [빌드]할 때 실행 파일 이름은 현재의 '파일이름.exe'로 변경되지 않고, 먼저 작업한 '파일이름.exe'가 실행된다.

프로그램 내부에서 운영체제의 명령을 직접 실행할 수 있는 system( ) 함수는 다음과 같이 사용할 수 있다.

형식 >>>

```
#include <stdlib.h>
int system(const char *command);
```

command는 DOS 명령어를 사용한다. 또한 실행 파일 이름이나 배치 파일 이름을 전달하여 그 파일을 실행할 수 있다.

[실습 1-2]는 프로그램 내부에서 DOS 운영체제의 명령을 직접 실행할 수 있도록 system( ) 함수를 사용하는 방법을 보여준다. 화면을 깨끗이 지우고, 디렉토리의 내용을 출력한 후 임의의 키가 눌릴 때까지 잠시 멈추는 동작을 하는 프로그램이다.

소스 파일명

ex0102.c

실습 1-2 │ system( ) 함수를 사용하는 방법

```
#include <stdio.h>
#include <stdlib.h>      // system( ) 함수를 사용하기 위해 첨부

int main()
{
    system("cls");      // 화면을 깨끗이 지우기
    system("dir");      // 디렉토리에 있는 파일이나 경로 표시

    system("pause");// 임의의 키가 눌릴 때까지 정지
    return 0;
}
```

Q1 C언어 창시자는 누구인가?
① Dennis Ritchie ② Bjarne Stroustrup
③ James Gosling ④ Anders Hejlsberg

Q2 컴퓨터의 내부에서 이진법으로 동작하는 이유는 무엇인가?

Q3 소스 파일은 무엇인가?

Q4 목적 파일은 어떻게 만들어지는가?

Q5 실행 파일은 어떻게 만들어지는가?

Q6 C 프로그램의 장점을 기술하라.

Q7 2진수 010101을 8진수로 변환하라.

Q8 10진수 456을 2진수로 변환하라.

Q9 2진수 10111010을 16진수로 변환하라.

Q10 16진수 5F를 2진수로 변환하라.

Q11 C 프로그램의 작성 단계를 기술하라.

Q12 다음 프로그램을 컴파일러를 사용하여 편집하고 컴파일과 링크 및 실행하라.

```c
#include <stdio.h>
int main()
{
    int number;
    number = 365;
    printf("%d\n", number);

    return 0;
}
```

A1 ①

A2 컴퓨터는 0과 1로 구성한 2진수 값으로 표현한 기계어(Machine Language)만 인식할 수 있기 때문에 소스 코드를 컴퓨터에서 직접 실행할 수 없다. 따라서 컴퓨터에서 실행할 수 있도록 컴파일러(Compiler)를 사용하여 기계어로 번역한다.

A3 C 언어로 작성한 프로그램을 소스 코드(source code, 원시 코드)라고 부르며, 소스 파일 이름은 '파일명.c'로 저장한다.

A4 컴파일러(Compiler)를 사용하여 기계어로 번역한다. 번역된 기계어는 목적 코드(Object Code)라고 부르고, 목적 파일에 저장된다.

A5 소스 코드를 컴파일러를 사용하여 목적 코드를 만든 후 링커를 거쳐 실행 파일을 만든다.

A6 ① 이식성이 좋다.
② 컴파일한 크기가 작고 실행 속도가 빠르므로 효율성이 좋다.
③ 작성한 문장 순서대로 실행하는 절차지향 언어이다.
④ 하드웨어 제어가 가능하다.
⑤ 강력하면서 범용성이 좋다.

A7 (010) (101) = 25

A8 4(100) 5(101) 6(110) = 100101110

A9 (1011) B (1010) A = BA

A10 5 (0101) F (1111) = 01011111

A11 소스 코드 작성 → 컴파일 → 링크 → 실행

A12 Visual Studio 2010 사용 방법을 참조하여 편집하고 컴파일과 링크 및 실행해 본다.

Memo

Memo

프로그램 살펴보기

학습목표

- 간단한 C 프로그램
- main( ) 함수, #include, printf( ) 함수
- 복문 { } 함수
- C 프로그램 기본 구조

2장에서는 C 프로그램의 기본 단위인 함수가 어떻게 구성되어 있는지 알아본다.

C 프로그램은 main( ) 함수에서 시작되며, printf( ) 함수를 사용하여 출력한다. 특히 { 와 }는 하나 이상의 문장들을 한 덩어리로 묶는 블록 기능을 갖는다. 꼭 기억하자.

일반적으로 C 프로그램 작성은 main( ){ 몸체 }로 이뤄지며, 필요한 기능을 몸체에 추가하면서 구현한다.

01 간단한 C 프로그램

C 프로그램은 하나 이상의 함수로 구성되며, 기본 구성 요소를 간략하게 익혀보자. 각 주제에 대한 자세한 내용은 다른 장에서 다룬다.

프로그램의 기본 구조

[실습 2-1]은 Hello! 문자열을 화면에 출력하는 코드이다.

실습 2-1 | Hello! 문자열을 화면에 출력하는 코드


```c
/* Hello! 메시지 출력 */
#include <stdio.h>

int main()
{
    printf("Hello!\n");
    return 0;
}
```



```
Hello!
```

C 프로그램은 [그림 2-1]과 같은 구성요소를 갖는다. 이 구조는 기억하자.

그림 2-1 ▶
C 프로그램 구조

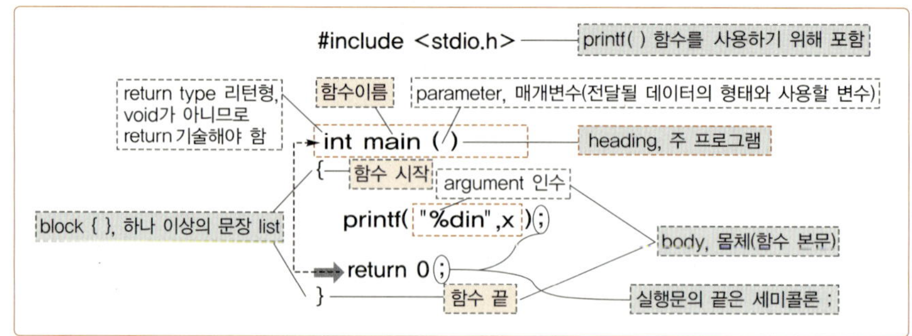

> ☑ **주의**
>
> C 프로그램에서 다음 기호는 항상 쌍으로 구성된다. 흔히 실수하는 내용이므로 꼭 기억하고 주의하자.
>
> ① 헤더 파일 : ⟨ ⟩로 표기, ⟨헤더 파일명⟩
>
> ② 함수 : ( )로 표기, 함수명( )
>
> ③ 블록 : { }로 표기, 한 개의 그룹으로 인식, { 두 개 이상의 문장들 }
>
> ④ 단일문자 : ' '로 표기, '단일문자'
>
> ⑤ 문자열 : 두 개 이상의 문자들로 구성, " "로 표기, "string"
>
> ⑥ 주석(설명문) : /* */로 표기, /* 주석(설명문) */

위 프로그램의 두 번째 줄을 보자.

```
#include <stdio.h>
```

#include는 포함하라는 전처리 기능을 한다. 컴파일러는 컴파일하기 전에 stdio.h 헤더 파일을 찾아 치환(소스 코드의 이 위치에 복사하여 삽입)부터 한다. **사용한 함수가 선언된 헤더 파일은 반드시 프로그램 선두에 첨부하라.**

왜 stdio.h 헤더 파일을 삽입하는 것일까? stdio는 **standard input output header**의 약자로, '표준 입출력 헤더'이다. 이 파일에는 입출력, 즉 화면에 출력하고, 키보드로부터 입력을 받아들이는 것에 대한 정보(함수원형)를 가지고 있다.

함수(function)란 컴퓨터에게 특정한 행위를 구현한 코드이다. 함수 원형에는 컴파일러가 해당 함수를 호출할 때 정확하게 사용하였는지를 검사할 수 있는 정보가 선언되어 있다.

그 다음 부분을 살펴보자.

```
int main( )
```

main( ) 함수 이름 앞에 int가 붙어 있는데 이것을 그 함수의 반환형(return type)이라고 한다. 반환형은 함수 결과를 호출한 함수 위치에 전달하는 데이터 형태이다. 즉, 함수를 실행한 결과에 대한 출력 형태이다.

int는 무엇일까? 이는 '정수'를 뜻하는 integer의 약자이다. 그 옆의 main( )은 함수명이며, 함수 표시는 함수명 다음에 소괄호 ( )를 붙인다. 위 문장은 '정수형을 반환하는 메인 함수'라는 뜻이다. C 프로그램을 실행하면 우선 main( ) 함수를 찾는다. 따라서 C 프로그램은 반드시 main( ) 함수를 한 개 가져야 한다.

```
int main( )
{
        함수 기능을 구현한 코드
}
```

그 다음 문장을 살펴보자.

```
{
```

열린 중괄호({)는 main( ) 함수의 시작을 알리는 것으로, 중괄호로 묶인 부분은 'main( ) 함수 내용'이라는 것을 나타낸다. 이때, 중괄호로 열었다면 반드시 닫힌 중괄호(})로 닫아주어야 한다. { } 안에 있는 작성된 모든 문장들은 차례로 끝까지 순서대로 실행한다.

>  백슬래시(\)는 F11 아래에 ¦ 글자가 중간에 끊어져 있는 형태와 ₩ 형태인 ⌴에 위치한다.
> 한글 사용 : ₩n, 영문 사용 : \n로 표시된다.

이제, 위 프로그램에서 가장 핵심 부분인 'printf'를 살펴보자.

```
printf("Hello!\n");
```

printf( )는 ( ) 안의 내용을 화면에 출력할 수 있게 해주는 함수이다. 즉, 실행하면 소괄호 안에 있는 Hello! 가 화면에 출력된다.

그런데, 큰따옴표 안의 내용이 모두 출력되는데, 왜 마지막의 백슬래시 \n은 출력되지 않을까? 바로 \n은 키보드 상의 Enter 즉, 다음 라인의 맨 앞으로 줄바꾸기가 되는 개행문자를 표시한 것이다(\를 Escape character 라고 한다). 이 문장은 [그림 2-2]와 같이 동작한다.

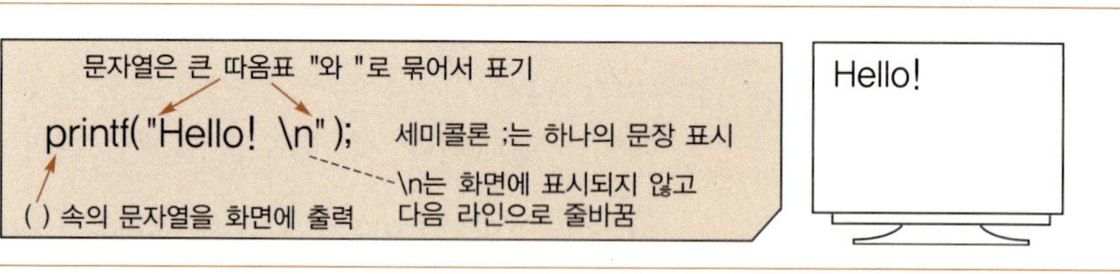

문자열(string)은 단어, 문장, 이름, 주소 등과 같이 두개 이상의 단일문자가 모인 문자들의 집합이며, 소스 코드에서 큰따옴표(" ")로 둘러싸인 연속된 문자들이다.

마지막으로 모든 문장이 끝나는 부분에는 세미콜론(;)을 붙여야 한다.

```
;
```

만약 붙이지 않는다면 컴파일할 때 오류가 발생한다. 문장의 끝은 항상 세미콜론(;)을 붙여서 하나의 문장임을 표시한다.

```
return 0;
```

0을 반환(return)한다는 의미이다. 0을 왜 반환할까? 일단 0은 운영체제에게로 반환한다. 0을 반환한다는 것은 컴퓨터에게 '프로그램이 무사히 종료되었음'을 알리는 것이다. 반면에 1을 반환한다면 컴퓨터에게 '프로그램이 무사히 종료되지 않았어요. 즉, 에러가 발생했어요.'를 알리는 것이다(이는 국제표준화기구인 ISO에서 결정한 사항이다).

return문은 호출된 함수로 하나의 데이터를 전달하고 현재 실행 중인 함수를 종료한다. return문은 실행을 종료하는 역할을 하므로 함수의 끝을 표시하는 닫힌 중괄호(}) 바로 앞의 마지막에 적어준다.

형식 1	형식 2
<pre>#include <stdio.h>

int main()
{
    printf("Hello!\n");
    return 0;
}</pre> | <pre>#include <stdio.h>

int main(void)
{
    printf("Hello!\n");
    return 0;
}</pre> |
| 형식 3 | 형식 4 |
| <pre>#include <stdio.h>

void main()

{
    printf("Hello!\n");
}</pre> | <pre>#include <stdio.h>

void main(void)

{
    printf("Hello!\n");
}</pre> |

[형식 1]과 [형식 2]는 void 이외의 함수이고, [형식 3]과 [형식 4]는 void 함수이다. void 함수는 함수의 몸체 끝에 return문이 없음을 기억하자.

void 함수와 void 이외의 함수 구분은 함수의 몸체 끝에 return문이 존재

여부로 결정한다.

```
}
```

마지막으로 닫힌 중괄호(})로 닫아주어야 한다. 그렇지 않을 경우 오류가
발생한다.

C 주석

주석(설명문, comment)은 소스 코드에 대한 설명(이 코드가 무슨 역
할을 하고 어떻게 동작되는지 설명)이다. 주석은 우리가 코드를 이해하기
위한 것이므로 컴파일러는 주석을 공백으로 처리하여 소스 코드에서 제거(무시)
된다. 따라서 우리만 볼 수 있고 프로그램 실행 결과에는 아무런 영향도 없다.

[그림 2-3]을 살펴보자.

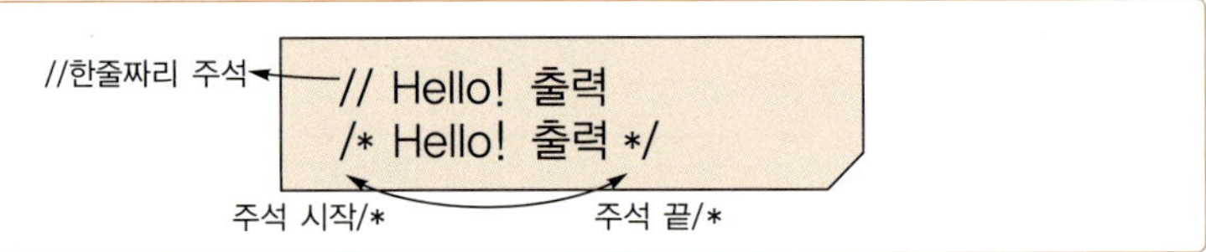

일반적으로 한 줄용 주석은 // 설명문을 사용하고, 두 줄 이상에 걸친 주석
은 /* 설명문 */을 사용한다.

C 대문자와 소문자는 다르다

C 프로그램은 대문자와 소문자를 다른 문자로 구별하므로 꼭 대소
문자를 정확히 구별해서 사용해야 한다. 예를 들면, int, Int, INt, INT은
모두 다른 이름이다.

C 코드 작성은 들여쓰기 방식으로

프로그램은 보기 좋고 읽기 편하도록 빈 칸이나 빈 줄을 삽입하는
들여쓰기를 권장한다. 빈 칸이나 빈 줄은 컴파일러가 삭제(무시)한다. 이런
코딩 방식을 들여쓰기 방식이라고 부른다.

[그림 2-4]처럼 중괄호 보다 안쪽으로 한 단계씩 들여쓰기를 한다.

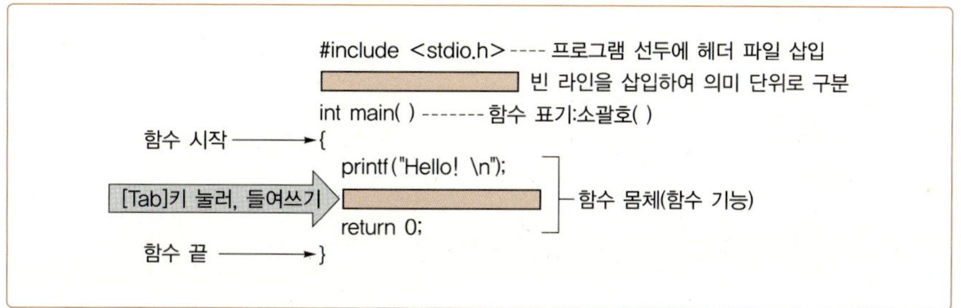

보통, 들여쓰기할 때 Tab 을 사용하여 공백을 삽입한다.

참고

공백문자(white space)는 공백(blank), 탭(tab), Enter 를 눌렀을 때 발생하는 개행문자(newline), FF(formfeed) 모두를 지칭하고, 주석(설명문 : comment)도 공백문자로 처리한다.
공백문자는 토큰의 분리 역할 기능(명칭, 키워드, 상수의 구분) 이외는 컴파일러에 의해 무시된다.

Q1 C 프로그램은 _________ 함수부터 실행을 시작한다.

Q2 주석(설명문)은 왜 사용할까?

Q3 문장의 끝에는 ___를 붙여야 한다.

Q4 블록문 표시는 ___를 사용한다.

Q5 return문의 역할은 무엇인가?

Q6 #include 〈stdio.h〉은 왜 사용하는 것인가?

Q7 코드 작성은 왜 들여쓰기 방식으로 하는 것이 좋은 것인가?

Q8 화면에 사과, 딸기, 바나나라는 문장을 화면에 출력하는 프로그램을 작성하라.

Q9 여러분의 이름을 출력하고 다음 라인에 주소를 출력하는 프로그램을 작성하라.

Q10 다음 코드를 입력하고 출력 결과를 확인한다. 각 라인을 분석하라.

```
1 :   #include <stdio.h>
2 :   int main()
3 :   {
4 :      printf("개\t고양이\t토끼\n");
5 :      printf("눈\n비\n바람\n");
6 :      printf("이자는 35%%이다.\n");
7 :      return 0;
8 :   }
```

A1 main( )

A2 주석(설명문)은 컴파일러가 삭제하므로 실행하지 않고 단지 소스 코드를 설명하기 위한 문장이다.
// 주석
/* 주석 */

A3 세미콜론 ;

A4 중괄호 { }

A5 해당하는 블록 실행을 종료한다.

A6 소스 코드에서 사용한 표준 입출력 함수에 대한 정보가 들어 있는 stdio.h 헤더 파일을 컴파일하기 전에 삽입해야만 해당 함수를 호출할 수 있기 때문이다.

A7 소스 코드를 읽기 쉽도록 가독성을 높이기 위함이다.

A8
```c
#include <stdio.h>
int main()
{
    printf("사과, 딸기, 바나나!\n");
    return 0;
}
```

A9

```c
#include <stdio.h>
int main()
{
    printf("홍 길동\n");
    printf("경기도 부천시\n");
    return 0;
}
```

A10 1 : #include 〈stdio.h〉는 printf( ) 함수를 사용하기 위해 컴파일러는 컴파일하기 전에 헤더 파일을 삽입한다.

2 : main( ) 함수에서 프로그램은 시작된다.

3 : { 와 } 사이의 문장들은 main( ) 함수의 블록이며, 이를 본문이라고 부른다.

4~6 : printf( ) 함수는 소괄호 안에 있는 " 와 "로 표시한 문자열을 화면에 출력한다.

4 : \t는 탭 키 기능을 하므로 여러 칸 이동한다.

4~6 : \n은 다음 라인으로 줄을 이동시키는 Enter 와 같은 기능을 한다.

7 : return문에 의해 프로그램이 종료된다.

8 : 본문 끝을 나타낸다.

Chapter 03

변수와 자료형

학습목표

- 자료형
- 상수와 변수
- 데이터 종류
- 문자열

컴퓨터에서 정보를 처리하려면 어떤 종류의 정보인지 알아야 하고, 이 값을 저장할 변수를 만들어야 한다.

3장에서는 C 프로그램의 자료에 해당하는 데이터 종류는 어떤 것이 있는지를 소개한다. 또한 변수를 이용하여 다양한 형태의 데이터를 저장해야 하는데 어떤 자료형이 가장 효율적인지 이해해야 한다. 변수를 어떻게 선언하여 만드는지 그 위치는 매우 중요하다. 자주 실수하는 부분이 변수 선언이기 때문이다.

01 자료형

C 프로그램에서 사용하는 모든 이름(식별자, identifier)은 반드시 자료형(Data Type)을 붙인다.

자료형은 프로그램에서 사용하는 모든 명칭 앞에 붙여서 각 명칭마다 어떻게 메모리에 저장하고 어떤 연산이 가능한지 또한 어떻게 처리할지를 결정한다.

자료형(Data type)은 메모리를 효율적으로 사용하기 위해 기본형과 복합형으로 구분한다. 기본 자료형은 [표 3-1]과 같이 제공한다. 복합형은 기본 자료형을 조합하여 만든 것이다.

분류	자료형	범위	메모리 할당
정수형	short	최소한 16비트 정수, − 32,768 ～ 32,767	2바이트
	int	최소한 short만큼인 정수 값의 범위 : −2,147,483,646 ～ 2,147,483,647	4바이트
	long	최소한 4바이트(20억 정도) 이상인 정수 값의 범위 : −2,147,483,646 ～ 2,147,483,647	4바이트
	unsigned short unsigned int unsigned long	음수 값이 아닌 양의 정수(0 ～ 65,535)	2바이트
		0 ～ 4,294,967,295 0 ～ 4,294,967,295	4바이트
실수형	float	단정도 부동소수점(소수점 이하 7자리까지), 4바이트 크기를 가지며, $3.4×10^{-38}$～ $3.4×10^{+38}$의 실수를 표현할 수 있다.	4바이트
	double	배정도 부동 소수점((소수점 이하 10자리까지), 최소 8바이트 메모리 영역 값의 범위 : $1.7×10^{-308}$～$1.7×10^{+308}$	8바이트
문자형	char	하나의 단일문자, 값의 범위 : −128 ～ 127	1바이트
열거형	enum	음수 값이 아닌 양수 값만 갖는 단일문자	4바이트
무치형	void	아무것도 없음(값이 없음), 자료형이 없음	

컴파일에 따라 크기는 다르게 적용되므로 컴파일러 사용전에 자료형의 범위는 꼭 체크하자. sizeof(자료형)를 사용하자. Visual C++의 경우 int, long 모두 4바이트이고, float, double 모두 8바이트를 적용한다.

[그림 3-1]과 같은 기본 자료형(default data type)을 제공한다.

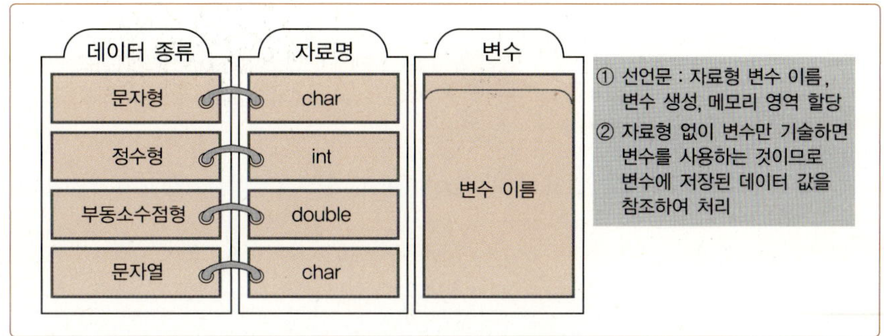

그림 3-1 ▶
기본 자료형

기본형은 숫자(정수, 실수)나 단일문자(문자열) 같은 정보를 처리할 수 있으며 컴퓨터 내부 구조에 그대로 대응하는 자료형이다. 문자는 char, 정수는 int, 부동소수점 수는 double을 디폴트(기본)로 한다.

C 컴파일러는 다른 종류의 자료형끼리 혼용할 수 있지만 연산식에 있는 자료형이 일치하지 않으면 다음 규칙을 적용하여 자동으로 자료형을 변환한다.

char → short → int → unsigned → long → unsigned long →
float → double

[표 3-2]와 같은 복합형은 기본 자료형을 규합하여 집합한 자료형이다. 복합형은 앞으로 소개할 것이다.

표 3-2 ▶
복합 자료형(composite data type)

분류	자료형	범위
배열	자료형 array[ ]	동일한 기본형의 연속 배치
함수	자료형 함수명( ) { }	함수형
포인터	자료형 * 포인터 변수	데이터가 저장된 메모리의 주소를 저장하는 변수
구조체	struct 구조체 변수명	여러 개의 항목(다른 기본형)이 모여 집단 항목으로 조합
공용체	union 공용체 변수명	동일한 메모리 영역을 분할하여 변수로 사용

[실습 3-1]은 자료형에 대한 크기를 알아보기 위해 sizeof( ) 함수를 사용한
코드이다.

실습 3-1 | sizeof( ) 함수를 사용한 크기 알아보기

```c
#include <stdio.h>
int main()
{
    printf("char 크기: %d bytes\n", sizeof(char));
    printf("int 크기: %d bytes\n", sizeof(int));
    printf("double 크기: %d bytes\n", sizeof(double));
    return 0;
}
```

실행 결과

```
char 크기: 1 bytes
int 크기: 4 bytes
double 크기: 8 bytes
```

상수와 변수

프로그램에서 사용하는 모든 정보는 데이터(data)라고 부르며, 데이터는 상수와 변수로 구분한다.

상수는 항상 일정한 값을 유지하는 데이터이다. 변수는 데이터를 저장하고 액세스하여 접근할 메모리 공간이다.

 상수

상수(constant)란 처음에 저장된 값은 변할 수 없는 값이다. 상수는 처음 정의한 값을 갖는다. 상수에는 리터럴 상수와 심볼릭 상수가 있다.

❶ 리터럴(Literal) 상수

88이나 2.54, 'a' 처럼 글자 자체로 의미가 있어서 어떤 값을 "문자 그대로" 표시한 상수이다.

❷ 심볼릭(Symbolic) 상수

원주율처럼 값이 불변인 경우이거나, 기억하기 힘든 값을 알기 쉬운 이름을 붙일 때 상수를 사용한다.

#define이나 const 키워드를 사용하여 상수를 기호화하여 이름을 붙인 상수이다.

#define을 사용할 때 상수명은 모두 대문자로 하는 것이 관례이다.

const (상수의 자료형) (상수 이름)=(상수의 값);

예문

```
#define SIZE 256 // 컴파일 직전에 소스의 모든 SIZE를 256으로 자동 치환
const double PI = 3.14; // 읽기 전용 변수인 상수
```

[실습 3-2]는 두 종류의 상수를 화면에 출력하는 코드이다.

ex0302.c

```c
#include <stdio.h>
// 컴파일 직전에 소스의 모든 VALUE를 999로 자동 치환함
// 끝에 세미콜론(;)이 없고, 등호(=)도 없어야 함
#define VALUE 999

int main( )
{
  const double PI = 3.14;      // "읽기 전용 변수"로서의 상수
                   // 순수한 C 컴파일러에서는 오류 발생,  #define PI 3.14
  printf("%d\n", VALUE);        // 정수값을 10진수로 출력
  printf("%.2f\n", PI);        // 부동소수점수를 소수점 이하 2자리로 출력
  return 0;
}
```



```
999
3.14
```

변수와 변수 이름

프로그램에서 데이터는 메모리에 저장한다. 이 저장된 주소를 사용하기가 불편하므로 변수를 사용한다. 변수는 데이터에 대한 상징적 이름으로 한 개의 데이터를 저장할 메모리 영역이다.

컴파일러는 변수 이름을 데이터의 실제 위치로 치환한다. 입력받은 데이터, 입력하는 데이터를 저장하거나 출력할 때 변수를 사용한다. 변수 이름(변수명)은 프로그램에서 구분하기 위한 이름(명칭, 식별자, identifier)이다. 변수 이름은 다음 규칙을 준수해야 한다.

주의

① 첫 번째 문자는 영문자나 밑줄(_)를 사용한다.
② 두 번째 문자부터는 영문자, 숫자, 밑줄 문자(_)를 사용한다.
③ 예약어(keyword)를 사용할 수 없다.
④ 대문자와 소문자는 구별된다.

변수 이름은 의미를 갖도록 작성하면서 일관성을 유지하자. 다음 방식을 권장한다. 두 개 이상의 단어를 결합한 변수명은 첫 단어를 제외하고 각 단어들의 첫 문자는 대문자를 사용한다.

C 변수 선언과 초기화

변수를 사용하려면 먼저 어떤 자료형의 변수를 사용할 것인지 선언(정의)해야 한다. 변수 선언은 최상단에 모아서 선언한다. 함수 내부에 같은 변수 이름을 중복하여 선언할 수 없고 오직 한 번만 선언해야 한다.

선언(declaration)이란 프로그램에서 사용할 이름을 미리 소개하는 것이다. 변수는 자료형을 변수의 이름 앞에 붙여 선언한다. 변수 선언시 메모리 공간을 할당하여 변수 이름으로 생성하지만 변수의 값은 아직 정의되지 않는다.

자료형 변수 이름;	int var ; // 변수 선언문

자료형은 데이터 종류를 나타내고, 변수 이름은 그 값을 상징적 이름으로 기술한 것이다. 자료형에 따라 메모리 영역 할당 범위가 다르다. char은 1바이트, int는 4바이트, double은 8바이트의 메모리 영역을 할당한다.

변수를 선언하는 첫 번째 방법은 [예문]처럼 선언하여 [그림 3-2]와 같은 변수를 생성한다.

예문

```
char  ch;        // 변수 선언, 단일문자를 저장할 메모리 공간 확보
int var;         // 변수 선언, 정수를 저장할 메모리 공간 확보
double d;        // 변수 선언, 부동소수점수(실수)를 저장할 메모리 공간 확보
var = 82;        // 변수 var는 82를 대입하므로 var는 82가 된다.
```

그림 3-2 ▶
변수와 메모리 관계

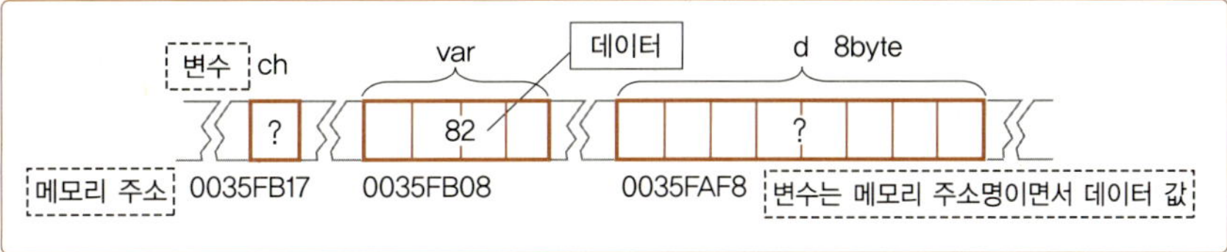

변수 선언과 동시에 값을 넣을 수도 있는데 이를 변수 초기화라고 한다. 이 방법을 권장한다.

> 자료형 변수 이름 = 초기값 ;   │   int var = 82;   // 변수 초기화

int var ; var=82; 두 개의 문장은 변수 초기화 int x=82;와 동일하다.

이 문장은 하나의 정수를 저장할 것이며, var라는 이름이 82이라고 알려준다. 이 문장 이후에는 var는 할당된 메모리 영역을 참조하여 저장된 값 82가 된다.

변수에 데이터를 저장하는 방법은 여러 가지이며, 대입 연산자(=)를 사용하여 데이터를 집어넣어 저장한다.

> 변수 이름 = 표현식 또는 데이터 값;   │   var = 82;   // var에 82를 대입 저장

위 예 이후에는 var이 값을 출력하면 82가 된다.

var가 할당된 메모리 시작 주소(address)는 & 연산자를 사용하면 알 수 있다. & var은 메모리 시작 주소이고, var은 이 위치에 저장된 데이터 값이 된다. **변수를 초기화 하지 않고 변수를 선언하면 메모리 영역만 할당한다. 이 경우 전에 저장된 쓰레기값(원하지 않는 의미없는 값, 그림에서는 ?로 표시)을 갖는다. 변수는 선언하면서 초기화하자.**

자료형은 사용할 데이터 종류를 결정하고 이를 저장할 수 있는 메모리 공간을 확보한다. 사용 용도에 적합한 자료형을 선택해야 올바르게 동작한다.

변수를 선언할 때 꼭 한 개씩 해야 하는 건 아니다. 콤마(쉼표 : ,)로 구분해서 여러 개를 동시에 선언할 수 있다.

예문

```
int x, y, z;   // int x; int y; int z;
x = 135;
```

　[실습 3-3]은 정수, 실수, 문자를 저장하기 위한 변수를 선언하고 사용한 코드이다.

실습 3-3 | 변수를 선언하고 값을 출력하기

```c
#include <stdio.h>
int main()
{
    int x;          // 변수 선언문
    double y;       // 변수 선언문
    char z;         // 변수 선언문

    x = 3355;       // 변수를 선언하였으므로 변수 사용 가능
    y = 12.25;      // 변수 사용과 변수 선언 순서가 섞이면 컴파일 오류
    z = 'y';        // 단일문자 y를 z에 저장, 단일문자 표시 : '단일문자'

    printf("x = %d\n", x);          // %d 위치에 x의 값 출력
    printf("y = %.2f\n", y);        // %.2f 위치에 y의 값 출력
    printf("z = %c\n", z);          // %c 위치에 z의 값 출력

    return 0;
}
```



```
x = 3355
y = 12.25
z = y
```

03 데이터 종류

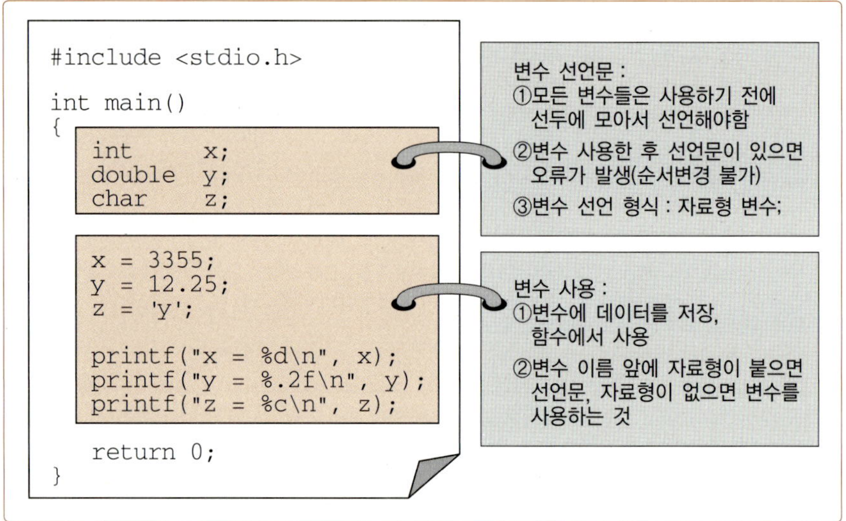

정수형 변수

정수는 3, 0, −9와 같이 소수부가 없는 수이다. 이런 정수를 표현하기 위해 C는 short, int, long과 unsigned int처럼 이 세 가지 기본형 앞에 unsigned를 붙여서 양수만 저장할 수 있다.

일반적으로 int형은 4바이트 크기의 메모리 영역을 할당하므로 값의 범위는 −2,147,483,646~2,147,483,647까지이다.

각 자료형마다 저장할 수 있는 값 범위를 벗어나면 오류이므로 다른 값이 됨에 주의하자.

[실습 3-4]는 정수형 변수를 사용한 코드이다.

실습 3-4 | 정수형 변수를 사용해 출력하기

소스 파일명
ex0304.c

```
#include <stdio.h>

int main()
{
      short day = 365;           // 변수 초기화, 10진수, 숫자만 표시
      int octal = 015;           // 8진수, 정수 15 앞에 0을 붙여 8진수 표시
      unsigned int us = 2147;// 변수 초기화, unsigned int는 양수만 저장
      long hex = 0xA2;           // 16진수, 정수 A2 앞에 0x 붙여 16진수 표시

      printf("day = %d\n", day);      // %d 위치에 10진수 정수 출력
      printf("octal = %d, %#o\n", octal, octal);
        // %#o 위치에 8진수 출력
      printf("us = %d\n", us);
      printf("hex = %d, %#x\n", hex, hex);
        // %#x 위치에 16진수 출력

      return 0;
}
```

실행 결과

```
day = 365
octal = 13, 015
us = 2147
hex = 162, 0xa2
```

프로그램 설명

[그림 3-3]을 살펴보자. 먼저 변수를 선언하여 생성한다. 변수 선언 위치를 기억하라. 모든 변수는 최상단에 모아 선언한다. 이 규칙을 어기면 컴파일시 오류가 발생한다.

그림 3-3 ▶
변수 선언 위치

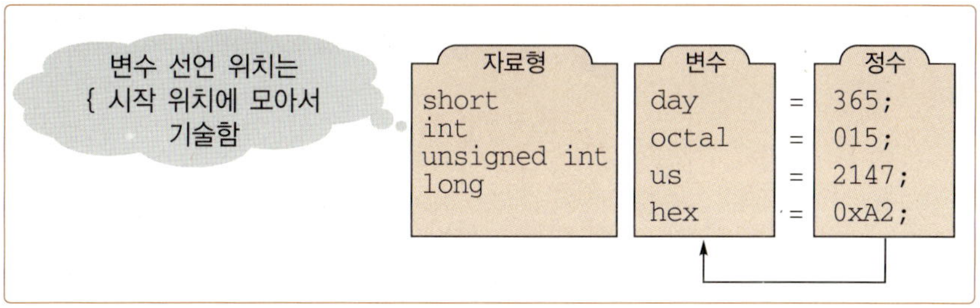

```
hex = 0xA2;
```

이 문장은 변수 hex에 A2라는 16진수(0x) 데이터를 저장한다. 즉, 이후에 hex 값을 출력하면 A2로 표시된다.

정수는 일반적으로 10진수(0~9)로 직접 표기하지만 16진수는 16진수 앞에 0x를 붙여서 표기하고, 8진수는 8진수 앞에 0을 붙여서 표기한다. 정수 뒤에 u(U)를 붙이면 unsigned형을 의미하고, l(L)을 붙이면 long형을 나타낸다. [그림 3-4]를 살펴보자.

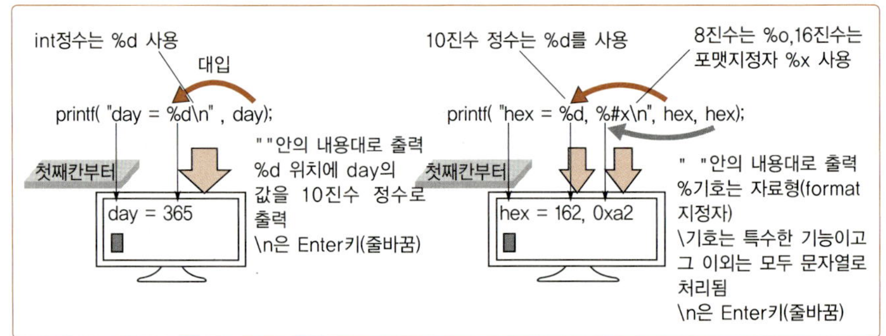

printf( ) 함수는 "day = %d\n" 서식으로 출력한다.

%d와 \n을 제외한 일반글자는 그대로 출력된다. %d는 %d 글자로 출력되지 않고 이 자리에 큰따옴표 뒤, 다음에 오는 인자 day의 값을 10진수로 변환되어 출력한다. 즉, % 서식문자는 서식문자 형식으로 해당하는 값을 출력한다.

%o와 %x는 무엇일까? 이는 인자의 값(octal, hex)을 출력하는 형식이다.

%o는 octal의 값을 8진수로 출력하고, %x는 hex의 값을 16진수로 출력한다. #을 첨가(%#o)하면 정수값 앞에 8진수는 0, (%#x)인 경우 16진수는 0x가 앞에 붙어 표시된다.

ⓒ 실수형 변수

실수는 3.1, 0.0, −12.25와 같이 소수점이 있는 수이다. 실수를 표현할 자료형은 float, double이다. 일반적으로 double형은 8바이트 크기의 메모리 영역을 할당한다.

[실습 3-5]는 정수형 변수를 사용한 코드이다.

실습 3-5 | 정수형 변수 사용하가


```c
#include <stdio.h>
int main()
{
    float  var = 1.23f;   // float 사용시 실수값 뒤에 f를 붙여라.
    double data = 4.567; // 실수는 double로 선언하자.

    printf("var 값: %.2f\n", var); // 소수점 이하 2자리로 출력
    printf("data 값: %.3f\n", data);
        // 소수점 이하 3자리로 출력
    printf("data 값: %10.3f\n", data);
        // 전체 자리수 10, 소수점 이하 3자리
    return 0;
}
```



```
var 값: 1.23
data 값: 4.567
data 값:      4.567
```


[그림 3-5]를 살펴보자.

그림 3-5 ▶
변수 초기화

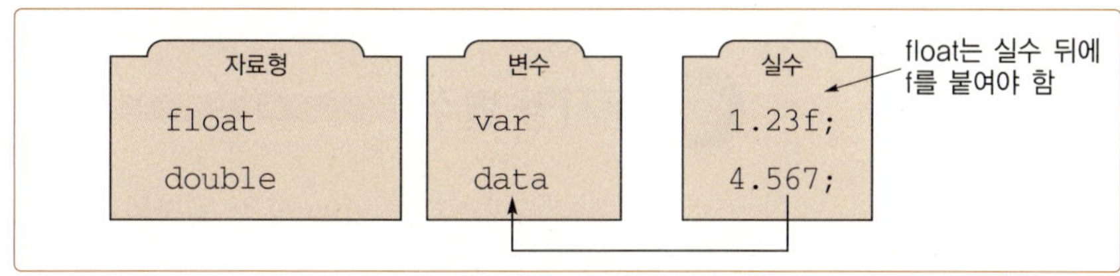

　[실습 3-5]의 소스 코드를 보면 1.23 뒤에 f를 붙였는데 double형에서는 f를 안 붙였을까? 그 이유는 f를 안 붙이고 float var = 1.23;로 선언하면 내부적으로 double형으로 자동 변환되므로 double형으로 인식하여 문제가 발생할 수 있기 때문이다. 즉, float형이라는 것을 명확히 표시하려고 f를 끝에 붙인 것이다.

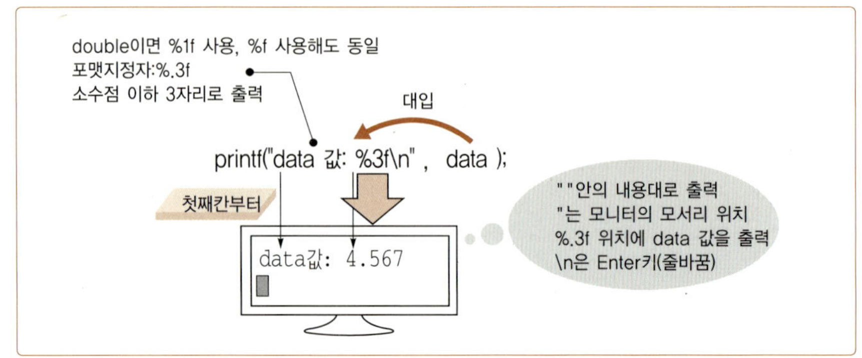

printf( ) 함수로 실수형 변수를 출력할 경우 %f를 사용한다. 이 경우 소수점 이하 6자리까지 출력된다. double형 변수는 포맷지정자 %f 또는 %lf를 사용한다.

%.3f를 사용하면 어떨까? .3은 왜 붙였을까? 이 의미는 소수점 이하 셋째 자리까지만 표시한다. 위의 경우 4.567까지만 출력된다. 만약 그 이하의 자리수가 있어도 나머지는 잘리게 된다. %10.3f는 전체 자릿수는 10자리로 맞추어 소수점 이하 셋째 자리까지만 표시하라는 의미이다.

%e를 사용하면 지수 형태(e 표기법)로 출력한다. %g를 사용하면 소수점 이하 자릿수가 적으면 %f 형태로 출력되지만 소수점 이하 자릿수가 늘어나면 지수 형태(e 표기법)로 출력한다.

C 문자형 변수

char는 문자형이다. char형은 문자와 숫자를 저장하기 위한 것으로 1 byte(8비트) 크기이다. 이 크기는 표시할 수 있는 숫자의 범위를 알려주는 것으로 −128부터 127까지, 즉 256가지가 가능하다. 문자는 정수형의 부분집합이므로 실제로는 정수형이다. 단지 int와 정보의 비트수가 다를 뿐이고 모든 체계는 int와 같다.

컴퓨터는 2진수만 인식하므로 컴퓨터에서 문자를 처리하기 위해 각 문자들을 정수로 대응(mapping)하여 표현하도록 규정하여 사용한다. 일반적으로 미국에서 제안한 ASCII(American Standard Code for Information Interchange) 코드를 사용한다. [표 3-3]은 사용 빈도가 높은 코드표이다.

ASCII 코드	10진수	내용
0 ~ 9	48 ~ 57	숫자
A ~ Z	65 ~ 90	영문 대문자
a ~ z	97 ~ 122	영문 소문자

char형 변수에 들어가는 문자는 영문자(a~z, A~Z의 52개 영문자), 숫자 (0~9의 10개 숫자), 그래픽 문자(29개의 문자, (!, #, %, ^, &, *, (, _,), -, +, =, ~, [,], ´, ¦, \, ;, :, ", {, }, , , ., ⟨,⟩, /, ?), 공백, 제어문자(수평탭(HT : Horizontal Tab), 수직탭(VT : Vertical Tab), 폼피드(FF : Form Feed), 백스페이스(BS : Backspace), 캐리지리턴(CR : Carriage Return))이 있다.
단일문자는 형식처럼 작은따옴표 안에 한 개의 문자를 넣어 표기한다.


```
단일문자 표기 : '문자'    │  char ch = 'A';    // 단일문자
                         │  int  ch = 65;     // ASCII code 값
```

컴파일러는 'A'를 ASCII 코드 65로 변경하여 처리하므로 int형으로 선언해도 동일하다.

[실습 3-6]은 정수형 변수를 사용한 코드이다.

실습 3-6 │ 정수형 변수를 사용하여 출력하기


```c
#include <stdio.h>

int main()
{
    int suja = 0;    // 정수 0
    char ch = 65;       // ASCII 코드로 65 → 문자 A
    char munja = 'A';          // 문자 A
    char zero = '0';              // 문자 0 → ASCII 코드로 48

    printf("suja: %d\n", suja);
    printf("ch: %c, ASCII코드: %d\n", ch, ch);
    printf("munja:%c, ASCII코드: %d\n", munja, munja);
    printf("zero: %c, ASCII코드: %d\n", zero, zero);
    printf("%c\n", munja + 1);   // 'A' +1이므로 다음 문자 B
    printf("%c\n", munja + 32); // 대문자를 소문자로 변경, a
    return 0;
}
```

```
char munja = 'A';
```

이 문장은 char형 변수를 선언하면서 변수 munja에 문자 A를 대입한다. 이때, 모든 문자들은 작은따옴표로 묶어서 표시해야 한다. 만약 작은따옴표로 묶지 않고 문자로 표기하면 변수로 인식함에 주의하자.

```
char munja = A;
```

컴파일러는 A가 변수 A라고 인식하므로 변수 A의 값을 대입하게 된다. 컴파일러는 'A'를 ASCII 코드 65로 처리하므로 int형으로 선언해도 동일하다.

```
int ch = 65;
```

C 언어에서 문자 'A'는 문자 상수이며, 메모리에 저장될 때에는 int형으로 저장된다. %c 대신 문자를 출력하고, %d 대신 정수로 출력한다. %c 대신 65에 해당하는 ASCII 문자 A를 출력한다. 66은 B, 67은 C가 출력된다. 출력할 값이 두 개이므로 따옴표 속에 표시한 출력할 위치에 %d가 두 개 있어야 하며, 출력 항목인 변수 ch는 ,로 구분한다.

char형은 %c로, int형은 %d로 출력한다고 했는데 왜 서로 다른 방법으로도 출력을 할까? %d, %c은 출력을 하는 형식에 대한 차이일뿐이다.

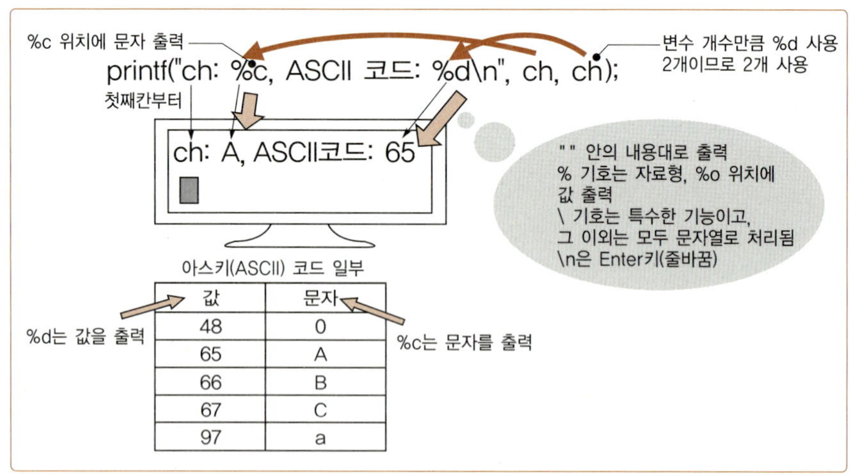

값	문자
48	0
65	A
66	B
67	C
97	a

 문자열

　정수, 실수와 단일문자는 한 개의 변수에 저장할 수 있지만 문자열은 문자가 여러 개 일렬로 모여 있는 것이므로 한 개의 변수를 사용할 수 없다. 따라서 **문자열은 배열이나 포인터를 사용한다.** 배열은 대괄호([])로 표기하고, 포인터는 *로 표기한다. 문자열을 큰따옴표 속에 넣어 표기하면 컴파일러는 "하나의 문자열의 끝에 여기까지가 문자열입니다"라는 표시로 널 문자('\0')를 붙여서 문자열을 구분한다. 즉, 문자열에 해당하는 문자 개수보다 1개 더 많은 메모리 공간이 필요하게 된다.

　[실습 3-7]은 문자열을 배열과 포인터를 사용하여 저장한 후 화면에 출력하는 코드이다.

실습 3-7 ｜ 문자열을 배열과 포인터를 사용하여 출력하기

```c
#include <stdio.h>
#include <string.h>    // 문자열 함수 strlen( ) 사용하기 위해 첨부
int main()
{
    char buf[256];// 문자열 끝에 추가되는 널 문자를 위한 공간 하나를 더 추가할 것
     /* 각 문자를 작은따옴표로 표시해서 배열에 저장하는 것은 번거롭다. 그래서  문
    자들을 쭉 나열한 것을 큰따옴표로 묶으면 알아서 각각의 문자로 넣어줌. 문자열
    끝에 널 문자가 자동으로 추가되므로 큰따옴표 안에 특별히 명시할 필요 없음*/
    char s[5]={'L', 'o', 'v', 'e', '\0'};// '\0', 0, NULL 모두 동일
    char str[   ] = "Love" ;
                        // 배열로 문자열 저장, {'L', 'o', 'v', 'e', '\0'} 와 동일
    char *word = "pointer use";  // 포인터를 사용하여 문자열 저장

    printf("%-10s %6s %6s\n","홍 길동","사과","장미");
    printf("%s \n", str);
                    // %s는 문자열 출력, 배열 전체의 내용 출력은 배열 이름 사용
    printf("%s \n", word);
                    // 포인터, word가 가리키는 문자열(널 문자가 나올 때까지) 출력
    printf("s : %s\n", s); // 문자열 전체를 출력하려면 배열 이름 s 사용
    printf("s : %s\n", str);
                        // %s 는 문자열 출력, 널이 나올 때까지 문자 계속 출력
    printf("문자열 길이 = %d , ", strlen(str));
    printf("배열 길이 = %d\n", sizeof(str));
    return 0;
}
```

```
char str[  ] = "Love";
```

[ ] 안을 빈칸으로 두면 컴파일러가 원소의 수를 세어서 빈칸을 채워 넣는다. 이 경우는 문자 개수 4와 문자열 끝에 추가할 널 문자 1개를 더한 5를 넣는다.

문자열을 초기화할 경우는 이 방법을 권장한다.

```
char str[  ] = "Love";
char *word = "pointer use";
```

큰따옴표 ""로 묶인 것은 문자열 리터럴(string literal)이라고 부른다. 리터럴(literal)이란 고정된 값을 갖는 것이다.

다음 4개의 문장들은 문자열을 저장하는 방법으로 모두 동일하다.

```
char str[  ] = "Love";
char str[5] = "Love";
char *str = "Love";
char s[5] = {'L', 'o', 'v', 'e', '\0'};
```

Q1 다음 변수 이름이 올바른 것인지 잘못된 것인지 그 이유를 설명하라.
① value
② count_of_man
③ secs of man
④ high.c
⑤ 7high
⑥ x+y

Q2 정수형 short, int, long 자료형의 크기를 계산하라.

Q3 10을 8진수, 16진수, 10진수로 표시하여 변수 x에 저장하고 그 값을 출력하라.

Q4 원의 반지름을 입력하여 원의 면적과 둘레를 계산하여 출력하라.
단, 원주율 3.14 값을 #define을 사용하여 기호 상수 PI로 만들라.

Q5 원의 반지름을 입력하여 원의 면적과 둘레를 계산하여 출력하라.
단, 원주율 3.14 값을 const 키워드를 사용하여 기호 상수 PI 로 만들라.

Q6 문자 G를 변수에 저장한 후 화면에 문자와 그에 해당하는 ASCII 코드 값 71을 출력하라.

Q7 각각의 상수에 대한 자료형은 어떤 것을 사용해야 할까?
① 742
② 2.59
③ 3.21f
④ 'H'

Q8 정수 값 24를 변수 n에 저장한 후 화면에 출력하라.

Q9 단일문자 a와 b를 두 변수에 저장하고 화면에 출력하라.

A1 ① ○ ② ○ ③ × // 공백 ④ × // 소수점 ⑤ × // 숫자로 시작
⑥ × // +기호

A2
```c
#include <stdio.h>
int main()
{
    printf("short형의 크기: %d 바이트\n", sizeof(short));
    printf("int형의 크기: %d 바이트\n", sizeof(int));
    printf("long형의 크기: %d 바이트\n", sizeof(long));
    return 0;
}
```

A3
```c
#include <stdio.h>
int main()
{
    int x = 15;          // 10진수
    int y = 015;         // 숫자 앞 0을 붙이면 8진수
    int z = 0x15;        // 숫자 앞 0x를 붙이면 16진수

    printf("x = %d, y = %d, z = %d\n", x, y, z);
    printf("x = %d, x = %#o, x = %#x\n", x, x, x);
    return 0;
}
```

A4

```c
#include <stdio.h>
#define PI 3.14
int main()
{
    double radius, area, circumference;            // 변수 선언
    printf("반지름 입력:"); scanf("%lf", &radius);    // 반지름 입력
    area = PI * radius * radius;                    // 면적 계산
    circumference = 2.0 * PI * radius;              // 둘레 계산
    printf("원의 면적 = %.2f이고, 둘레 = %.2f\n", area, circumference);
    return 0;
}
```

A5

```c
#include <stdio.h>
int main()
{
    double radius, area, circumference;            // 변수 선언
    const double PI = 3.14;
    printf("반지름 입력:"); scanf("%lf", &radius);    // 반지름 입력
    area = PI * radius * radius;                    // 면적 계산
    circumference = 2.0 * PI * radius;              // 둘레 계산
    printf("원의 면적 = %.2f이고, 둘레 = %.2f\n",
        area, circumference);
    return 0;
}
```

A6

```c
#include <stdio.h>
int main()
{
    char ch = 'G';  // 문자 G, 문자는 int, char 모두 동일하게 동작
    int ch2 = 71;  // 아스키 코드 71 이므로 문자 표기는 'G'
    printf("%c, ASCII code = %d\n", ch, ch);
    printf("%c\n", ch2);
}
```

A7 ① int ② double ③ float ④ char

A8

```c
#include <stdio.h>
int main()
{
    int n = 24;  // 변수 초기화
    printf("%d\n", n);
    return 0;
}
```

A9

```c
#include <stdio.h>
int main()
{
    char ch = 'a';  // 변수 초기화
    char ch2 = 'b';
    printf("%c  %c\n", ch, ch2);
    return 0;
}
```

printf( ) 함수와 scanf( ) 함수

- printf( ) 함수
- scanf( ) 함수

4장에서는 화면에 다양한 형태로 출력하는 printf( ) 함수를 소개한다. 특히 다양한 형태로 출력할 수 있도록 제어하는 포맷지정자를 꼭 이해하자. 매우 중요하기 때문이다.

여러 종류의 포맷지정자를 완전히 이해하였으면 키보드에서 데이터를 다양한 형태로 입력할 수 있는 scanf( ) 함수에 도전하자. scanf( ) 함수를 사용할 때 주의해야 할 사항도 꼭 이해하자.

printf( ) 함수

printf( ) 함수는 모니터에 다양한 형태의 데이터를 출력하는 표준 출력 함수이다. scanf( ) 함수는 키보드에서 다양한 형식으로 입력할 수 있는 표준 입력 함수이다.

콘솔(console)은 키보드와 모니터를 총칭하는 것으로, scanf( ) 함수는 콘솔 입력 함수이고 printf( ) 함수는 콘솔 출력 함수이다.

printf( ) 함수의 서식 변환 문자열

printf( ) 함수는 출력할 형식 문자열 format을 표준 출력장치(stdout, 화면)에 출력한다.

형식 >>>

```
<stdio.h>                          printf("I can do it.\n");
int printf(const char*format[,...]); printf("%d\n", 88);
```

format은 일반 문자와 포맷지정자로 구성한다. 일반 문자는 그대로 출력하지만 포맷지정자(형식 태그(format tag), 출력 양식, 서식 변환 문자열 (specifier))은 지로 용지에 고객 이름이나 청구 금액 등을 프린트하는 것과 유사하다. 프린트 위치는 %로 시작하는 포맷지정자를 지정하여 값을 출력한다. 즉, %d, %c, %f 등이 있는 위치에 서식 형태의 값으로 출력한다.

포맷지정자는 이에 대응하는 인자를 지정한 형태로 치환(표현)하여 출력되며, [표 4-1]과 같이 %에 자료형에 맞는 서식문자를 사용한다.

표 4-1 ▶
포맷지정자

서식 변환 문자열	%d	%f	%lf	%c	%s
자료형	int	float	double	char	char[], char*
서식 변환 문자열	%u	%x	%o	%e	%p
자료형	unsigned int	16진수	8진수	지수 형식 실수	메모리 주소

다음과 같이 옵션이 붙을 수 있다.

%[플래그(flag)] [폭(width)] [.정밀도] [크기(length)] 서식문자(specifier)

[ ] 부분은 옵션이므로 생략할 수 있다. 즉, 최소한의 형식 지정은 %와 서식문자로 구성된다. 각각의 옵션 순서는 반드시 지켜야 하고, 여러 개의 옵션도 함께 사용할 수 있다.

큰따옴표 안에 % 포맷지정자와 \으로 시작하는 것(\n 등과 같은 특수문자) 이외는 모두 문자열로 처리한다. 문자가 포함된 서식문자는 대소문자로 구분해서 사용한다. 예를 들어, %c는 %C로 사용할 수 있으며, %C는 대문자로 출력한다(%X, %P 등도 동일하게 적용된다).

출력 항목에 적합한 % 포맷지정자를 지정하여 데이터 값을 변환해야 출력한다. 항목의 자료형과 적합하지 않으면 잘못된 값을 출력한다. printf( )문은 큰따옴표 "" 다음의, 뒤에 나열된 인자들 순서대로 큰따옴표 안의 % 부분으로 변환되어 들어간다.

[그림 4-1]과 같은 서식으로 조합하면 %서식문자에 변환된 값이 출력된다.

그림 4-1 ▶
자주 사용하는 서식 변환 문자열

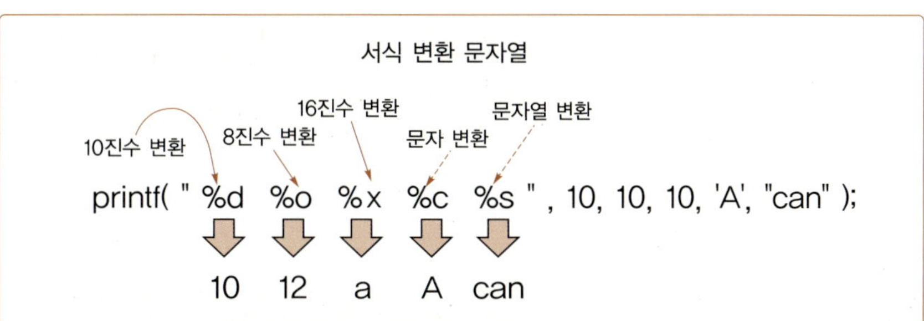

큰따옴표 안에 %가 5개 조합되므로 해당하는 정보도 5개 있어야 한다. 각 정보는 콤마(,)로 구분한다.

printf( )는 첫번째 %d에 10을 10진수로 변환하고, 두 번째 %o에 10을 8진수로 변환한다. 세 번째 %x는 10을 16진수로 변환하고, 네 번째 %c에 'A' 문자를 넣고, 마지막 %s에 "can" 문자열을 넣어 전체 하나의 문자열로 조합한 후 출력한다.

[실습 4-1]는 다양한 형태의 데이터를 출력하는 printf( ) 함수를 사용한 코드이다.

실습 4-1 | 다양한 형태의 데이터를 출력하는 printf( ) 함수 사용 코드


```c
#include <stdio.h>
int main()
{
    int aInt;                           // 정수형 변수
    double aDouble = 4.123;             // 실수형 변수 초기화
    char aChar = 'A';                   // 문자형 변수 초기화
    char aString[ ] = "printf demo";          // 배열[ ] 초기화
    char *aPointer = "I can do it.";          // * 포인터 초기화
    char *menu[ ] = {"File", "Project", "Build", "Debug"};
                                        // 포인터 배열 : 다중 항목 처리

    aInt = 12345;   // aInt는 12345

    printf("변수의 값 출력\n");
    printf("aInt -> %d\n", aInt); // int 형식: %d 위치에 12345 출력
    printf("aChar -> %c\n", aChar);// char 형식: %c 위치에 A 출력
    printf("aString -> %s\n", aString); // 문자열 형식: %s
    printf("aPointer -> %s\n", aPointer);
    printf("menu[0] = %s , menu[3] = %s\n",
            menu[0], menu[3]);
    return 0;
}
```



```
변수의 값 출력
aInt -> 12345
aChar -> A
aString -> printf demo
aPointer -> I can do it.
menu[0] = File , menu[3] = Debug
```

프로그램 설명

```c
printf("aInt -> %d\n", aInt);
```

이 문장을 실행하면 큰따옴표 안에 있는 내용대로 화면에 출력된다. 이때 %d는 컴퓨터에서 출력되지 않고, %d 위치에 aInt의 값이 10진수로 출력된다.

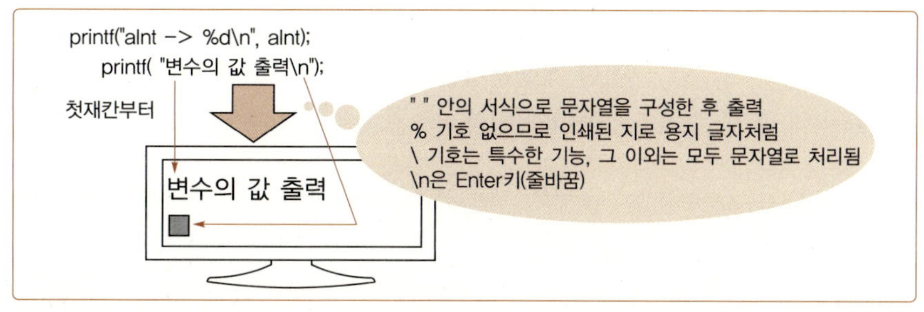

C 특수문자 표현 : 이스케이프 표기법

키보드를 이용하여 입력할 수 없는 문자들도 있다. 예를 들어, 개행문자는 Enter 를 누르는 방법으로는 입력할 수 없다. 이와 같은 특수문자는 [표 4-2] 처럼 백슬래시(\) 뒤에 약속한 제어문자를 조합하여 사용한다. 이 표기를 확장열(escape sequence) 표기법이라고 한다.

시퀀스	ASCII 코드	내용
\0	0	널 문자(NULL character)
\a	7	경고문(BEL : alarm)
\b	8	직전에 있는 문자를 지움, 커서를 한 칸 뒤로 이동(Backspace)
\t	9	수평 방향으로 하나의 Tab 만큼 커서를 이동(Tab)
\n	10	개행(커서를 다음 라인으로 이동) (New Line)
\v	11	커서의 위치를 수직으로 이동(VT : Vertical Tab)
\r	13	커서를 줄의 처음 위치로 이동(CR : Carriage Return)
\"	34	큰따옴표 (")
\'	39	작은따옴표 (')
\?	63	물음표 (?)
\\	92	역슬래시(\)

참고 백스페이스는 한글 사용 : ₩n로 표시, 영문 사용 : \n 기호를 사용한다.

키 바로 왼쪽 키를 누르면 백스페이스(\)가 입력된다. Enter 를 누르면 개행문자를 입력하지 않고, 줄을 바꿔 새 라인을 시작하라는 의미로 받아들이게 된다.

printf( ) 함수에서 %는 서식문자와 조합하여 형식화된 출력을 명시하는 용도이므로 % 문자를 출력하려면 %%라고 명시해야 한다.

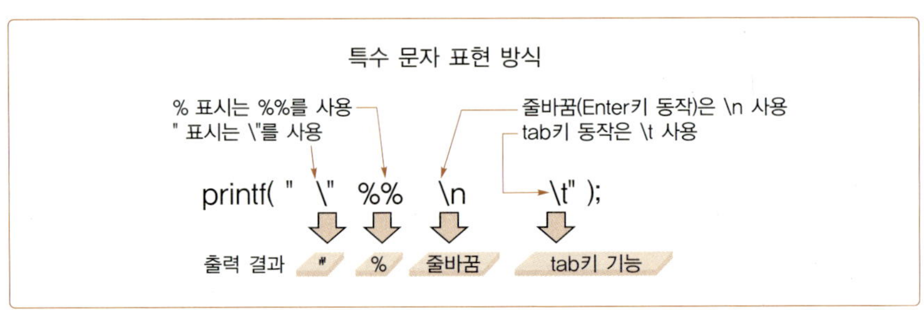

[실습 4-2]는 이스케이프 표기법을 사용한 코드이다.

실습 4-2 | 이스케이프 표기법을 사용한 코드

```c
#include <stdio.h>
int main()
{
    printf("C Programming\n");
    printf("I\ncan\ndo\tit.\n");
    printf("개는 \"멍멍\" 짓는다.\n85%% 이자.\n");
    return 0;
}
```



```
C Programming
I
can
do      it.
개는 "멍멍" 짓는다.
85% 이자.
```

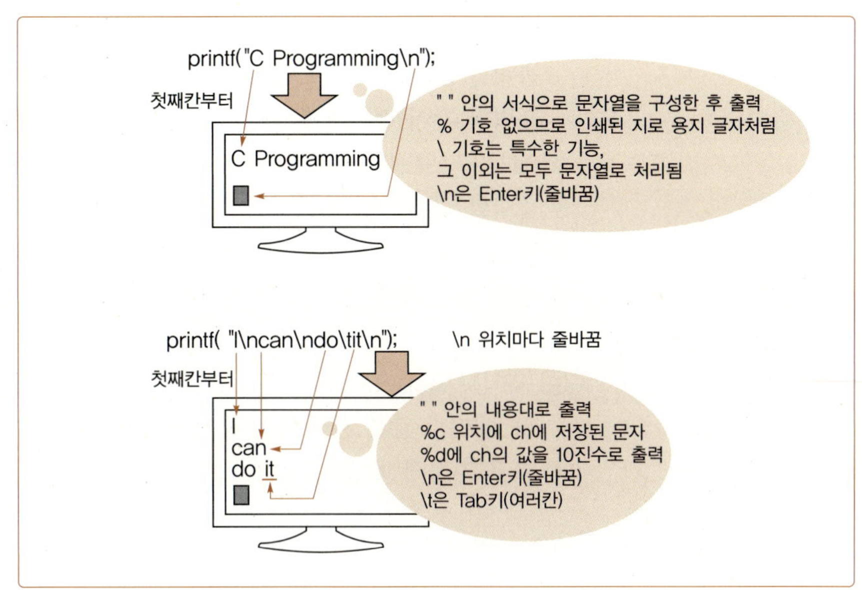

C 출력 자릿수 지정

printf( ) 함수는 출력 정보에 자릿수(필드폭)를 지정하여 출력할 수 있다.


```
% [플래그(flag)] [폭(width)] [.정밀도] [크기(length)]
서식문자(specifier)
```

1 플래그(flag)

출력할 값의 앞에 표시할 문자를 설정하는 영역으로 왼쪽 정렬하려면 −, 오른쪽 정렬(기본값)하려면 +, 공백 대신 0 추가하려면 0, 양수일 경우 + 기호 대신 공백을 추가하려면 공백, 8진수와 16진수 출력시 공백 대신 0 또는 0x 출력하려면 # 기호를 사용한다.

2 폭(width)

출력할 필드 폭을 자릿수만큼 확보한 후 내용을 출력한다. 출력 값이 자릿수보다 작으면 명시된 자릿수를 맞추기 위해 남는 부분은 공백이나 0으로 채워져서 출력된다. 출력할 값이 폭보다 클 경우, 폭 옵션은 무시된다.

③ 정밀도(precision)

출력할 값의 정밀도를 위한 최대 자릿수를 설정한다.

출력할 값이 정수라면 (자릿수>출력할 값)이면 최대 자릿수를 맞추기 위해 남는 부분은 0을 추가한다. (자릿수<출력할 값)이면 값을 모두 출력한다.

출력할 값이 실수라면 소수점 이하의 최대 자릿수를 설정한다. 자릿수에 따라 반올림이 되거나 출력 값이 소수점 이하 자릿수보다 작으면 소수점 이하에 0으로 채운다. 실수 전체의 자릿수 설정은 폭 옵션을 사용한다.

④ 서식문자(specifier)

[표 4-1]과 같은 서식 변환 문자열이다. [그림 4-5]처럼 정수 값을 출력하는 폭을 지정해 보자.

값	Format	결과	값	Format	결과
123	%4d	■123	123	%-4d	123■
123	%5d	■■123	123	%-5d	123■■
123	%6d	■■■123	123	%-6d	123■■■
123	%1d	123	123	%-2d	123

실수는 printf("%소수점을 포함한 전체 자릿수.소수점 이하 자릿수f", 항목); 문장으로 출력 자리를 지정한다. 소수점도 한 자리를 차지한다. 출력 값이 소수점 이하 자릿수보다 작으면 남는 부분은 0으로 채운다.

소수점 이하 자릿수만 지정하려면 "%.소수점 이하 자릿수f"를 사용한다.

값	Format	결과	값	Format	결과
3.14159	%5.1f	■■3.1	3.14159	%8.5f	■3.14159
3.14159	%4.2f	3.14	3.14159	%.2f	3.14
3.14159	%5.3f	3.142	3.14159	%.3f	3.142
3.14159	%8.4f	■■3.1416	3.14159	%.4f	3.1416

[실습 4-3]은 정밀도를 사용하여 정수, 실수, 문자 데이터의 필드 폭을 확보하여 출력하는 코드이다.

실습 4-3 │ 정밀도를 사용하여 정수, 실수, 문자 데이터의 필드 폭을 확보하여 출력하는 코드

```c
#include <stdio.h>
int main()
{
    int x = 2, y = 3;
    double b = 1.2345;

    printf("Hello!\n");
    printf("%d 명이 %d 개의 사과를 먹을까?\n", 5, 1000);
    printf("%d + %d = %d\n", x, y, x + y);
    printf("1234567890");
    printf("\n%6d\n%6d\n%6d\n", 8, 88, 888);   // 오른쪽 정렬
    printf("\n%-6d\n%-6d\n%-6d\n", 8, 88, 888);// -왼쪽 정렬
    printf("\n%-6.2f\n%-6.3f\n%-6.4f\n%-6f\n", b, b, b, b);
    return 0;
}
```

실행 결과

```
Hello!
5 명이 1000 개의 사과를 먹을까?
2 + 3 = 5
1234567890
     8
    88
   888

8
88
888

1.23
1.234
1.2345
1.234500
```

printf("\n%6d\n%6d\n%6d\n", 8, 88, 888);

					8
				8	8
			8	8	8

printf("\n%-6d\n%-6d\n%-6d\n", 8, 88, 888);

8					
8	8				
8	8	8			

double b = 1.2345;
printf("\n%-8.2f\n%-8.3f\n%-8.4f\n%-8f\n",
      b, b, b, b);

1	.	2	3				
1	.	2	3	4			
1	.	2	3	4	5		
1	.	2	3	4	5	0	0

그림 4-7 ▶
정수 출력 위치 지정

[실습 4-4]는 정밀도를 사용하여 정수, 실수, 문자 데이터의 필드 폭을 확보하여 출력하는 코드이다.

ex0404.c

```c
#include <stdio.h>
int main()
{
        int day = 15;

        printf("%5c%5c%5c\n", 65, 'b', 67);
        printf("광복절: %d년 %d월 %d일\n", 1949, 8, day);
        printf("%-8s%-6d%-15s\n","홍길동", 19, "경기 부천" );
        printf("  %d   %o   %x   %c   %s\n", 10, 10, 10,
               'A', "can");
        return 0;

}
```


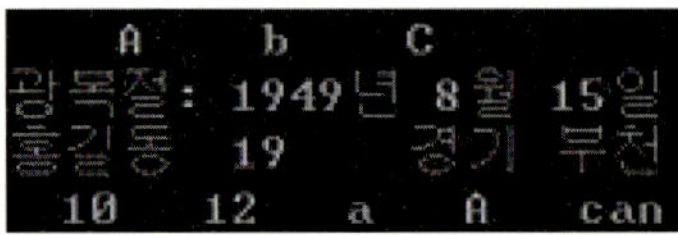

그림 4-8 ▶

출력 위치 지정

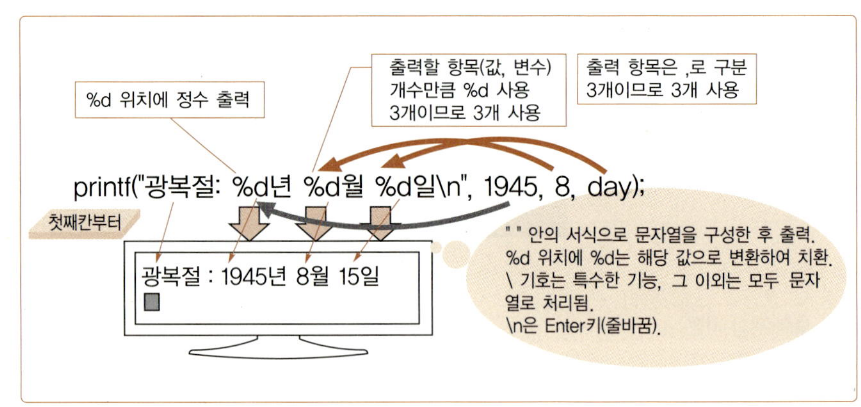

02 scanf( ) 함수

printf( )는 화면에 출력하는 함수이고, scanf( )는 키보드로부터 받아들이는 입력 함수이다. 키보드에서 데이터를 입력하면 모두 문자열 형태이다. 예를 들어, 789라는 문자를 입력하기 위해 키보드 자판의 문자 '7', '8', '9'를 입력한 문자들을 하나로 결합하여 "789" 문자열로 처리한다.

scanf( ) 함수는 포맷지정자를 사용하여 입력받은 문자열을 포맷지정자 형식으로 변환한다.

C scanf( ) 함수 사용하여 대화식 입력하기

scanf( ) 함수는 printf( ) 함수와 유사하게 서식 형식과 일치하는 정보를 표준입력장치(stdin, 키보드)에서 입력받아 메모리에 저장한다.

형식 >>>

```
#include <stdio.h>                              scanf("%d", &var);
int scanf (const char *format [, address, ...]);
```

그림 4-9 ▶
대화식 입력 scanf( ) 함수

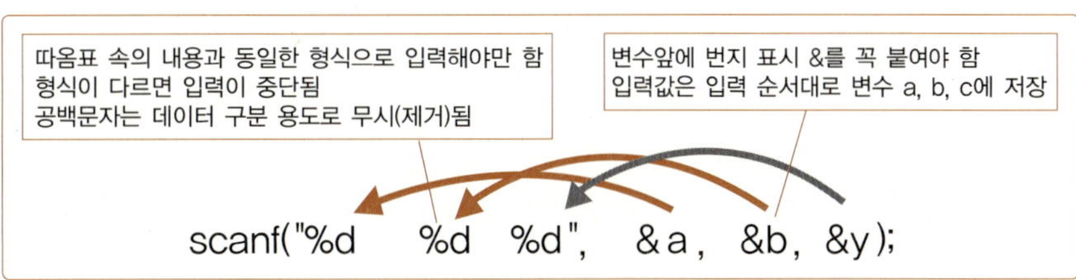

포맷지정자는 정보를 어떤 서식으로 입력받을 것인지 지정하는 문자열로 [표 4-3]과 같다.

표 4-3 ▶
포맷지정자

서식 변환 문자열	%d	%f	%lf	%c	%s
자료형	int	float	double	char	char[], char*
서식 변환 문자열	%u	%x	%o	%e	%p
자료형	unsigned int	16진수 정수	8진수 정수	지수 형식 실수	메모리 주소

포맷지정자는 입력할 데이터마다 포맷지정자를 일 대 일로 대응시킨다. 즉, 자료형에 민감하므로 **입력 데이터 개수와 자료형은 동일해야 한다.** 만약 변수 값과 자료형이 일치하지 않으면 변환 작업이 종료된다. 이때 충돌된 문자는 입력 스트림에 남게 되어, 다음 입력 작업 때 사용되므로 잘못 처리된다. 또한 명칭의 개수가 많으면 남는 여분의 인자는 무시되지만 적으면 정의되지 않는 결과를 갖는다.

주의사항은 다음과 같다.

① scanf( ) 함수는 입력한 데이터를 저장할 변수는 변수명 앞에 주소 기호인 엠퍼샌드(&)를 붙인다. & 변수는 변수의 주소이다.

② printf( ) 처럼 scanf( )도 각 변수의 자료형에 일치하는 포맷(%d, %lf, %c 등)을 사용한다. printf( ) 함수는 double이나 float 모두 %f로 출력하지만 scanf( ) 함수인 경우 float은 %f로 입력받아야 한다. 또한 double형 변수는 %lf 로만 입력 받아야 함에 주의하자.

③ scanf( ) 함수는 키보드에서 입력할 때까지 대기한다. 모두 입력하였으면 Enter 를 눌러야 입력으로 처리된다. Enter 를 누르면 포맷 형식과 일치해야만 해당 변수에 저장됨에 주의하자.

④ scanf( ) 함수는 화이트문자(공백, 탭, 개행문자)를 만나면 입력을 중단한다. Space bar 를 누르면 공백문자, Tab 을 누르면 탭 문자, Enter 를 누르면 개행문자가 입력된다.

⑤ %d는 0~9 이외의 글자, 즉, 숫자 이외의 글자는 읽지 않고 오류가 발생한다. 문자를 읽으면 읽기를 중단하고 지정된 변수에 저장하지 않는다. 이 문자는 다음번에 읽기를 시도할 때 다시 읽는다.

⑥ %c는 한 개의 문자를 읽어 지정한 변수에 저장한다. 2바이트 글자, 가령 한글이나 특수문자 ★ 등(/와 같은 문자는 들어간다)은 받지 않는다.

⑦ 엔터키는 스트림(Stream)에 Enter 의 값이 남아있게 된다. 이것이 오동작의 주범이 되기도 한다. 즉, 입력을 연속으로 붙여서 하지 않고 중간중간에 입력을 받아야 한다면, getchar( ); 또는 fflush(stdin); 등을 사용하여 스트림을 비워주어야 한다.

⑧ %s는 키보드에서 입력한 하나의 문자열은 화이트스페이스(공백문자, Tab 등)를 제외한 어떤 문자들도 입력한다. 즉, 입력한 문자열에서 첫

번째 화이트스페이스를 만날 때까지의 한 개의 단어만 입력한다.

문자열에 공백을 포함한 내용을 하나의 문자열로 입력하려면 gets( ) 함수를 사용한다.

[실습 4-5]는 키보드에서 다양한 형태의 데이터를 입력하는 scanf( ) 함수 코드이다.

실습 4-5 | 키보드에서 다양한 형태의 데이터를 입력하는 scanf( ) 함수 코드

```c
#include <stdio.h>
int main( )
{
    int ai;
    double du;              // 실수형 변수
    char ch;                // 문자형 변수

    printf("정수 입력 : ");
    scanf("%d", &ai);       // 정수 입력하여 변수 ai에 저장
    printf("실수 입력 : "); scanf("%lf", &du);
    getchar( ); // Enter 키에 의한 공백문자 제거(다음 입력에 사용되므로)

    printf("하나의 문자 입력 : "); scanf("%c", &ch);// 한 글자만 입력
    printf("ch: %c , ai: %d , du: %f\n", ch, ai, du);
    return 0;
}
```


키보드에서 정수나 실수를 입력하고 Enter 를 눌러 입력한 후 %c 위치에 해당하는 문자를 입력하면 Enter 에 의해 발생한 공백문자를 입력하여 저장하므로 오동작된다. 이를 제거하기 위해 getchar( );를 사용하여 읽기만 하면 제거하는 효과가 있어 정상적으로 동작한다.

double형은 %lf, float형은 %f를 사용함에 주의하라.

scanf("%lf", &du); 키보드에서 실수를 입력하면 변수 du에 저장함

메모리 주소 표시:&

문자를 입력할 때 한글은 2바이트를 차지하므로 최대 1바이트를 차지하는 char형 변수인 ch에 한글을 치면 오류가 발생한다.

 두 개 이상의 데이터 입력

한 개의 scanf( ) 함수로 두 개 이상의 데이터를 입력받을 수 있다. 즉, 입력받을 정보 개수 만큼 포맷지정자를 사용한다. scanf( ) 함수의 큰따옴표 안의 포맷지정자 형태로 입력해야 정상 동작한다. 만약 일치하지 않으면 scanf( ) 함수는 읽는 동작을 즉각 중단하고 입력한 어떤 값도 저장하지 않는다.

[실습 4-6]은 두 개 이상의 데이터를 키보드에서 입력하는 scanf( ) 함수 코드이다.

 실습 4-6 | 두 개 이상의 데이터를 키보드에서 입력하는 scanf( ) 함수 코드

```c
#include <stdio.h>
int main()
{
    char ch, ck;
    int a, b, y;
    float fl;
    double du;
    printf("35 99 입력: "); scanf("%d %d", &a, &b); getchar();
    printf("a = %d , b = %d\n", a, b);

    printf("문자 두 개 입력(a  b): "); scanf("%c %c", &ch, &ck);
    printf("첫 문자: %c 다음 문자: %c\n", ch, ck);

    printf("34.567 24.93 입력: "); scanf("%f %lf", &fl, &du);
    printf("fl: %.3f , du: %.2f\n", fl, du);
    return 0;
}
```

실행 결과

프로그램 설명

```
scanf("%d %d", &a, &b);
```

한 개의 scanf( ) 함수에 모두 조합하거나 입력 정보마다 scanf( ) 함수를 따로 사용해도 된다.

이 문장이 실행될 때 키보드에서 두 개의·정수 사이에 한 칸을 띄우고 입력하거나 35 99 Enter 또는 35 Enter 99 Enter 로 입력한다. 이때 변수 a에는 35가 저장되지만 변수 b에는 99가 저장된다. 각 데이터는 공백으로 구분한다. 이런 공백은 한 칸의 공백이나 여러 칸(Space bar, Tab, Enter)의 공백이 의미로 보면 모두 동일하다.

그림 4-11 ▶

char형 단일문자 두 개 입력

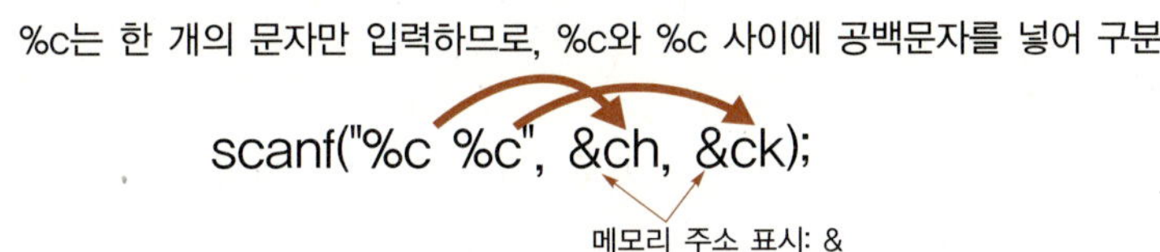

a를 입력하고 공백을 넣고 b를 입력한 후 Enter 를 누르면 ch에는 a가 저장되고 ck에는 b가 저장된다. %c는 공백문자도 한 개의 문자로 읽는다.

C 문자열 입력하기

scanf( )는 공백을 만나면 입력을 종료하므로 단어 중심으로 입력한다. 주소처럼 중간에 공백이 포함된 문자열은 scanf( ) 함수를 사용하면 공백에 의해 단어로 분리됨에 주의하자.

[실습 4-7]은 scanf( ) 함수를 사용하여 주소를 입력하는 코드이다.

실습 4-7 | scanf( ) 함수를 사용하여 주소를 입력하는 코드

소스 파일명
ex0407.c

```c
#include <stdio.h>
int main()
{
    char st[256];  // 문자열을 입력받기 위해 문자형 배열로 선언, 256개
    printf("주소 입력: "); scanf("%s", st);  // 공백으로 구분
    printf("주소: %s\n", st);                // 문자열 형식: %s
    return 0;
}
```

실행 결과

```
주소 입력 : 경기도 부천시
주소: 경기도
```

프로그램 설명

```c
scanf("%s", st);
```

배열은 배열 이름 앞에 & 기호를 붙이지 않는다. &st[0]는 st로 표현하기 때문이다. 공백이 포함된 문자열을 입력받고 출력해보면 주소 전체가 출력되지 않고 공백 앞에 있는 단어만 출력된다. scanf( ) 함수는 단어 입력 함수이지만 gets( ) 함수는 문자열 입력 함수이다.

[실습 4-8]은 gets( ) 함수를 사용하여 주소를 입력하는 코드이다.

실습 4-8 | gets( ) 함수를 사용하여 주소를 입력하는 코드

소스 파일명
ex0408.c

```c
#include <stdio.h>
int main()
{
    char st[256];  // 문자열을 입력받기 위해 문자형 배열로 선언, 256개
    printf("주소 입력 : "); gets(st);
    printf("주소: %s\n", st); // 문자열 형식: %s
    return 0;
}
```

실행 결과

```
주소 입력 : 경기도 부천시
주소: 경기도 부천시
```

scanf( ) 함수는 공백을 만나면 함수를 종료하기 때문에 띄어쓰기를 할 수 없지만, gets( ) 함수는 Enter 를 누를 때까지 입력받은 모든 문자열을 그대로 출력한다.

 ## scanf( ) 함수에서 입력할 데이터 자릿수 지정

scanf( ) 함수는 데이터를 자릿수에 맞추어 입력할 수 있다. 큰따옴표 안에 %와 변환 서식 문자 사이에 자릿수를 넣어 사용한다. 이 방법은 입력한 값을 공백문자로 분리하지 않고 연속적으로 원하는 자리만큼씩 분리한다.

[실습 4-9]는 데이터의 자릿수를 지정하여 키보드에서 입력하는 scanf( ) 함수 코드이다.

 **실습 4-9** | 데이터의 자릿수를 지정하여 키보드에서 입력하는 scanf( ) 함수 코드


```c
#include <stdio.h>
int main()
{
    char ch, ck;
    int a, b, y;
    float fl;
    double du;
    printf("123456 입력: "); scanf("%3d%3d", &a, &b);
    getchar();
    printf("a = %d , b = %d\n", a, b);

    printf("문자 두 개 입력(ab): "); scanf("%c%c", &ch, &ck);
    printf("첫 문자: %c 다음 문자: %c\n", ch, ck);

    printf("34.56724.93 입력:"); scanf("%6f%5lf", &fl, &du);
    printf("fl: %.3f , du: %.2lf\n", fl, du);
    return 0;
}
```



```
123456 입력: 123456
a = 123 , b = 456
문자 두 개 입력(ab): ab
첫 문자: a 다음 문자: b
34.56724.93 입력: 34.56724.93
fl: 34.567 , du: 24.93
```

```
scanf("%3d%3d", &a, &b);
```

입력한 숫자는 처음 3개의 숫자를 분리하여 a에 저장하고 나머지 3개의 숫자를 분리하여 b에 저장한다.

```
scanf("%6f%5lf", &f1, &du);
```

입력한 숫자는 처음 6개의 숫자를 분리하여 f1에 저장하고 나머지 5개의 숫자를 분리하여 du에 저장한다. 이때 소수점도 한 자리를 차지한다.

%.2lf에서 .2은 소수점 이하 두 자리로 출력하고, 숫자 1이 아니라 L의 소문자 l과 f에 의해 double형의 데이터가 출력된다. 물론 %.2f를 사용해도 동일하다.

문자는 오직 한 개만 입력할 수 있으므로 %와 c 사이에 자릿수를 넣을 수 없다. 예를 들어, %3c처럼 사용할 수 없고 %c를 사용해야 한다.

 공백 이외의 문자로 데이터 구분하기

scanf( ) 함수는 입력하는 데이터를 공백문자에 의해 데이터를 구분한다. 입력받을 때 공백이 아닌 다른 특수문자를 이용해서 입력받을 수 있다. 큰따옴표 안에 포맷지정자와 포맷지정자 사이에 구분할 문자를 삽입하면 된다.

그림 4-12 ▶
공백 이외의 문자로 데이터를 구분하여 입력

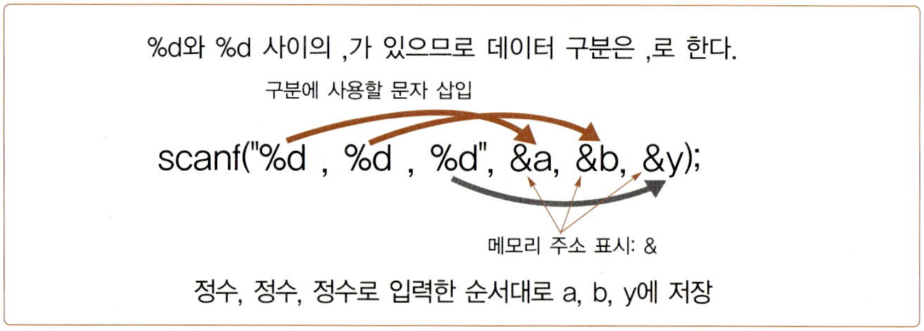

[실습 4-10]은 공백 이외의 문자로 데이터를 구분하는 scanf( ) 함수 코드이다.

실습 4-10 | 공백 이외의 문자로 데이터를 구분하는 scanf( ) 함수 코드


```c
#include <stdio.h>
int main()
{
    char ch, ck;
    int a, b, y;
    float fl;
    double du;
    printf("5,2,8 입력:");scanf("%d,%d, %d", &a, &b, &y); getchar();
    printf("a = %d , b = %d\n", a, b);

    printf("문자 두 개 입력(a,b): "); scanf("%c,%c", &ch, &ck);
    printf("첫 문자: %c 다음 문자: %c\n", ch, ck);

    printf("34.567,24.93 입력: "); scanf("%f,%lf", &fl, &du);
    printf("fl: %.3f , du: %.2f\n", fl, du);
    return 0;
}
```



```
5,2,8 입력: 5,2,8
a = 5 , b = 2
문자 두 개 입력(a,b): a,b
첫 문자: a 다음 문자: b
34.567,24.93 입력: 34.567,24.93
fl: 34.567 , du: 24.93
```



```c
scanf("%d, %d, %d", &a, &b, &y);
```

이 문장은 %d와 %d 사이에 콤마 , 를 포함하고 있다. 이런 경우 정수를 입력하고 콤마(,)와 공백문자를 입력하고 정수를 입력할 것이라고 판단한다. 다음과 같이 입력한다.

5, 2, 8 `Enter`

정수나 실수를 입력한 후 %c로 입력하려면 첫 번째 scanf( ) 함수가 실행되면서 값을 입력하고 `Enter`를 누르면 해당 변수에 값이 저장되지만, 다음 scanf( ) 함수가 실행될 때 `Enter`에 해당하는 \n의 ASCII 코드가 저장되므로 다음 변수에 저장하게 되어 오동작된다. 이를 해결하려면 두 번째 scanf( ) 문에서 %c

앞에 공백문자를 넣어주면 된다.

```
scanf(" %c", &ch);
```

또는 getchar( );를 사용하여 제거하거나 fflush(stdin); 를 사용하여 키보드 버퍼를 강제로 비우기하면 된다. scanf( ) 함수를 사용할 때 Enter 를 눌러 데이터를 입력한다. 이때 공백문자 \n의 ASCII 코드가 저장되므로 다음 변수에 저장하게 되어 오동작될 수 있다. 이를 해결하는 방법은 다음과 같다.

> **주의**
> ① scanf("%포맷지정자", &변수); // 공백을 하나 넣고 % 포맷지정자 사용
> ② getchar( );　　　 // 입력받아 사용하지 않으면 제거 효과
> ③ fflush(stdin);　　 // 특정 스트림에서 fflush( )로 남아있는 문자를 지우면 된다.

ⓒ 입력한 내용 중 특정문자를 읽고 제거하기

날짜나 시간, 전화번호, 주민등록번호와 같은 번호 사이에 특정문자가 삽입되어 있는 경우 입력할 때 특정문자를 삽입하여 입력한 후 값만 저장할 수 있다.

데이터 구분을 공백문자가 아닌 특정문자로 변경할 수 있다. 이런 경우 정확히 값을 입력하려면 포맷지정자 사이에 추가된 문자와 동일하게 입력해야 된다. 이 문자는 단지 구분자 역할만 하므로 읽고 무시(삭제)한다.

이 문장에서 /와 : 는 특정문자이므로 정수 / 정수 : 정수 형식으로 데이터를 입력하면 /와 :는 제거하면서 숫자만 읽어 저장한다.

[실습 4-11]은 키보드에서 입력한 후 읽은 문자 중에서 불필요한 문자를 제거하는 코드이다.

실습 4-11 | 키보드에서 입력한 후 읽은 문자 중에서 불필요한 문자를 제거하는 코드

```c
#include <stdio.h>
int main()
{
    int y, m, dy;
    char ch[20] = {0}, st[20] = {0};
    printf("년-월-일 형식(1949-8-15)으로 입력: ");
    /* 각 데이터 사이에 –문자를 읽고 무시(삭제)함 */

    scanf("%d-%d-%d",&y, &m, &dy);
    printf("%5d%5d%5d\n", y, m, dy);
    getchar();  // 키보드 버퍼 비우기, \n에 의한 오동작 방지

    printf("년/월/일 형식으로 입력: ");
    scanf("%d/%d/%d", &y, &m, &dy); /* 읽고 건너뛰기 */
    printf("%5d%3d%3d\n", y, m, dy);
    getchar();

    printf("시:분:초 형식으로 입력: ");
    scanf("%d:%d:%d",&y, &m, &dy);  // : 문자 읽고 버리기
    printf("%5d%3d%3d\n", y, m, dy);
    fflush(stdin); // 키보드 버퍼 비우기
```

```c
        printf("abcdend 입력: ");
        scanf("%[a-d]", &ch); fflush(stdin);
        printf("ch = %s\n", ch);

        printf("lovebig 입력: "); scanf("%[^abc]", &st);
        printf("st = %s\n", st);
        return 0;
}
```



```
년-월-일 형식<1949-8-15>으로 입력: 1949-8-15
 1949    8    15
년/월/일 형식으로 입력: 1949/8/15
 1949    8  15
시:분:초 형식으로 입력: 10:23:45
   10 23 45
abcdend 입력: abcdend
ch = abcd
lovebig 입력: lovebig
st = love
```



```c
        scanf("%d-%d-%d",&y, &m, &dy);
```

위 문장을 살펴보면 "%d-%d-%d" 형식으로 입력해야 된다. 즉, %d 와
%d 사이에 -가 삽입되어 있다. 이와 같이 포맷지정자 사이에 특정문자 -가
삽입되면 정수를 입력할 때 반드시 -를 삽입해야 된다. 정수 구분을 공백문
자가 아닌 -로 변경하였기 때문이다. 만약 두 정수 사이에 -를 삽입하지 않
으면 그 결과는 예측할 수 없다.

Q1 성명과 주소를 화면에 출력하라. printf문만 사용한다.

   성 명 : 홍 길동

   주 소 : 경기도 부천시 원미구

Q2 삼각형, 사각형, 다이아몬드 모양을 printf문 5개를 사용하여 화면에 출력하라.

(1)

				*				
			*		*			
		*				*		
	*						*	
*	*	*	*	*	*	*	*	*

(2)

*	*	*	*	*	*	*	*	*
*								*
*								*
*								*
*	*	*	*	*	*	*	*	*

(3)

				*				
			*		*			
		*				*		
			*		*			
				*				

Q3 화면에 다음과 같이 출력하는 코드를 작성하라.

   큰 꿈을 품어라!

Q4 화면에 다음과 같이 출력하는 코드를 작성하라.

   나의 행복 지수는 95%이다.

Q5 3 + 9 결과를 출력하여라.

Q6 다음 코드를 실행하고 왜 그렇게 출력되는지 설명하여라.

```c
#include <stdio.h>
int main()
{
        printf("홍길동");
        printf("홍\t길\t동\n");
        printf("1\n23\n");
        printf("꿈\n열정\n사랑\n");
        return 0;
}
```

Q7 공백 포함한 문자열을 scanf( ) 함수를 이용하여 Enter 를 누를 때까지 하나의 문 자열로 읽어 출력하여라. 마치 gets( ) 함수와 유사한 기능을 구현하자.

```
공백 포함한 문자열 입력:
I can do it.
I can do it.
```

A1

```c
#include <stdio.h>
int main()
{
    printf("성 명: 홍 길동\n");
    printf("주 소: 경기도 부천시 원미구\n");
    return 0;
}
```

A2

(1)
```c
#include <stdio.h>
int main()
{
    printf("    *    \n");
    printf("   * *   \n");
    printf("  *   *  \n");
    printf(" *     * \n");
    printf("*********\n");
    return 0;
}
```

(2)
```c
#include <stdio.h>
int main()
{
    printf("*********\n");
    printf("*       *\n");
    printf("*       *\n");
    printf("*       *\n");
    printf("*********\n");
    return 0;
}
```

```
(3) #include <stdio.h>
    int main()
    {
        printf("    *    \n");
        printf("   * *   \n");
        printf("  *   *  \n");
        printf("   * *   \n");
        printf("    *    \n");
        return 0;
    }
```

A3
```
#include <stdio.h>
int main( )
{
    printf("큰 꿈을 품어라!\n");
    return 0;
}
```

A4
```
#include <stdio.h>
int main( )
{
    printf("나의 행복 지수는 95%%이다.\n");
    return 0;
}
```

A5
```
#include <stdio.h>
int main( )
{
    printf("3 + 9 = %d\n");
    return 0;
}
```

A6 \n 는 줄바꿈, \t 는 탭키 기능

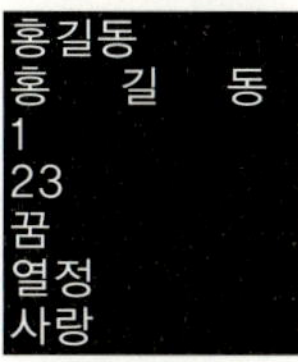

A7

```c
#include <stdio.h>
#include <stdlib.h>
int main()
{
    char name[1028];
    printf("공백 포함한 문자열 입력:\n");
    scanf("%[^\n]s", name);  // \n를 만날 때까지 문자열로 받아들이기
    printf("%s\n", name);
    return 0;
}
```

Memo

연산자

학습목표

- 대입 연산자, 산술 연산자
- 관계 연산자, 비트 단위 연산자, 논리 연산자
- 조건 연산자, sizeof 연산자, shift 연산자
- 캐스트 연산자

5장에서는 프로그램 연산에 필요한 각종 연산자를 소개한다. 변수에 데이터를 저장하는 대입 연산자를 시작으로 사칙연산에 필요한 산술 연산자를 이해하자.

비교문과 반복문에서 사용하는 관계 연산자는 잘 이해해야 한다. 비교할 범위를 확장하기 위한 논리 연산자도 중요하다. 캐스트 연산자는 어떤 경우에 사용하는지 고민해 보자.

01 기본 연산자

연산자(operator)는 컴파일러에 의해 값을 평가하는 기능이 정의된 기호나 특수문자이다.

연산에 사용하는 상수나 변수 같은 데이터를 피연산자(operand)라고 부른다. C 프로그램은 [표 5-1]과 같은 연산자를 제공한다.

표 5-1 ▶
연산자

우선순위	기능별 분류		연산자	연산 방향
1	괄호, 배열, 구조체		( ) [ ] . ->	좌→우
2	단항 연산자		- ++ -- ~ !, *포인터 &주소 sizeof (자료형)	우→좌
3	산술 연산자	승제	* / %	좌→우
4		가감	+ -	좌→우
5	쉬프트(shift) 연산자		<< >>	좌→우
6	관계 연산자	비교	<, <=, >, >=	좌→우
7		등가	==, !=	좌→우
8	비트 단위 연산자	AND	&	좌→우
9		XOR	^	좌→우
10		OR	|	좌→우
11	논리 연산자	AND	&&	좌→우
12		OR	||	좌→우
13	조건 연산자		?:	우→좌
14	대입 연산자		= += -= *= /= %= >>= <<= &= ^=	우→좌
15	콤마 연산자		,	좌→우

연산자는 사용하는 항목 수에 따라 하나의 피연산자만 가지고 계산하는 단항 연산자, 두 개의 피연산자가 필요한 이항 연산자, 세 개의 피연산자가 필요한 삼항 연산자가 제공된다.

연산자는 우선순위를 가지며, 우선순위는 연산자들의 처리 순서이다. 우선순위가 높은 것부터 낮은 순서로 연산이 진행된다. 우선순위를 변경하려면 소괄호를 사용한다. 연산자 우선순위가 같은 두 연산자를 처리시 연산 방향이 왼쪽에서 오른쪽으로 처리할지 오른쪽에서 왼쪽으로 처리하는지를 고려해야 한다.

🅒 대입 연산자

대입 연산자(assignment operator)는 등호(=) 기호로 표시하여, = 기호 오른쪽(뒤쪽)에 있는 값을 = 기호 왼쪽(앞쪽)에 있는 변수에 대입한다.

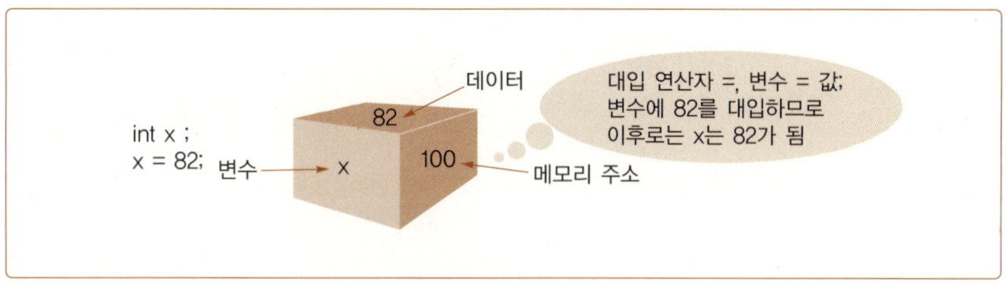

예문
```
int a, b, c;
a = b = 33;
```

=는 뒤에서부터 해석하므로 위 문장은 변수 b에 33을 저장한 후 다시 a에 b의 값 33을 저장한다. 즉, 다음 문장과 같다.

```
b = 33; a = b;
```

🅒 산술 연산자

산술 연산자(arithmetic operator)는 사칙연산(+, −, ×, ÷)을 가리킨다.

피연산자 중 어느 하나라도 double형이라면 결과는 double형으로 자동 변환된다. 컴퓨터 상에서는 ×와 ÷ 기호를 *와 /로 대체한다. 즉, 2×5 는 2 * 5로 기술하고, 9÷3은 9/3으로 기술한다.

%는 오직 정수형 데이터에서만 연산이 가능하며, 나눈 나머지 값을 표시한다. 예로, 10%3은 1이 된다. 왜냐하면 10을 3으로 나눈 나머지가 1이기 때문이다.

[실습 5-1]은 두 개의 int 자료형 정수를 사칙 연산한 후 출력하는 코드이다.

ex0501.c

```c
#include <stdio.h>
int main()
{
    int x, y;
    x = 10;
    y = 4;

    printf("%d + %d = %d\n", x, y, x + y);
    printf("%d - %d = %d\n", x, y, x - y);
    printf("%d * %d = %d\n", x, y, x * y);
    printf("%d / %d = %d\n", x, y, x / y);
    printf("%d %% %d = %d\n", x, y, x % y);
    printf("%d / %d = %.1f\n", x, y, (double) x / (double) y);
    return 0;
}
```



```
10 + 4 = 14
10 - 4 = 6
10 * 4 = 40
10 / 4 = 2
10 % 4 = 2
10 / 4 = 2.5
```



```c
x = 10; y = 4;
```

이 문장은 우측의 값을 좌측에 '대입'하는 것이므로 x의 값은 10, y의 값은 4라는 것이다.

x÷y 연산한 x / y의 결과는 왜 2가 될까? x와 y는 모두 int형으로 선언된 변수이다. 즉, x와 y는 정수이므로 x를 y로 나누면, 즉 10을 4로 나누면 2.5가 되겠지만 정수 부분인 2만을 처리하여 2가 출력된다.

+, -, *, / 연산자는 모두 정수, 실수형 데이터가 가능한데, %는 오직 정수형 데이터에서만 연산이 가능하다. x % y는 x를 y로 나눈 나머지이다. 예를 들어 10 % 4＝2가 된다.

```
printf("%d %% %d = %d\n", x, y, x % y);
```

이 문장에서 %% 는 '%'를 표시하기 위한 방법이다. 왜냐하면 % 표시 하나로는 %d , %f, %c 같이 사용될 수 있기 때문에 표시가 되지 않기 때문이다.

```
printf("%d / %d = %.1f\n", x, y, (double) x / (double) y);
```

x와 y는 정수형 변수인데 이들에 대해 연산 결과를 실수형으로 출력하였는데 정상적으로 나온다. 왜, 그럴까? 이는 컴파일러가 '산술 변환' 과정을 거치기 때문이다. 즉, 캐스트 연산자(자료형) 변수를 사용한 (double) x에 의해 정수가 실수 10.0으로 변환되고, (double) y에 의해 2.0으로 자료형이 바뀐다. 따라서 double형을 이용한 10.0 / 4.0의 값은 2.5가 된다.

 축약 대입 연산자

축약 대입 연산자(shorthand assignment operator)는 연산자와 대입 연산자를 조합한 연산자이다.

대입 연산자 등호(=) 기호를 기준으로 좌측과 우측에 사용하는 변수가 같을 때 사용한다.

축약 연산자는 공백을 허용하지 않는다. 예를 들어, +=를 + =로 표기할 수 없다.

[실습 5-2]는 두 개의 int 자료형 정수를 사칙 연산한 후 출력하는 코드이다.

실습 5-2 | 두 개의 int 자료형 정수를 사칙 연산한 후 출력하는 코드


```c
#include <stdio.h>
int main()
{
    int y = 5;
    printf("y = %d\n",  y);
    printf("y + 1 = %d\n",  y += 1); // y = y + 1과 같다.
    printf("y - 1 = %d\n",  y -= 1);  // y = y - 1과 같다.
    printf("y * 2 = %d\n",  y *= 2);  // y = y * 2와 같다.
    printf("y / 2 = %d\n",  y /= 2);  // y = y / 2와 같다.
    printf("y %% 3 = %d\n",  y %= 3); // y = y % 3과 같다.
    return 0;
}
```

실행 결과

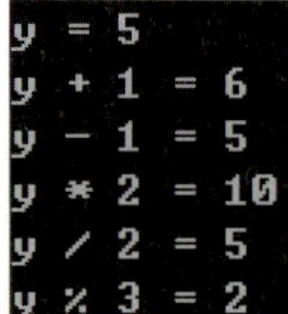

프로그램 설명

+를 =보다 먼저 연산하므로, y+1을 먼저 한 후(+), 그 값을 대입(=)하는 순서를 거치기 때문에 y에 6이라는 값이 들어간다. 이러한 것을 '연산자 우선순위'라고 한다.

+=와 같은 연산을 복합 대입 연산이라 하며, y=y+1과 같다. 단지, 간략하게 쓰는 것이다.

 증감 연산자

증감 연산자 변수에 저장된 값을 1 증가 또는 감소시키는 경우에 사용된다. [표 5-2]처럼 한 개의 피연산자만 가지며, 피연산자의 앞이나 뒤에 올 수 있다.

표 5-2 ▶
증감 연산자

증감 연산자	형식	예	내용
증가 연산자	변수++	x++	연산을 처리한 후 x = x +1;
	++변수	++x	x=x+1; (x값 먼저 1 증가)한 후 연산 처리
감소 연산자	변수--	x--	연산을 처리한 후 x = x -1;
	--변수	--x	x=x-1; (x 값 먼저 1 감소)한 후 연산 처리

증감 연산자는 변수 이름 앞에 붙는 전위 방식(prefix)(++변수, --변수)과 변수 이름 뒤에 붙이는 후위 방식(postfix)(변수++, 변수--)으로 구분된다.

[실습 5-3]은 증감 연산자를 사용하는 코드이다.

실습 5-3 | 증감 연산자를 사용하는 코드

```c
#include <stdio.h>
int main()
{
    int x, y, a, b, c, d;      // 6개 변수 생성
    x = y = 7;                 // x = 7; y = 7; 과 같다.

    a = x++;                   // x값 7을 a에 저장한 후 x = x + 1
    b = ++y;                   // b = y + 1 한 후, b에 저장
    printf("a = x++ --> %d, x = %d\n", a, x);
    printf("b = ++y --> %d, y = %d\n", b, y);

    x = y = 7;
    c = x--;                   // x값 c에 저장한 후 x = x - 1
    d = --y;                   // d = y - 1 한 후, d에 저장
    printf("c = x-- --> %d, x = %d\n", c, x);
    printf("d = --y --> %d, y = %d\n", d, y);
    return 0;
}
```

실행 결과

```
a = x++ --> 7, x = 8
b = ++y --> 8, y = 8
c = x-- --> 7, x = 6
d = --y --> 6, y = 6
```

프로그램 설명

++ 연산자와 -- 연산자는 대입 연산자 = 보다 우선순위가 높다.

++x는 먼저 1을 더한 후 결과를 반환하고, x++은 먼저 결과를 반환한 후, 1을 더한다.

소스 파일명
ex0503.c

캐스트(cast) 연산자는 소괄호 안에 변환할 자료형을 명시(explicit)하는 것으로 명시한 자료형의 값으로 변경한다.

형식 >>>

(자료형) 변수	(double) result

자료형이 다른 변수끼리 대입을 하는 연산이 필요한 경우 캐스트 연산자를 사용한다. 캐스트 연산자는 컴파일 오류가 발생하지 않도록 대입 연산자의 우변의 값을 좌변에 대입하기 전에 좌변의 변수에 대입할 수 있는 자료형으로 만들 때 사용한다.

C 컴파일러는 연산식에 있는 자료형이 일치하지 않으면 다음 규칙을 적용하여 자동으로 자료형을 변환(암시적(묵시적, implicit) 자료형 변환)한다.

변환 >>>

char → short → int → unsigned → long → unsigned long → float → double

[실습 5-4]는 6÷4 결과를 출력하기 위해 캐스트 연산자를 사용한 코드이다.

실습 5-4 | 6÷4 결과를 출력하기 위해 캐스트 연산자를 사용한 코드

소스 파일명

ex0504.c

```c
#include <stdio.h>

int main()
{
    int x = 6;
    int y = 4;
    double div, div2;
    int mod;

    div = (double) x / (double) y;
        /* 이 위치에서만 임시로 double로 변환됨 */
    div2 = x / y;
    mod = y % x; /* 나눗셈한 후 나머지(%) 값을 mod에 저장 */
    printf("%d / %d = %.2f\n", x, y , div);
    printf("%d / %d = %.3f\n", x, y , div2);
```

```
        printf("%d %% %d = %d\n", x, y , mod);

        return 0;
}
```



```
6 / 4 = 1.50
6 / 4 = 1.000
6 % 4 = 4
```


　　나눗셈 연산자를 사용하는 경우 정수/정수=몫에 해당하는 정수, 나머지 부분은 절단되므로 실수 값으로 결과를 얻으려면 변수를 실수형으로 변환하여 계산해야 한다.

　　즉, 정확한 연산 결과를 얻기 위해 정수에 해당하는 값을 부동 소수점 수로 변환해야 된다. 변수의 값을 부동 소수점 수로 변환하려면 캐스트 연산자를 사용하면 해결된다.

```
div = (double) y / (double) x
```

　　(double) y에 의해 변수 y의 값이 정수 7이므로 이를 이 위치에서만 7.0이라는 부동 소수점 실수인 double 자료형으로 변환하기 위한 캐스트 연산자(( ))를 사용한 것이다. 산술 변환 규칙에 의해 두 개의 피연산자 중 한 쪽만 실수형으로 바꾸면 그 결과값이 실수형으로 산출된다.

　　다음 문장으로 계산해도 동일한 결과를 얻는다.

```
div = (double) y / x
```

　　또는

```
div =  y / (double) x
```

　　캐스트 연산자를 사용하므로 별도로 실수형 변수를 선언할 필요도 없고 별도의 대입 과정이 필요 없는 매우 유용하게 사용할 수 있는 연산자이다.

　　printf( )문에서 % 출력하려면 %% 로 표기해야만 된다.

 ## 관계 연산자

관계 연산자는 두 개의 피연산자 크기를 비교하기 위한 연산자로 [표 5-3]과 같이 제공된다.

관계 연산자	예문	내용
<	x < y	x의 값이 y보다 작다(x<y)면 참, 아니면 거짓
>	x > y	x의 값이 y보다 크다(x>y)면 참, 아니면 거짓
<=	x <= y	x의 값이 y보다 작거나 같다(x≤y)면 참, 아니면 거짓
>=	x >= y	x의 값이 y보다 크거나 같다(x≥y)면 참, 아니면 거짓
==	x == y	x의 값이 y와 같다(x=y)면 참, 아니면 거짓
!=	x != y	x의 값이 y와 다르다(x≠y)면 참, 아니면 거짓

관계 연산자는 우선순위가 사칙 연산자 보다 낮다.

연산 결과는 조건이 일치(성립)하면 참(true, 0 이외의 정수)이 되고, 조건식이 불일치(성립하지 않음)하면 거짓(false, 0)이 된다.

<=, >=, ==, != 중간에 공백을 넣으면 에러가 발생한다.

[실습 5-5]는 관계 연산자를 적용한 결과를 확인하는 코드이다.

실습 5-5 | 관계 연산자를 적용한 결과를 확인하는 코드


```c
#include <stdio.h>
int main()
{
    int x = 10;
    int y = 20;
    int result;

    result = x < y ;
    printf("결과는 %d\n", result);
    printf("결과는 %d\n", x > y);
    return 0;
}
```

실행 결과

```
결과는 1
결과는 0
```

ⓒ 논리 연산자

관계 연산자는 두 개의 피연산자 크기를 비교하기 위한 연산자이므로 범위가 넓으면 비교할 수 없다. 이를 해결하기 위해 [표 5-4]와 같은 논리 연산자를 제공한다.

연산자	예문	내용
!	!x	NOT 연산자(x를 부정) 연산 결과는 x가 참이면 거짓, 거짓이면 참
&&	x && y	x와 y의 논리곱(AND), 연산 결과는 모두 참이면 참이고, 그외는 거짓
‖	x ‖ y	x와 y의 논리합(OR), 연산 결과는 모두 거짓이면 거짓이고, 그외는 참

논리 연산자는 비교할 범위를 관계 연산자로 표현할 수 있도록 여러 개로 분해한 후 이를 논리 연사자로 결합하여 표현한다. 논리 연산자는 두 개 이상의 조건을 조합하여 표현하는 것으로 조건 전체를 부정하는 NOT 연산(!), 조건 모두를 만족하는 AND 연산(&&), 조건 일부만 만족히는 OR 연산(‖)이 제공된다.

&&는 '~ 그리고(와) ~'라는 평가한 결과는 모두 일치(참)할 경우에만 참이고 그 이외는 거짓이다. ‖는 '~ 또는 ~'라는 평가를 한 결과는 어느 하나라도 일치하면 참이고 그 이외는 거짓이다.

! 연산자는 '~아니다'라는 평가를 한 논리식의 결과와 반대 결과를 갖는다. 복수 조건을 부정할 경우에 사용한다. ! 연산자는 우선순위가 곱셈 연산자 보다 높고, 증가 연산자와 같으며, 소괄호 바로 다음이다. && 연산자 우선순위는 ‖ 연산자 보다 높다.

! NOT	false(거짓)	true(참)
	true(참)	False(거짓)

&& 논리곱	false(거짓)	true(참)
false(거짓)	false(거짓)	false(거짓)
true(참)	false(거짓)	true(참)

‖ 논리합	false(거짓)	true(참)
false(거짓)	false(거짓)	true(참)
true(참)	true(참)	true(참)

논리 연산자 연산 결과는 [그림 5-3]과 같이 true(참)와 false(거짓) 값만 갖는다.

✓ 주의
OR 연산(||)의 |은 <—> ⊟ 바로 왼쪽에 위치한 문자(<\> 역슬래시(₩)의 윗부분에 위치한 가운데가 조금 분리된 |과 비슷한 문자 즉, Shift 를 누른 상태에서 <\> ⊞ 키 누름

[표 5-5]는 두 개의 관계 연산자를 논리 연산자로 결합한 예이다.

표 5-5 ▶
논리 연산자 사용 예

예문	내용
if (x >= 5 && x <= 10)	(5 ≦ x ≦ 10) 이라면 참, 아니면 거짓
if (x >= 5 || x < 10)	x ≧ 5 이거나 x < 10 이라면 참, 아니면 거짓
if (x > 3 && x < 9)	(3 < x < 9) 이라면 참, 아니면 거짓
if (!x)	x의 상태를 부정 (x 이외 또는 x가 아니라면) 참

```
(x >= 5 && x < 10)
```

이것은 (x ≧ 5 이고(&&) x < 10)과 동일한 의미이므로 5 ≦ x < 10이다.

[실습 5-6]은 논리 연산자를 평가하는 코드이다.

실습 5-6 | 논리 연산자를 평가하는 코드

소스 파일명
ex0506.c

```c
#include <stdio.h>

int main()
{
    int x = 10;
    int y = 20;

    printf("결과는 %d\n", x >= 9 && x <= 45);
    printf("결과는 %d\n", x >= 2 || x < 9);
    printf("결과는 %d\n", ! y);
    return 0;
}
```

실행 결과

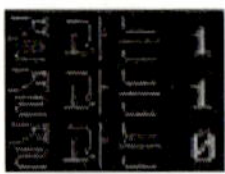

ⓒ 비트 단위 논리 연산자

일반적으로 정수는 10진수로 표기한다. 10진수를 0과 1로 구성된 2진수로 표현한 후 각 자릿수의 비트 단위로 논리 조작하여 결과가 0 또는 1이 되는 연산자 비트 단위로 표현한 것이다.

비트 단위 논리 연산자는 두 개의 피연산자를 각각 비트 단위로 왼쪽이나 오른쪽으로 이동시키는 비트 단위 곱(&), 비트 단위 합(| (₩ 위에 있는 것)), 배타적 비트 단위 합(^), 비트 단위 보수(~)를 제공한다. 비트 연산은 각 자리를 [그림 5-4]와 같은 규칙으로 연산한다.

그림 5-4 ▶
비트 연산

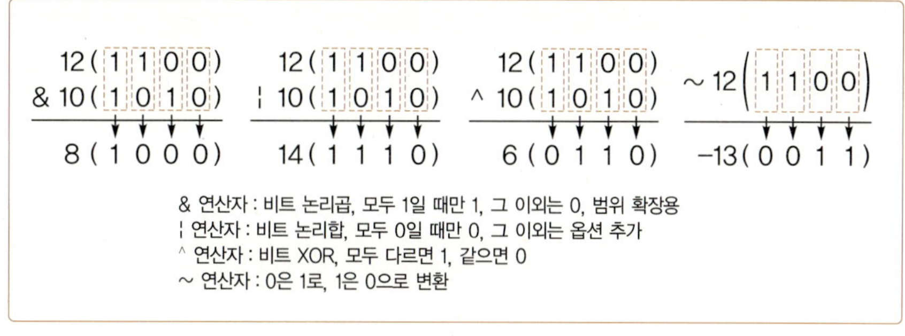

실수 자료형은 비트 연산할 수 없다.

[실습 5-7]은 비트 단위 논리 연산자를 사용하는 코드이다.

ⓒ 실습 5-7 | 비트 단위 논리 연산자를 사용하는 코드

소스 파일명
ex0507.c

```c
#include <stdio.h>
int main()
{
        int a, b, c;
        a = 12; b = 10;

        c = a & b;      // 비트 단위 AND 연산자
        printf("12(1100) & 10(1010) --> %d\n", c);

        c = a | b;      // 비트 단위 OR 연산자
        printf("12(1100) | 10(1010) --> %d\n", c);
```

```c
        c = a ^ b;       // 비트 단위 XOR 연산자
        printf("12(1100) ^ 10(1010) --> %d\n", c);

        c = ~a;          // 비트 단위 1의 보수
        printf(" ~12(1100) --> %#X, 10진수 %d\n", c, c);
        return 0;
}
```



```
12(1100) & 10(1010) --> 8
12(1100) | 10(1010) --> 14
12(1100) ^ 10(1010) --> 6
 ~12(1100) --> 0XFFFFFFF3, 10진수 -13
```


a=12;은 a=0011;이 맞지만 사실 컴퓨터 메모리에서는 a가 int형이므로 4바이트로 표시하면 a=00000000 00000000 00000000 00001100(1100 앞에 0이 28개 있다)이 저장된다. 따라서, 이 숫자를 반전시키게 되면 a= 11111111 11111111 11111111 11110011, 즉 16진수로는 0xFFFFFFF3 이고, 10 진수로는 최상위 비트가 1이므로 음수가 되므로 -13이다. C 프로그램에서 0x로 시작하는 값은 16진수 값을 의미한다.

 shift 연산자

shift 연산자는 [표 5-6]처럼 《와 》을 사용한다.
정수 값을 2진수로 변환한 후 각 자릿수의 비트 단위로 왼쪽이나 오른쪽으로 숫자만큼 이동시킨다.

표 5-6 ▶
shift 연산자

연산자	예문	내용
<<	x << n	x의 값을 2진수로 변환한 후 n비트 왼쪽으로 이동하되, 앞에 이동된 숫자가 갈 자리가 없으면, 그 부분은 버린다. 또한 뒤에서 새로 채워지는 부분은 무조건 0으로 채워진다.
>>	x >> n	x의 값을 2진수로 변환한 후 n비트 오른쪽으로 이동하되, 그 숫자가 갈 자리가 없으면, 그 부분은 버린다. 이때, 무조건 0 이 채워지는 << 연산과는 달리 앞부분의 맨 왼쪽에 있었던 수가 채워진다.

[실습 5-8]은 Shift 연산자를 사용하는 코드이다.

```c
#include <stdio.h>
int main()
{
    int y = 0xAE;      // 16진수 정수 AE이므로 숫자 앞에 0x 부여해야 함
    printf("y << 1 = %#X\n", y << 1);      // 1비트 왼쪽으로 이동
    printf("y << 2 = %#X\n", y << 2);
        // %#X 위치에 16진수로 표시
    printf("y << 3 = %#X\n", y << 3);
        // X가 대문자이므로 A ~ F로 표시
    printf("y << 4 = %#X\n", y << 4);
        // #에 의해 0X는 숫자 앞에 붙음
    return 0;
}
```

소스 파일명

ex0508.c

실행 결과

```
y << 1 = 0X15C
y << 2 = 0X2B8
y << 3 = 0X570
y << 4 = 0XAE0
```

프로그램 설명

```
    y << 4;
```

이 문장은 y의 값을 2진수로 변환한 후 4비트 왼쪽으로 이동(<<)하고 오른쪽에 남는 4자리 빈칸은 0으로 채운다.

 조건 연산자 ? :

조건 연산자(? :)는 if/then/else 명령문을 간결하게 기술한 것으로 매우 간편하게 사용할 수 있고 3개의 피연산자를 갖는 삼항 연산자로 다음과 같은 형식을 갖는다.

형식 >>>

```
조건식 ? 식2 : 식3;
```

조건식의 내용이 일치(true)하면 식2만 실행하고, 불일치(false)하면 식3을 실행한다. 조건 연산자는 활용도가 높으므로 정확하게 이해하도록 하자.

```
if (a > b)
    max = a;
else
    max = b;
```

⇨

```
max = (a> b) ? a : b;
```

[실습 5-9]는 키보드에서 두 개의 정수값을 입력(두 데이터 사이는 빈칸으로 구분)하고 최대값을 구하는 코드이다.

실습 5-9 | 두 개의 정수값을 입력하고 최대값을 구하는 코드

```c
#include <stdio.h>

int main()
{
    int x, y, max;

    printf("두개의 정수값을 입력하고 Enter키를 누르세요 : ");
    scanf("%d %d", &x, &y);

    max = (x > y) ? x : y;
        /* if (x>y) max = x; else max =y;  */
    printf("최대값 : %d\n", max);
    return 0;
}
```



```
두개의 정수값을 입력하고 Enter키를 누르세요 : 3 7
최대값 : 7
```



```
scanf("%d %d", &x, &y);
```

키보드에서 두개의 정수 값을 입력(두 데이터 사이는 빈 칸으로 구분)하고 Enter 를 누르면 첫 번째 입력한 값은 x에 저장되고 두 번째 입력한 값은 y에 저장한다.

```
max = (x > y) ? x : y;
```

위 문장은 다음 문장과 동일하다.

```
if(x > y)
        max = x;
else
        max = y;
```

02 수학 관련 표준 함수

C는 수학에서 자주 사용하는 수학 라이브러리 함수를 제공한다. 수학 라이브러리 함수는 〈math.h〉 헤더 파일에 선언되어 있으며 [표 5-7]과 같다.

수학 함수	수학	내용
int abs(int x);	$|x|$	절대값
double acos(double x);	$\cos^{-1}x$	역 코사인
double asin(double x);	$\sin^{-1}x$	역 사인
double atan(double x);	$\tan^{-1}x$	역 탄젠트
double cos(double x);	$\cos x$	radian 각도의 코사인
double cosh(double x);	$\cosh x$	쌍곡선 코사인
double exp(double x);	e^x	지수 e의 거듭제곱
double fabs(double x);	$|x|$	부동 소수점의 절대값
double fmod(double x, double y);	x/y	두 개의 부동 소수점을 나눈 나머지
long labs(long x);	$|x|$	long 타입의 절대값
double log(double x);	$\log x$	자연 대수
double log10(double x);	$\ln x$	사용 대수
double pow(double x, double y);	x^y	거듭 제곱(지승)
double sin(double x);	$\sin x$	radian 각도의 사인
double sinh(double x);	$\sinh x$	쌍곡선 사인
double tan(double x);	$\tan x$	radian 각도의 탄젠트
double tanh(double x);	$\tanh x$	쌍곡선 탄젠트
double sqrt(double x);	$\sqrt{x}$	제곱근

삼각함수(sin, cos, tan, 쌍곡선 등)를 사용할 때 인수 x는 도수를 래디안(180°를 원주율 π로 나눈 값)으로 변환하여 삼각함수를 계산한다.

[실습 5-10]은 다양한 수학 함수를 사용한 코드이다.

 소스 파일명
ex0510.c

실습 5-10 | 다양한 수학 함수를 사용한 코드

```c
#include <stdio.h>
#include <math.h>
#include <stdlib.h>

int main()
{
    int i;
    int x = -4;
    long lx = -5871234L;
    double dx = -3.141592653589793;

    double d= 0.001;
        /*밑이  e인 자연 대수의 근사값  */
    double napier = 2.718281828459045;
    double n;
    /*래디안 =  원주율 / π(파이), 1 래디안은 약 57.3도   */
    double ratio = 180 / 3.14159265358979323842643383;
    n = napier;

    printf("¦-4¦ = %d\n", abs(x));
    printf("¦-5871234¦ = %ld\n", labs(lx));
    printf("¦-3.141592653589793¦ = %g\n", fabs(x));
    printf("sqrt(9) = %g\n", sqrt(9));
    printf("log10(1000) = %g\n", log10(1000));
    printf("--------------------------------------\n");

    /*log() 계산 */
    for (i = 0; i < 5; i++)
    {
            printf("log(%g)= %g\n", n, log10(n));
            n *= napier;
    }
    printf("--------------------------------------\n");

    /* exp() 계산 */
    for (i = 0; i < 5; i++)
            printf("exp(%d)= %lf\n", i, exp(i));
    printf("--------------------------------------\n");
```

```c
/*  거듭제곱 계산  */
for (i = 2; i < 5; i++)
        printf("pow(%d,2)= %g\n", i, pow(i, 2));
printf("-------------------------------------\n");

/*도수를 래디안으로 변환하여 삼각함수 계산함 */
printf("%.2lf\n", sin(30 / ratio));
printf("%.2lf\n", cos(60 / ratio));
printf("%g\n", tan(45 / ratio));

return 0;
}
```



```
|-5871234| = 5871234
|-3.141592653589793| = 4
sqrt(9) = 3
log10(1000) = 3
-------------------------------------
log(2.71828)= 0.434294
log(7.38906)= 0.868589
log(20.0855)= 1.30288
log(54.5982)= 1.73718
log(148.413)= 2.17147
-------------------------------------
exp(0)= 1.000000
exp(1)= 2.718282
exp(2)= 7.389056
exp(3)= 20.085537
exp(4)= 54.598150
-------------------------------------
pow(2,2)= 4
pow(3,2)= 9
pow(4,2)= 16
-------------------------------------
0.50
0.50
1
```



```
sqrt(9)
```

9에 대한 루트를 계산한다.

```
log10(n)
```

변수 n의 값에 대한 log를 계산한다.

        exp(i)

변수 i의 값에 대한 지수 exp를 계산한다.

삼각함수를 계산할 때에는 도수를 래디안으로 변환하여 삼각함수 계산함에 주의하자.

sin(30/ratio)은 30도에 대한 사인 함수값을 계산한다. printf( ) 함수의 포맷지정자를 %g를 사용하면 부동소수점을 계산한 후 적합한 형태로 출력한다. %f를 사용하면 부동소수점 형태로 출력하며, %e를 사용하면 지수 형태로 출력한다.

 난수 발생 : srand( ) 함수, rand( ) 함수

rand( ) 함수는 난수(일정한 배열 순서나 규칙을 갖지 않는 연속된 임의의 수)를 발생시키는 함수이다. 생성되는 정수 범위는 0부터 n까지이다. 여기서 n은 시스템에 따라 다르며, .stdlib.h 헤더 파일에 기호 상수 RAND_MAX로 정의된다.


```
#include <stdlib.h>              srand(0);
void srand(unsigned int seed);   rand() % 7
int rand(void);
```

실행시킬 때마다 다른 무작위 숫자를 만들려면 seed 값을 변경해 줘야 한다. seed 값은 난수의 초기값이다.

srand( ) 함수는 seed 값을 바꿔주는 함수로 rand( ) 함수를 실행하면 실행할 때마다 다른 값을 생성한다. 사용 방법은 난수에 seed 값을 주기 위해 srand( ) 함수를 사용하자.

        srand(time(NULL));   또는 srand(time(0));

time( ) 함수는 현재 시간을 구한다. 이 함수를 사용하려면 #include <time.h>을 포함시켜야 한다.

```
#include <time.h>                    srand(time(0));
void srand(unsigned int seed);       rand( ) % 7
time_t time (time_t * timer);
```

이 함수는 현재 시간을 time_t 자료형(1970년 1월 1일 0시(UTC)부터 현재 까지의 초 단위)으로 구한다.

seed를 설정한 후 rand( ) 함수를 사용하여 난수를 발생시킨다. 생성되는 값은 0≦number≦RAND_MAX 범위이다. 일반적으로 (n1≦number≦n2) 와 같은 범위로 지정하려면 다음 문장을 사용한다.

```
(n1 + rand() % n2);
```

[실습 5-11]은 주사위 놀이처럼 매번 실행할 때마다 다른 난수를 발생하는 코드이다.

실습 5-11 | 주사위 놀이처럼 매번 실행할 때마다 다른 난수를 발생하는 코드

 소스 파일명

ex0511.c

```c
#include <stdio.h>
#include <stdlib.h>              // srand( ), rand( ) 사용
#include <time.h>               // time( ) 함수 사용

int main()
{
    int i;
    /* ① 매번 처음 갖는 seed 값을 입력하지 않고 rand( ) 함수의 seed를 컴퓨터
    자체의 clock을 읽어서 설정하여 난수(무작위 수)를 생성한 후 */
    srand(time(0));

    for (i=1; i < 11; i++)
    {
        /* ② rand( ) 함수 사용하여 1부터 7까지의 난수 발생하고 출력 */
        printf("%3d", (1 + rand() % 7));

        if (i % 5 == 0)          // 한 줄에 5개씩 출력
            printf("\n");
    }
    printf("\n");
    return 0;
}
```

rand( ) 함수는 매번 같은 결과를 반환한다. 왜 그럴까? 난수를 만드는 과정은 정해진 절차에 의한 것이므로 그 절차가 같다면 결과도 항상 같다. 실행할 때마다 다른 난수를 만들려면 srand( ) 함수를 이용해 난수발생기의 초기값을 변경해주면 된다. 초기값도 상수를 사용하면 실행할 때마다 같다.

time( ) 함수는 컴퓨터 내부의 시계 값을 반환한다. 따라서 매번 실행할 때마다 다른 초기값을 갖게 되므로 매번 다른 값을 난수발생 절차에 이용하기 때문에 실행할 때마다 다른 난수(무작위 수)가 생성된다.

```
srand(time(0));
```

이 문장으로 seed 값을 바꿔준 후 다음 문장으로 완전한 난수를 생성한다.

```
1 + rand() % 7
```

이 문장을 살펴보자.

rand( ) 함수가 반환하는 값은 0부터 RAND_MAX이다. 16비트 컴파일러는 32767까지, 32비트 컴파일러는 2147483647사이의 값을 반환한다. 이 값을 그대로 사용해서는 원하는 결과를 얻을 수 없기 때문에 범위를 조정해야 하는데, 나머지 연산자를 사용한다.

rand( ) % 7을 하게 되면 0부터 5사이의 6개 범위의 숫자를 반환한다. rand( )의 값이 7의 배수일 때 rand( ) % 7은 0이 되므로 여기에 1을 더해주어야 1에서 7까지의 7개 범위의 숫자를 만들 수 있다.

```
if (i % 5 == 0)
```

위 문장은 한 줄에 5개씩 출력하기 위한 방법으로 %는 나머지 값을 구하는 연산자로 % 다음의 숫자를 변경하면 그 숫자만큼 출력하게 된다.

Q1 x의 값이 5일 때 다음 수식을 실행한 후의 x의 값은 얼마인가?

① x++

② x--

③ x -= 3

④ x += 2

Q2 다음 수식의 결과 값은 얼마인가?

① 5 % 3

② 5 / 3

③ 5.0 / 2

④ 5 / (double) 2

Q3 다음 수식의 결과 값은 얼마인가?

① 3 % 2 + 5

② 7 % 3 * 2 + 4

③ 80 <= 90 && 3 > 100

④ 1 + 2 * 3 - 4

Q4 3 ÷ 2 결과를 출력하여라.

Q5 키를 센티미터(cm)로 입력하여 피트(feet)와 인치(inch)로 환산하여라.
(소수 2자리)

힌트 1 feet = 12 inch, 1 inch = 2.54 cm

Q6 키보드에서 다음 데이터를 입력하고 결과를 출력해 보자.

35평은 몇(제곱미터)인지 계산하고, 5근은 몇 g(그램)이며, 6되는 몇 l(리터)인지 계산함. 법정 계량 단위는 다음과 같다.

구분	계량 단위
길이	1자 = 30.303cm, 1피트 = 30.48cm, 1인치 = 2.54cm 1마일 = 1.609km, 1야드 = 91.44cm
넓이	1평 = 3.3058m², 1정보 = 9,917m², 1에이커 = 4,046m²
부피	1되 = 1.8l = 8,103.9cm³, 1말 = 18l = 81,039cm³, 1갤런 = 3.78l
무게	1근 = 600g , 1관 = 3,750g 1파운드 = 453g, 1온스 = 28.349g, 1돈 = 3.75g(1냥 = 10돈)

Q7 초 단위의 시간을 입력받아 몇 시, 몇 분, 몇 초인지를 환산해 보자.

Q8 다음과 같은 식을 계산하세요(x값 입력은 scanf( ) 사용, 결과는 화면에 출력).

$$y = 2x^3 + 3x^2 + 4x + \frac{1}{x}$$

Q9 키보드에서 화씨 온도를 입력한 후 섭씨 온도로 변환해 보자.

$$C = \frac{5}{9}(F - 32)$$ (여기서 C : 섭씨, F : 화씨)

Q10 C, DB, Java 성적을 각각 입력하여, 총점과 평균을 계산하고 출력해 보자.

Q11 킬로그램(kg)을 입력받아 파운드(pound)로 계산하여 소수점 3자리까지 출력해 보자.

힌트 1 파운드(pound) = 0.453592 킬로그램(kg)

Q12 x, y, z 값을 입력한 후 xy + yz + zx를 계산하여 출력해 보자.

Q13 10을 −10으로 부호 연산자 −를 사용하여 변경해 보자.

Q14 키보드에서 대문자를 입력하여 소문자로 변환하여 출력해 보자.

Q15 1부터 10까지 범위의 난수를 생성해 보자.
　힌트 rand( ) % 10 는 0 ～ 9 사이의 난수를 생성한다.

A1 ① 6   ② 4   ③ 2   ④ 7

A2 ① 2   ② 1   ③ 2.5   ④ 2.5

A3 ① 6   ② 6   ③ false   ④ 3

A4
```c
#include <stdio.h>
int main()
{
    printf("3 / 2.0 =  %.2f\n", 3 / (double) 2);
    return 0;
}
```

A5
```c
#include <stdio.h>
int main()
{
    double cm, inch, feet;
    printf("키(cm)를 입력: "); scanf("%lf", &cm);
    inch = 2.54 * cm;
    feet = 12 * inch;
    printf("키 %.2f 센티미터는 %.2f 피트, %.2f 인치이다.\n", cm,
        feet, inch);
    return 0;
}
```

A6
```c
#include <stdio.h>
int main()
{
    int pyeong, weight, doe ;
    double meter, gram, liter ;

    printf("평수 입력(35): "); scanf("%d", &pyeong);
    meter  = pyeong * 3.3058 ;

    printf("근수 입력(5): "); scanf("%d", &weight);
    gram  =  weight * 600 ;

    printf("되 입력(6): "); scanf("%d", &doe);
    liter =  doe * 1.8 ;

    printf("%d 평은 %.2f 제곱미터이다.\n", pyeong, meter);
    printf("%d 근은 %.2f 그램이다.\n", weight, gram);
    printf("%d 되는 %.2f 리터이다.\n", doe, liter);
    return 0;
}
```

A7
```c
#include <stdio.h>
int main()
{
    int sec;
    printf("초(sec) 입력 : ");
    scanf("%d", &sec);
    printf("%d초 = %d시 %d분 %d초\n", sec, sec/3600,
        sec/(3600*60), sec%60);
    return 0;
}
```

A8

```c
#include <stdio.h>
int main()
{
    int x;
    printf("x 입력 : "); scanf("%d", &x);
    printf("f(x)=2x^3+3x^2+4x+1/x=%d\n", 2*(x*x*x) +
        3*(x*x)+4*(x)+(1/x));
    return 0;
}
```

A9

```c
#include <stdio.h>
int main()
{
    double fd;
    printf("화씨 온도(F) 입력: "); scanf("%lf", &fd);
    printf("화씨 온도 %.2f (F) = 섭씨 온도: %.2f (C)\n", 5.0 /
        9.0 * (fd - 32.0));
    return 0;
}
```

A10

```c
#include <stdio.h>
int main()
{
    int c, db, java;
    double sum = 0, avg = 0;

    printf ("C, DB, JAVA 성적 입력: ");
    scanf ("%d %d %d", &c, &db, &java);
    sum = c + db + java;
    avg = (double) sum / 3 ; // sum을 double 변경 (double) sum
    printf ("총점 = %.2f, 평균 = %.2f ", sum, avg);
    return 0;
}
```

A11

```c
#include <stdio.h>
#define pound(x) (x) / 0.453592
int main()
{
    double kg;
    printf("킬로그램(kg)값 입력: "); scanf("%lf", &kg);
    printf("%.3f (kg) = %.3f 파운드\n",kg, pound(kg));
    return 0;
}
```

A12

```c
#include <stdio.h>
int main()
{
    int x, y, z;
    printf("x, y, z 정수 값 입력: ");
    scanf("%d %d %d", &x, &y, &z);
    printf("xy + yz + zx = %d\n", x*y + y*z + z*x);
    return 0;
}
```

A13

```c
#include<stdio.h>
int main()
{
    int a = 10;
    printf("%d\n", -a);
    return 0;
}
```

```c
#include <stdio.h>
int main()
{
    int diff;
    char Large; /* 대문자 */
    char Small; /* 소문자 */

    printf("알파벳 대문자를 입력 : ");
    scanf("%c", &Large);
    diff = 'a' - 'A'; /* 'A' 와 'a'의 문자 사이의 ASCII 코드 차이 */
    Small = Large + diff; /* 소문자로 변환 */
    printf("대문자 %c -> 소문자 %c\n", Large, Small);
    return 0;
}
```

```c
#include <stdio.h>
#include <stdlib.h>   // srand( ), rand( ) 사용
#include <time.h>     // time( ) 사용
#define MAX 15

int main( )
{
    int i;
    srand(time(0));  // seed 값 사용, 컴퓨터 자체의 clock을 읽어서 설정

    for (i = 1; i <= MAX; i++)
    {
        // rand() % 10은 0 ~ 9 사이의 난수 생성
        printf("%5d", (1 + rand() % 10));

        if (i % 5 == 0)      /* 한 줄에 5개씩 출력 */
                printf("\n");
    }
    printf("\n");
    return 0;
}
```

06

조건문

학습목표

- if문
- if~else문
- switch문

C 프로그램은 작성된 모든 문장들이 위에서 아래로 순차적으로 실행한다. 상황에 따라 선택적으로 실행 순서를 변경할 수 있어야 한다. 이런 경우 조건문을 사용한다.

6장에서는 어떤 경우에 실행 순서를 바꿔야하는지 살펴보고 if문 사용법과 이를 확장한 else를 이용하는 방법을 이해하자. 또한 switch문을 이용한 다중 선택하는 방법도 이해하자.

01 조건문

C 프로그램에서 중요한 제어문(Control Statements) 중 조건문을 살펴보자. 일반적으로 C 프로그램은 작성된 모든 문장들이 순차적으로 실행한다. 조건에 의해 실행 순서를 변경하기 위해 조건문을 사용한다.

조건문(selection statement, branching statement)은 조건의 결과에 따라 실행되는 문장을 결정하는 것이다. if문은 조건식의 결과가 참(true) 또는 하나의 동작을 실행할지 안할지를 결정한다. 일반적으로 조건은 수식으로 기술하며 이 수식의 진리값이 참(true)이면 지정된 문장을 실행한다. 진리값의 참(true)이란 1이 아니라 0이 아닌 모든 값을 의미한다. 조건이 만족할 경우 실행하는 것은 한 개의 문장이지만 그 문장이 복합문일 수도 있다. if문을 독립으로 사용하거나 else를 붙인 if~else문을 사용한다.

 if문

if문은 '만약 ~ 이라면 ~를 실행하라'라는 논리 구조이다.


```
if (조건식)
{
    문장;
}
```

```
if (age >= 19)
    printf("투표권이 있습니다.\n");
```

그림 6-1 ▶

if문 흐름도

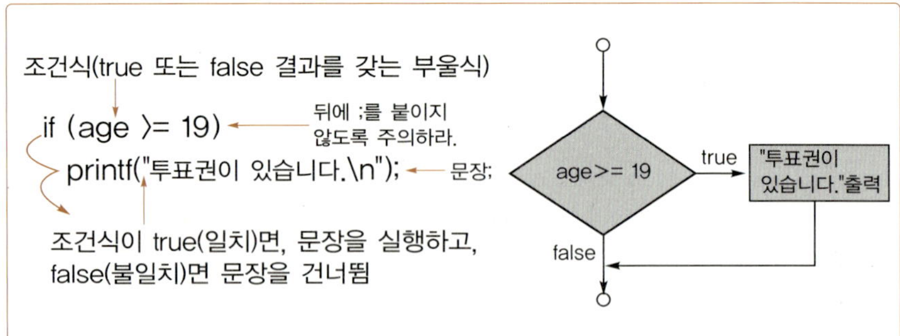

if문 소괄호 안의 조건식이 성립하면 조건식의 결과가 참(true, 0 아닌 값)이 되어 문장을 실행한다. 조건식이 성립하지 않으면 거짓(false, 0이면) 문장을 실행하지 않는다.

중괄호({ })는 문장이 한 개이면 생략할 수 있지만 실행할 문장이 한 개 이상이면 중괄호를 붙여 블록으로 처리해야 한다. if문 라인 끝에 세미콜론(;)을 붙이지 않는다. ; 이 삽입되면 널(null) 문장이다. 즉, 조건이 일치해도 처리할 문장이 없기 때문에 항상 다음 문장이 실행됨에 주의하자.

[실습 6-1]은 나이를 입력하여 이를테면 국회의원 선거에 투표할 자격이 있는지 체크하는 코드이다.

소스 파일명
ex0601.c

실습 6-1 | 나이를 입력하여 투표권이 있는지 체크하는 코드

```
#include <stdio.h>
int main()
{
    int age;
    printf("나이 입력 : "); scanf("%d", &age);
    if (age >= 19)
       printf("투표권이 있습니다.\n");
    return 0;
}
```

실행 결과

```
나이 입력 : 20
투표권이 있습니다.
```

프로그램 설명

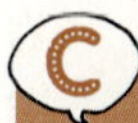

if문에서 조건식이 참일 때 한 개 이상의 문장을 실행할 수 있다. 두 개 이상의 문장을 실행하려면 그 문장들을 중괄호({ })로 묶는다. 중괄호 안에 포함한 모든 문장들은 하나의 작업 블록으로 묶이므로 한꺼번에 실행된다.

그림 6-2 ▶
흐름도

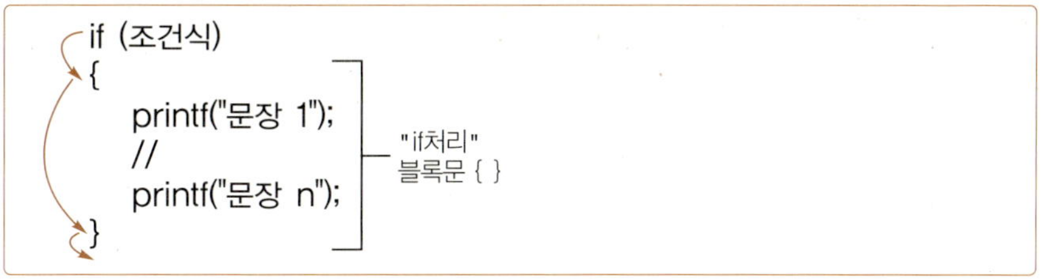

[실습 6-2]는 정수형 변수를 사용한 코드이다.

실습 6-2 | 정수형 변수를 사용한 코드

```c
#include <stdio.h>
int main()
{
        int a = 5, b = 5;

        if (a == b)
        {
                printf("a는 b와 같다.\n");
                printf("블록문\n");
        }
        printf("if 문을 벗어난 문장\n");
        return 0;
}
```

실행 결과

a는 b와 같다.
블록문
if 문을 벗어난 문장

프로그램 설명

a와 b가 같으면 중괄호 속에 있는 두 개의 printf( )문을 순서대로 실행한다. 그러나 a와 b가 다르면 괄호 속에 있는 두 개의 printf( )문을 건너뛴다.

if~else문

if 단독문은 조건이 참일 때만 실행된다. if와 else를 조합한 if~else문은 선택문의 기본이 되는 표준적인 형태로서 조건식이 참 또는 거짓 중에서 하나를 선택하여 실행한다.

형식 >>>

```c
if (조건식)
{
        문장1;
}
else
{
        문장2;
}
```

```c
if (x % 3 == 0)
        printf("3의 배수\n");
else
        printf("3의 배수가 아님\n");
```

if~else문은 조건식이 성립(일치)하면 참(true : 값으로 0 이외)이 되어 문장 1을 실행하고, 조건식이 성립하지 않으면 else절의 문장 2를 실행한다.

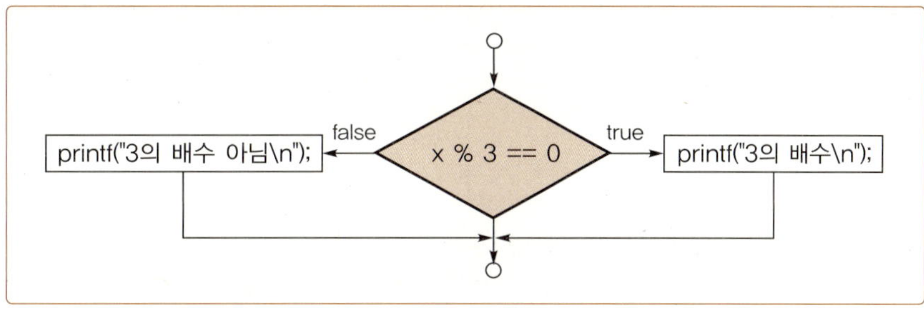

[그림 6-4]는 if~else문에 대한 흐름도(flowchart)이다.

if~else문에서 실행할 문장이 두 개 이상이면 중괄호({ })로 묶어준다.

[실습 6-3]은 키보드에서 정수를 입력받아 3의 배수인지를 판별하는 코드이다.

실습 6-3 | 키보드에서 정수를 입력받아 3의 배수인지를 판별하는 코드


```c
#include <stdio.h>
int main()
{
    int x;
    printf("정수 입력 : "); scanf("%d", &x);

    if (x % 3 == 0)
            printf("3의 배수\n");
    else
            printf("3의 배수가 아님\n");
    return 0;
}
```

```
x % 3 == 0
```

이 문장에서 %는 X의 값을 3으로 나눈 나머지가 0인지 아닌지를 결정하는 연산자이다. 이 식은 3의 배수를 결정한다. n의 배수는 x % n == 0을 사용한다.

그림 6-5 ▶
흐름도

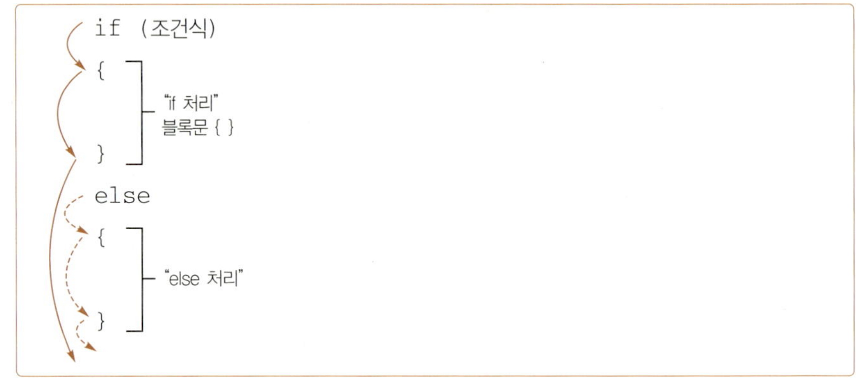

[실습 6-4]는 정수형 변수를 사용한 코드이다.

실습 6-4 | 정수형 변수를 사용한 코드

소스 파일명

ex0604.c

```c
#include <stdio.h>
int main()
{
    int a;
    printf("성적 입력 : "); scanf("%d", &a);
    if (a >= 60)
    {
        printf("첫번째 블럭 ...");
        printf("Passed! ");
        printf("축하합니다.\n");
    }
    else
    {   printf("두번째 블럭 ...");
        printf("Failed! ");
        printf("재시험 보세요!\n");
    }
    return 0;
}
```

```
성적 입력 : 75
첫번째 블럭 ...Passed! 축하합니다.
```

 중첩 if문

if문 안에 다른 if문을 포함하는 것을 중첩(nested) if문이라고 한다.

형식 >>>

```
if (조건식1) .
        문장1;
else if (조건식2)
            문장2;
      else
            문장3;
```

```
if (m > n) {
        printf("%d > %d\n", m, n);
}
  else if(m < n) {
        printf("%d < %d\n", m, n);
}
  else {
        printf("%d = %d\n", m, n);
}
```

그림 6-6 ▶

중첩 if~else문 흐름도

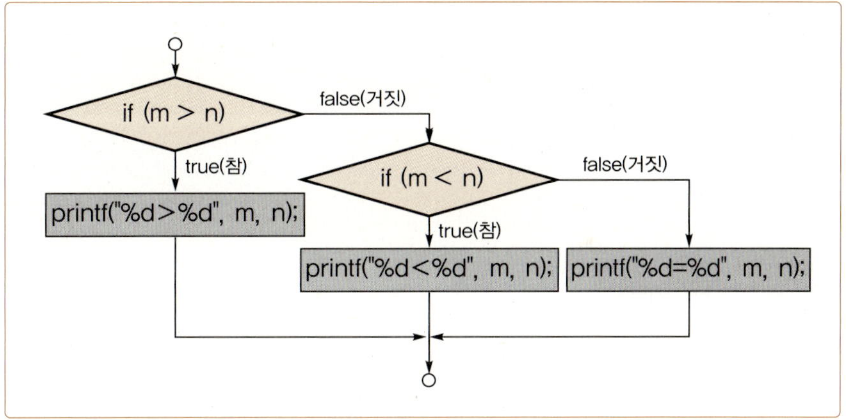

[그림 6-6]의 다중 if~else문 실행 과정은 다음과 같다.

① m>n 참이면 printf("%d>%d\n", m, n);을 수행한 후 if문을 벗어난다.

② m>n이 아니면 m<n인지 검사하여 일치하면 printf("%d<%d\n", m, n);을 수행한 후 if문을 벗어난다.

③ m<n가 아니면 printf("%d=%d\n", m, n);을 수행한 후 if문을 벗어난다.

중첩된 if문에서 여러 개의 else문을 사용하면 else는 같은 블록 내에서 else가 없는 가장 근접한 바로 위에 위치한 if문과 짝을 이룬다.

if~else 내부에 if~else가 중첩된 경우 중괄호로 그룹 단위로 묶어서 표현하면 전체 구조를 분명하게 파악할 수 있다.

[실습 6-5]는 정수형 변수를 사용한 코드이다.

실습 6-5 | 정수형 변수를 사용한 코드

```c
#include <stdio.h>
int main()
{
    int m = 30, n = 7;
    if (m > n) {
        printf("%d > %d\n", m, n);
    }
    else if (m < n) {
        printf("%d < %d\n", m, n);
    }
    else {
        printf("%d = %d\n", m, n);
    }
}
```



```
30 > 7
```

[실습 6-6]은 키보드에서 성적을 입력(100점 만점 단위)하여 해당 점수에 대한 학점을 A학점부터 F학점까지 부여하는 코드이다. 입력된 성적이 90점 이상이면 A, 80점 이상이면 B, 70점 이상이면 C, 60점 이상이면 D, 60점 미만이면 F를 출력한다. 입력한 점수가 0점 미만이거나 100점을 초과할 때에는 에러 메시지를 출력한다.

C 실습 6-6 | 입력한 점수에 대해 학점 부여하기

```c
#include <stdio.h>

int main()
{
        int grade = 0;        /* 성적 변수 */
        printf("성적 입력(100점 만점): ");
        scanf("%d", &grade); /* 성적 입력 */

        if (grade < 0 || grade > 100)
        {
                printf("잘못 입력하였습니다.\n");
        }
        else
        {
            if (grade >= 90)
              printf("A 학점\n");
            else if (grade >= 80)
                    printf("B 학점\n");
              else if (grade >= 70)
                      printf("C 학점\n");
                else if (grade >= 60)
                        printf("D 학점\n");
                    else
                        printf("F 학점\n");
        }
        return 0;
}
```

실행 결과

```
성적 입력<100점 만점>: 89
B 학점
```

프로그램 설명

```
grade < 0 || grade > 100
```

위 문장은 grade가 0 미만이거나 100을 초과할 경우에는 참이 된다.

|| 연산자는 ~ 또는 ~에 해당하며, 연산 결과는 어느 하나라도 일치하면 참이고 모두 거짓이면 거짓이다. 90 ~ 100 : A, 80 ~ 89 : B, 70 ~ 79 : C, 60 ~ 69 : D, 0 ~ 59: F로 출력한다.

[그림 6-7]처럼 if~else문이 4개 중첩된 제어문으로 5개의 처리 항목 중에서 한 개만 실행하는 구조이다. 중첩된 if문에서 여러 개의 else문을 사용하면 else는 같은 블록 내에서 else가 없는 가장 근접한 바로 위에 위치한 if문과 쌍을 이룬다.


```
if (grade>=90)
    printf("A 학점\n");
else if(grade >=80)
    printf("B 학점\n");
else if(grade >=70)
    printf("C 학점\n");
else if(grade >=60)
    printf("D 학점\n");
else
    printf("F 학점\n");
```

① if~else문이 4개의 중첩된 if문이므로 한 개의 문장으로 인식함
  조건 검사가 만족되면 나머지 조건 검사는 건너뜀
② if문은 조건과 일치하면 실행하고 끝의 else 까지 건너뜀
③ else는 조건과 다르면 실행

C switch문

switch문은 조건식에서 비교할 값이 여러 개이면 가독력을 높이기 위해 사용하는 다중 선택문이다. switch문은 다음 형식과 같이 여러 개의 case문으로 구성한다.


```
switch(식){
   case 정수1: 문장1;
               ......
               [break;]       switch (x)
   case 정수2: 문장2;           {
               ........        case 1 : printf("사과\n"); break;
               [break;]        case 2 : printf("배\n");  break;
   ..........                  case 3 : printf("바나나\n"); break;
   case 정수n: 문장n;           default : printf("그 이외의 값 \n"); break;
               .......         }
               [break;]
   default:  문장n+1;
}
```

switch문은 조건식이 정수 또는 단일문자일 경우에만 사용할 수 있다. [실습 6-7]의 switch문 실행 과정은 [그림 6-8]과 같다.

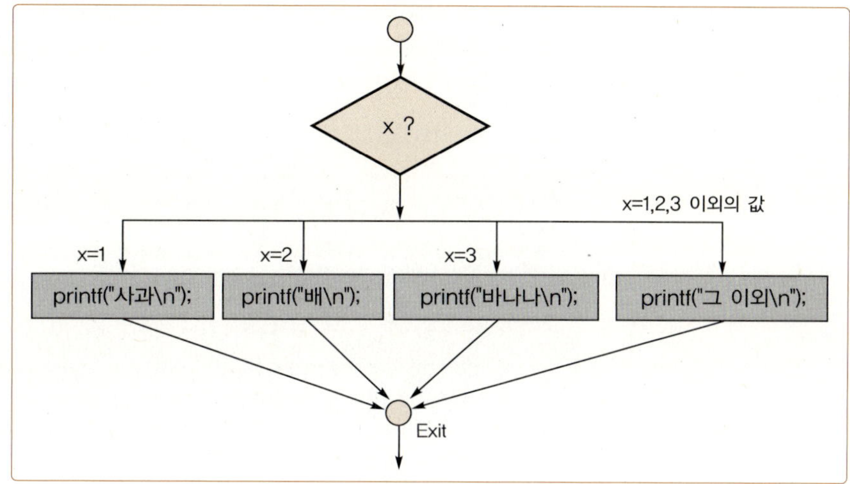

switch문의 조건문은 오직 한번만 평가되고 각 case문에서 결과를 비교한다.

① 식과 정수 값이 일치할 때 그 레이블 값과 동일한 문장 이하 모두를 실행한다.

② 각 case의 끝부분에는 break문을 넣어 선택한 case 부분만 실행되도록 한다. 만약 break문이 존재하지 않으면 switch문의 끝까지 실행한다. case에 대한 구문 목록은 없을 수 있다. 이것은 단순히 다음 case문으로 제어권을 넘겨줄 뿐이다.

③ break는 다음 순서의 코드를 실행하지 않고 switch문의 마지막 **닫힌 중괄호(})를 빠져나와 다음 문장으로 이동한다.** 즉, 각 case 별로 실행할 영역을 구분하게 된다.

④ 식의 값이 모든 case의 값과 다르면 default문으로 이동하여 처리한다. default 다음에는 break문을 써주지 않아도 자동적으로 switch문이 종료된다.

[실습 6-7]은 정수 값이 1이면 '사과', 2이면 '배', 3이면 '바나나', 기타 다른 값이면 '그 이외의 값'을 출력하는 코드이다.

실습 6-7 | 정수 값에 따라 내용 판별하기

```c
#include <stdio.h>
int main()
{
    int x = 2;

    switch (x) {
    case 1 : printf("사과\n"); break;
    case 2 : printf("배\n");  break;
    case 3 : printf("바나나\n"); break;
    default : printf("그 이외의 값\n"); break;
    }
    return 0;
}
```

[실습 6-8]은 키보드에서 성적을 입력(100점 만점 단위)하여 해당 점수에 대한 학점을 A학점부터 F학점까지 부여하는 코드이다. 입력한 점수가 0점 미만이거나 100점을 초과할 때에는 에러 메시지를 출력한다.

실습 6-8 | 입력한 성적 판별하기

```c
#include <stdio.h>
int main()
{
        char grade = 'C';

        switch (grade)
        {
        case 'A' :printf("상위!\n"); break;
        case 'B' :printf("우수!\n"); break;
        case 'C' :printf("보통\n");  break;
        case 'D' :printf("하위\n");  break;
        case 'F' :printf("탈락\n");  break;
```

```c
        default :printf("잘못된 등급\n");
        }
        printf("학점: %c\n", grade);
        return 0;
}
```



```
보통
학점: C
```


toupper(ch)는 변수 ch의 문자를 소문자이면 대문자로 변환(toupper)한다.

[실습 6-9]는 날씨값이 0이면 우산, 1이면 자켓, 2이면 모자, 기타 값이면 '이외'를 출력하는 코드이다.

ex0609.c

실습 6-9 │ 날씨값에 따라 내용 판별하기

```c
#include <stdio.h>
enum Weather{rain, snow, sun}; // 열거형

int main()
{
        enum Weather w;
        printf("0 ~ 2 범위 정수 입력: "); scanf("%d", &w);
        switch (w) {
        case rain:
                printf("우산\n");
        case snow:
                printf("자켓\n"); break;
        case sun:
                printf("모자\n"); break;
        default:
                printf("이외\n");
        }
        return 0;
}
```



```
0 ~ 2 범위 정수 입력: 1
자켓
```

Q1 !(3 * 4)의 결과 값은 얼마인가?

Q2 한 개의 정수를 입력받아 양수인지 음수인지 판별하여 출력하라.

Q3 키보드에서 세 개의 정수를 입력받아 최대값을 구하라(if~else문).

Q4 한 개의 정수를 입력받아 3의 배수인지 판별하여 출력하라.
> **힌트** 변수 % 3 == 0이면 3의 배수

Q5 한 개의 정수를 입력받아 정수의 절대값을 출력하라.
> **힌트** 정수가 0보다 작으면 −부호를 붙여서 부호를 반전시킨다.

Q6 한 개의 문자를 입력받아 대문자는 소문자, 소문자는 대문자로 변환하여라.
> **힌트** 'A'는 ASCII 코드 65, 'a'는 97이다.

Q7 년도를 입력하여 윤년인지 아닌지를 판별하도록 if~else문을 사용하는 코드를 작성하라.
> **힌트** 년도/4 && 년도/400이면 윤년, 평년 − 윤년 이외 조건이 아니거나 년도/100

Q8 1부터 9사이의 숫자를 입력하여 홀수 또는 짝수를 판별하여 출력하라. 단, switch문을 사용한다.

Q9 100점 만점으로 성적을 입력받아 90~100이면 A, 80~89이면 B, 70~79이면 C, 60~69이면 D, 60점 미만이면 F를 출력해 보자. 단, 중첩 if~else문을 사용하라.

Q10 문자를 입력하고 모음과 자음을 판별하여 출력해 보자. 단, switch문을 사용한다.

Q11 정수와 연산자 그리고 정수를 입력받아 +, −, *, /, % 연산을 할 수 있는 코드를 작성하여라. 단, switch문을 사용한다.

    (입력 형태) 3 + 5

Q12 실수값의 해를 구하는 프로그램을 작성하여라.

    (단, a ≠ 0, b ≠ 0)

    판별식 : $D = b^2 - 4ac$

        D > 0 : 실근 (답은 두 개의 실수값)

        D = 0 : 중근 (답은 한 개의 실수값)

        D < 0 : 허근 (답은 허수, 실수값의 답은 없다.)

    해 공식 : $\dfrac{-b \pm \sqrt{D}}{2a}$

힌트 $\sqrt{D}$는 D의 평방근이며, C에서는 sqrt(D)라는 평방근을 계산하는 수학 함수이다.

    x^2은 x의 제곱 연산이며, C에서는 제곱 연산자가 제고되지 않으므로 x * x로 계산한다.

A1 false(0)

A2
```c
#include <stdio.h>
int main()
{
    int n = 0;
    printf("정수 입력 : "); scanf("%d", &n);
    if (n > 0)
       printf("%d : 양수\n", n);
    else if (n < 0)
       printf("%d : 음수\n", n);
    else if (n == 0)
       printf("%d : 0\n", n);
    return 0;
}
```

A3
```c
#include <stdio.h>
int main()
{
    int a = 0, b = 0, c = 0;
    int max;   // 최대값
    printf("3 개의 정수 입력 : "); scanf("%d %d %d", &a, &b, &c);
    max = a;
    if (max < b) max = b;
    if (max < c) max = c;
    printf("%d, %d, %d 중 최대값 = %d\n", a, b, c, max);
    return 0;
}
```

A4

```c
#include <stdio.h>
int main()
{
    int a;
    printf("정수 입력 : "); scanf("%d", &a);
    if (a % 3 == 0) printf("%d : 3의 배수\n", a);
    else printf("%d : 3의 배수가 아님.\n", a);
    return 0;
}
```

A5

```c
#include <stdio.h>
int main()
{
    int a;
    printf("정수 입력 : "); scanf("%d", &a);
    if (a < 0) printf("%d\n", -a);
    else printf("%d\n", a);'
    return 0;
}
```

A6

```c
#include <stdio.h>
int main()
{
    char a;
    printf("단일 문자 입력 : "); scanf("%c", &a);
    if (a >= 'A' && a <= 'Z' )
        printf("%c\n", a - ('A' - 'a'));
                // 아스키 코드에 32를 더해서 소문자로 변환
    else if (a >= 'a' && a <= 'z' )
        printf("%c\n", a - ('a' - 'A'));
                // 아스키 코드에 32를 빼서 대문자로 변환
    return 0;
}
```

 A7
```c
#include <stdio.h>
int main()
{
    int year;
    printf("년도 입력 : "); scanf("%d", &year);
    // 4로 나눴을 때 나머지가 0이면서, 100으로 나눴을 때는 나머지가 0이면 윤년
    if (year % 400 == 0 || (year % 4 == 0 && year % 100 != 0))
        printf("%d : 윤년!\n", year);
    else printf("%d : 윤년 아니다.\n", year);
    return 0;
}
```

A8
```c
#include <stdio.h>
int main()
{
    int number;
    printf("정수(1~9) 입력하고 Enter키: ");
    scanf("%d", &number);

    switch (number)
    {
        case 1: case 3: case 5: case 7: case 9:
                printf("홀수\n");
                break;

        case 2: case 4: case 6: case 8:
                printf("짝수\n");
    }
    return 0;
}
```

A9
```c
#include <stdio.h>
int main()
{
    int grade = 0  ;
    printf("점수 입력 : "); scanf("%d", &grade);

    switch (grade/10)              // grad/10 값에 따라 이동
    {
    case 10:
    case  9: printf("A\n"); break;   // 10 또는 9이면 아래 문장 실행
                                     // break에 의해 switch { } 밖으로 이동
    case 8: printf("B\n"); break;
    case 7: printf("C\n"); break;
    case 6: printf("D\n"); break;
    default: printf("F\n"); break;// 위 모든 case에 해당하지 않으면 실행
    }
    return 0;
}
```

A10
```c
#include <stdio.h>
#include <ctype.h>
int main()
{
    char ch;
    printf("문자를 입력하고 Enter키를 누르세요 : ");
    scanf("%c", &ch);
     switch (toupper(ch))
     {
        case 'A': case 'E': case 'I': case 'O': case 'U':
                printf("모음\n"); break;
        default: printf("자음\n"); break;
    }
    return 0;
}
```

```c
#include <stdio.h>
int main()
{
    char op;
    double num1, num2;
    printf("3 + 5 형태로 입력(산술 연산자(+, -, *, /, %) : ");
    scanf("%lf %c %lf", &num1, &op, &num2);
    switch(op)
    {
    case '+': printf("%.2f + %.2f = %.2f\n", num1, num2,
                    num1 + num2); break;
    case '-': printf("%.2f - %.2f = %.2f\n", num1, num2,
                    num1 - num2); break;
    case '*': printf("%.2f * %.2f = %.2f\n", num1, num2,
                    num1 * num2); break;
    case '/': printf("%.2f / %.2f = %.2f\n", num1, num2,
                    num1 / num2); break;
    default : printf("잘못 입력하였습니다!\n"); break;
    }
    return 0;
}
```

```c
#include <stdio.h>
#include <math.h>
int main()
{
    double  a, b, c, D, x1, x2;
    printf("ax^2+bx+c=0의 a b c 값을 입력 : ");
    scanf("%lf %lf %lf", &a, &b, &c);
    if (a == 0.0) {
        if (b == 0.0) {
            printf("이 계수 값은 사용할 수 없습니다. \n")
        }
```

```c
        else  {
            x1 = -c / b;
            printf("정답은 %g입니다. \n", x1);
        }
    }
    else  {
        D = b * b - 4 * a * c;
        if (D >= 0.0) {
            x1 = (-b + sqrt(D)) / (2 * a);
            x2 = (-b - sqrt(D)) / (2 * a);
            if (D == 0)
                printf("정답은 중근이므로 %g입니다.\n", x1);
            else
                printf("정답은 %g와 %g입니다.\n", x1, x2);
        }
        else
            printf("허수 답이므로 정답은 없습니다.\n");
    }
    return 0;
}
```

Memo

Memo

Chapter 07

반복문

7장에서는 반복문을 이해하고 반복문의 종류에 대해 소개한다. while문의 구성과 실행 과정을 면밀히 살피고 꼭 이해해야 한다. 이를 바탕으로 do~while문의 구성도 이해하자.

특히 매우 중요한 for문의 구조는 정확하게 파악하자. for문의 중첩 구조를 자유자재로 사용할 수 있도록 명확히 이해하자. 실행 영역을 탈출하는 break문과 반복문을 생략하는 continue문도 살펴보자.

01 while문

for문은 반복 횟수가 명확한 경우에 사용하지만, while문은 반복 횟수가 일정하지 않고 불명확할 때 사용할 수 있으므로 더 광범위하게 사용할 수 있다.

 while문

while문은 조건식이 참일 때까지 블록 문장을 반복 실행하고, 다음 형식으로 사용한다.


```
초기식;                        int x = 1;
while (조건식)                 while (x <= 5)
{                             {
    문장;                         printf("%d\n", x);
    증감식;                       n++;
}                             }

for (초기식; 조건식; 증감식)   for (x = 1; x <= 5; x++)
{                             {
    문장;                         printf("%d\n ", x);
}                             }
```


while문은 반복할 조건과 반복 대상이 존재해야 한다. 반복문 내에 있는 반복 처리할 문장이 한 개라면 중괄호({})는 생략할 수 있다.

위 예의 while문의 실행 순서는 다음과 같다.

① 조건식을 검사하여 조건식이 성립(일치 : true, 0이 아닌 값, 만족)하면 블록(중괄호({}) 안에 있는 모든 문장)을 실행한다.

열린 중괄호({)와 닫힌 중괄호(}) 안에 있는 모든 문장은 하나의 논리적인 작업 블록(한꺼번에 처리할 덩어리)으로 처리한다.

② 조건이 불일치(거짓 : false, 0)이면 while문을 종료한다.

실행순서 1	2	3	4	5
변수×값	검사(x<5)	검사 결과	실행 몸체	증감식(x++)
0	0<5	true(1)	printf("%d\n", x);	0+1(1)
1	1<5	true(1)	printf("%d\n", x);	1+1(2)
2	2<5	true(1)	printf("%d\n", x);	2+1(3)
3	3<5	true(1)	printf("%d\n", x);	3+1(4)
4	4<5	true(1)	printf("%d\n", x);	4+1(5)
5	5<5	false(0)	printf("%d\n", x);	5+1(6)

③ 블록을 다 수행하면 다시 조건식을 검사하여 조건이 참이면 문장과 증감식을 반복 수행한다.

④ 조건이 불일치(거짓 : false, 0)이면 while문의 블록을 빠져나와 블록 밑에 있는 문장을 실행한다.

반복문도 종속 구조를 명확히 표시할 수 있도록 몇 칸 안으로 띄우는 들여쓰기를 하자.

[실습 7-1]은 1 2 3 4 5를 while문을 사용하여 출력하는 코드이다.

실습 7-1 | 1 2 3 4 5를 while문을 사용하여 출력하는 코드


```c
#include <stdio.h>
int main()
{
    int x = 1;

    while (x <= 5)      // 1, 2, 3, 4, 5 될 때까지 { } 속 반복 실행
    {
        printf("%d, ", x);
        x++;               // x = x + 1, 숫자를 1씩 증가
    }
    printf("\n");
    return 0;
}
```

실행 결과

```
1, 2, 3, 4, 5,
```

```
int x = 1;                    초기식의 값

                              x ≤ 5 될 때까지 { } 안의 문장들을 반복 실행
while( x <= 5 )
{
    printf("%d,", x);         while문의 몸체.
                              반복 실행할 문장은 블록 { } 안에 기술함
    x++;                      몸체가 한 문장이면 { } 생략 가능함
}                             증감식
```

[그림 7-1]의 실행 과정을 살펴보자.

① int n =1;에 의해 변수 n이 저장될 메모리 공간이 할당되고, n의 값이 1이 된다.

② n의 값 1은 5보다 작으므로 n≤5 조건과 일치(참)한다. 따라서 { } 안에 있는 두 개의 문장들을 실행한다.

③ n++; 문에 의해 n은 1 증가한 2가 된다. 증감 연산자(++)는 1 증가한다. x++는 변수 x의 값을 1만큼 증가하고, x--는 변수 x의 값을 1만큼 감소한다.

④ { } 안의 모든 문장이 실행하면 반복할 조건을 확인하기 위해 while(n <= 5)로 이동한다.

⑤ n의 값 2, 3, 4, 5는 n≤5 조건과 같다(참). 따라서 ②~④ 과정을 4번 반복 실행한다.

⑥ n의 값 6은 5 보다 크므로 n≤5 조건에 불일치(거짓)된다. 따라서 while 문이 종료된다. 즉, while문의 경계 영역인 { } 을 벗어나 그 다음 라인에 있는 문장을 실행한다.

[실습 7-2]는 x가 10 보다 같거나 클 때까지 반복하는 while문 코드이다.


```c
#include <stdio.h>
int main()
{
    int x = 1;
    int step = 2;
    while (x < 10)
    {
        x = x + step;
        step = 2 * x;
        printf("x = %d, step = %d\n", x, step);
    }
    return 0;
}
```



```
x = 3, step = 6
x = 9, step = 18
x = 27, step = 54
```

 무한 루프

무한 루프란 반복 조건식이 항상 참(true, 일치, 0 이외의 숫자, 일 반적으로 1을 사용)이 되어 계속 반복되는 구조이다.


```c
while (1)              for (;;)
{                     {
    문장;                  문장;
}                     }
```



```c
while (1)              for (;;)
{                     {
    printf("무한루프");    printf("무한루프");
}                     }
```

while문의 중괄호 속의 문장들을 구성할 때 루프(loop, 블록)를 빠져나갈 수 있는 반복 조건식을 변경하는 증감식이 반드시 있어야만 된다. 이 부분이 없으면 프로그램은 계속 반복하여 수행(무한 루프를 돌게 됨)하므로 강제로 멈추지 않는 한 프로그래밍이 멈추지 않는다.

예문 1 while문 무한 루프

```
while (1)
{
        printf("무한 루프\n");
}
```

무한 루프는 반드시 종료시키는 부분을 제공해야 좋다. 무한 루프를 탈출하기 위해서는 break문을 사용한다.

예문 2 while문 무한 루프에서 탈출하기

```
while (1)
{
        n = n + 2;
        printf("%d\n", n);
        if (n < 30)
                break;
}
```

[실습 7-3]은 20부터 2.25씩 덧셈한 결과가 30.0 미만이 될 때까지의 결과를 출력하는 코드이다.

실습 7-3 | 20부터 2.25씩 덧셈한 결과가 30.0 미만까지 결과를 출력하는 코드


```c
#include <stdio.h>
int main()
{
        double  n = 20;
        while(1)
        {
                n = n + 2.25;
                if(n >= 30.0)
                        break;
                printf("%.2f\n", n);
        }
        return 0;
}
```

실행 결과

```
22.25
24.50
26.75
29.00
```

C while문의 중첩

while문의 중첩(nest)은 while문 안에 또 다른 while문이 포함된 구조이다.


```
while (조건식)
{
        실행문
        while (조건식)
        {
            실행문
        }
}
```

외부에 있는 while문은 바깥쪽 반복문이고 내부에 있는 while문은 내부 반복문이다. 내부 while문의 조건이 될 때까지 실행되어야 바깥쪽 while문이 한 번씩 실행된다.

[실습 7-4]는 사각형 모양으로 출력하는 코드이다.

C 실습 7-4 │ 사각형 모양 표현하기

소스 파일명

ex0704.c

```c
#include <stdio.h>
int main()
{
    int number = 5;             // 행과 열의 개수
    int row = 0;                // 행의 개수
    int col = 0;                // 열의 개수
    while (row < number)
    {
        col = 0;                    // 새로운 열을 시작하기 위해 초기화
        while (col < number) // 각 라인에 출력할 *의 개수만큼 반복
        {
            printf("*");
            col++;
        }
        printf("\n");            // 다음 라인으로 이동하기 위해
        row++;
    }
    return 0;
}
```

실행 결과

do~while문

do~while문은 while문과 유사하지만 do~while문은 일단 반복할 문장을 처리한 후 반복 처리할 조건식을 검사하는 것만 다르다.

 do~while문

do~while문은 다음과 같은 형식을 사용한다.

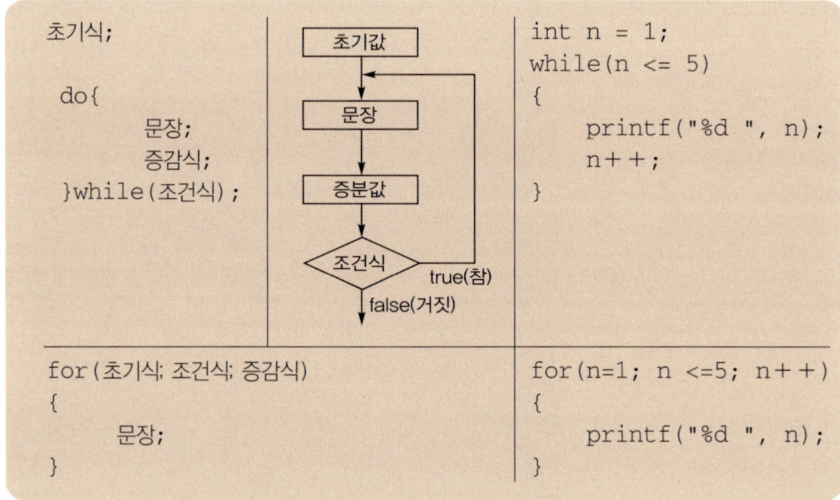

do~while문은 { } 안에 있는 것을 실행한 후 조건식이 성립(만족, 일치, true)할 때까지 블록({ }) 안에 있는 것을 반복하여 실행한다. 조건식과 일치하지 않으면(거짓, false) while문의 블록을 빠져나와 지정된 블록을 수행하지 않고 다음 문장에 오는 내용을 수행한다.

while문이나 for문은 사전 검사한 후 반복하지만, do~while문은 반복 처리한 후 사후 검사한다.

일반적으로 do~while문 보다 while문을 더 자주 사용한다. 그러나 입력을 받아 처리하는 경우는 먼저 키보드 등을 통해 입력받은 후 처리해야 하므로 do~while문을 사용하는 것을 권장한다.

[실습 7-5]는 do~while문을 사용하여 계산한 후 출력하는 코드이다.

실습 7-5 | do~while문을 사용하여 계산한 후 출력하는 코드

```c
#include <stdio.h>

int main()
{
    int j = 2;
    do
    {
        j += 2;
        printf("j = %d\n", j);
    } while (j < 8);
    return 0;
}
```


실행 결과

03 for문

while문과 do~while문은 처음에 루프 본체를 몇 번 실행할 것인지를 알지 못할 때 사용하면 효과적이다. 그러나 **for문은 일정한 횟수만큼 반복 처리**할 때 특히 유효하다.

 for문

for문은 형식처럼 반복에 필요한 3가지 요소를 한 줄에 표기하므로 while문 보다 간결하다.


```
for (초기식; 조건식; 증감식)
{
    문장;
}
```

```
for (x = 1; x <= 5; x++)
{
    printf("%d ", n);
}
```

```
초기식;
while (조건식)
{
    문장;
    증감식;
}
```

```
int x = 1;
while (x <= 5)
{
    printf("%d ", x);
    x++;
}
```

한 개의 문장만 반복해도 중괄호({ })를 포함하면 실수를 줄일 수 있다. 열린 중괄호({)와 닫힌 중괄호(}) 안에 있는 모든 문장은 하나의 논리적인 작업 블록(한꺼번에 처리할 덩어리)으로 처리한다. 따라서 중괄호는 단일문이 있는 곳이면 어디에나 넣을 수 있다. 위 [형식]의 실행 과정은 [그림 7-2]와 같다.

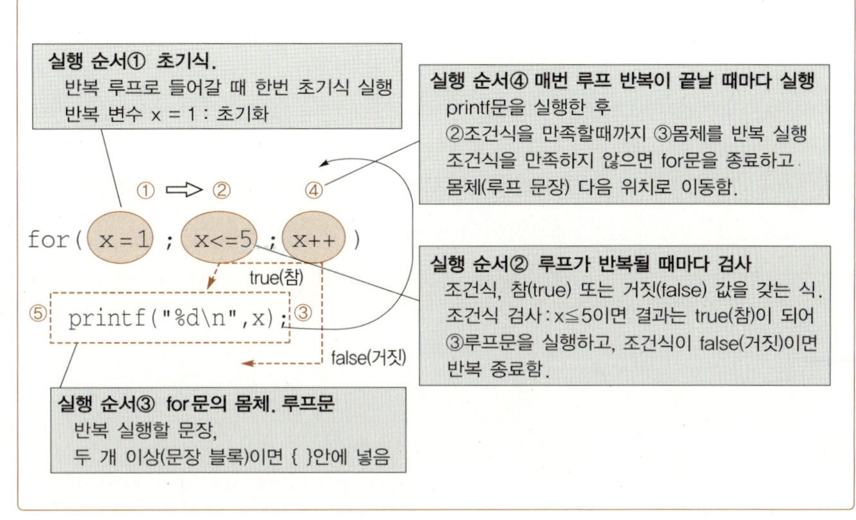

for문은 다음과 같이 수행한다.

① for문은 처음 실행할 때만 초기식을 실행한 후

② 조건식을 검사하여 조건이 성립(만족, 일치, true)할 때까지 중괄호({ }) 내부에 있는 루프 몸체에 있는 문장들을 실행한다.

③ 반복할 문장을 실행하고 증감식을 실행한 후 ② 조건식을 검사하여 참(일치)이면 루프 몸체에 있는 반복할 문장을 실행한다.

④ 계속하여 ③을 실행하고 ②를 실행하다가 조건식과 일치하지 않으면(거짓, false) for문의 루프 몸체에 있는 블록을 벗어나 다음 문장을 수행한다.

[그림 7-3]처럼 for문은 while문으로 변경할 수 있고, 이를 다시 do~while문으로 변경할 수 있다.

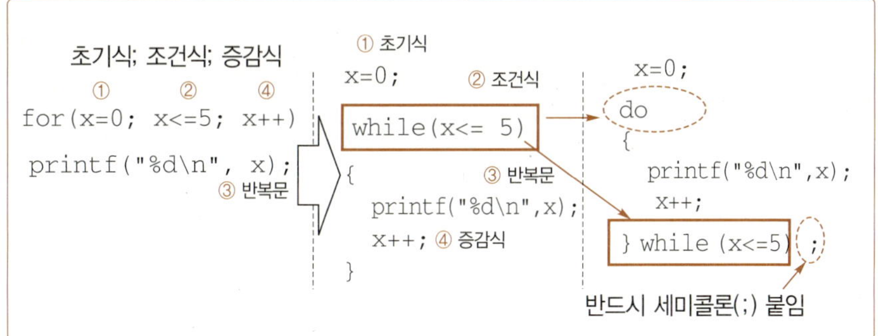

for문 끝에 세미콜론(;)을 붙이지 않아야 한다.


```
int x;
for (x = 1; x <= 5; x++);
    printf("%d", x);
```

예문 1에서는 for문 라인 끝에 세미콜론(;)이 삽입되었으므로 for문의 끝으로 인식하여 다음 문장으로 동작한다.


```
for (x = 1; x <= 5; x++)
    ;
printf("%d", x);
```

예문 2에서는 ;는 널 문장 표기이며, 처리할 문장이 없음을 의미하므로 실행 시간이 지연만 된다.

for문 블록 안에 있는 다음 한 개의 문장이 for문을 벗어난 다음 문장으로 처리된다.

```
printf("%d", x);
```

[실습 7-6]은 for문을 사용한 다양한 자료형 출력에 대한 코드이다.

소스 파일명

ex0706.c

실습 7-6 │ for문을 사용한 다양한 자료형 출력에 대한 코드

```c
#include <stdio.h>
int main()
{
    int x;
    double y;
    char z;

    for (x = 3; x <= 9; x++)
        printf("%5d", x);
    printf ("\n");

    for (x=1; x <= 39; x+= 3)
        printf("%5d", x);
    printf ("\n");

    for (x = 14; x >= 2; x -= 2)
        printf("%5d", x);
    printf ("\n");
```

```c
    for (y=0.1; y <= 1.0; y += 0.5)
            printf("%7.1f", y);
            // %.1f는 실수를 소수점 이하 1자리로 출력
    printf("\n");

    for (z = 'a'; z <= 'g'; z++)
            printf("%5c", z);
    printf("\n");
    return 0;
}
```



```
3    4    5    6    7    8    9
1    4    7   10   13   16   19   22   25   28   31   34   37
14   12   10    8    6    4    2
 0.1    0.6
 a    b    c    d    e    f    g
```


① 3 4 5 6 7 8 9를 출력하는 코드는 다음과 같다.

```c
int x;
for (x = 3; x <= 9; x++)
        printf("%d\n", x);
```

for문은 [그림 7-4]처럼 작성한다.

그림 7-4 ▶
for문 작성 방법

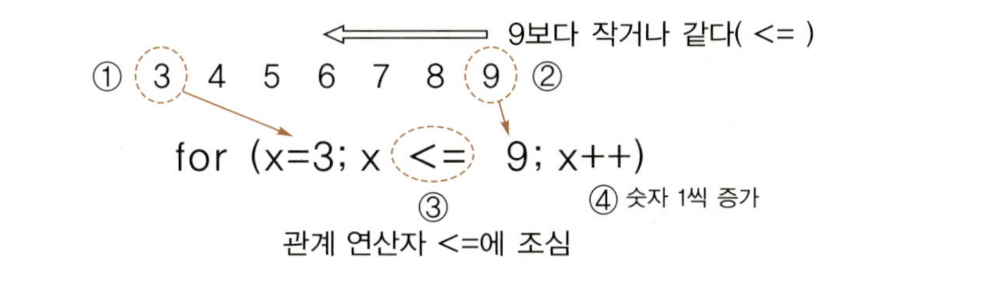

② 3부터 99까지 정수 중 3의 배수를 출력하는 코드는 다음과 같다.

```c
int x;
for (x=1; x <= 100; x+= 3)
        printf("%d\n", x);
```

③ 14 12 10 8 6 4 2를 출력하는 코드는 다음과 같다.

```c
int x;
for (x = 14; x >= 2; x -= 2)
        printf("%d\n", x);
```

for문은 [그림 7-5]처럼 작성한다.

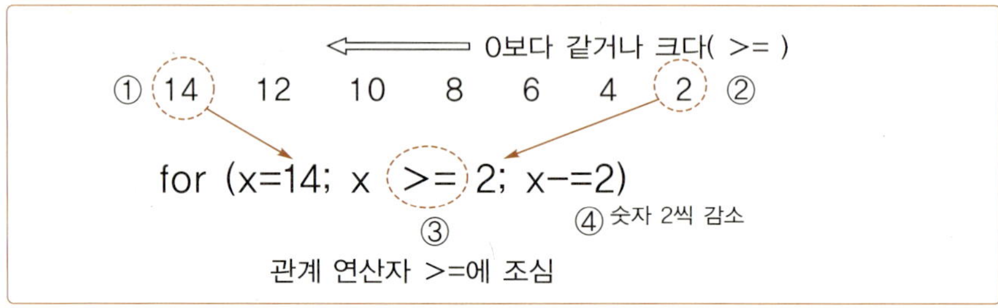

④ 0.1부터 1.0까지 실수 중 0.5씩 증가하여 출력하는 코드이다.

```c
double x;
for (x=0.1; x <= 1.0; x += 0.5)
        printf("%.1f\n", x);  // %.1f는 실수를 소수점 이하 1자리로 출력
```

단일문자 'a'부터 'g'까지 차례로 발생하고 ASCII 코드값을 출력하는 코드이다.

```c
char x;
for (x = 'a'; x <= 'g'; x++)
        printf("%c  ", x);
```

for문은 [그림 7-6]처럼 작성한다.

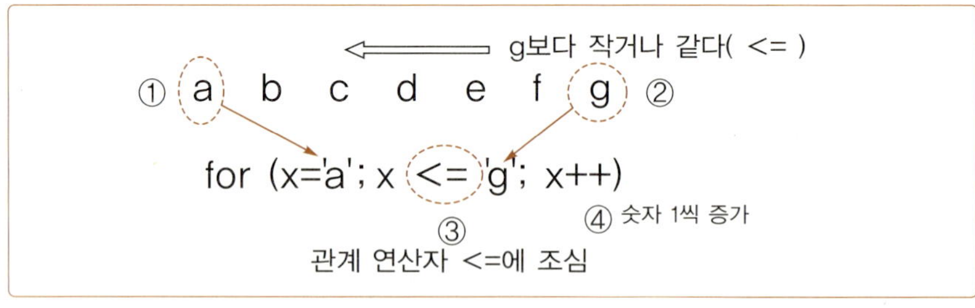

문자 A는 ASCII 코드로 65, B는 66, C는 67, D는 68, E는 69, F는 70, G는 71, H는 72이므로 1씩 증가할 때마다 다음 문자가 되므로 증감식은 x++를 사용한다.

⑤ [실습 7-7]은 for문에서 초기값과 증감식을 두 개 갖는 코드이다.

실습 7-7 | for문에서 초기값과 증감식을 두 개 갖는 코드


```c
#include <stdio.h>
int main()
{
        int x, y;

        for(x = 2, y = 10; x < 4; x++, y += 3)
        {
                printf("%4d", x);
        }
        printf("\n");
        printf("y = %d\n", y);

        return 0;
}
```

for문 · while문 · do~while문 관계

반복문 중 for문이 사용하기가 가장 간편하다. for문은 초기화, 조건식, 증감식을 생략할 수 있지만, 세미콜론(;)은 생략할 수 없다.

예문

for문인 경우	while문인 경우	do~while문인 경우

`for (x = 1; x <= 5; x++)`
`{`
`    printf("%d ", x);`
`}`
`printf("\n");`
	`x =1;`
	`while (x <= 5)`
	`{`
	`    printf("%d ", x);`
	`    x++;`
	`}`
		`x =1;`
		`do`
		`{`
		`    printf("%d ", x);`
		`    x++;`
		`}while (x <= 5);`

반복 처리할 문장은 한 개인 경우도 중괄호를 붙여서 표기하면 반복문을 명확하게 구분할 수 있으므로 실수를 줄일 수 있다.

C 무한 루프 for문과 while문

무한 루프(infinite loop)는 루프문에 종료 조건이 없거나, 반복 조건 식이 항상 true(참)이 되어 반복문이 계속 실행되는 것을 말한다.


```
while (1)                    for ( ; ; )
{                            {
        문장;                         문장;
}                            }
```



```
while (1)                    for (;;)
{                            {
    printf("무한루프");              printf("무한루프");
}                            }
```

for(; ;)와 같은 코드를 읽을 때, forever라고 읽는다. 의도적으로 무한 루프를 만든 경우, 그 무한 루프를 끝내는 부분도 만들어야 한다. 반복문 내에 if문 등을 사용하여 조건을 검사하고 조건이 만족할 때 break를 이용하면 자기가 속한 루프만 벗어나게 된다.

[실습 7-8]은 for문의 무한 루프에서 탈출하는 코드이다.

C 실습 7-8 | for문의 무한 루프에서 탈출하는 코드

ex0708.c

```c
#include <stdio.h>
int main()
{
    int x=1;            // 초기값
    for (;;) {          // 반복할 조건 검사, 무한 루프이다.
        printf("%3d", x);
        x++;            // 루프를 벗어날 조건을 변화시킴
        if (x > 5)      // 루프를 벗어나기 위한 검사
            break;
    }
    printf("\n");
    return 0;
}
```

 for문의 중첩

for문 안에 for문을 포함하는 것을 중첩(nest)되었다고 한다.

형식 >>>

```
for  (초기식; 조건식; 증감식)
{
        실행문;
        for  (초기식; 조건식; 증감식)
        {
             실행문;
        }
}
```

안쪽 for문은 바깥 for문에 포함해야 한다. 바깥 for문부터 실행이 되어 안쪽 for문이 조건 만족이 안 되어 탈출할 때까지 반복한다. 사용 빈도가 높기 때문에 꼭 이해하고 다양한 예제를 풀어보아야 한다.

[실습 7-9]는 중첩 for문을 사용하여 결과처럼 출력하는 코드이다.

소스 파일명

ex0709.c

 **실습 7-9** | 중첩 for문을 사용하여 결과처럼 출력하는 코드

```c
#include <stdio.h>
int main()
{
    int i, j;
    for (i = 0; i < 3; i++) {
        for (j=0; j < 4; j++) {
            printf("%d, %d\t", i, j);
        }
        printf("\n");
    }
    return 0;
}
```



```
0, 0    0, 1    0, 2    0, 3
1, 0    1, 1    1, 2    1, 3
2, 0    2, 1    2, 2    2, 3
```

위 문장의 실행 단계는 다음과 같다.

① for문이 2개 중첩되어 있으므로 먼저 첫 번째 for문의 변수 i의 값 1은 두 번째 for문이 반복 동작이 끝날 때까지 변하지 않는다.

② 중괄호 내부에 있는 for문에서 j가 0부터 3이 될 때까지 다음 문장을 반복 실행한다.

```c
printf("%d, %d\t", i, j);
```

③ j 값이 4이면 내부에 있는 for문의 반복 조건식이 거짓이 되므로 내부 for문을 벗어나서 다음 문을 실행한다.

```c
printf("\n");
```

④ 두 번째 for문이 끝나고 첫 번째 for문으로 되돌아가야 변수 i의 값이 증가한다. i가 2 될 때까지 중괄호 내부에 있는 내부 for문을 단계 ②부터 단계 ③을 반복 실행한다.

⑤ i가 2이면 for문의 반복 조건식이 거짓이 되므로 첫 번째 for문을 벗어나서 중첩된 for문을 종료하고 다음 라인에 있는 문장으로 이동한다.

[실습 7-10]은 0~100 사이의 소수(prime)를 중첩 for문을 사용하여 결과처럼 출력하는 코드이다.

실습 7-10 | 중첩 for문을 사용하여 0~100 사이의 소수를 출력하는 코드


```c
#include <stdio.h>
int main()
{
    int x, y;
    printf(" --- 소수(prime) --- \n");
    for (x = 2; x < 100; x++) {
        for (y = 2; y <= (x / y); y++)
            if (!(x % y)) break;   // 약수를 발견하면 소수가 아니다.
            if (y > (x / y))     // 소수
                printf("%4d", x);
    }
    printf("\n");
    return 0;
}
```



```
 --- 소수(prime) ---
  2   3   5   7  11  13  17  19  23  29  31  37  41  43  47  53  59  61  67  71
 73  79  83  89  97
```

04 break 블록 탈출문

break문은 조건문이나 반복문과 같은 제어문에서 벗어날 때 사용한다.


```
break;
```

if, switch, for, while에서 break를 선언한 위치에 가장 가까운 중괄호({ })
안의 문장을 벗어나 해당하는 제어문을 끝낸다. break문은 [그림 7-7]처럼 동
작한다.

그림 7-7 ▶
break문 동작

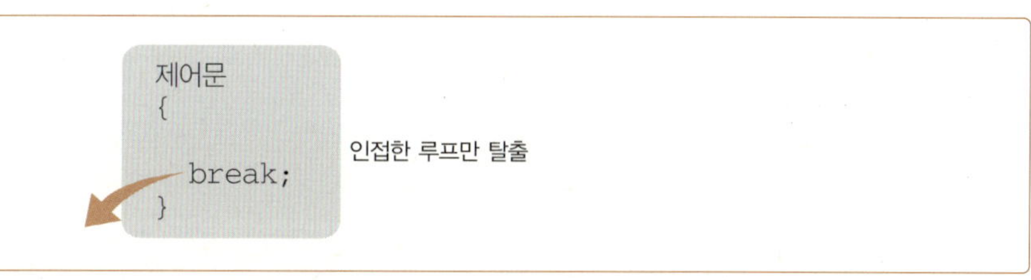

[실습 7-11]은 결과처럼 break문을 사용한 코드이다.

실습 7-11 | break문을 사용한 코드

소스 파일명
ex0711.c

```c
#include <stdio.h>
int main()
{
    int x = 8;
    while (x < 20)
    {
        printf("x: %d\n", x++);
        if (x > 10) break;        // while문을 벗어남
    }
    return 0;
}
```

실행 결과

```
x: 8
x: 9
x: 10
```

05 continue 블록 끝으로 이동

Continue문은 반복문 내에서만 사용되며, 반복이 진행 중에 continue문을 만나면 현재 실행을 종료하고 자신이 포함된 반복문의 끝으로 이동하여 다음 반복으로 넘어간다. 즉, for문에서는 증감식으로 이동하며, while문과 do~ while문의 경우 조건식으로 이동한다. continue 문 이후의 문장들은 건너뛰므로 수행되지 않는다.


```
continue;
```

[그림 7-8]처럼 동작한다.

전체 반복할 내용 중에 특정조건을 만족하는 경우를 제외하고자 할 때 유용하다.

[실습 7-12]는 1~7 사이의 숫자 중 5의 배수만 제외하고 출력하는 코드이다.

실습 7-12 | 1~7 사이의 숫자 중 5의 배수만 제외하고 출력하는 코드

```c
#include <stdio.h>
int main()
{
    int i;
    for (i = 1; i <= 7; i++)
    { // block of statement
```

```
            if (i % 5 == 0) continue;   // for문으로 이동
            printf("%d\t", i);
      }
      printf("\n");
      return 0;
}
```

●●●●●●● 실행 결과

```
1       2       3       4       6       7
```

●●●●● 프로그램 설명

for문은 1부터 7이 될 때까지 반복되지만 if문에 의해 5로 나눈 나머지(%)가 0이 되면 continue문을 실행하므로 이 문장 아래 부분은 실행하지 않고 for문으로 이동한 후 다음 루프를 시작하게 되어 3의 배수만 제외하고 출력한다.

[그림 7-9]처럼 continue문을 사용하면 특정한 값을 제외하고 처리할 수 있다.

그림 7-9 ▶
continue문 동작

```
for (i=0; i<=10; i++)
{
      if (i % 5==0)
        continue;
}
```

5의 배수이면 아래 문장으로
건너뛰고 for문으로 이동하여
5만 제거됨

Q1 1 + 2 + … + 100을 while문을 사용하여 계산한 후 출력하여라.

Q2 1 + 2 + … + 100을 for문을 사용하여 계산한 후 출력하여라.

Q3 100 + 98 + 96 + … + 4 + 2의 합을 for문을 사용하여 계산한 후 출력한다.

Q4 10진수를 2진수로 변환하여라.

Q5 1 ~ 100 사이의 3과 5의 공통 배수를 찾아 출력하여라.

Q6 돼지 저금통에 10원, 50원, 100원, 500원 동전을 넣는 개수를 입력하여 저금하자. 총 투입한 동전의 합을 계산하여 총 얼마를 저금하였는지 출력하여라. 또한 이를 몇천몇 원인지도 표시해 보자.

Q7 피라미드의 높이를 숫자로 입력하면 그 높이만큼 다음과 같이 *로 피라미드를 출력하는 코드를 작성하라. 단, for문을 사용한다.

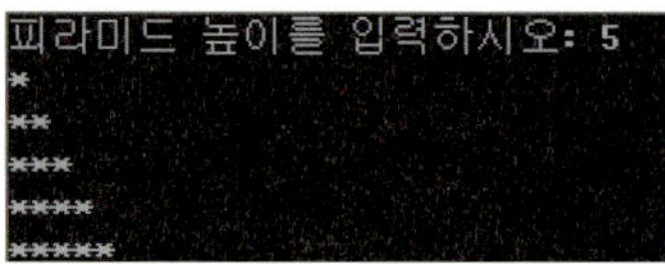

Q8 다음과 같이 피라미드를 출력하는 코드를 작성하라. 단, for문을 사용한다.

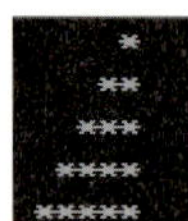

Q9 피라미드의 높이를 숫자로 입력하면 다음과 같이 *로 피라미드를 출력하는 코드를 작성하라. 단, for문을 사용한다.

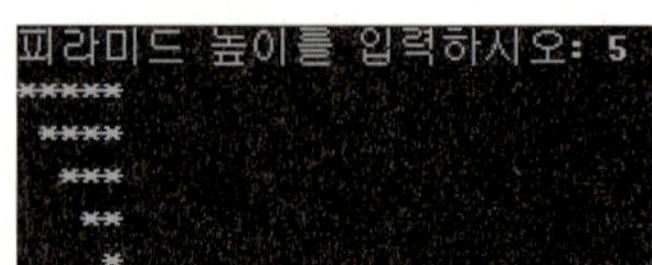

Q10 다음과 같이 피라미드를 출력하라. 단, for문을 사용한다.

Q11 다음과 같이 *를 다이아몬드 형태로 출력하라. 단, for문을 이용하라.

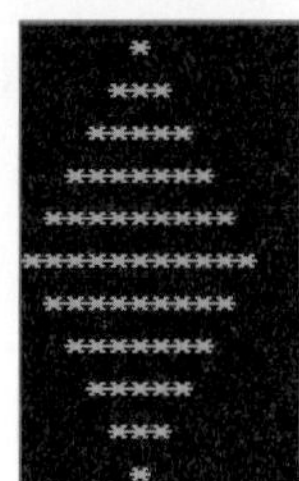

Q12 2단부터 9단까지의 구구단을 계산하고 화면에 3단씩 출력하여라.

```
2 X 1 =  2        3 X 1 =  3        4 X 1 =  4
2 X 2 =  4        3 X 2 =  6        4 X 2 =  8
2 X 3 =  6        3 X 3 =  9        4 X 3 = 12
2 X 4 =  8        3 X 4 = 12        4 X 4 = 16
2 X 5 = 10        3 X 5 = 15        4 X 5 = 20
2 X 6 = 12        3 X 6 = 18        4 X 6 = 24
2 X 7 = 14        3 X 7 = 21        4 X 7 = 28
2 X 8 = 16        3 X 8 = 24        4 X 8 = 32
2 X 9 = 18        3 X 9 = 27        4 X 9 = 36

5 X 1 =  5        6 X 1 =  6        7 X 1 =  7
5 X 2 = 10        6 X 2 = 12        7 X 2 = 14
5 X 3 = 15        6 X 3 = 18        7 X 3 = 21
5 X 4 = 20        6 X 4 = 24        7 X 4 = 28
5 X 5 = 25        6 X 5 = 30        7 X 5 = 35
5 X 6 = 30        6 X 6 = 36        7 X 6 = 42
5 X 7 = 35        6 X 7 = 42        7 X 7 = 49
5 X 8 = 40        6 X 8 = 48        7 X 8 = 56
5 X 9 = 45        6 X 9 = 54        7 X 9 = 63

8 X 1 =  8        9 X 1 =  9
8 X 2 = 16        9 X 2 = 18
8 X 3 = 24        9 X 3 = 27
8 X 4 = 32        9 X 4 = 36
8 X 5 = 40        9 X 5 = 45
8 X 6 = 48        9 X 6 = 54
8 X 7 = 56        9 X 7 = 63
8 X 8 = 64        9 X 8 = 72
8 X 9 = 72        9 X 9 = 81
```

Q13 11에서 50까지의 소수를 출력하는 프로그램을 작성하라.

> 자연수 n이 소수인지 아닌지를 판정하려면, $2 \leq p \leq \sqrt{n}$인 범위에 있는 모든 소수 p로 n을 나누어 보아, 나누어지지 않으면 소수이고, 나누어지면 합성수이다. 즉, 소수는 약수로 1과 자신을 가진 자연수이며 합성수는 약수가 3개 이상인 자연수이다. 예를 들어, 1에서 50까지의 소수를 다음과 같은 순서로 찾을 수 있다(고대 그리스의 철학자 에라토스테네스가 고안한 방법인 '에라토스테네스의 체'라고 함).

힌트 ① 1은 소수가 아니므로 지운다.
② 소수 2는 남기고 2의 배수는 모두 지운다.
③ 소수 3은 남기고 3의 배수는 모두 지운다.
④ 소수 5는 남기고 5의 배수는 모두 지운다.
⑤ 소수 7은 남기고 7의 배수는 모두 지운다.
이렇게 연산하여 남은 수 2, 3, 5, 7, 11, 13, 17, 19, 23, 29, 31, 37, 41, 43, 47은 소수이다.

Q14 n개의 값 중에서 r개를 선택하는 Combi 함수(조합의 수를 구하는 함수)를 계산하는 프로그램을 작성하라. 단, n은 4이고, $n \geq r$이다.

$$Combi 함수 \ _nC_r$$
$$_nC_r = \frac{n!}{r!(n-r)!} = \frac{n}{1} \times \frac{n-1}{2} \times ... \times \frac{n-r+1}{r}$$

Q15 다음 실행 화면과 같이 파스칼 삼각형을 출력하는 프로그램을 작성하라.

힌트 파스칼 삼각형 공식 : $_nC_r = {}_{n-1}C_{r-1} + {}_{n-1}C_r$

여기서, n은 각 라인 위치, r은 각 라인 위치에 있는 숫자의 개수

```
                1
            1       1
        1       2       1
      1     3       3     1
    1     4     6     4     1
   1    5    10    10    5    1
  1   6   15    20    15   6   1
 1   7   21    35    35   21  7   1
```

Q16 중첩 for문을 사용하여 오른쪽 실행 결과와 같이 피라미드 형태로 출력하라.

```
    1
   2 3
  4 5 6
 7 8 9 10
```

A1

```c
#include <stdio.h>
int main()
{
    int sum = 0;
    int x = 0;

    while (x <= 100)  /* 100이 될 때 까지 반복 */
    {
        sum += x; /* 일반 덧셈 공식 */
        x++;   /* x = x + 1 */
    }
    printf("1 + 2 + ... + 100 = %d\n", sum);
    return 0;
}
```

A2

```c
#include <stdio.h>
int main()
{
    int sum = 0;
    int x;

    for (x = 0; x <= 100; x++) {
        sum += x; // 일반 덧셈 공식
    }
    printf("1 + 2 + ... + 100 = %d\n", sum);
    return 0;
}
```

```c
A3  #include <stdio.h>
    int main()
    {
        int sum = 0;
        int x;

        for (x = 100; x > 0; x -= 2)
            sum += x;

        printf("100 + 98 + 96 + ... + 4 + 2= %d\n", sum);
        return 0;
    }
```

```c
A4  #include <stdio.h>
    int main()
    {
        int i, data;

        printf("10진수 정수 입력: "); scanf("%d", &data);
        printf("2진수 값: ");

        /* 컴퓨터가 32비트인 경우 32번 반복, i = 31
                 64비트면 64번 반복, i = 63으로 변경    */

        for (i = 31; i >= 0; --i) {
            printf("%d", data >> i & 0x01);
        }
        printf("\n");
        return 0;
    }
```

A5

```c
#include <stdio.h>
int main()
{
    int x;
    printf("1 ~ 100 사이의 3과 5의 공통 배수\n");
    for (x = 1; x <= 100; x++) {
       if ((x % 3 == 0) && (x % 5 == 0))
             printf("%3d, ", x);
    }
    printf("\n");
    return 0;
}
```

A6

```c
#include <stdio.h>
int main()
{
    int x, y, z, p, total;
    printf("10원짜리 동전 개수: "); scanf("%d", &x);
    printf("50원짜리 동전 개수: "); scanf("%d", &y);
    printf("100원짜리 동전 개수: "); scanf("%d", &z);
    printf("500원짜리 동전 개수: "); scanf("%d", &p);
    total = 10 * x + 50 * y + 100 * z + 500 * p;
    printf("저금한 동전의 합은 %d ", total);
    printf("저금한 동전의 합은 %d 천 %d 원 입니다.\n", total/1000,
        total % 1000);
    return 0;
}
```

A7

```c
#include <stdio.h>
int main()
{
    int row;    /* 행의 개수 */
    int col;    /* 열의 개수 */
    int hight;  /* 행과 열의 개수 */

    printf("피라미드 높이를 입력하시오: ");
    scanf("%d", &hight);

    for (row = 0; row < hight; row++) {
        for (col = 0; col <= row; col++) {
            printf("*");
        }
        printf("\n");
    }
}
```

A8

```c
#include <stdio.h>
#define COUNT 5    /* 행과 열의 개수 */

int main()
{
    int row;    /* 행의 개수 */
    int col;    /* 열의 개수 */
    int k;      /* 출력 문자 개수 */

    for (row = 0; row < COUNT; row++) {
        for (col = COUNT; col > row; col--) {
            printf(" ");   /* 각 행마다 필요한 공백 출력   */
        }

        /* 출력 문자 *를 각 라인별로 필요한 개수만큼 화면에 출력 */
        for (k = 0; k <= row; k++) {
            printf("*");
        }
        printf("\n");
    }
}
```

A9

```c
#include <stdio.h>
int main()
{
    int row;   /* 행의 개수 */
    int col;   /* 열의 개수 */
    int space; /* 공백 개수 */
    int hight; /* 행과 열의 개수 */

    printf("피라미드 높이를 입력하시오: ");
    scanf("%d", &hight);
    for (row = hight; row >= 1; row--) {
        /* 각 행마다 필요한 공백 출력   */
        for (space = 1; space <= hight - row; space++) {
            printf(" ");
        }

        for (col = 1; col <= row; col++) {
            printf("*");
        }
        printf("\n");
 }
   printf("\n");
}
```

A10

```c
#include<stdio.h>
#define LINE  5  /* 라인 개수  */

void main()
{
    int row;    /* 행의 개수 */
    int col;    /* 열의 개수 */
    int  k ;    /* 출력 문자 개수 */

    for (row = 0; row < LINE; row++) {
```

```c
        for (col = LINE; col > row; col--) {
            printf(" ");
        }
        for (k= 0; k <= row * 2; k++) {
            printf("*");
        }
        printf("\n");
    }
}
```

A11
```c
#include<stdio.h>
#define COUNT 5   /* 라인 개수  */

void main()
{
    int row;       /* 라인 개수 */
    int space;     /* 공백 개수 */
    int ch;        /* 출력 문자 *의 개수 */
    int line;      /* 아래 삼각형 라인 개수 */


     /* 다이아몬드 형태 중 상위 삼각형 */
    for (row = 0; row < COUNT; row++) {
        for (space = COUNT; space > row; space--) {
            printf(" ");   /* 각 행마다 필요한 공백 출력   */
        }

        /* 출력 문자 *를 각 라인별로 필요한 개수만큼 화면에 출력 */
        for (ch = 0; ch <= row * 2; ch++) {
            printf("*");
        }
        printf("\n");
    }
```

```c
        /* 다이아몬드 형태 중 아래 삼각형 */
        for (line = row; line >= 0; line--) {
            for (space = COUNT; space  > line; space--) {
                printf(" ");
            }

            for (ch = 0; ch <= line * 2; ch++) {
                printf("*");
            }
            printf("\n");
        }
}
```

A12
```c
#include <stdio.h>
#define   STEP 3   /* 각 라인마다 3단씩 출력 */

main( )
{
    int i;     /* 각 라인마다 3단씩 출력할 카운트 */
    int j;     /* 각 단별 1~9 곱셈할 수 */
    int k;     /* 각 라인마다 3단씩 출력할 카운트 */
    int dan;  /* 각 라인마다 3단씩 출력할 카운트를 고려한 각 단 */
    for (i = 0; i < STEP; ++i ) {
        for (j =1; j <= 9; ++j) {
            for (k = 1; k <= STEP; ++k) {
                dan = i * STEP + (k + 1);
                if (dan > 9) break;
                printf("%d X %d = %2d\t", dan, j, dan * j);
            }
            printf("\n");    /*   다음 라인으로 줄바꿈 */
        }
        printf("\n");
    }
}
```

A13

```c
#include <stdio.h>
int main()
{
    int prime;
    int j;
    int count=0;

    printf("11 ~ 50 까지 소수\n");

    for (prime = 11; prime <= 50; prime++) {
        for (j=2; j < prime; j++) {
            if (prime % j == 0)
                break;
        }

        if (prime == j) {
            count++;
            printf("%5d", prime);
        }
    }

    printf("\n: %d\n",count);

    return 0;
}
```

A14

```c
#include <stdio.h>
int combi(int n, int r);
int main()
{
    int n, r;

    for (n = 0; n <= 4; n++) {
```

```c
        for (r = 0; r <= n; r++) {
            printf("단계 %d: C%d=%d\t", n, r, combi(n, r));
        }
        printf("\n");
    }
    return 0;
}

int combi(int n, int r)
{
    int i;
    int nc0 = 1;

    for (i = 1; i <= r; i++)
        nc0 = nc0 * (n - i + 1) / i;
    return nc0;
}
```

A15
```c
#include <stdio.h>
#define LINE  7
int combi(int n, int r);

int main( )
{
    int n, r, p;

    for (n = 0; n <= LINE; n++) {
        for (p = 0; p < (LINE - n) * 3; p++)
                printf(" ");
        for (r = 0; r <= n; r++)
                printf("%6d", combi(n, r));
        printf("\n");
    }
    return 0;
```

```c
}

int combi(int n, int r)
{
        int i;
        int result = 1;

        for (i = 1; i <= r; i++)
                result = result * (n - i + 1) / i;
        return result;

}
```

A16
```c
#include  <stdio.h>
#define LINE  4  /* 라인 개수  */

int main( )
{
   int  row; /* 출력할 숫자 카운트 */
   int  col; /* 출력할 열의 위치 */
   int  num = 1 ;   /* 숫자 생성 */

   for (row = 0; row < LINE; row++) {    // 0-3까지 반복[1- LINE줄]
        for (col = 0; col < LINE-row; col++)
             printf(" ");   //빈 공백이 역삼각형

        for (col = 0; col <= row; col++)
                // { }를 사용하지 않았기에 아래 문장만 반복
                printf("%d ", num++);
                        // i = 줄 수, 줄 수보다 작으면 n값을 증가해서 출력

        printf("\n");          // 줄이 끝나면 줄 바꾸기
   }
   return 0;
}
```

08

C 함수

학습목표

- 함수, 함수 원형, 함수 정의
- 매개변수와 인자
- 매개변수의 호출 방법 : Call by value, Call by Reference
- 변수의 유효 범위
- 재귀 함수

8장에서는 C 프로그램의 핵심인 함수에 대해 소개한다. 함수를 왜 만들며, 어떻게 정의하고 선언하는지 이해하자. 다양한 종류의 함수는 무엇을 기준으로 구분하는지도 익혀야 한다. 함수를 호출하여 사용할 때 입출력은 어떻게 이뤄지는지를 면밀히 관찰하고 익히자. 이때 전달인자와 반환 값을 어떤 방식으로 전달하는지 살펴보고, 변수의 유효 기간과 접근 범위도 꼭 이해하자.

함수 만들기와 사용하기

C 프로그램은 함수들의 집합으로 구성된다. 함수란 특정작업(동작이나 행위)을 구현한 독립된 프로그램이다. 반드시 main( ) 함수를 호출하여 프로그램 실행을 시작한다.

함수는 printf( ), scanf( ) 등과 같이 컴파일러 회사에서 제공하는 라이브러리 함수가 있지만 사용자가 직접 만들 수도 있다.

C 함수 만들기: 함수 정의

함수는 만들고(정의, 구현) 사용(함수 호출)해야 한다.
함수 정의는 함수의 동작(기능)을 구현(만들기)하며, 헤더(header)와 몸체(body)로 구성한다.

형식 >>>

```
반환형 함수명(자료형  매개변수)
{
          몸체;
}
```

예 >>>

```
/* 함수 정의 */            /* 함수 호출 */
int add(int x, int y)      int main()
{                          {
    int result;                int a = 5, b = 3;
    result = x + y;            int dap;
    return  result;            dap = add(a, b);// 함수 호출
}                              return 0;
                           }
```

위 예에 대한 [그림 8-1]은 함수를 정의하고 함수를 호출하여 사용한 것이다.

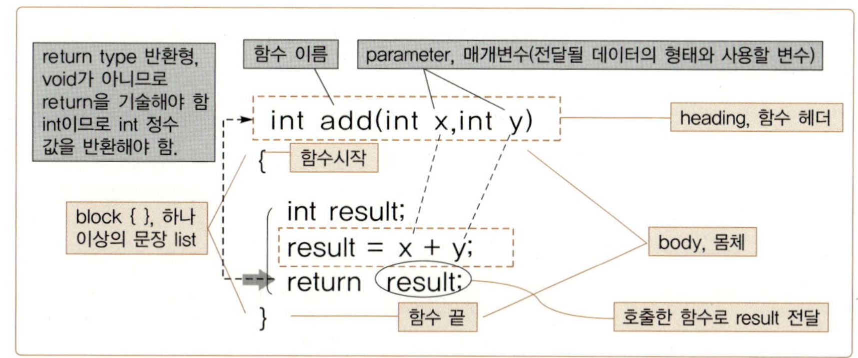

함수 헤더는 반환형, 함수명(함수 이름), 매개변수로 구성된다. 함수가 값을 return(반환)한다면 반환형은 반환하는 자료형을 사용한다. 즉, 정수형은 int, 부동 소수점형은 double, 문자형은 char으로 표기한다. 함수가 값을 return(반환)하지 않으면 반환형은 void로 표기한다.

[그림 8-1]에서 반환형은 int이고, 함수 이름은 add이며, 함수 이름 다음에 오는 소괄호 안에 매개변수를 기술하므로 매개변수는 x와 y이다. 매개변수는 자료형 int와 이름 x와 y로 구성한다. add(int x, int y)처럼 함수 이름과 매개변수 리스트를 함수 서명(function signature)이라고 한다.

함수 몸체는 함수 기능을 구현한 문장들로 블록(block)을 표시하는 중괄호({ 와 }) 안에 기술한다. 이 몸체는 함수를 호출할 때 실행된다.

C 함수 호출

함수를 정의한 후에 어떤 위치든 상관없이 함수를 호출하여 사용할 수 있다. 함수를 사용하려면 함수 이름 다음에 소괄호((와)) 안에 인자(argument) 리스트를 기술하여 함수를 호출하면 된다.


```
함수명 (인자) ;    fn ( ) ;         // 인자가 없는 경우
                   fn2 (y) ;     // 한 개의 인자 y
                   dap = add (a, b) ;    // 두 개의 인자 a 와 b
```

함수를 호출하면 함수 정의(피호출 함수 : called function)로 이동한 후 그 몸체를 다 실행하면 호출한 위치로 되돌아간다.

🄒 매개변수와 인자

함수 위치에 따라 매개변수(형식 매개변수, parameter)와 인자(인수, 실매개변수, argument)로 구분한다.

매개변수는 함수 정의에서 헤더(heading) 또는 함수 원형(prototype)에 기술한 변수이다. 즉, 함수를 정의(구현)할 때 함수명 다음에 오는 소괄호((와)) 속에 일반 변수 선언처럼 표기한다.

매개변수가 없는 경우 함수 이름 다음에 오는 ( ) 안은 빈 칸을 넣거나 '빈' 또는 '없는'이라는 의미인 void로 표기한다.

인자는 함수를 호출(calling)할 때 호출된 함수(called, 함수 정의 부분)에 전달되는 값으로 함수명 다음에 오는 ( ) 안에 넣은 값이다. 인자는 함수 원형과 일치해야 하고 매개변수의 순서도 일치해야 한다.

호출된 함수(함수 정의, 피호출 함수)는 호출한 함수로부터 복사된 데이터를 처리하므로 호출된 함수가 복사본 데이터를 조작하여도 호출 함수에 있는 원래의 데이터는 변경되지 않고 보호된다. 그러나 포인터를 사용하면 호출 함수에 있는 원본 데이터를 가지고 작업한다. 따라서 원본 데이터가 변경될 수 있다. const 키워드를 사용하면 전달 인자의 데이터를 변경할 수 없다.

🄒 함수 선언과 함수 원형

main( ) 함수를 가장 위에 작성하고 함수를 main( ) 함수 밑에 정의하면 컴파일러가 알지 못하므로 오류가 발생한다. 이를 해결하기 위해 함수 원형을 선언한다. 이것은 컴파일러에게 main( ) 함수 아래에 해당 이름의 함수가 있으므로 이 함수가 호출되면 그 함수를 이용하라고 알려주는 역할을 한다.

함수 원형은 main( ) 함수 위에 함수를 정의할 때 사용하는 함수 헤더를 쓰고 끝에 세미콜론(;)을 붙여주면 된다.


```
                       fn( );      // 인자가 없는 경우
함수명(자료형 매개변수);   fn2(y);     // 한 개의 인자 y
                       dap = add(a, b); // 두 개의 인자 a 와 b
```

컴파일러에서 제공하는 표준 라이브러리 함수들의 함수 원형은 헤더 파일에 선언되어 있다. 표준 라이브러리 함수 또는 사용자 정의 함수를 #include문을 사용하여 선언할 수 있다.


```
#include <헤더 파일>   // 컴파일러에서 제공하는 표준 라이브러리 함수 원형
#include "파일"        // 사용자가 정의한 함수 원형
```

컴파일러는 인자의 자료형과 개수가 다르면 오류를 발생하므로 일치시켜야 정상 동작한다.

 return문

return문은 현재 실행 중인 함수에서 빠져나가며, 그 함수를 호출했던 곳으로 되돌아가면서 호출한 함수로 한 개의 반환 값을 반환(전달)한다.


```
return   반환식                    return(x + y) ;
```

위 문장은 소괄호 ( )를 포함하여 호출한 함수로 반환한다. **2개 이상의 값을 반환하려면 return문을 사용할 수 없고 포인터를 사용한다.**

[실습 8-1]은 두 개의 정수를 덧셈하는 함수를 만들고 사용한 코드이다.

 실습 8-1 | 두 개의 정수를 덧셈하는 함수를 만들고 사용한 코드

소스 파일명
ex0801.c

```c
#include <stdio.h>
int add(int x, int y);        // 함수 원형

int main()
{
    int a = 5, b = 3;
    int dap;
    dap = add(a, b);            // 함수를 호출하므로 함수 정의 블록을 실행
    printf("%d + %d = %d\n", a, b, dap);
    return 0;
}
```

```
/* 함수 정의(function define) */
int add(int x, int y)// heading, 매개변수 x, y
{
    int result;
    result = x + y; // 매개변수는 지역 변수가 됨
    return  result;  // 종료되면서 result 값을 호출한 함수로 전달
}
```



```
5 + 3 = 8
```


C 프로그램은 main( ) 함수로부터 차례로 시작하다가 함수 호출 부분에서 main( ) 함수의 실행을 중단하고 add( ) 함수를 실행한다. [그림 8-2]는 함수를 호출할 때 전달하는 인자가 어떻게 매개변수에 전달되고 함수 정의 부분에서 동작하는 과정이다.

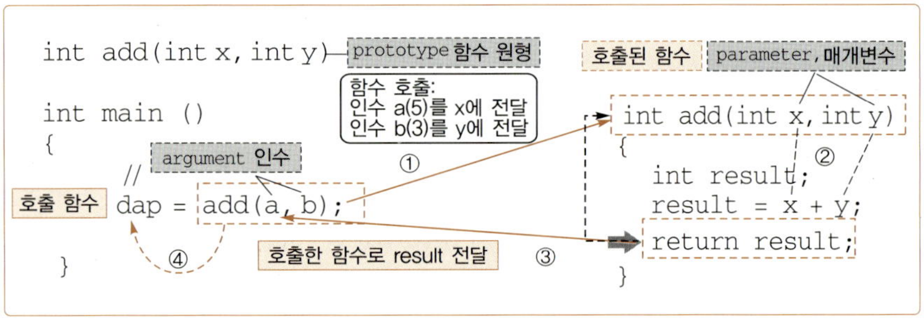

그림 8-2 ▶
인자와 매개변수 실행 과정

add(a, b)에 의해 add( ) 함수를 호출한다. add( ) 함수를 호출하면 호출된 함수(피호출된 add( ) 함수를 정의한 루틴)로 이동한다. 인자 a와 b의 값을 호출된 함수의 매개변수 x와 y에 전달되어 초기화(저장)한다. add( ) 함수의 몸체 부분이 실행된다. 즉, 몸체 시작은 열린 중괄호({)부터 진행되며 몸체의 끝은 닫힌 중괄호(})까지이다.

return문을 만나면 함수 실행을 종료함과 동시에 반환값 result의 값 8을 호출한 함수로 전달한 후 변수 dap에 대입한다.

매개변수도 지역 변수이므로 해당 함수 안에서만 유효하다. 지역 변수는 함수 내에서 정의한 변수로 해당 함수 안에서만 유효하며, 함수를 벗어나면 그 변수들에게 할당한 메모리를 해제하므로 다른 함수에서는 사용할 수 없다.

함수가 다르면 변수 이름이 동일하여도 서로 독립적이므로 다른 변수로 동작한다.

[실습 8-2]는 호출할 함수에게 입력할 전달 인자와 반환값도 없는 간단한 함수를 보여준다.

실습 8-2 | 호출할 함수에게 입력할 전달 인자와 반환값도 없는 간단한 함수

```c
#include <stdio.h>
void fn();       // 함수 원형

int main()
{
    fn();        // 함수 호출(사용)
    return 0;
}

void fn()        // 함수 정의(구현)
{
    printf("Vision\n");
}
```


`Vision`

void형 함수 호출은 다음과 같이 함수 이름(인자 리스트)으로 호출한다.

```c
fn();
```

반환형이 void이면 [그림 8-3]과 같이 함수를 실행한 결과는 필요 없으므로 몸체 끝에 return문을 삭제해야만 오류가 발생하지 않는다.

그림 8-3 ▶

void 함수 정의 구조

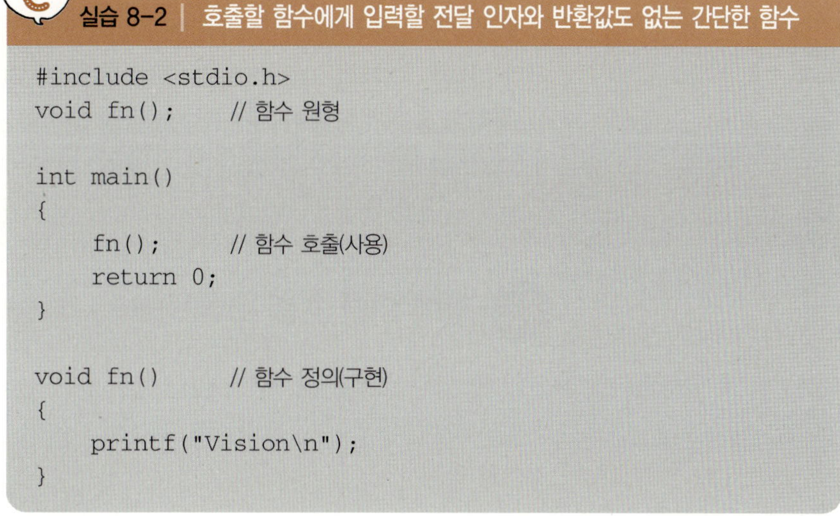

함수 호출시 매개변수의 전달 방법

C 프로그램에서 함수는 기본적으로 값에 의한 호출을 한다. 즉, 함수 호출시 전달되는 인자의 값은 복사하여 매개변수에 전달한다. 호출 함수의 인자는 호출된 함수의 매개변수에 전달하는 방법은 다음과 같다.

① 값에 의한 호출(Call by value, pass by value)
② 참조에 의한 호출(Call by reference, pass by reference)

 값에 의한 호출

값에 의한 호출(Call by value, pass by value)은 인자의 값을 복사하여 매개변수에 전달한다. 즉, 값을 복사하여 전달하므로 원본의 값이 변경되지 않는다.

함수 호출: 함수명(인자);
함수 정의: 자료형 함수명(자료형 매개변수){몸체}

함수를 실행한 결과는 return문을 사용하여 오직 한 개만 전달할 수 있다. 두 개 이상의 함수 실행 결과를 전달 받으려면 참조에 의한 호출 방식(포인터)을 사용한다.

[실습 8-3]은 세제곱근을 계산하는 함수를 값에 의한 호출 방식으로 구현한 코드이다.

소스 파일명

ex0803.c

실습 8-3 | 세제곱근을 계산하는 함수를 값에 의한 호출 방식으로 구현한 코드

```c
#include <stdio.h>
int cube(int x);      // 함수 원형


int main()
{
```

```c
    int a = 2;
    a = cube(a);  // call by value, 함수 호출
    printf("2 X 2 X 2 = %d\n", a);
    return 0;
}
// 함수 정의
int cube(int x) // argument a를 복사하여 parameter x에 전달
{
    return x * x * x;
}
```


`2 x 2 x 2 = 8`

 참조에 의한 호출

참조에 의한 호출(Call by reference)은 인자의 값을 복사하지 않고 인자의 주소(&변수)를 매개변수에 전달한다.

> 함수 호출: 함수명(&인자);
> 함수 정의: 타입 함수명(자료형 *매개변수){ 몸체 }

원본(호출 함수의 인자의 값)을 사용하므로 배열이나 구조체 등과 같이 데이터가 많은 경우 복사손실이 없다. 즉, 인자와 매개변수 모두 같은 주소이므로 매개변수의 값이 수정되면 인자도 수정됨에 주의하자.

값에 의한 함수를 호출하는 방식과 참조에 의한 호출 방식의 차이점은 [표 8-1]과 같다.

표 8-1 ▶
값에 의한 함수를 호출하는 방식과 참조에 의한 호출 방식

종류	값에 의한 호출	참조에 의한 호출
전달 내용	값	주소(&)
처리 대상	원래 객체 전체를 복사한 복사본	• 주소만 복사(원본을 직접 사용) • 원본을 직접 사용하므로 매개변수의 값이 수정되면 • 원본도 수정된다. • scanf( ) 함수는 대표적인 참조에 의한 호출 방식
접근	직접 접근	간접 접근
결과 리턴	return문; 사용하여 한 개의 객체 (데이터 타입)	*포인터 변수를 사용하여 여러 개 전달 가능
호출 방법	인자	&포인터, &인자

　호출한 함수를 실행한 결과가 한 개 이상이 되어 호출한 함수로 여러 개 반환(전달)하기 위해서는 참조에 의한 호출 방식을 사용해 주어야만 한다. 함수 정의시 매개변수를 포인터(*)로 선언한 개수만큼 함수를 실행한 후 호출한 함수로 전달한다.

[실습 8-4]는 두 개의 데이터를 교환하기 위하여 포인터를 이용한 참조 방식으로 함수를 호출한 코드이다.

ex0804.c

```c
#include <stdio.h>
/* ① 포인터 변수를 사용해 두 개의 값 정확히 전달 */
void swap(int *px, int  *py);

int main()
{
    int x = 3, y = 7;

    printf("swap 호출전, x: %d y: %d\n", x, y);
    swap(&x,&y);        // ② 호출하는 곳에서는 주소 연산자 &를 사용함
    printf("swap 호출후, x: %d y: %d\n", x, y);
    return 0;
}

 /* ③ 호출되는 함수를 구현한 곳에서는 포인터  *를 사용 */
void swap(int *px, int *py)
{
    int temp; /*  데이터 임시 보관 장소 */

    temp = *px;          // 먼저 저장 장소의 내용을 보관함,  *px는 x의 값
    *px = *py;           // ④ 포인터 변수를 사용하여 x 변수의 내용 전달
    *py = temp;          // ⑤ 포인터 변수를 사용하여 y 변수의 내용 전달
}
```



```
swap 호출전, x: 3 y: 7
swap 호출후, x: 7 y: 3
```


　swap(&x, &y);에 의해 swap( ) 함수를 호출한다. 이때 두 개의 인자의 주소가 매개변수에 전달된다.

void swap(int *px, int *py) 함수 정의 내부를 살펴보자.

두 개의 데이터를 서로 교환하려면 임시 저장 장소 temp를 준비해야 한다. 그리고 먼저 저장할 내용을 temp에 보관한다. 그 후 다른 장소에 temp의 내용을 저장하면 된다.

```
temp = *px;
```

인자 x의 주소를 전달받은 포인터 변수 px는 &x(x의 주소)를 갖는다. 즉, *px는 x의 값이다. 데이터를 임시 보관 장소 temp에 저장한다.

```
*px = *py;
```

인자 y의 주소를 전달받은 포인터 변수 py는 &y(y의 주소)를 갖는다. 즉, *py는 y의 값을 갖는다. 포인터 변수 *px를 사용하여 호출한 함수로 교환된 x 변수의 내용을 전달한다.

```
*py = temp;
```

포인터 변수 *py를 사용하여 호출한 함수로 교환된 y 변수의 내용을 전달한다.

*px와 *py에 교환한 값을 저장하였으므로 호출한 함수로 전달할 값도 두 개가 된다. 즉, 매개변수 *px는 main( ) 함수의 인자 x이고, *py는 main( ) 함수의 인자 y이다.

03 변수의 유효 범위

 변수의 유효 범위

변수가 선언된 위치에 따라 지역 변수와 전역 변수로 구분한다. 변수의 유효 범위(scope)는 변수를 액세스하여 참조해서 사용할 수 있는 보이는(visible) 영역으로, 지역 범위와 전역 범위로 구분한다.

변수의 종류

변수는 선언된 위치에 의해 지역(Local) 변수와 전역(Global) 변수로 구분한다. 지역 변수와 전역 변수는 [표 8-2]와 같이 사용 범위가 결정된다.

구분	지역 변수	전역 변수
선언 위치	특정 블록 내부 (중괄호 내부{ 선언 })	블록 외부 (중괄호 외부{선언 함수명{ ... })
사용 범위	함수 내부 (중괄호 내부{ 선언 })	선언된 위치부터 프로그램 전체
변수 범위	함수의 시작부터 종료까지	프로그램 시작부터 종료까지
메모리 영역	스택(stack) 영역	힙(heap) 영역
메모리 할당	블록 시작할 때 할당, 블록 벗어날 때 해제	프로그램 시작할 때 할당, 종료할 때 해제

 지역 변수

일반적으로 변수는 블록 내에서 선언한다. 블록 범위는 {에서 시작하고 }에서 끝난다. 이러한 변수를 지역 변수라고 부른다.

내부 블록과 외부 블록에서 동일한 변수 이름으로 선언하면 외부 블록은 숨겨 보이지 않는다.

함수 원형에 있는 이름은 모든 영역에서 접근할 수 있다.

지역 변수는 선언된 시점에 스택 영역에 **변수를 할당**하여 생성되었다가 변수가 선언된 중괄호를 벗어나면 삭제된다. 즉, 선언된 함수 블록 { } 안에서만 사용할 수 있다. **지역 변수는 해당 함수를 벗어나면 삭제되고 함수로 진입할 때 마다 초기화가 발생한다.**

지역 변수나 함수의 매개변수는 다른 함수에서 정의된 변수와는 다른 메모리 영역을 할당하므로 상관없다. 따라서 함수 안에서 선언한 변수는 다른 함수에서 선언한 변수와 동일한 이름이어도 다르게 인식하므로 충돌하지 않는다. 블록은 { } 안에 하나 이상의 연속된 명령문을 묶어놓은 범위이다.

전역 변수와 지역 변수의 이름이 동일한 경우 지역 변수가 우선순위를 갖는다.

[실습 8-5]는 전역 변수와 지역 변수를 갖는 코드이다.

실습 8-5 | 전역 변수와 지역 변수를 갖는 코드

```c
#include <stdio.h>
void f(void);          // 함수 원형
int fn(int x);         // 함수 원형
int x = 1;             // 전역 변수(global variable)
int main()
{
    int a = 2, n;      // 지역 변수(local variable) to main
    f();               // 자동으로 지역 변수 x를 가짐
    printf("main: %d\n", a); // a = 2로 초기화
    n = fn(a);
    printf("fn : 3 X %d = %d\n", a, n); // a = 3 으로 초기화
    return 0;
}

void f()
{
    int x = 8;                  // 호출될 때마다 x는 8로 초기화
    printf("f : %d\n", x);  // 반환형이 void 이므로 return문 없음
}
int fn(int x)                   // 인자 a를 복사하여 매개변수 x에 전달
{
    return 3 * x;               // 반환형이 int 이므로 return문을 기술
}
```

```
f : 8
main: 2
fn : 3 X 2 = 6
```


그림 8-4 ▶

전역 변수와 지역 변수의 유효 범위

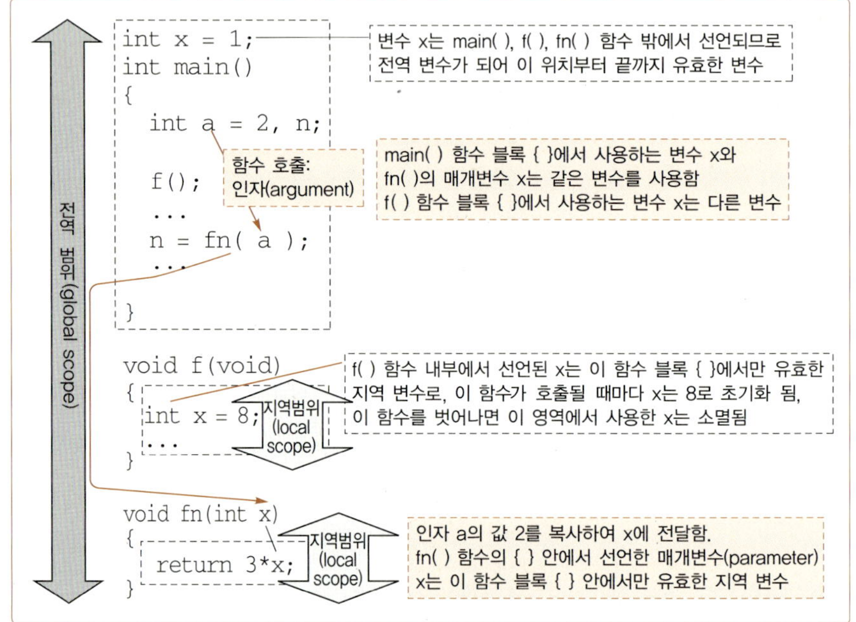

C 전역 변수

전역 변수(global variable)는 함수 밖에서 선언한 변수로, 다음과 같은 특성을 갖는다.

① 전역 변수는 선언된 순간 데이터 영역에 할당하므로 프로그램이 종료될 때까지 데이터 영역에 계속 존재한다.

② 전역 변수는 자동으로 0으로 초기화된다.

③ 전역 변수는 선언될 때 한 번만 초기화한다.

④ 함수 내부에 전역 변수와 동일한 이름을 갖는 지역 변수를 선언하면 전역 변수는 숨겨지고, 이 블록 내에서는 지역 변수를 참조한다.

[실습 8-6]은 전역 변수와 지역 변수를 갖는 코드이다.

실습 8-6 | 전역 변수와 지역 변수를 갖는 코드


```c
#include <stdio.h>

void f();
void fn();

int main()
{
    int x = 8;      // 지역 변수
    printf("x = %d\n", x);

    f();
    printf("x = %d\n", x);

    fn();
    printf("x = %d\n", x);
    return 0;
}

int x = 35;   // 전역 변수

void f()
{
    printf("f : x = %d\n", x);
    x = 28;
}

void fn()
{
    printf("fn : x = %d\n", x);
    x = 38;
}
```

실행 결과

```
f : x =7
main : x = 8
fn : x = 28
```

그림 8-5 ▶

전역 변수의 유효 범위

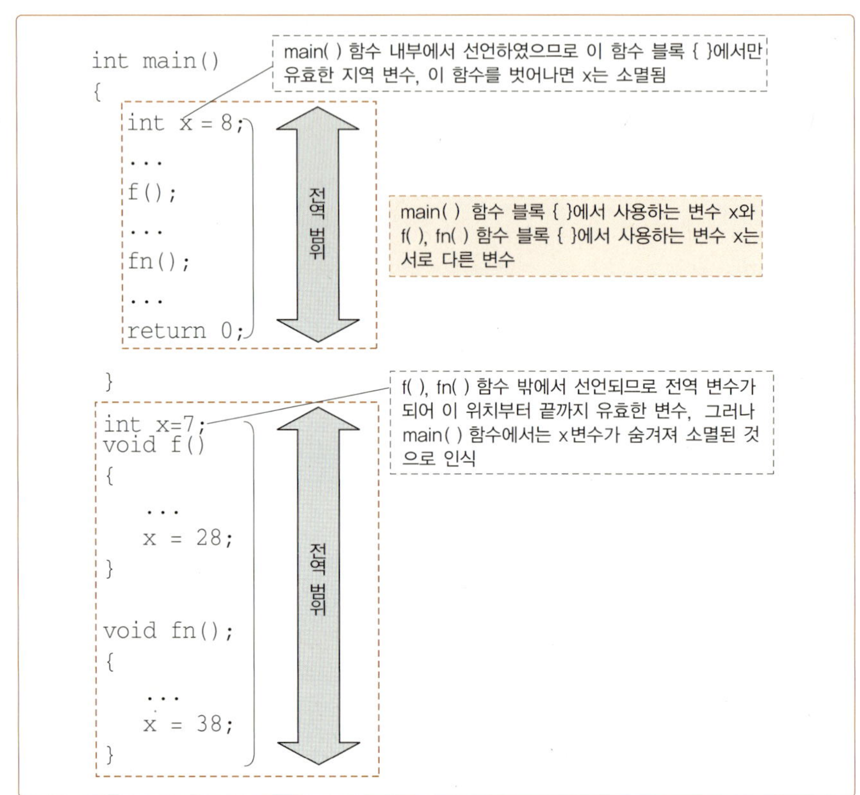

ⓒ 정적 변수

전역 변수(global variable)는 모든 함수 어디서나 접근할 수 있지만, static 이 붙은 정적 변수는 선언된 함수에서만 참조할 수 있고 다른 함수에서는 비공개(숨겨진 상태)된다. 즉, 다른 함수에서는 사용할 수 없으므로 중복하여 사용되는 것을 방지할 수 있다.

형식 >>>

static 자료형 변수;	static int x;

static 변수는 다음과 같은 특징을 갖는다.

① 프로그램에서 정적 변수는 공유한다.

② 블록 { } 밖에서 선언한 정적 변수는 파일 전체에서 유효하며, { } 내부
에서 선언되면 그 블록 안에서만 유효한 지역 변수 역할을 하게 된다.
③ static 변수는 선언 시점에서 한 번만 초기화된다.

[실습 8-7]은 static으로 선언한 정적 변수를 사용한 코드이다.

실습 8-7 | static으로 선언한 정적 변수 코드

```c
#include <stdio.h>

void fn();   // 함수 원형

int main()
{
    fn();   // 함수 호출
    fn();
    fn();
    return 0;
}

void fn()   // 함수 정의, 함수를 호출할 때마다 이 위치로 이동하여 실행
{
    static int count = 1;     // 정적 변수, 공유하여 계속 존재
    printf("fn 함수 : %d번 호출!\n", count);
    count++;
}
```

외부 변수

외부 변수(extern)는 블록이나 함수 내부에서 전역 변수로 선언된
변수 앞에 extern을 붙인다.

① extern 자료형 변수;
② extern 자료형 함수명(매개변수 리스트);

extern 변수는 다음과 같은 특징을 갖는다.

① **extern 변수는 외부에서 메모리 할당을 한 것이므로 선언할 때 메모리 영역을 할당하지 않는다.**

② extern 변수는 전역 변수가 선언된 위치가 이 변수를 사용하려는 위치보다 뒤에 위치한 전방 선언(forward declaration)에서 사용한다.

[실습 8-8]은 extern으로 선언한 변수 코드이다.

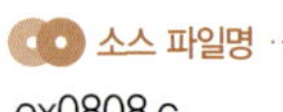

실습 8-8 │ extern으로 선언한 변수 코드

```c
#include <stdio.h>

void fn();

extern int x;  // 외부에서 선언된 변수이므로 메모리는 할당하지 않고 사용

int main()
{
    x = 88;      // 전역 변수 사용
    printf("x = %d\n", x);

    return 0;
}

int x;             // 외부 변수 x, 전역 변수가 됨
void fn()
{
    printf("x = %d\n", x);    // 전역 변수 사용
}
```

실행 결과

```
x = 20
```

프로그램을 여러 개로 분할할 경우 extern 변수로 선언하여 외부 파일에 존재한다고 통보하므로 현재 파일에서 공통으로 사용할 수 있다.

[실습 8-8]을 [실습 8-9]와 [실습 8-10]으로 분리하고 extern 변수로 선언한
코드이다.

실습 8-9 | 실습 8-8의 메인 함수


```c
#include <stdio.h>
extern int x;  /*다른 곳에서 선언된 변수이므로 메모리는 할당하지 않고 사용  */

int main()
{
    x = 88;       // 전역 변수 사용
    printf("x = %d\n", x);

    return 0;
}
```

프로그램 설명

컴파일만하여 목적 파일 ex0809.obj를 생성한다.

실습 8-10 | 실습 8-8의 fn( ) 함수

소스 파일명
ex0810.c

```c
int x;   /* 외부 변수 x, 전역 변수가 됨 */
void fn()
{
    printf("x = %d\n", x);     // 전역 변수 사용
}
```

프로그램 설명

컴파일만하여 목적 파일 ex0810.obj를 생성한다.

실습 8-11 | 실습 8-9와 실습 8-10의 통합 파일

소스 파일명
ex0811.c

```c
#include "c:\\work\\c\\exfn\\ex0809.c"
#include "c:\\work\\c\\exfn\\ex0810.c"
```

실행 결과

```
x = 20
```

프로그램 설명

　　C:\work\c\exfn 폴더에 ex0809.c 파일과 ex0810.c 파일을 복사한 후 컴
파일, 링크하여 실행 파일을 만든다.

04 재귀 함수

재귀 함수(recursion function)는 함수 내부에서 자기 자신의 함수를 다시 호출(재귀 호출)하는 순환 호출 함수이다. 이런 방법은 복잡한 알고리즘을 간략하게 구현할 수 있으므로 매우 중요하다.

[실습 8-12]는 n!(n factorial)을 재귀 함수로 구현한 것이다.

$n!(n$ 팩토리얼)은 다음과 같다.

$$n! = \begin{cases} n \times (n-1) \times (n-2) \times (n-3) \times \ldots \times 2 \times 1, \ n \geq 1 \\ 1, \ n = 0 \end{cases}$$

ex812.c

실습 8-12 | n!(n factorial)을 재귀 함수로 구현한 코드

```c
#include <stdio.h>

long factorial(unsigned long number);

int main()
{
    int i;
    for (i = 0; i <= 12 ; i++)
        printf("%2d != %d\n", i , factorial(i));
    return 0;
}

/* 함수 정의, 함수 속에서 자신의 함수를 다시 호출 */
long factorial(long number)
{
    /* 기본 단계 */
    if (number <= 1)
        return 1;

    /* 재귀 단계 */
    else
        return number * factorial(number - 1);
}
```

```
 0 != 1
 1 != 1
 2 != 2
 3 != 6
 4 != 24
 5 != 120
 6 != 720
 7 != 5040
 8 != 40320
 9 != 362880
10 != 3628800
11 != 39916800
12 != 479001600
```


이 코드의 재귀 호출하는 진행 과정이다.

호출1	12!					
호출2	12*	11!				
호출3		11*	10!			
⋮			⋮	⋮		
⋮				⋮	⋮	
호출11					2*	1!
호출12						1

재귀 함수는 다음과 같은 동작을 갖는다.

① 함수 호출의 각 수준은 자신만의 매개변수를 갖는다. 매개변수는 함수가 호출될 때마다 매번 감소하고, 최종적으로 매개변수가 1인 기본 케이스에 도달하여야 한다. 이 값에 도달하면 재귀적 호출은 종료된다.

② 각 함수 호출은 return문에 의해 하나씩 완료되고, 바로 이전의 재귀 수준으로 제어가 넘어간다. 이처럼 재귀적이 아닌 부분을 기본 케이스(base case)라고 한다.

③ 재귀 함수에서 재귀 호출보다 앞에 있는 명령문들은 그 함수 등이 호출되는 순서대로 실행한다.

④ 재귀 함수에서 재귀 호출보다 뒤에 있는 명령문들은 그 함수 등이 호출되는 반대 순서대로 실행한다.

⑤ 재귀 함수는 재귀 호출의 시퀀스를 중단시킬 수 있는 if문과 같은 제어문을 사용하여 함수의 매개변수가 특정한 값(여기서는 1)에 도달하면 재귀를 종료할 수 있어야 한다.

Q1 두 개의 정수를 뺄셈하는 함수를 작성하여라.

Q2 두 개의 정수를 곱셈 연산하는 함수를 구현하여라.

Q3 '믿음, 소망, 사랑' 문자열을 출력하는 함수를 구현하고, 이 함수를 이용하여 화면에 출력하여라.

Q4 정수 한 개를 출력하는 함수를 구현하고, 함수의 인자가 5를 전달받아 출력하여라.

Q5 정수 12개를 4행 3열 구조인 2차 배열에 저장한 후 함수를 정의하여 출력하여라.

Q6 **Q5** 를 매개변수에 함수 포인터를 사용하여 함수를 호출하여라.

Q7 5와 7의 정수 중 최대값을 구하는 함수를 구현한 후 이 함수를 호출하여라.

Q8 5와 7의 정수 중 최소값을 구하는 함수를 구현한 후 이 함수를 호출하여라.

Q9 재귀 함수를 구현하여 10진수를 2진수로 변환하여라.

Q10 for문을 사용하여 변환함수를 구현한 후 10진수를 2진수로 변환하여라.

Q11 2진수를 입력하여 10진수로 변환하는 함수를 구현하여라.

Q12 5 + 7과 4 + 5 + 6의 덧셈 결과를 출력하기 위해 반환 값이 있고 가변의 매개변수를 갖는 덧셈 함수와 메시지를 출력하는 함수를 정의하고 사용하여라.

A1

```c
#include <stdio.h>
int add(int x, int y);        // 함수 원형

int main()
{
    int a = 5, b = 3;
    int dap;

    dap = sub(a, b);          // 함수 호출하므로 함수 정의 블록을 실행
    printf("%d - %d = %d\n", a, b, dap);
    return 0;
}

/* 함수 정의(function define) */
int sub(int x, int y)         // heading, 매개변수 x, y
{
    return  x - y ;
}
```

A2

```c
int mul(int x, int y)   // heading, 매개변수 x, y
{
    return  x * y ;
}
```

A3

```c
#include <stdio.h>
void showData();

int main()
{
    showData();
    return 0;
}

void showData()
{
    printf("믿음, 소망, 사랑\n");
}
```

A4

```c
#include <stdio.h>
void showX(int x);

int main()
{
    showX(5);    // 인자 5를 호출한 함수의 매개변수 x에 할당
    return 0;
}

void showX(int x)
{
    printf("%d\n", x);
}
```

A5

```c
#include <stdio.h>

int add(int x, int y);        /* 함수 원형 선언*/
int sub(int x, int y);
int mult(int x, int y);
void fn(int (*fp)(int x, int y));

int main()
{
    fn(add);      /* add 함수 호출*/
    fn(sub);
    fn(mult);
    return 0;
}

/* 함수 포인터를 저장할 변수 선언과 정의*/
void fn(int (*fp)(int x, int y))
{
    int a = 100;
    int b = 200;
    int result;
    result = fp(a, b);       /* 함수 호출*/
    printf("결과= %d\n", result);
}

int add(int x, int y)        /* 덧셈 함수 정의*/
{
    return (x + y);
}

int sub(int x, int y)         /* 뺄셈 함수 정의*/
{
    return (x - y);
}

int mult(int x, int y)        /* 곱셈 함수 정의*/
{
    return (x * y);
}
```

```c
#include <stdio.h>

int add(int num1, int num2);          /* 함수 원형 선언 */
int sub(int num1, int num2);
int fn(int num1, int num2, int (*fp)(int x, int y));

int main( )
{
    int a, b, result;
    printf("정수 두 개 입력\n"); scanf("%d %d", &a, &b);
    result = fn(a, b, add);           /*  함수 포인터로 함수 호출  */
    printf("%d + %d = %d\n", a, b, result);

    result = fn( a, b, sub);          /*  함수 포인터로 함수 호출 */
    printf("%d - %d = %d\n", a, b, result);
    return 0;
}

int fn(int x, int y, int (*fp)(int num1, int num2))
{
    return fp(x, y);
}



int add(int x, int y) /* 덧셈 함수 정의 */
{
    return (x + y);
}

int sub(int x, int y) /* 뺄셈 함수 정의 */
{
    return (x - y);
}
```

A7
```c
#include <stdio.h>
int max(int a, int b);

int main()
{
    int ret;

    /* 인자 3과 인자 5를 max() 함수의 매개변수 a, b에 전달 */
    ret = max(3, 5);
    printf("최대값: %d\n", ret);
    return 0;
}

int max(int a, int b)
{   /* if(a > b)이면 a를 전달, 아니면 b를 전달 */
    return a > b ? a : b;
}
```

A8
```c
#include <stdio.h>
int min(int a, int b);

int main()
{
    int ret;

    /* 인자 3과 인자 5를 min() 함수의 매개변수 a, b에 전달 */
    ret = min(3, 5);
    printf("최소값: %d\n", ret);
    return 0;
}

int min(int a, int b)
{   /* if(a < b)이면 a를 전달, 아니면 b를 전달 */
    return a < b ? a : b;
}
```

 A9
```c
#include <stdio.h>
void dec2Binary(int n);
int main()
{
    int n = 0;
    printf("-1 입력시 종료.\n");
    while (n != -1)
    {
        printf("10진수 입력 : "); scanf("%d", &n);
        dec2Binary( n );
        printf("\n\n");
    }
    return 0;
}

void dec2Binary(int n)
{
    if (n < 2)
        printf("%d", n);
    else {
        dec2Binary(n / 2);
        printf("%d", n % 2);
    }
}
```

A10
```c
#include <stdio.h>
void dec2Binary(int n);
int main()
{
    int n = 0;
    printf("-1 입력시 종료.\n");
    while (n != -1)
    {
        printf("10진수 입력 : "); scanf("%d", &n);
```

```c
        dec2Binary(n);
    }
    return 0;
}

void dec2Binary(int n)
{
    int i, j;
    int result[20];
    for (i = 0; n > 0; i++)
    {
        result[i] = n % 2;
        n = n / 2;
    }
    for (j = i-1; j >= 0; j--)
        printf(" %d", result[j]);
    printf("\n");
}
```

A11

```c
#include<stdio.h>
void bin2Dec( char ar[] );

int main()
{
    int n = 0;
    char ar[100];
    printf("10진수 입력 : "); scanf("%s", ar);
    bin2Dec(ar );
    return 0;
}

void bin2Dec(char ar[])
{
```

```c
    int i, count =0;
    int dec = 0, k = 1;
    while (ar[count] != NULL)
       count++; // 길이 구함

    for (i = count - 1; i >= 0; i--)
    {
       if (ar[i] % 2 == 0) // 0은 아스키 코드로 48 , 1은 49
           dec += 0;
       else {
           dec += k;
       }
       k *= 2;
    }
    printf("%s의 10진수 = %d\n", ar, dec);
}
```

A12

```c
#include <stdio.h>
#include <stdarg.h> /* 가변 인자를 사용하기 위해 첨부 */

int Message(const char *format, ...); /* 함수 원형 */
int Add(int number, ...);

int main()
{
    char *msg = " + 연산";
    int result;
    Message("%s\n", msg);
    result = Add(2, 5, 7);
    Message("5 + 7 = %d\n", result);
    result = Add(3, 4, 5, 6);
    Message("4 + 5 + 6 = %d\n", result);
    return 0;
}
```

```c
/* 함수 정의 */
int Message(const char *format, ...)
{
    va_list arg; /* ① 가변 인자 내부 상태 저장 */
    int count;
    va_start(arg, format); /* ② va_list를 초기화 */
    /* vfprintf()함수는 va_list를 사용하며 printf() 함수와 유사 */
    count = vprintf(format, arg);   /* ③ 사용할 함수 */
    va_end(arg); /* ④ va_list 처리 작업 완료 */
    return (count);
}

/* 함수 정의 */
int Add(int number, ...)
{
    va_list arg; /* ① 가변 인자 내부 상태 저장 */
    int sum =0;
    int i;
    va_start(arg, number); /* ② va_list를 초기화 */
    for (i=0; i < number; i++)
       sum += va_arg(arg, int); /* ③ 가변인자를 하나씩 가져옴 */
    va_end(arg); /* ④ va_list 처리 작업 완료 */
    return(sum);
}
```

Memo

C 배열

학습목표

- 1차원 배열
- 2차원 배열
- 3차원 배열, 다차원 배열

9장에서는 왜 배열을 사용하며 어떻게 배열을 만들고 사용하는지를 소개한다. 배열 선언에 필요한 요소와 배열에 어떻게 접근하는지를 이해하자. 다양한 형태로 배열을 구성하는 방법을 단계적으로 익혀보자.

01 배열

통계 자료나 실험 자료, 성적 등을 처리할 경우 동일한 종류의 데이터를 저장하려면 많은 변수가 필요하기에 변수만 선언하여 처리한다면 비효율적이다. 이런 경우 배열을 사용한다.

C 배열 선언과 사용

배열(array)은 동일한 자료형 변수가 일자로 연결되어 있는 구조로, 한 번의 선언으로 여러 개의 메모리 공간을 확보한다. 배열을 사용하기 전에 선언한 후 사용해야 한다. 배열 선언은 형식과 같다.

형식 >>>

자료형 배열명 [첨자];	int ar[5]; // 5개의 int형 변수 생성

위 예는 [그림 9-1]처럼 5개의 배열 요소 num[0]~num[4]를 연속하여 int형의 정수를 저장할 수 있는 메모리 공간이 할당된다. 첨자(index, 요소 개수)는 상수만 사용하며, 0부터 시작함에 주의하라.

그림 9-1 ▶

int num[5];에 의한 메모리 영역 할당

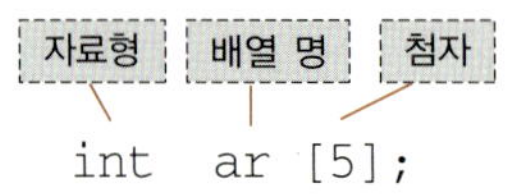

배열을 사용(접근)하려면 형식과 같이 첨자를 이용한다.

형식 >>>

배열명[첨자];	a[2] = 8; // 배열 a의 3번째 요소

첨자는 0부터 시작하므로 배열의 n번째 요소는 배열명[n-1]으로 표시한다. 배열명[0]은 배열의 첫 번째 요소이기 때문이다.

배열 요소 범위는 배열명[0]부터 배열명[첨자 −1]까지이다. 이 범위를 넘으면 다른 변수의 값들이 저장된 영역이므로 **엉뚱한 결과를 초래한다**. 한번 선언한 배열의 크기는 변경할 수 없으므로 **배열을 선언할 때 첨자는 상수이어야 한다**.

배열 크기 = sizeof(배열명) / sizeof(배열명[0]);

일반 변수처럼 배열도 모든 요소를 초기화할 수 있다. 차이점은 중괄호를 사용해야 한다.


```
자료형 배열명[첨자] = {초기값};        int ar[5] = {3, 7, 2, 9, 8} ;
자료형 배열명[  ] = {초기값};
```

배열의 초기값은 중괄호({ })로 묶고, 콤마(,)로 구분한다. 중괄호({ })로 묶은 값들을 초기화 리스트라고 부르며, 대괄호([ ]) 안의 첨자를 생략할 수 있다.

배열은 초기화 하지 않으면 임의의 값(쓰레기 값)이 저장되므로 배열을 초기화하여 명확한 값을 갖도록 하자.

[실습 9-1]은 3, 7, 2, 9, 8 정수를 배열에 초기화하는 코드이다.

실습 9-1 | 3, 7, 2, 9, 8 정수를 배열에 초기화하는 코드

소스 파일명
ex0901.c

```c
#include <stdio.h>
int main()
{
    int i;
    int ar[5] = {3, 7, 2, 9, 8} ;
    // 1차원 배열의 모든 원소를 출력
    for (i = 0; i < 5; i++)
        printf("배열의 %d 번째 원소 : ar[ %d ] = %d\n", i, i,
            ar[i]);
    return 0;
}
```



```
배열의 0 번째 원소 : ar[ 0 ] = 3
배열의 1 번째 원소 : ar[ 1 ] = 7
배열의 2 번째 원소 : ar[ 2 ] = 2
배열의 3 번째 원소 : ar[ 3 ] = 9
배열의 4 번째 원소 : ar[ 4 ] = 8
```



```c
int ar[5] = {3, 7, 2, 9, 8};
```

위 문장에 의해 int형 요소 5개를 가지는 배열이 생성된다. 이때, 각 요소의 값들은 중괄호 속에 있는 값들이 순차적으로 저장된다.

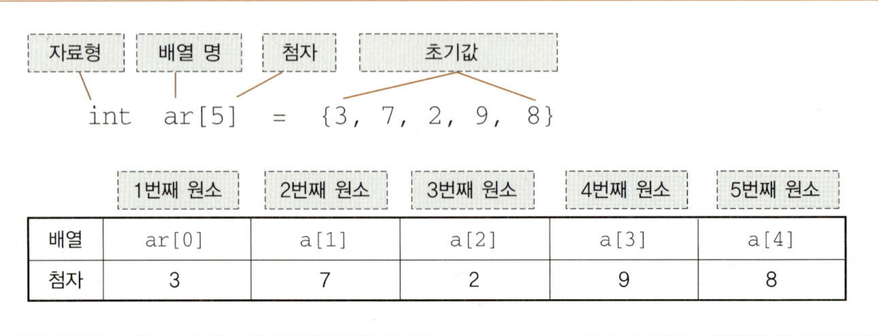

배열	ar[0]	a[1]	a[2]	a[3]	a[4]
첨자	3	7	2	9	8

위 프로그램을 배열 없이 작성하면 아래 5개의 문장처럼 5개의 변수를 만들어서 각각을 출력하는 작업을 해야 한다. 이것이 바로 배열의 매력이다.

```
ar[0] = 3;
ar[1] = 7;
ar[2] = 2;
ar[3] = 9;
ar[4] = 8;
```

초기값이 있는 경우에는 첨자를 생략할 수 있다. 이때 컴파일러가 알아서 5개를 초기화한다.

```
int ar[  ] = {3, 7, 2, 9, 8};
```

[실습 9-2]는 대화하듯이 키보드에서 정수를 입력받아 배열에 저장한 후 출력하는 코드이다.

실습 9-2 │ 정수를 입력받아 배열에 저장한 후 출력하기

```c
#include <stdio.h>
int main( )
{
    int i;
    int ar[5];    // 5개 요소를 갖는 배열 생성

    printf("정수 5개를 입력: ");
    for (i = 0; i < 5; i++)
```

```c
    scanf("%d", &ar[ i ]); // 배열 ar[i]에 저장

  for (i = 0; i < 5; i++)
    printf("ar[ %d ]=%d\n", i, ar[ i ]);
              // 배열 ar[i]의 내용을 출력

  return 0;
}
```


프로그램 설명

```c
scanf("%d", &ar[i]);
```

scanf에서 &(변수명) 형태로 값을 입력받았는데 배열도 동일하다.

&ar[i]은 ar 배열의 (i+1)번째 요소에 입력을 받게 된다. 배열 ar은 int형 배열이므로 %d를 사용한다.

[실습 9-3]은 단일문자 c, a, n을 배열에 저장한 후 출력하는 코드이다.

실습 9-3 │ 단일문자 c, a, n을 배열에 저장한 후 출력하는 코드

소스 파일명

ex0903.c

```c
#include <stdio.h>
int main()
{
    int i;
    int character[ ] = {'c', 'a', 'n'};
     // 배열 character의 크기를 계산
    for (i=0; i < sizeof(character)/ sizeof(int); i++)
          printf("%5c", character[i]);
    printf("\n");
    return 0;
}
```

실행 결과

[실습 9-4]는 배열에 단일문자 6개를 입력받아 저장한 후 출력하는 코드이다.


```c
#include <stdio.h>
int main()
{
        int i;
        int word[6];

        printf("문자 6개를 입력 : ");
        for (i = 0; i < 6; i++)
        {
                scanf(" %c", &word[i]);
                getchar();           // 버퍼에 쌓인 공백이나 엔터키 삭제
        }

        for (i=0; i < sizeof(word) / sizeof(int); i++)
                printf("%5c", word[i]);
        printf("\n");
        return 0;
}
```

for 반복문에서 scanf( ) 함수를 사용해 문자를 입력받으면 버퍼에 문자를
구분하기 위해 입력한 공백이나 엔터키가 쌓여 다음 입력 문장을 만나면 이
값을 사용하므로 오동작한다. 이 값을 삭제한 문장이 필요하며 getchar( );
문장을 사용하였다.

[실습 9-5]는 문자열 'I can do it'을 저장하고 출력하는 코드이다.

실습 9-5 | 문자열 'I can do it'을 저장하고 출력하는 코드

소스 파일명
ex0905.c

```c
#include <stdio.h>
int main()
{
    char str[ ] = "I can do it."; // 배열을 사용하여 문자열 초기화
    printf("%s\n", str); // %s 문자열 출력, puts(str); 과 동일
    return 0;
}
```

실행 결과

```
I can do it.
```

프로그램 설명

```c
    char str[ ] = "I can do it.";
```

배열 이름 str은 배열의 첫 번째 값이 들어 있는 주소를 가리키는 포인터 상수이다. 포인터로 표시한 다음 문장과 동일하다.

```c
    char *str = "I can do it.";
```

printf의 %s은 시작 주소부터 null 문자를 만날 때까지 배열 내의 문자를 조합하여 하나의 문자열로 인식하므로 이렇게 조합된 문자열이 출력된다.

```c
    printf("%s\n", str);
```

다음 문장과 동일하다.

```c
    for (i = 0; i < sizeof(str) / sizeof(char); i++)
        printf("%c", str[i]);
```

[실습 9-6]은 문자열 'I can do it'을 scanf( ) 함수를 사용하여 키보드에서 입력하여 배열에 저장한 후 출력하는 코드이다.

C

실습 9-6 | 키보드에서 입력하여 배열에 저장한 후 출력하는 코드

소스 파일명
ex0906.c

```c
#include <stdio.h>
int main()
{
    int i;
    char str[256];
```

```c
    printf("I can do it. 을 입력: "); scanf("%s", str);
        printf("%s\n", str);
    return 0;
}
```



```
I can do it. 을 입력: I can do it.
I
```


문자열 입력은 'I can do it.'로 하였는데 출력 결과는 'I'이다. 왜 그럴까?

scanf( ) 함수는 데이터를 공백 구분하는 단어 중심으로 입력한다. 한 칸의 공백이나 스페이스 바, 탭 키, 엔터 키 모두 공백으로 처리하기 때문이다.

즉, 'I' 'can' 'do' 'it'이라는 4개의 문자열로 처리하므로 첫 번째 문자열 'I'만 출력된다.

공백까지 포함한 문자열 입력은 scanf( ) 함수를 사용할 수 없으며, gets( ) 함수나 fgets( ) 함수를 사용하자. gets( ) 함수는 엔터키가 입력될 때까지 문자열을 입력받아 하나의 문자열로 저장한다.

[실습 9-7]은 문자열 'I can do it'을 gets( ) 함수를 사용하여 키보드에서 입력하여 배열에 저장한 후 출력하는 코드이다.

실습 9-7 | 키보드에서 입력하여 배열에 저장한 후 출력하는 코드

ex0907.c

```c
#include <stdio.h>
int main()
{
    int i;
    char str[256];
    printf("I can do it. 을 입력: ");
    gets(str);  // fgets(str sizeof(buf), stdin); 와 동일
    puts(str);  // printf("%s\n", str); 와 동일
    return 0;
}
```



```
I can do it. 을 입력: I can do it.
I can do it.
```

[실습 9-8]은 특정 배열의 요소에 값을 초기화하고 출력하는 코드이다.

실습 9-8 | 특정 배열의 요소에 값을 초기화하는 방법 코드

```c
#include <stdio.h>

int main()
{
    int i, sum = 0;
    int ar[ 5 ] = {3, 7, 2, 9, 8} ;
    printf("정수 5개를 입력: ");
    for (i=0; i < 5; i++)
        sum += ar[i];

    printf("총계 = %d\n", sum);
    return 0;
}
```



```
정수 5개를 입력: 3 7 2 9 8
총계 = 29
```



```c
sum += na[i];
```

이 문장은 다음 문장을 축약 대입 연산자로 기술한 것이다.

```c
sum = sum + na[i];
```

모든 배열 요소를 덧셈하기 위해 다음 코드를 작성한다.

```c
for (i=0; i < 5; i++)
        sum += na[i];
```

예문 `int na[5] = {3, 7};`

배열을 초기화할 때 첨자보다 요소 개수가 부족하면 [그림 9-3]처럼 차례로 3, 7을 저장하고 나머지 배열 요소들은 모두 0으로 초기화한다.

그림 9-3 ▶
int na[5] = {3, 7};

	1번째 원소	2번째 원소	3번째 원소	4번째 원소	5번째 원소
배열	ar[0]	a[1]	a[2]	a[3]	a[4]
원소	3	7	0	0	0

초기값이 첨자보다 많으면 오류가 발생한다.

 `int ar[5] = {0};`

위 문장은 배열 na의 모든 요소를 0으로 초기화한다. 만약 중괄호({ }) 안에 아무런 값도 없으면 오류가 발생한다.

[실습 9-9]는 대화 형식으로 정수 5개를 입력받아 합계와 평균을 구하는 코드이다.

ex0909.c

실습 9-9 | 대화 형식으로 정수 5개를 입력받아 합계와 평균을 구하는 코드

```c
#include <stdio.h>
#define INDEX  5
int main()
{
        int i;     // 변수 i 와 sum 생성
        int sum = 0 ; // 덧셈 결과 저장 변수는 반드시 초기화
        int ar[INDEX] = {0}; // 5개 요소를 갖는 배열 생성
        double average;

        printf("정수 5개를 입력: ");
        for (i = 0; i < INDEX ; i++) {
            scanf("%d", &ar[i]); // 배열 ar[i]에 저장
            sum += ar[i]; // 덧셈 공식, sum = sum + ar[i]
        }
        average = (double) sum / INDEX ;
        printf("총계 = %d , 평균 = %.2f\n", sum, average);
        return 0;
}
```

실행 결과

```
정수 5개를 입력: 3 7 2 9 8
총계 = 29 , 평균 = 5.80
```

프로그램 설명

```c
int index = 5;
int ar[index]; // 컴파일 에러, 첨자는 변수 사용 불가
```

이 문장은 컴파일 과정에서 에러가 발생한다. 그 이유는 변수의 첨자는 상수만 허용되므로 변수를 사용할 수 없기 때문이다. 그러나 배열의 첨자는 다음 예문처럼 #define을 사용하여 숫자 상수 매크로로 정의할 수 있다.

```c
#define INDEX  5
int ar[INDEX];
```

이 문장은 5가 사용되는 의미를 명확하게 알 수 있도록 매크로(macro)로 대체한 것이다.

그림 9-4 ▶
#define 사용

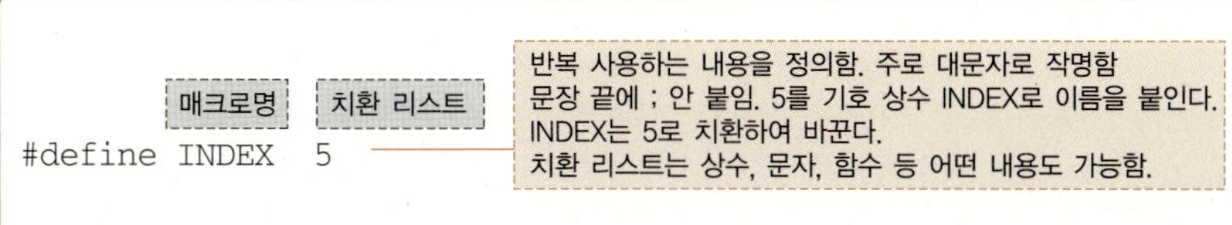

위 문장은 다음과 같은 장점을 갖는다.

① 상수를 직접 사용하는 것보다 매크로를 사용하므로 더 명확한 정보가 된다.
② 이 위치의 치환 리스트만 변경하면 그 이후에 사용한 INDEX 마다 모두 치환 리스트로 변경되므로 다른 코드는 수정할 필요가 없다.

즉, 컴파일러는 INDEX가 있는 위치마다 5로 치환하고, COLS가 있는 위치마다 3으로 치환된다.

다음 문장을 살펴보자.

```
for (i=0; i < MAX; i++)
{
        scanf(" %d", &na[i]);
        sum += na[i];
}
```

for문 다음에 중괄호로 묶여 있으므로 그 안에 있는 두 개의 문장을 MAX 번 반복 실행한다.

```
sum += na[i];
```

이 문장은 합계를 구하는 공식과 같은 것으로 배열에 저장된 값들을 모두 덧셈한다.

(정수/정수)는 나머지 부분은 절단하고 정수만 출력하므로 정수를 부동소수점 수로 변환해야 한다. 변수의 값을 부동소수점 수로 변환하려면 캐스트 연산자 (자료형) 변수명을 사용한다.

```
average = (double) sum / INDEX ;
```

(double) sum에 의해 변수 sum의 값을 복사하여 double형으로 변환한다.

캐스트 연산자를 사용하면 그 위치에서만 (자료형)으로 변환하고 그 라인의 위치를 벗어나면 원래의 값을 유지한다.

```
printf("총계 = %d , 평균 = %.2f\n", sum, average);
```

평균 average 값을 출력할 때 사용한 포맷지정자 %.2f는 소수점 이하 2자리까지 출력하라는 의미이다. double형 부동소수점 수는 %lf 또는 %f를 사용한다. lf(long float)에서의 l은 L의 소문자이다.

02 다차원 배열

다차원 배열은 평면(행과 열로 구성, 표) 구조인 2차원 배열, 육면체 구조(면과 행과 열로 표현)인 3차원 배열, 3차원 이상의 차원을 갖는 배열도 있지만 불편하여 사용하지 않는다.

1차원 배열은 하나의 대괄호를 갖고, 2차원 배열은 두 개의 대괄호를 가지며 3차원 배열은 세 개의 대괄호를 갖는다.

C 언어에서 배열은 다음과 같은 특징을 갖는다.

① 내부적으로 1차원 배열만 지원한다. 2차원 이상의 다차원 배열은 1차원 배열의 확장에 불과하다. C에는 2차원 배열이라는 것이 없다.

② 배열을 구성하는 배열 요소의 타입은 어떤 타입이나 가능하다. 배열도 유도형 타입이므로 배열 그 자체가 배열의 요소가 될 수 있다.

C 2차원 배열의 선언과 사용

2차원 배열은 형식과 같이 두 개의 대괄호 안에 첨자를 사용하여 선언한 후 사용한다.

형식 >>>

```
자료형 배열명[행의 크기][열의 크기];    int ar[3][4];  // 3행 4열의 2차원 배열
```

위 예에서 2차원 배열은 배열의 각 요소 3개가 요소를 4개 가지는 int형의 배열이고, 이름은 arr이다. 논리적 구조로 보면 첫 번째 첨자는 배열 요소의 행(세로)의 개수를 제어하고, 두 번째 첨자는 배열 요소의 열(가로)의 수를 제어한다.

메모리의 논리적(개념) 구조는 [그림 9-5]와 같이 할당한다. 그러나 실제로 메모리에는 배열 요소가 1차원 배열과 같이 연속해서 할당한다.

<table>
<tr><td></td><td></td><td>1번째 열</td><td>2번째 열</td><td>3번째 열</td><td>4번째 열(column)</td></tr>
<tr><td></td><td>ar</td><td>[0]</td><td>[1]</td><td>[2]</td><td>[3]</td></tr>
<tr><td>1번째 행</td><td>[0]</td><td>?</td><td>?</td><td>?</td><td>?</td></tr>
<tr><td>2번째 행</td><td>[1]</td><td>?</td><td>?</td><td>?</td><td>? ← ar[1][3]</td></tr>
<tr><td>3번째 행(row)</td><td>[2]</td><td>?</td><td>?</td><td>?</td><td>?</td></tr>
</table>

[그림 9-5]에서 대괄호([ ]) 안에 적힌 두 개의 정수는 각 배열 요소에 접근할 때 사용할 행과 열의 첨자이다. ar[m][n];과 같이 배열을 선언하면 m×n개의 변수를 가지는 배열을 선언한 것이다.

통계, 구구단, 행렬, 테이블, 평면 형태로 출력하려면 2차원 배열을 사용하는 것이 효율적이다.

2차원 배열 요소에 접근은 형식과 같이 2개의 대괄호([ ])를 사용하여 행과 열을 지정한다.

형식 >>>

| 배열명[행][열] | ar[3][4]; // 3행 4열의 요소 |

2차원 배열 요소에 대입 연산자를 사용하여 값을 저장하는 방법은 다음과 같다.

형식 >>>

| 배열명[행][열] = 값; | na[2][1] = 40; |

2차원 배열도 형식과 같이 1차원 배열처럼 선언과 동시에 초기화할 수 있다. 행 첨자는 생략 가능하므로 형식에서 두 번째 int ar[ ][4]도 정의 가능하다.

형식 >>>

```
자료형 배열명[행 첨자][열 첨자] = {{초기값 리스트 }, {초기값 리스트 }};
int ar[3][4] = {{10, 20, 30, 40} , {15, 25, 35, 45} , {50, 60, 70, 80 }};
int ar[ ][4] = {{10, 20, 30, 40} , {15, 25, 35, 45} , {50, 60, 70, 80 }};
```

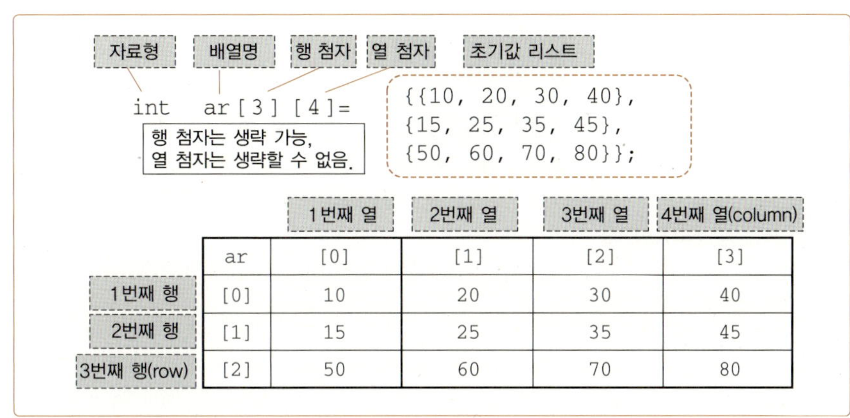

ar	1번째 열 [0]	2번째 열 [1]	3번째 열 [2]	4번째 열(column) [3]
1번째 행　[0]	10	20	30	40
2번째 행　[1]	15	25	35	45
3번째 행(row)　[2]	50	60	70	80

형식을 보면 초기값은 행 단위로 2개의 중괄호({ }) 속에 넣는다. 즉, 가장 바깥쪽에 중괄호({ }) 쌍이 있고, 그 안에 중괄호({ })로 행 단위로 배열 요소의 초기값을 넣고 둘러싼다.

행 첨자(행의 요소 개수)는 생략해도 되지만 반드시 열 첨자(열의 요소 개수)는 생략할 수 없다.

배열 요소 개수 보다 초기값이 적으면 초기값이 없는 배열 요소는 0으로 초기화된다. 그러나 배열 요소의 개수 보다 많은 초기값을 넣으면 오류가 발생함에 주의하자.

[실습 9-10]은 2차원 배열의 요소에 값을 초기화하는 코드이다.

실습 9-10 │ 2차원 배열 사용 – 초기화 방법


```c
#include <stdio.h>
int main()
{
    int i, j;
    int ar[3][4] = {{10, 20, 30, 40},
                    {15, 25, 35, 45},
                    {50, 60, 70, 80}
                   };
    for (i = 0; i < 2; i++)   /* 행수 만큼 반복 */
      for(j = 0; j < 3; j++)
         printf("a[%d][%d] = %d\n", i, j, ar[i][j]);

    return 0;
}
```

```
a[0][0] = 10
a[0][1] = 20
a[0][2] = 30
a[1][0] = 15
a[1][1] = 25
a[1][2] = 35
```


2차원 배열은 행과 열을 표현해야 하므로 행을 제어하는 반복문과 열을 제어하는 반복문이 필요하므로 2개의 반복문을 중첩하여 사용한다.

```
for (i=0; i < 2; i++)   /* 행 수만큼 반복 */
    for (j = 0; j < 3; j++)
        printf("a[%d][%d] = %d\n", i, j, ar[i][j]);
```

i가 0일 때 j=0부터 j=2가 될 때까지 printf문을 3번 반복 실행한다. 그리고 i가 1로 변경된 후 j=0부터 j=2가 될 때까지 printf문을 3번 반복 실행하고 두 개의 for문을 벗어난다.

[실습 9-11]은 6개의 정수를 입력하여 2행 3열의 2차원 배열에 저장하고 출력하는 코드이다.

ex0911.c

실습 9-11 | 6개의 정수를 입력하여 2행 3열의 2차원 배열에 저장하고 출력하는 코드

```c
#include <stdio.h>
int main()
{
    int i, j;
    int ar[2] [3] ;

    printf("정수 6개를 입력 : ");
    for (i = 0; i < 2; i++)
        for (j = 0; j < 3; j++)
            scanf("%d", &ar[i] [j]);

    for (i=0; i < 2; i++)
        for (j=0; j < 3; j++)
            printf("a[%d][%d] = %d\n", i, j, ar[i] [j]);

    return 0;
}
```

●●●●●●● 실행 결과

[실습 9-12]는 학생 4명이 3개의 과목 점수에 대하여 각 과목당 총점과 각 학생별로 총점과 평균을 계산하는 코드이다.

실습 9-12 | 각 과목당 총점과 각 학생별로 총점과 평균을 계산

● 소스 파일명
ex0912.c

```c
#include <stdio.h>
#define    ROW    4
#define    COL    3

int main()
{
    int  i, k;
    int totC = 0, totJava = 0, totDB = 0;
        // 각 과별당 총점을 저장할 변수
    double average;
    int student[ROW] = {0} ;   // 각 학생별 총점 저장할 배열
    int score[ROW][COL] = {{86, 92, 85},// 0 행, 1 번째 학생
                           {70, 89, 88},   // 1 행, 2 번째 학생
                           {95, 98, 94},   // 2 행, 3 번째 학생
                           {73, 76, 80},   // 3 행, 4 번째 학생
                          };

    for (i = 0; i < ROW ; i++){     // 각 과목별 총점
        totC += score[i][0] ;        // C 총점
        totJava += score[i][1];      // Java 총점
        totDB += score[i][2];        // DB 총점
    }

    /* 각 과목별 총점 출력 */
    printf("\n  C 총점  Java 총점  DB 총점");
    printf("\n--------------------------");
    printf("\n%6d%10d%10d" , totC , totJava , totDB);
    printf("\n--------------------------");

    for (i = 0; i < ROW ; i++)            // i 번째 학생 총점
```

```c
        for (k = 0; k < COL ; k++)     // 각 학생별
            student[i] += score[i][k]; // 학생별 총점

    /*학생별 총점과 평균 출력하기 */
    for (i = 0; i < ROW ; i++)
    {
        printf("\n %2d 번 학생 총점: %d", i +1, student[i]); // 총점
        average = (double) student[i] / COL ;
        printf("평균: %.2f", average) ; // 평균
    }
    printf("\n");
    return 0;
}
```



```
C 총점   Java 총점   DB 총점
-------------------------------
 324        355        347
-------------------------------
 1 번 학생 총점: 263 평균: 87.67
 2 번 학생 총점: 247 평균: 82.33
 3 번 학생 총점: 287 평균: 95.67
 4 번 학생 총점: 229 평균: 76.33
```



```c
#define ROW 4
#define COL 3
```

위 문장은 ROW는 모두 4로 치환하고, COL는 3으로 치환한다. 학생 인원이 변경되거나 과목의 개수가 변경될 때 이 두 라인의 값만 변경하고 나머지 코드는 그대로 유지하므로 매우 효율적이다.

score[i] [0]는 C, score[i] [1]은 Java, score[i] [2]는 DB 과목 점수를 저장한다. printf문의 %2d는 오른쪽 정렬을 하고 2칸을 확보하여 출력하라는 형식이다.

 ## 3차원 배열 선언과 접근

3차원 배열은 형식처럼 선언한 후 사용한다.


```
자료형 배열명[면 첨자][행 첨자][열 첨자];
        int ar[3] [4] [5];
```

배열은 아파트의 동과 층, 호 개념으로 형상화하여 생각해 볼 수 있다. 3차원 배열의 논리적 구조는 [그림 9-7]처럼 면(높이), 행(세로)과 열(가로)로 구성된 직육면체 형태의 배열이다.

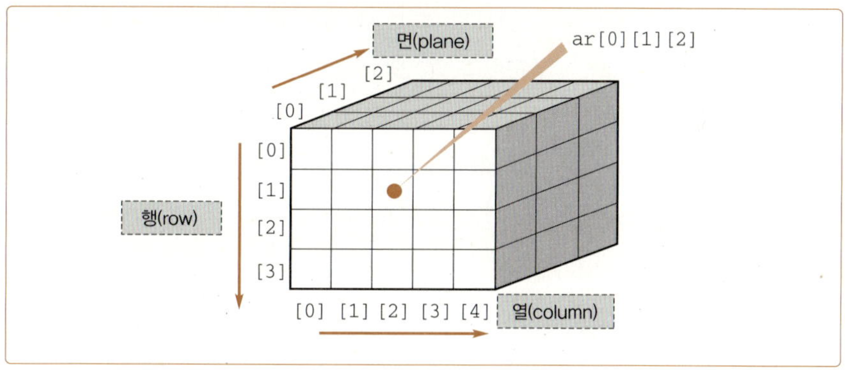

[그림 9-7]을 보면 메모리 크기는 $3 \times 4 \times 5 \times$ sizeof(int) = 240바이트를 할당한다.

3차원 배열 요소에 접근 방법은 2차원 배열 접근 방법에 면(높이) 정보를 추가한 점을 제외하고는 동일하다. 3차원 배열 요소에 접근은 형식과 같이 대괄호 [ ] 안에 적힌 세 개의 정수로 면(높이), 행(세로)과 열(가로)을 지정한다.


```
배열명[면][행][열] ;          ar[1][0][2];
```

3차원 배열 요소에 대입 연산자를 사용하여 값을 저장하는 방법은 형식과 같다.


```
배열명[면][행][열] = 값 ;      na[1][2][1] = 100;
```

3차원 배열도 형식과 같이 선언과 동시에 초기화할 수 있다.


```
자료형 배열명[면 첨자][행 첨자][열 첨자] = {{{초기값 리스트}}} ;
int ar[3][4][5] = {{{1, 2, 3, 4, 5}, {6, 7, 8, 9, 10},
                    {11, 12, 13, 14, 15}, {16, 17, 18, 19, 20}},
                   {{21, 22, 23, 24, 25}, {26, 27, 28, 29,30},
                    {31, 32, 33, 34, 35}, {36, 37, 38, 39, 40}},
                   {{41, 42, 43, 44, 45}, {46, 47, 48, 49, 50},
                    {51, 52, 53, 54, 55}, {56, 57, 58, 59, 60}}
                   };
```

3차원 배열은 중괄호 안에 각 행과 면을 구분하기 위해 행 단위별로 중괄호를 첨부한 후 다시 면 단위로 중괄호를 묶는다. 초기값 구분은 콤마(쉼표 ,)로 구분하고, 각 행 사이에도 콤마(쉼표 ,)로 구분한다.

그림 9-8 ▶
3차원 배열의 초기화

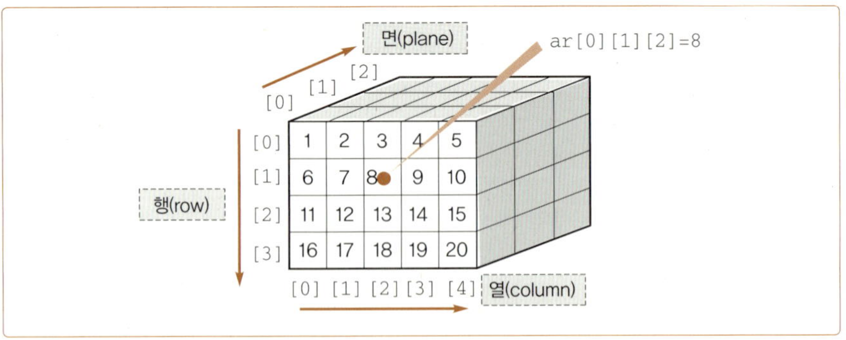

[그림 9-8]의 배열의 논리적 구조는 [그림 9-9]와 같이 2개의 2차원 배열이 모여 있는 형태를 갖는다. 즉, 2행 3열로 구성된 2차원 배열이 두 개 겹쳐 있는 형태이다.

그림 9-9 ▶
3차원 배열의 논리적 구조

[실습 9-13]은 3면 4행 5열의 3차원 배열에 정수 값으로 초기화하고 출력하는 코드이다.

실습 9-13 | 3차원 배열 사용 - 초기화 방법


```c
#include <stdio.h>
int main()
{
    int i, j, k;
    int ar [3][4][5] = { { {1, 2, 3, 4, 5 } , {6, 7, 8, 9, 10},
                        {11, 12, 13, 14, 15}, {16, 17, 18, 19, 20}},
                      { {21, 22, 23, 24, 25}, {26, 27, 28, 29,30},
                        {31, 32, 33, 34, 35}, {36, 37, 38, 39, 40}},
                      {{41, 42, 43, 44, 45}, {46, 47, 48, 49, 50},
                        {51, 52, 53, 54, 55}, {56, 57, 58, 59, 60}}
                    };
    for (i=0; i < 3; i++){
        for (j=0; j < 4; j++)  {
            for (k=0; k < 5; k++) {
                printf("%5d", ar[i][j][k]); /* 요소 내용 출력 */
            }
            printf("\n");
        }
        printf("\n");
    }

    return 0;
}
```



```
    1     2     3     4     5
    6     7     8     9    10
   11    12    13    14    15
   16    17    18    19    20

   21    22    23    24    25
   26    27    28    29    30
   31    32    33    34    35
   36    37    38    39    40

   41    42    43    44    45
   46    47    48    49    50
   51    52    53    54    55
   56    57    58    59    60
```

Q1 정수 10개의 요소를 갖는 배열을 선언하라.

Q2 부동소수점 수 10개의 요소를 갖는 배열을 선언하라.

Q3 문자 10개의 요소를 갖는 배열을 선언하라.

Q4 배열의 첫 번째 요소를 갖는 배열 번호(첨자)는 얼마인가?

Q5 int data[2][3]은 총 몇 개의 요소를 배당할 수 있는가?

Q6 int arr[10]; 과 arr[7]은 어떤 차이가 있는가?

Q7 30, 50, 60, 90, 100을 1차원 배열에 초기화한 후 출력하라.

Q8 3.14, 5.25, 8.92, 4.26, 7.32를 1차원 배열에 초기화한 후 출력하라.

Q9 부동소수점 수 5개를 입력받아 1차원 배열에 저장한 후 출력하라.

Q10 임의의 문자열을 입력받아 입력한 문자열의 뒷부분부터 거꾸로 출력하여라.

Q11 원하는 달을 입력하면 해당하는 달의 일수를 출력하여라. 단, 0을 입력하면 종료하고 그 외는 다시 입력을 기다리도록 하자.

Q12 이름과 주소를 포인터 변수에 저장한 후 출력하라.

Q13 다음과 같이 데이터를 2차원 배열을 사용하여 저장하고 출력하라.

3	5	7	9
6	10	14	18
9	15	21	27

Q14 다음과 같은 행렬에 대한 합과 차, 곱을 계산하라.

[행렬 a]

4	5	2
3	10	4
2	15	6

[행렬 b]

2	3	5
5	6	2
3	2	4

두 행렬의 합 $c = a + b$, 차 $c = a - b$, 곱 $c = a \times b$이다.

A1   int ar[10];

A2   double ar[10];

A3   char ar[10];

A4   0

A5   2×3= 6개의 요소

A6
- int arr[10];은 정수 10개의 요소를 갖는 배열을 선언하는 선언문이다.
- arr[7]은 배열 arr의 8번째 요소이다.

A7
```c
#include <stdio.h>
int main()
{
    int i, sum = 0;
    int na[ ] = {30, 50, 60, 90, 100};

    for (i=0; i < 5; i++)
        printf("%5d", na[i]);
        printf("\n");
    return 0;
}
```

A8

```c
#include <stdio.h>
int main( )
{
    int i, sum = 0;
    double na[ ] = {3.14, 5.25, 8.92, 4.26, 7.32};

    for (i=0; i < 5; i++)
        printf("%7.2f", na[i]);
        printf("\n");
    return 0;
}
```

A9

```c
#include <stdio.h>
int main()
{
    int i;
    double na[5];   /* 5개 요소를 갖는 배열을 할당한 후 초기화 */

    printf("정수 5개를 입력: ");
    for (i=0; i < 5; i++)              /* 5번 반복하면서   */
            scanf("%lf", &na[i]); /* 배열 na[i]에 저장 */

    for (i=0; i < 5; i++)              /* 5번 반복하면서   */
            printf("na[%d] = %.2f\n", i, na[i]);
                                    /* 배열 na[i]의 내용을 출력 */

    return 0;
}
```

A10
```c
#include <stdio.h>
int main()
{
    char buf[1024];
    int i, size;
    printf("문자열 입력 : "); gets(buf);

    for (i = 0; i < sizeof(buf); i++)
    if (buf[i] == '\0'){
        size = i;
        break;
    }
    printf("역순(문자열의 뒷부분부터 거꾸로)으로 출력 : ");
    for (i = size; i > 0; i--)
        printf("%c", buf[i - 1]);
        printf("\n");
    return 0;
}
```

A11
```c
#include <stdio.h>
int main()
{
    int month[] = {31, 28, 31, 30, 31, 30, 31, 31, 30, 31, 30, 31};
    int num, i;
    for (;;){
        printf("원하는 달 입력 : "); scanf("%d", &num);
        if (num == 0)
            break;
        else if(num > 0 && num < 13)
            printf("%d 월의 말일은 %d 일이다.\n", num, month[num - 1]);
        else
            continue;
    }
    return 0;
}
```

```c
A12  #include <stdio.h>
int main()
{
    char *name = "홍 길동";
    char *address = "경기도 부천시";
    printf("이름: %s\n", name);
    printf("주소: %s\n", address);
    return 0;
}
```

```c
A13  #include <stdio.h>
int main()
{
    int i, j;
    int ar[ ][4] = {{3, 5, 7, 9},
                    {6, 10, 14, 28},
                    {9, 15, 21, 27}};

    for (i=0; i < 3; i++) {
       for (j = 0; j < 4; j++) {
           printf("%5d", ar[i][j]);
       }
       printf("\n");
    }
    return 0;
}
```

```c
#include <stdio.h>
int main()
{
    int a[3][3];
    int b[3][3];
    int c[3][3];
    int i, j ;

    printf("-- A행 행렬 --\n");
    for (i = 0; i < 3; ++i)
    {
        printf("%d행: ",i+1);
        for (j = 0; j < 3;++j)
        {
            scanf("%d", &a[i][j]);
        }
    }

    printf("-- B행 행렬 --\n");
    for (i = 0; i < 3; ++i)
    {
        printf("%d행: ",i+1);
        for (j = 0; j < 3;++j)
        {
            scanf("%d", &b[i][j]);
        }
    }

    printf("-- A행 행렬 --\n");
    for (i = 0; i < 3; ++i)
    {
        for (j = 0; j < 3;++j)
        {
            printf("%5d", a[i][j]);
        }
    putchar('\n');
```

```c
    }

    printf("-- B행 행렬 --\n");
    for (i = 0; i < 3; ++i)
    {
        for (j = 0; j < 3;++j)
        {
            printf("%5d", b[i][j]);
        }
    putchar('\n');
    }

    printf("-- 두 행렬의 합 배열 --\n");
    for (i = 0; i < 3; ++i)
    {
        for (j = 0; j < 3; ++j)
        {
            c[i][j] = a[i][j] + b[i][j];
            printf("%5d", c[i][j]);
        }
    putchar('\n');
    }

    printf("-- 두 행렬의 차 배열 --\n");
    for (i = 0; i < 3; ++i)
    {
        for (j = 0; j < 3; ++j)
        {
            c[i][j] = a[i][j] - b[i][j];
            printf("%5d", c[i][j]);
        }
    putchar('\n');
    }

    printf("-- 두 행렬의 곱 배열 --\n");
    for (i = 0; i < 3; ++i)
```

```c
        {
            for (j = 0; j < 3; ++j)
            {
                c[i][j] = a[i][j] * b[i][j];
                printf("%5d", c[i][j]);
            }
    putchar('\n');
        }
    return 0;
}
```

포인터

10장에서는 C 프로그램의 꽃인 포인터에 대해 소개한다. 주소 값을 저장하는 포인터란 무엇인지 이해하자. 변수의 주소를 알려주는 & 연산자와 포인터가 가리키는 메모리를 참조한 데이터를 표현하는 * 연산자를 알아보고, 포인터 변수를 어떻게 선언하고 사용하는지를 정확히 이해하자. 또한 포인터 연산과 포인터와 배열의 관계를 이해하고 활용하도록 하자.

01 포인터

포인터는 특정한 데이터가 저장된 주소 값을 저장하는 변수이다. 포인터를 사용하면 하드웨어를 직접 제어할 수 있다.

아무리 큰 데이터라도 그 데이터가 저장되어 있는 메모리의 시작 주소만 알면 접근이 가능하므로 시작 주소를 이용하기 위해 포인터를 사용한다. 따라서 대용량의 데이터를 관리할 때에 포인터를 사용하면 매우 빨리 데이터의 검색, 처리가 가능하다.

포인터를 함수의 매개변수로 사용하면 함수에서 처리한 결과 두 개 이상의 값을 호출한 함수로 전달할 수 있다.

C 주소

모든 데이터는 메모리에 저장한다. 메모리는 1바이트(byte) 단위로 표시한다. 이 공간은 방처럼 생각할 수 있다. 변수는 메모리 공간의 시작 주소에서부터 선언한 자료형에 해당하는 크기만큼 할당된다.

int형 변수를 선언하면 메모리에 4바이트 영역을 차지하며, 이 영역에 데이터가 들어간다. 아파트의 호수로 구분하듯이 메모리 위치를 구분하기 위해 주소(address)를 사용한다.

하나의 주소값은 1바이트 크기의 메모리 공간을 표현한다. 즉, 8비트씩 하나로 묶어 표시하므로 16진수는 2자리수가 된다. 메모리 주소는 1바이트마다 16진수로 표기한다.

주소 0x0035FB08를 살펴보면 0x는 16진수로 표현한 0035FB08이므로 2진수(0000 0000 0011 0101 1111 1011 0000 1000)이다. 즉, 4비트(bit)×8 = 32비트(4바이트) 플랫폼이다. 따라서 사용할 수 있는 메모리 공간은 4GB이다.

변수는 특정한 값을 갖는다. 다음 문장은 무슨 의미일까?

```
char ch;            // 메모리 1 칸(바이트)을 차지
int var = 82;       // 메모리 4 칸(바이트)을 차지
double d;           // 메모리 8 칸(바이트)을 차지
```

위 문장은 [그림 10-1]처럼 메모리 영역 3 곳을 할당한 후 4바이트 공간에 있는 var에 데이터 82를 저장한다.

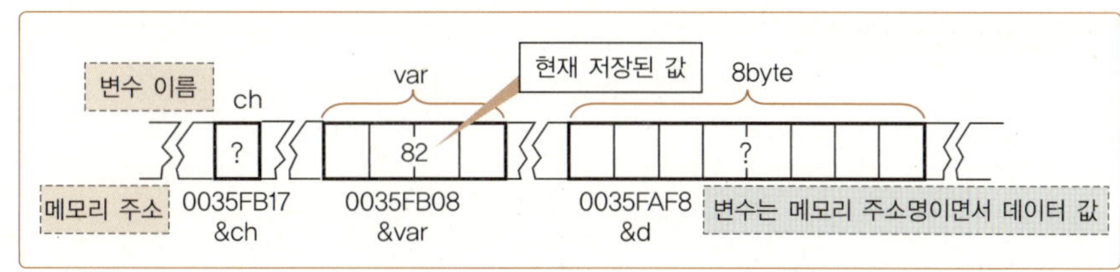

즉, ch는 메모리 주소에 배당되고 이 주소(16진수로 0035FB17)를 직접 사용하기 불편하므로 &ch로 표시한다. var과 d도 동일한 방법으로 처리한다. ch는 초기화하지 않았으므로 의미없는 값(여기서는 ?로 표시)이 된다. int형 변수는 4바이트를 할당하므로 메모리에 4칸을 차지한다.

ⓒ 포인터 *와 주소 연산자 &

변수는 데이터를 보관하는 변수이지만, 포인터는 데이터가 저장된 메모리의 주소를 보관하는 변수이다. 변수와 마찬가지로 포인터를 사용하려면 포인터를 선언해야 한다.

포인터 선언은 형식처럼 포인터에 저장된 주소값에 보관된 데이터의 자료형과 포인터 변수 사이에 아스테릭(asterisk) 기호 *를 추가한다.


```
자료형 *포인터 변수;              int *pt;    // * 앞에 공백
자료형* 포인터 변수;              int* pt;    // * 뒤에 공백
```

int형 포인터 변수 pt가 생성되면서 *pt는 int형 데이터가 된다. 포인터가 int형이므로 4바이트 읽은 값을 갖게 된다. 그러나 아직 pt에는 데이터가 저장된 주소를 지정하지 않았으므로 *pt는 쓰레기값(의미 없는 값)이다.

포인터는 포인터 변수라고 한다. 즉, 어떤 대상을 '가리킨다'로 이해하

자. 가리킨다는 것은 포인터에 저장된 주소에 데이터가 있다는 것이다. **32비트 운영체제에서 포인터는 자료형에 관계없이 모두 4바이트 크기를 갖는다.**

포인터를 정의한 후 데이터를 저장해야 하는데 저장될 메모리 주소는 어떻게 알 수 있을까?

바로 변수 이름 앞에 앰퍼샌드(ampersand) 기호(&)를 붙이면 변수가 할당된 메모리 시작 주소를 알 수 있다.

&변수 이름;	&x;

&변수 이름을 포인터라고 한다.

&의 이름은 address of 연산자이며, 간접적으로 참조한다는 것을 의미한다. **어떻게 *pt를 사용해야할까? pt에 데이터가 저장된 주소값을 넘겨주면 된다.**

① 포인터 변수 선언
② 포인터 변수 = &데이터가 저장된 변수;
③ 포인터 사용

```
int var = 24;
int *pt ;  // 포인터 변수 y를 선언,
              실체가 없이 이름만 존재
pt = &var;  // pt에 변수 var의 주소
              전달, *pt는 var 데이터가 됨
```

위 예처럼 포인터 *pt를 선언한 후 포인터 변수 pt에 데이터가 저장된 주소를 넘겨주어야 *pt는 포인터 pt가 가리키는 데이터가 된다.

*pt는 int형 데이터이지만 아직 데이터를 알 수 없다. 따라서 포인터를 사용하려면 다음 문장처럼 데이터가 저장된 메모리 주소를 지정해야 한다.

```
pt = &var ;
```

포인터 변수 pt는 데이터가 저장된 변수의 주소 &var(&var는 00000018)를 넘겨준다. 변수 var의 시작 주소로 지정하였으므로 *pt는 var와 동일하다. 즉, 24이다.

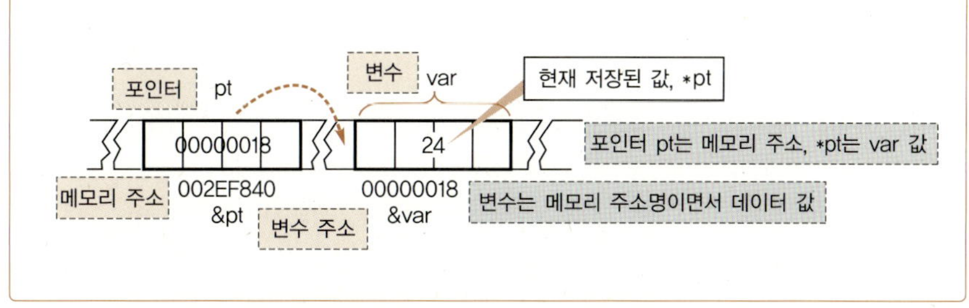

[그림 10-1]을 [그림 10-3]과 같이 표시하기도 한다.

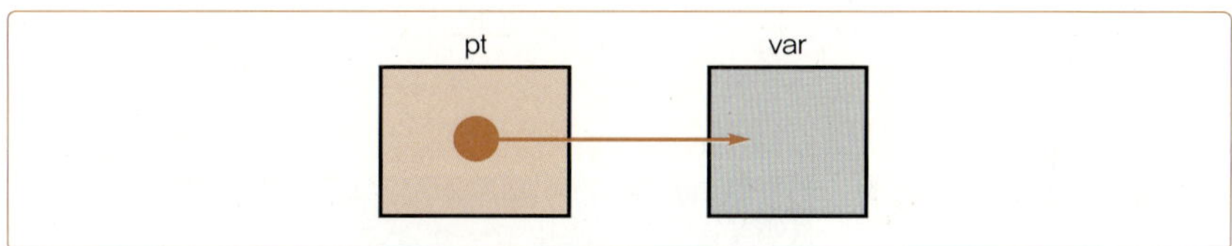

포인터는 다음과 같이 2가지 연산자가 필요하다.

① 주소 연산자 & : 변수 앞에 붙여서 표시하며 변수가 위치한 메모리 주소값
② 간접 지정 연산자 * : 포인터에 저장된 주소값(포인터가 가리키는) 위치
   에 저장된 데이터

포인터를 선언할 때 자료형은 포인터형이 아니고 그 포인터가 가리킬 수 있는 크기 정보이다. 왜 자료형을 선언할까? 선언된 포인터를 보고 얼마만큼의 데이터를 메모리에서 읽어 와야 할지를 알기 위한 것이다.

[실습 10-1]은 포인터를 사용하는 코드이다.

소스 파일명

ex1001.c

실습 10-1 | 포인터 사용하기

```c
#include <stdio.h>
int main()
{
    int var = 24, y = 33, z;
    int *pt;        // * 연산자는 데이터, pt에 저장된 주소의 데이터가 int형
    int *p;
    pt = &var;    // pt는 x가 저장된 주소를 가리키므로 *pt는 x와 동일한 값
    y = *pt;       // y는 pt에 저장된 주소에 보관된 값을 가짐.
    printf("var 메모리 시작 주소: %#p\n", var);
                   // %# 은 16진수 앞에 0x 붙여서
```

```c
printf("pt 메모리 시작 주소: %#p\n", pt);// %p 는 16진수 주소 표시
printf("var = %d , *pt = %d\n", var, *pt);
printf("*pt+2 = %d\n", *pt+2);
printf("*(pt+2) = %d\n", *(pt+2));
*pt = 88;        // pt에 저장된 주소에 보관된 값을 88로 변경, 즉 var = 88
printf("*pt = %d\n", *pt);
z = *(&y);       // *&가 서로 상쇄되어 z = y 가 되므로 33
printf("z = %d\n", z);
p = &*pt;        // &* 와 *& 는 서로 상쇄되어 p = pt 가 되므로 메모리 주소
printf("p = %#X\n", p);
return 0;
}
```



```
var 메모리 시작 주소: 0X00000018
pt 메모리 시작 주소: 0X0041FEBC
var = 24 , *pt = 24
*pt+2 = 26
*(pt+2) = 4325140
*pt = 88
z = 24
p = 0X41FEBC
```



```c
int var = 24;
int *pt;
```

이 문장은 다음 문장과 동일하다.

```c
int *pt = &var;
```

 널 포인터 NULL

널 포인터는 '어떤 것도 가리키지 않는' 특별한 포인터로 NULL(0)
으로 표현한다.


```
① 자료형 *포인터 변수 = 0;           int *pt = 0 ;      // 널 문자로 인식
② 자료형 *포인터 변수 = NULL;        int *pt = NULL ;   // ASCII 코드로 0
                                    char *pt = " " ;   // 널 문자로 인식
                                    char *pt = '\0' ;  // 널 문자로 인식
```

위 문장에서 포인터 변수 pt가 0이라는 의미는 '메모리 0번지가 아니라 어떤 것도 가리키지 않는다.'라는 것이다. 즉, 특정한 대상을 가리키는 변수가 없다는 의미이다.

[실습 10-2]는 널 포인터를 사용한 코드이다.

실습 10-2 | 널 포인터 사용하기

```c
#include <stdio.h>
int main()
{
    int *pt = 0;      // 널 포인터
    *pt = 88;            // *pt에 직접 88 저장
    printf("*pt = %d\n", *pt);
    return 0;
}
```


[실습 10-2]를 실행하면 치명적인 오류가 있지만, 오류 메시지를 출력하고 정상적으로 종료되어 시스템은 안전하다.

02 배열과 포인터 관계

 **배열 이름**

배열 이름은 배열의 시작 주소(배열의 첫 요소가 저장된 주소)를 가리키는 포인터이므로 &배열명[0]과 같다.

형식 >>>

배열 이름 == &배열명[0]	`int ar[10];` 배열 이름 ar은 &ar[0]과 동일

포인터 변수와 배열 이름이 다른 점은 포인터 변수는 데이터의 주소를 저장할 수 있지만 배열 이름은 자신의 주소만 갖는다. 즉, 배열 이름은 변수가 아니고 주소이므로 변경할 수 없는 상수 형태의 포인터(포인터 상수)이다.

> **주의** 배열 이름은 배열의 시작 주소이므로 포인터 상수이다. 따라서 배열 이름은 ++연산자와 −−연산자를 사용할 수 없고, 대입 연산자(=)의 왼쪽에도 사용할 수 없다.

C 프로그램은 배열을 표시하는 [ ]는 자동으로 포인터 형태로 바뀌어 처리된다. 즉, 배열은 포인터로 표현할 수 있다.

형식 >>>

배열명[첨자] == *(배열명 + 첨자)	`ar[i] == *(ar + i)` `        == *&na[i]`

주의할 점은 *의 우선순위가 + 보다 낮으므로 반드시 소괄호 ( )를 붙여서 우선순위를 변경해 주어야 한다. 예를 들어, *ar + 2는 ar [0]의 값에 2를 더하라는 의미가 되며, *(ar + 2)는 ar [2]와 동일하다. 배열과 포인터의 다른 점은 배열은 포인터 상수로 선언된다는 것이다. 즉 * const이다. *&은 서로 상쇄되어 아무 기호도 안 붙은 것과 같다. 즉, na[i]는 *&na[i]로 표시할 수 있다.

[실습 10-3]은 배열 이름과 포인터 관계를 확인하는 코드이다.

실습 10-3 | 배열 이름과 포인터 관계를 확인하는 코드

소스 파일명
ex1003.c

```c
#include <stdio.h>
int main()
{
    int i, *y;
    int ar[5] = {10, 20, 30, 40, 50};
    y = &ar[0];   // y 는 배열 ar의 시작 주소를 가리킴, y = &ar[0]과 동일
    printf("ar 크기: %d, int[5] : %d\n", sizeof(ar),
        sizeof(int[5]));
    for(i = 0; i < 5; i++) {
        printf("&ar[%d] = %#p, ", i, &ar[i]);
        printf("ar + %d = %#p, ", i, ar + i);
        printf("ar[%d] = %3d, *(ar + %d) = %3d\n", i,
             ar[i], i, *(ar + i));
    }
    printf("\n");
    printf("ar = %#p, ar[0]=%d, *y = %d\n", ar,ar[0], *y);
              // 10 출력
    printf("*y+1 = %d , (*y)+1 = %d\n", *y+1, (*y)+1);
              // (10 + 1) = 11
    printf("*(y+1) = %d\n", *(y+1));        // ar[1]의 값 20 출력
    y += 3;    // y 는 ar[3] 의 시작 주소( &ar[3] )를 가리킴
    printf("y = &ar[3] = %#p , *y = %d\n", y, *y);
              // ar[3] = 40
    *y = 88;   // ar[3]의 값은 88 로 변경
    printf("*y-5 = %d\n", "y-5) // (ar[3] − 5)이므로 (88 − 5) = 83
    *y++;                       // y 다음 배열 요소 주소로 이동
    printf("y = %#p , *y = %d\n", y, *y); // ar[3] 의 값이므로 40
    (*y)++;    // y 에 저장된 주소에 보관된 데이터 값을 1 증가
    printf("%d\n", *y);         // x[4]에 변경된 값을 출력 41
    return 0;
}
```

실행 결과

```
ar 크기: 20, int [ 5 ] : 20
&ar[ 0 ] = 0X003CFCD0 , ar + 0 = 0X003CFCD0 , ar[ 0 ] =   10 , *(ar + 0 ) =
&ar[ 1 ] = 0X003CFCD4 , ar + 1 = 0X003CFCD4 , ar[ 1 ] =   20 , *(ar + 1 ) =
&ar[ 2 ] = 0X003CFCD8 , ar + 2 = 0X003CFCD8 , ar[ 2 ] =   30 , *(ar + 2 ) =
&ar[ 3 ] = 0X003CFCDC , ar + 3 = 0X003CFCDC , ar[ 3 ] =   40 , *(ar + 3 ) =
&ar[ 4 ] = 0X003CFCE0 , ar + 4 = 0X003CFCE0 , ar[ 4 ] =   50 , *(ar + 4 ) =

ar = 0X003CFCD0 , ar[0] = 10 , *y = 10
*y+1 = 11 , (*y)+1 = 11
*(y+1) = 20
y = &ar[3] = 0X003CFCDC , *y = 40
*y-5 = 83
y = 0X003CFCE0 , *y = 50
51
```

int형 배열이므로 [그림 10-4]처럼 메모리 공간의 크기는 4바이트씩 연속하여 나란히 할당한다. 그러나 배열 이름 ar 자체에 대한 메모리 공간은 없다. 그림에서 메모리 주소 앞에 붙은 0x는 16진수 값을 의미한다. 즉, 4바이트씩 증가한다.

```
int ar[5] = {10, 20, 30, 40, 50};
```

초기값을 가지므로 int ar[ ] = { 10 , 20 , 30 , 40 , 50 } ; 처럼 첨자를 생략할 수 있다.

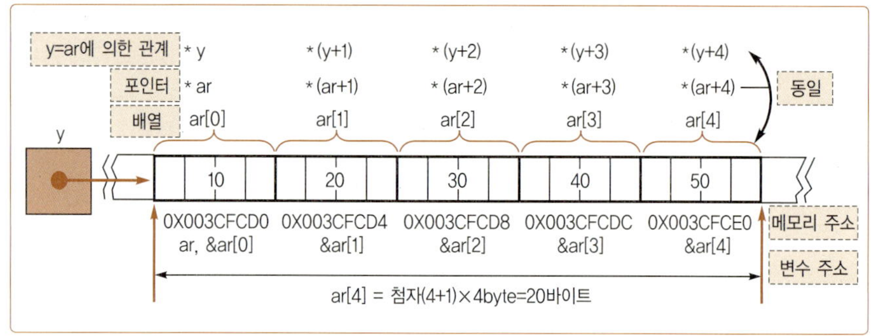

ar[0]은 ar 배열의 첫 번째 요소이고, 배열 이름 ar은 배열의 첫 번째 요소의 메모리 주소(포인터)를 가지므로 &ar[0]과 같다.

```
printf("na 크기: %d, int[5]: %d\n", sizeof(na),
sizeof(int[5]));
```

na는 int 5개인 데이터이다. sizeof(na)와 sizeof(int [5])는 모두 int형 데이터가 5개 있는 것이므로 4Byte×5개 = 20Byte로 같다.

&na[0]과 &na는 같은 값이지만 연산한 값은 다르다. 예를 들어, +1을 한 값이 다른 이유는 무엇일까? 포인터(주소)에 1을 더하면 그 주소가 가리키는 자료형의 크기만큼 더해지기 때문이다. 즉, 4바이트씩 증가한다.

printf문의 포맷지정자 %#p는 메모리 주소를 16진수로 표시하면서 그 주소 앞에 16진수를 의미하는 0x를 붙여서 출력한다.

```
printf("&ar[%d] = %#p , ", i, &ar[i]);
```

즉, &na[0]은 정수(int)의 주소이므로 1을 더하면 주소가 &na[0]보다 4가 증가하지만 &na는 int [5] 배열의 주소이므로 정수 5개(즉, 20바이트 크기)

데이터만큼 증가하여 1을 더하면 &na[0]보다 20만큼 증가된다. 포인터로도 배열 요소에 접근할 수 있다.

　*ar은 첫 번째 행의 시작 주소에 저장된 값이므로 ar[0]과 동일하다.

　*ar+1과 *(ar+1)은 다르다. * 연산자는 + 연산자보다 우선순위가 높으므로 ar 주소에 저장된 값 *ar은 ar[0]의 값을 읽은 후 1을 덧셈한 값이 된다. 즉, *ar은 ar[0]의 값이고, *(ar+1)은 ar[1]의 값이며, *(ar+2)는 ar[2]의 값이 된다. *(ar+2)은 &ar[0]의 두 개의 행 크기만큼의 주소를 더한 주소에 저장된 값이므로 ar[2]와 같다.

[실습 10-4]는 배열 이름과 포인터 관계를 확인하는 코드이다.

소스 파일명

ex1004.c

실습 10-4 | 배열 이름과 포인터 관계를 확인하는 코드

```c
#include <stdio.h>
int main( )
{
    int ar[2][3] = { {10, 20, 30}, {40, 50, 60}};

    printf("ar[0][0] = %#X , %#X , %#X\n", ar, ar[0], &ar[0][0]);
        // &ar[0][0]
    printf("ar[0] = &ar[0][0] , ar[1] = &[1][0] , ar[2] =
        &ar[2][0]\n");
    printf("ar[0] = %#X , ar[1] = %#X , ar[2] = %#X\n", ar[0],
        ar[1], ar[2]);
    printf("*ar = %#X ,", *ar); // *ar = ar[0] = &ar[0][0]
    printf("ar+1 = %#X\n", ar+1);           // &ar[1]
    printf("*ar[1] = %3d ,", *ar[1]);     // ar[1][0] 의 값 40
    printf("*ar[2] = %3d\n,", *ar[1]+2);
                            // ar[1][0] 의 값 더하기 2 = (40 + 2)
    return 0;
}
```

실행 결과

```
ar[0][0] = 0X36FB04 , 0X36FB04 , 0X36FB04
ar[0] = &ar[0][0] , ar[1] = &[1][0] , ar[2] = &ar[2][0]
ar[0] = 0X36FB04 , ar[1] = 0X36FB10 , ar[2] = 0X36FB1C
*ar = 0X36FB04 ,ar+1 = 0X36FB10
*ar[1] =  40 ,*ar[2] =  42
```

프로그램 설명

```c
int ar[2][3] = {{10, 20, 30}, {40, 50, 60}};
```

[그림 10-5]처럼 저장된다. 초기값을 가지므로 int ar [ ] [3] = {{10, 20, 30}, {40, 50, 60}}; 처럼 행의 첨자는 생략할 수 있지만 열의 첨자는 생략할 수 없다.

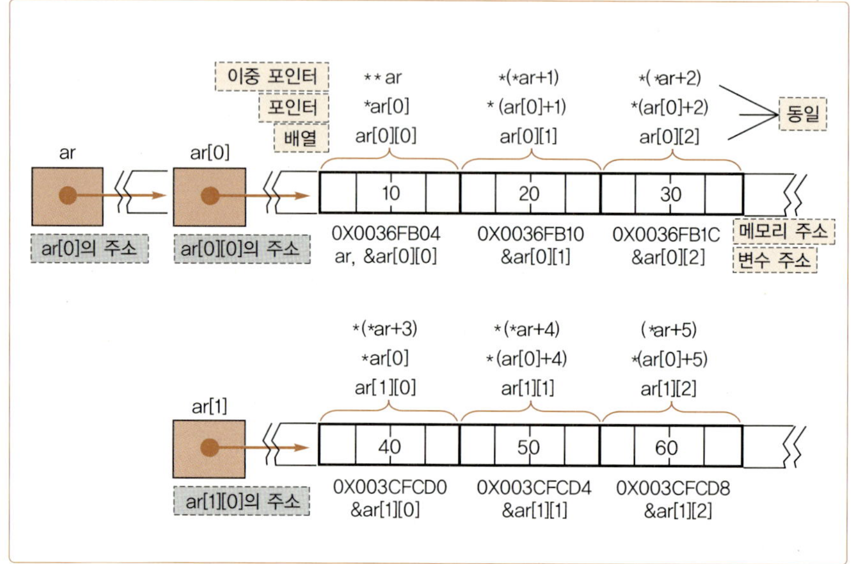

2차원 배열에서 ar[0][0]은 배열의 첫 번째 행 첫 번째 열의 값이므로 1이 출력된다.

ar[0], ar, *ar은 모두 배열의 첫 번째 행의 시작 주소이다. *ar[0]은 첫 번째 행의 시작 주소에 저장된 값을 출력하게 되므로 1이 출력된다.

ar[0][1]은 배열의 첫 번째 행 두 번째 열의 값 3이 출력된다. ar[0]+1의 경우는 첫 번째 행의 시작 주소에 하나의 요소 크기만큼을 더한 주소가 출력된다.

*ar[0]+1이 경우는 *ar[0] 값에 1을 더한 값 2가 출력된다.

ar + 1은 하나의 행 크기만큼의 주소를 더한 주소가 출력된다. *ar + 1인 경우는 하나의 요소 크기만큼의 주소를 더한 주소가 출력된다.

이차원 배열에서 배열 이름으로 요소의 값을 출력하려면 **을 해주면 된다.

포인터 연산

포인터는 메모리를 직접 접근하여 처리할 수 있는 강력한 개념이다. 포인터로 가능한 연산은 간접 연산자(*), 주소 연산자(&), 덧셈(+), 뺄셈(−), 단항 증가 연산자(++), 단항 감소 연산자(−−)가 있다.

 **포인터 연산**

포인터 연산은 피연산자 중의 하나가 포인터인 연산이다. 포인터는 메모리 주소이므로 unsigned int형이다. 즉, 정수의 범위에서만 의미가 있으므로 실수와의 연산은 허용되지 않는다.

> (포인터 + 정수)는 그 결과 단위만큼 증가한 주소이다.
> (포인터 − 정수)는 그 결과 단위만큼 감소한 주소이다.

즉, 포인터에 n 값을 더하면 주소가 n만큼 증가하는 것이 아니라 배열의 자료형에 따라 포인터가 배열의 현재 위치부터 n 원소만큼 이동한 곳(현재 위치 + n × sizeof(자료형))을 가리킨다.

포인터끼리의 연산은 다음과 같은 규칙을 갖는다.

① 포인터끼리 더할 수 없다. 번지끼리 더한다는 것은 아무 의미가 없기 때문이다.
② 포인터끼리 뺄 수 있으며 연산 결과는 정수이다. 뺀 값은 두 요소간의 상대적인 거리이다.
③ 포인터와 정수의 가감 연산은 가능하며 연산 결과는 포인터이다.
④ 포인터에 곱셈이나 나눗셈을 할 수 없다.
⑤ 포인터끼리 대입할 수 있다.
⑥ 포인터 값의 유효성을 점검하기 위해 NULL 값과 비교하는 연산은 가능하다.

 포인터의 증가와 감소

단항 증가 연산자(++)와 단항 감소 연산자(−−)는 다음 형식과 같이 포인터 에서는 사용할 수 있다.

단항 증가: 포인터 변수++ 또는 ++포인터 변수
단항 감소: 포인터 변수−− 또는 −−포인터 변수

```
int na[] = {10,20,30,40,50};
na = na+2; // 오류
na++ // 배열명++ 사용 불가
```

포인터를 감소하면 현재 위치에서 배열의 요소를 단위로 한 거리만큼 이동 한다. 포인터를 증가하려면 ++ 연산자를 사용하고, 포인터를 감소하려 면 −− 연산자를 사용한다. 이때 포인터는 자동으로 배열 원소의 크기에 따 라 증가하거나 감소한다.

배열의 특정한 위치의 원소가 있는 주소는 다음과 같이 두 가지 방법을 사 용한다.

① 배열의 시작 주소인 배열명에 이동할 위치만큼의 첨자를 더한다.
② 이동할 위치의 배열 원소 앞에 & 연산자를 붙인다.

포인터 변수 앞에 *연산자를 붙이면 해당 주소의 내용을 참조하고, 포인터 변수는 주소가 된다.

[실습 10-5]는 포인터 연산을 보여주는 코드이다.

 실습 10-5 | 포인터 연산을 보여주는 코드


```
#include <stdio.h>

int main()
{
    int *pt;
    int ar[ ] = {10, 20, 30 , 40};

    pt = ar; // pt = &ar[0] 동일, *(pt+i)와 ar[i]는 동일하게 됨

    printf("ar[0] = %d , *pt = %d\n", ar[0], *pt);// 모두 10
    printf("%4d, %4d %4d, %4d\n", ar[0], ar[1], ar[2], ar[3]);
    printf("%4d, %4d, %4d, %4d\n",*ar, *(ar+1), *(ar+2), *(ar+3));
```

```c
        printf("*pt+1 = %d , (*pt)+1 = %d\n", *pt+1, (*pt)+1); // (10+1)
        printf("*(pt+1) = %d\n", *(pt+1));            // ar[1], 20
        pt += 2;                        // pt = &ar[2], 3 번째 배열 시작 주소
        printf("*pt = %d\n", *pt);// *pt 는 ar[2]과 동일하므로 30
        *pt = 88;                       // ar[2] 의 값을 88로 변경
        printf("*pt-1 = %d\n", *pt-1);      // ar[2] - 1 = (88 - 1)
        *pt++;          // 다음 배열 위치로 이동한 값이므로 ar[3]
        printf("*pt = %d\n", *pt);          // ar[3] 이므로 40
        (*pt)++;        // pt 포인터가 가리키는 ar[3] 값에 1을 증가
        printf("(*pt)++ = %d\n", *pt);      // ar[3]의 변경된 값 (40 + 1)
        return 0;
}
```



```
ar[0] = 10 , *pt = 10
  10,   20,   30,   40
  10,   20,   30,   40
*pt+1 = 11 , (*pt)+1 = 11
*(pt+1) = 20
*pt = 30
*pt-1 = 87
*pt = 40
(*pt)++ = 41
```



```c
int *pt = ar;
```

이 문장은 배열 이름을 포인터 변수에 대입하므로 [그림 10-6]처럼 배열과 포인터 변수는 동일하다.

그림 10-6 ▶
배열과 포인터 관계

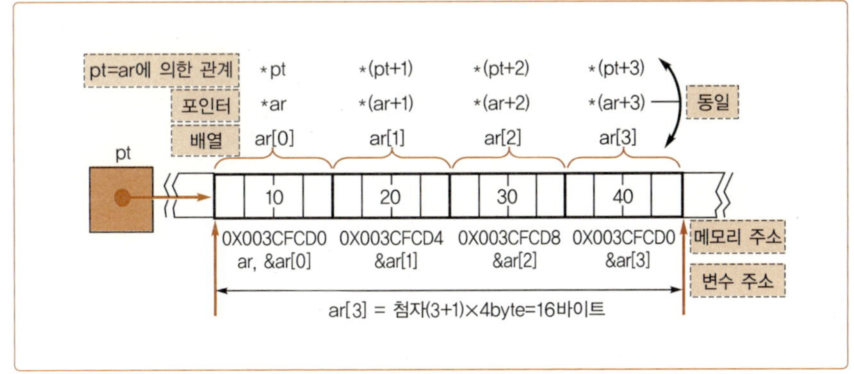

[그림 10-6]에서 포인터 pt는 int형 포인터이므로 요소에 할당한 메모리 번지는 4바이트씩 증가한다. 포인터의 값을 1 증가하면 배열의 다음 요소를 가리킨다. 이것은 1씩 증가되는 것이 아니라 메모리 번지가 4씩 증가하여 다음 배열 위치를 지정한다.

즉, 포인터에 n 값을 더하면 주소가 n만큼 증가하는 것이 아니라 배열의 자료형에 따라 포인터가 배열의 현재 위치부터 n 원소만큼 이동한 곳(현재 위치 + n×sizeof(자료형))을 가리킨다.

*pt는 ar[0]과 동일하고, *(pt+1)는 ar[1]과 동일하며, *(pt+2)는 ar[2]와 동일하다.

[표 10-1]은 이 예제에서 사용한 포인터 연산에 대한 기본 연산자이다.

포인터	의미
*pt+1	포인터 pt가 가리키고 있는 번지에 저장된 데이터에 1을 덧셈
*(pt+1)	포인터 pt가 가리키고 있는 번지 + sizeof(자료형) 주소에 저장된 데이터
*pt++	포인터 pt가 가리키고 있는 번지에 저장된 데이터를 읽고 다음 주소로 이동
(*pt)++	*pt+1, (*pt)+1 , *pt+=1 , (*pt)+=1 , *pt=*pt+1 , ++*pt , ++(*pt)와 동일
*++pt	pt++; *pt;의 두 문장을 조합한 문장이다.

2차원 배열과 포인터 관계

2차원 배열도 1차원 배열처럼 포인터로 표현할 수 있다.

 이중 포인터

*포인터 변수는 1차원 포인터라고 부르고, **포인터 변수는 이중 포인터라고 한다. 형식과 같이 선언하는 이중 포인터(포인터의 포인터)는 포인터 변수의 주소를 저장하는 포인터이다.

형식 >>>

자료형 **포인터 변수;	`int x = 88;`
	`int *pt = &x; // pt는 x 주소, *pt는 x와 동일`
	`int **p = &pt; // p는 pt 주소, *pt는 주소, **pt = x`

위 예는 int형에 대한 포인터에 대한 포인터로 **pt는 x와 동일하다.

이차원 포인터 **p는 포인터 속에 또 다른 포인터가 들어 있는 것이다. 즉, 주소 안에 다른 주소가 들어 있는 것이다. **p는 *(&pt)로 표현할 수 있고, 그 내부의 &pt에서 pt는 &x이다. 즉, 두 번의 주소를 찾아가야만 데이터가 저장되어 있다. 이 데이터를 **p로 표현한다.

[표 10-2]는 2차원 배열 x[i][j]에 대한 이중 포인터로 표현한 것이다.

표 10-2 ▶

2차원 배열x[첨자1][첨자2]를 이중 포인터로 표현

배열	포인터로 표현
pt[0][0]	*(pt[0] + 0) == *(*(pt+0)+0) == *(*pt) == **pt
pt[0][1]	*(pt[0] + 1) == *(*(pt+0)+1) == *(*pt+1)
pt[0][2]	*(pt[0] + 2) == *(*(pt+0)+2) == *(*pt+2)
pt[1][0]	*(pt[1] + 0) == *(*(pt+1)+0) == *(*pt+1)
pt[1][1]	*(pt[1] + 1) == *(*(pt+1)+1) == *(*pt+4)
pt[1][2]	*(pt[1] + 2) == *(*(pt+1)+2) == *(*pt+5)
pt[i][j]	*(pt[i] + j) == *(*(pt+i)+j)

ⓒ 2차원 배열과 포인터

2차원 배열도 1차원 배열처럼 포인터로 접근할 수 있다.

여러 개의 문자열을 저장하는 방법은 2차원 배열을 사용하거나 포인터 배열을 사용한다. 배열은 열의 길이가 동일하여야만 저장할 수 있다. 문자열의 길이가 다른 문자열들을 저장하려면 가장 긴 문자열을 기준으로 설정해야 하므로 메모리 공간이 낭비된다. 따라서 포인터 배열을 사용하는 것이 효율적이다.

예문
```
int arr[2][3] = {{10, 20, 30}, {40, 50, 60}};
int *pt=arr;
```

다음 문장을 살펴보자.

2차원 배열은 2차원적으로 메모리에 저장이 되지 않고 메모리에 차례로 연속해서 저장되므로 1차원적인 배열이 논리적으로 2차원적인 것처럼 해석하는 것이다. 2차원 배열의 배열명 arr는 배열의 제일 첫 번째 원소를 가리킨다. 즉 arr[0][0]의 주소인 &arr[0][0] 값을 갖는 포인터 상수가 된다. 따라서 arr는 배열 전체를 가리키므로 포인터가 될 수 없다.

arr+1은 주소값이므로 포인터 연산이 이뤄지며 1차원 배열인 경우 해당 배열의 자료형에 따라 주소값의 증가범위가 달라진다. 2차원 배열도 자료형의 영향을 받으며, 2차원 배열의 열을 표현하는 [3] 부분만큼 건너뛰게 된다. 즉, 12바이트를 건너뛰어서 부분 배열 arr[1]이 된다. arr[1]은 포인터로 arr[1][0]의 시작 주소이다. 2차원 배열은 더블(2차원) 포인터처럼 접근해야 한다. 그리고 인덱스[ ] 연산자는 * 연산자와 비슷하다.

예를 들어,

```
arr == arr[0] == *arr
arr[1] == *(arr + 1)이란 관계가 성립된다.
```
더블 포인터에 *를 한 번만 적용했으므로 1차원 배열 주소가 된다.
arr[1][0] 과 같이 인덱스를 2번 적용하면 **와 같은 결과를 얻는다.

arr+2는 세 번째 부분 배열로 구성된 1차원 배열 중 첫 번째 원소에 대한 포인터이고, *(arr+2)는 그 시작 번지의 요소값을 가져오므로 부분 1차원 배열 중 arr[2]가 된다.

arr[2]의 값은 arr[2]의 시작 메모리 위치의 첫 번째 원소의 번지이므로 포인터이다. 따라서 *(*(arr+2))는 arr[2][0]이 된다.

이 예문에서는 배열 arr[0]을 가리키는 포인터가 필요하므로 다음 문장과 같이 수정해야 된다.

```
arr[0] = *(arr+0) = *arr
```

즉, 위의 코드는 다음 문장과 같이 수정해야 된다.

예문
```
int *pi = *arr;

char* str = "Can";
char *fruit[ ] = {"Apple", "Banana", "Orange", "Kiwi"};
```

이 문장을 살펴보자.

```
char* str = 'Can';
```

에서 str 포인터 변수는 'Can'이라는 문자열의 주소가 저장된다.

```
str[0] = 'C', str[1] = 'a',
```

str[2] = 'n', str[3] = NULL이 저장된다.
이 문장은 다음 문장으로 표기할 수 있다.

```
char str[ ] = "Can";
```

차이점은 전자는 주소를 저장하며, 후자는 문자의 (아스키) 값을 저장한다.

```
char *fruit[ ] = {"Apple", "Banana", "Orange", "Kiwi"};
```

이 문장은 다음 문장으로 표기할 수 있다.

```
char fruit[4][ ] = {"Apple", "Banana", "Orange", "Kiwi"};
```

에서 fruit[4]는 값이 아니라 주소이다.

[실습 10-6]은 4개의 문자열을 2차원 배열로 저장하고 출력하는 코드이다.

실습 10-6 | 4개의 문자열을 2차원 배열로 표현하기

```c
#include <stdio.h>
int main()
{
    int i;
    char menu[4][8] = {"File", "Edit", "Project", "Debug"};

    for (i = 0; i < 4; i++)
        printf("menu[%d] = %s\n", i, menu[i]); // 각 메뉴 항목 출력
    return 0;
}
```



```
menu[0] = File
menu[1] = Edit
menu[2] = Project
menu[3] = Debug
```



```c
char menu[4][8] = {"File", "Edit", "Project", "Debug"};
```

초기값을 가지므로 행의 첨자 4는 생략할 수 있지만, 열의 첨자 8은 생략할 수 없다.

```c
char menu[ ][8] = {"File", "Edit", "Project", "Debug"};
```

2차원 배열은 [그림 10-7]처럼 4개의 문자열 중에서 가장 긴 'Project'는 길이가 7이므로 문자열 끝에 붙는 널문자를 포함해야 하므로 열의 첨자는 (7+1)= 8 로 설정해야 한다. 2차원 배열은 열의 첨자가 동일해야 함에 주의하자.

행의 첨자는 문자열 개수 4로 설정하고, 열은 문자열 중 최대 길이가 8이므로 8로 설정한다. 문자열의 길이가 작은 문자열들도 8로 설정된 영역에 저장되므로 메모리 공간이 낭비된다.

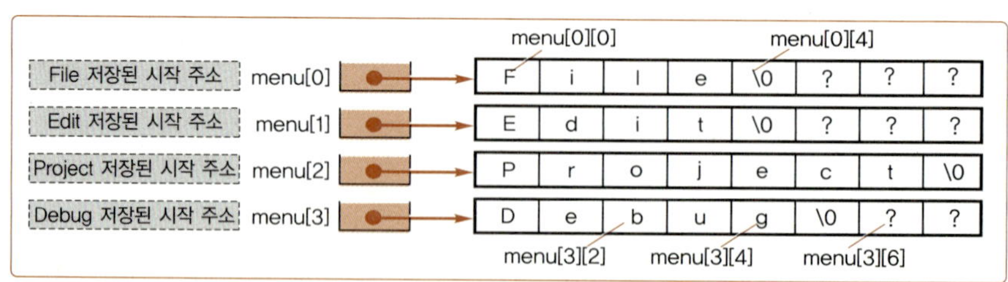

```c
printf("%s\n", menu[i]);
```

이 문장에서 %s를 사용하여 문자열을 출력할 때에는 반드시 주소를 전달해야 하므로 menu[i]를 사용해야 함에 주의하자.

 ## 포인터 배열

포인터 배열은 형식처럼 주소를 저장하는 포인터를 요소로 갖는 배열이다.

자료형 *포인터 배열명[첨자];	int *a[10];

위 예는 int형 데이터 10개를 저장할 메모리 영역의 주소를 parr[0]부터 parr[9]까지에 저장할 수 있도록 선언한 것이다.

```c
int *parr[10] = {NULL};
```

위 문장은 10개의 포인터 배열 크기 만큼 메모리에 할당되고 각 요소는 모두 NULL로 채워진다.

포인터 배열은 문자열의 길이가 다른 문자열들을 저장하는 경우에 적합하다.
2차원 배열은 열의 길이가 동일하여야만 저장할 수 있으므로 문자열의 길이가 다른 문자열들을 저장하려면 가장 긴 문자열을 기준으로 설정한다. 이때 메모리 공간이 낭비된다. 그러나 포인터 배열을 사용하면 각 문자열의 크기만큼씩 메모리 영역을 할당하므로 낭비가 없다.

[실습 10-7]은 4개의 문자열을 포인터 배열로 저장하고 출력하는 코드이다.

실습 10-7 | 4개의 문자열을 포인터 배열로 표현하기

```c
#include <stdio.h>
int main( )
{
    int i;
    char *menu[ ] = {"File", "Edit", "Project", "Debug"};

    for (i = 0; i < 4; i++)
        printf("menu[%d] = %s\n", i, menu[i]);// 각 메뉴 항목 출력
    return 0;
}
```

```
menu[0] = File
menu[1] = Edit
menu[2] = Project
menu[3] = Debug
```


길이가 다른 여러 개의 문자열은 1차원 포인터 배열을 사용하여 저장하도록 하자. [그림 10-8]처럼 각각의 문자열 길이에 맞도록 메모리 영역이 할당되면서 저장된다.

그림 10-8 ▶

포인터 배열을 사용하여 문자열 저장

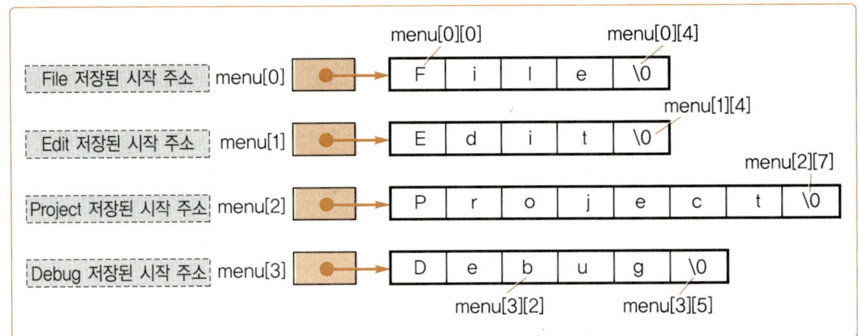

C 2차원 배열의 포인터

2차원 배열의 포인터는 2차원 배열을 가리키는 것으로 형식과 같이 선언한다.

형식 >>>

| 자료형 (*포인터 변수) [열의 크기]; | int (*a)[3]; // 2차원 배열의 포인터 |

포인터 변수 a는 int에 대한 포인터가 아니라 int[3]에 대한 포인터이다.

메모리에 할당된 크기는 sizeof(a)로 계산하면 4가 된다. 즉, int[4]의 포인터일 뿐이다. 그러나 int a[2][3]일 경우 sizeof(a)를 하면 (4byte×2×3)로 계산되어 24 바이트가 된다. 이 선언문은 자료형 변수를 가리키는 포인터로 한 번에 간격이 3씩 건너뛸 변수의 개수이므로 다음 문장과 같다.

```
int a[ ][3];
```

다음 문장과 같이 소괄호가 없는 차이점을 알아야 한다.

```
int *a[3];  // 포인터 배열 선언
```

이 문장은 int형 포인터 변수로 구성된 포인터 배열이다.

```
int a[2][3][4];
```

이 문장의 포인터는 다음과 같이 선언한다.


```
int (*a)[3][4];
```

[실습 10-8]은 요소가 6개인 2차원 배열을 포인터로 표현한 코드이다.

실습 10-8 | 요소가 6개인 2차원 배열을 포인터로 표현하기

소스 파일명

ex1008.c

```c
#include <stdio.h>

int main()
{
    int i, j;
    int a[ ] = {10, 20, 30};
    int ar[ ][3] = {{40, 50, 60}, {70, 80, 90}};
    int (*pt)[3] = ar;// 2차원 배열의 포인터 선언, int *pt[3]: 은 오류 발생
    int *p[3] = {&a[0], &a[1], &a[2]};

    printf("a = %#X, &a[1] = %#X, &a[2] = %#X\n", a, &a[0], &a[1]);
    printf("ar = %#X\n\n", ar);
    printf("*p[0] = %d, *p[1] = %d, *p[2] = %d\n\n", *p[0], *p[1], *p[2]);

    for (i = 0; i < 2; i++)
        for (j = 0; j < 3; j++) {
            printf("a[%d][%d] = %3d", i, j, ar[i][j]);
            printf("\t*(p[%d] + %d)=%3d\n", i, j, *(*(pt+i)+j));
        }
    return 0;
}
```

실행 결과

```
a = 0X1BF880, &a[1] = 0X1BF880, &a[2] = 0X1BF884
ar = 0X1BF860

*p[0] = 10, *p[1] = 20, *p[2] = 30

a[0][0] =   40    *(p[0] + 0) =   40
a[0][1] =   50    *(p[0] + 1) =   50
a[0][2] =   60    *(p[0] + 2) =   60
a[1][0] =   70    *(p[1] + 0) =   70
a[1][1] =   80    *(p[1] + 1) =   80
a[1][2] =   90    *(p[1] + 2) =   90
```

05 포인터와 함수

함수를 호출할 때 한 개 이상의 값을 반환하려면 포인터를 사용하자.

함수의 인수로 일반 변수를 사용하면 값에 의한 처리 방식이므로 함수 정의 부분의 매개변수에 복사본을 전달하여 처리한다. 그러나 함수의 인수로 배열 이름을 지정하여 매개 변수에 전달하면 함수 정의 부분의 매개변수에 원본을 전달할 것처럼 배열 원본에 직접 접근할 수 있다.

포인터를 사용하면 배열도 매개변수에 전달받고 처리한 결과를 반환 받을 수 있다.

함수의 인수로 1차원 배열 전달

함수를 호출할 때 1차원 배열 전체를 전달하는 방법은 인수에 배열 이름을 지정한다. 그 이유는 배열은 대입할 수 없으므로 배열 자체를 인수로 전달할 수는 없고 배열을 가리키는 포인터를 전달해야 하기 때문이다.


```
함수 호출: 함수명(배열명);
함수 정의: 자료형 함수명(자료형 배열명[ ]){몸체}
         자료형 함수명(자료형 *배열명){몸체}
```

[실습 10-9]는 1차원 배열을 인수로 함수를 호출하는 코드이다.

실습 10-9 | 1차원 배열을 인수로 함수 호출하기

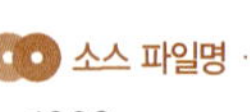 소스 파일명

ex1009.c

```c
#include <stdio.h>
void list( int ar[ ]); // 함수 원형

int main( )
{
    int a[ ] = {5, 10, 15, 20, 25};
```

```c
    list(a); // 함수 호출시 인수는 배열 이름 사용하여 배열 요소 전체 전달
    return 0;
}


/*  함수 정의, 배열명을 전달하면 배열 원본이 전달됨
    int p[ ]은 포인터 변수  *p로 변경해도 동일함
*/
void list(int ar[ ])
{
    int i;
    for (i = 0; i < 5; i++)
            printf(" ar[%d]= %3d", i, ar[i]);
    printf("\n");
}
```

```c
    list(na);
```

list 함수를 호출시 배열 na의 시작 주소를 매개변수 p[ ]에 전달한다. 배열 이름은 배열의 첫 번째 요소를 가리키는 포인터(&na[0])이므로 배열 요소 전체를 전달한다.

list 함수를 정의한 부분을 살펴보자.

```c
    void list(int p[ ])
```

매개변수 p[ ]는 배열의 시작 주소를 전달받으므로 각 배열에 직접 접근할 수 있다. 매개변수 **int p[**]의 [ ]안이 빈 것은 배열이 아니라 포인터이다. 즉, p가 int형을 가리키는 포인터이며, 그것이 배열의 한 원소인 int형을 가리킨다. 배열의 길이인 첨자를 생략한 것은 인수와 매개변수가 동일하므로 매개변수에 대한 메모리 영역이 할당하지 않고 인수의 메모리 영역을 가리키는 포인터이기 때문이다. p[ ]는 int *p로 표기해도 동일하다.

C const 선언하여 원본 데이터 변경 금지

const 선언하면 데이터 값의 변경을 할 수 없어서 데이터를 보호할 수 있다. 원본 배열의 요소를 변경할 수 없도록 하려면 함수 정의(구현) 루틴의 매개변수 앞에 const를 붙인다.

```
const 자료형 * 포인터 변수;              int x = 88;
리턴형 함수명(const 자료형 배열명[ ])    const int *pt = &x;
{                                       *pt = 123;  // 변경 불가, 컴파일 오류
        몸체;
}
```

[실습 10-10]은 매개변수를 const 선언하여 배열 원소 변경은 할 수 없도록
한 코드이다.

ex1010.c

실습 10-10 | 매개변수를 const 선언하여 배열 원소 변경은 할 수 없도록 한 코드

```c
#include <stdio.h>
#include <string.h>

void f(const char a[ ], int n);   // 함수 원형

int main()
{
    char a[ ] = "Vision 2050";
    f(a, strlen(a));// 함수 호출시 배열명을 전달, 배열 전체 원본 전달
    printf("원본 a[ ] = %s\n", a);
    return 0;
}

// 함수 정의, 인수를 매개변수 a[ ] 또는 *a로 받음
// 호출한 함수로 되돌아갈 때 배열 내용
void f(const char a[ ], int n)
{
    int i;
    printf("f 함수에서 처리 결과 : ");
    for(i  = 0; i < n; i++)
        printf("%c", a[i]);
    printf("\n");
}
```



```
f 함수에서 처리 결과 : Vision 2050
원본 a[ ] = Vision 2050
```

C 함수의 인수로 2차원 배열 전달

함수를 호출할 때 2차원 배열 전체를 전달하는 방법은 인수에 배열 이름을 지정한다.

형식 >>>

함수 호출: 함수명(배열명);
함수 정의: 자료형 함수명(자료형 배열명[ ][열의 크기]) {몸체}
　　　　　 자료형 함수명(자료형 　*배열명[열의 크기]) {몸체}

[실습 10-11]은 4행 3열 구조인 2차원 배열에 정수 12개를 저장한 후 함수를 정의하여 출력하는 코드이다.

C 실습 10-11 │ 함수 정의하기

소스 파일명
ex1011.c

```c
#include <stdio.h>
void f(int a[ ][3]);
int main()
{
    int a[ ][ 3] = {{3, 6, 9}, {2, 4, 8},
                    {7, 14, 21}, {5, 10, 15}
                   };
    f(a);    // 함수 호출시 인수는 배열명을 사용, 배열 전체 전달
    return 0;
}

// 2차원 배열을 인수로 받는 함수 정의
// 인수는 매개변수 a[ ][ 3 ] 또는 ( *a )[ 3 ]에 전달
void f(int a[ ][3])
{
    int i, j;
    for (i = 0; i < 4; ++i)
    {
            for (j = 0; j < 3; ++ j)
                    printf("%5d", a[i][j]);
            printf("\n");
    }
}
```

```
    3        6        9
    2        4        8
    7       14       21
    5       10       15
```



```
f(a);
```

f( ) 함수를 호출하면서 배열 a의 시작 주소를 매개변수 a[ ][3]에 전달한다.
f( ) 함수를 정의한 부분을 살펴보자.

```
void f(int a[ ][ 3 ])
```

2차원 배열의 매개변수 선언은 행(첫 번째 대괄호 속의 첨자)은 생략하고, 열(두 번째 대괄호 속의 첨자)은 반드시 작성해야 한다. 그 이유는 int형에 의해 행간 이동 간격은 4바이트씩 메모리 공간을 할당함을 알려준다.

[3]은 열 간 이동할 배열 요소의 개수이므로 열 간 이동 간격은 12바이트 (4 바이트×3개)씩 증가된다. 즉, 2차원 배열의 매개변수에서 열의 크기는 배열 요소에 접근할 때 꼭 필요한 정보이기 때문이다.

06 함수 포인터

함수 포인터는 함수의 시작 주소를 저장할 수 있는 포인터 변수이다. 따라서 함수 포인터를 사용하면 일반적인 함수(generic function)를 정의하고 호출할 수 있다. 함수 포인터는 매우 중요하므로 반드시 사용 방법을 이해하고 기억하자.

C 함수 포인터

이벤트 처리 함수 등과 같이 상황에 따라 처리할 함수를 수시로 변경할 경우 함수 포인터는 매우 효과적이다. 함수 포인터는 형식처럼 함수 이름 앞에 *를 붙이고 소괄호로 묶어 선언한다.

> 함수 포인터 선언: 자료형 (* 포인터 변수) (자료형);
> 포인터 변수 지정: 포인터 변수 = 함수명;
> 함수 호출: 포인터 변수(매개변수);

함수 포인터 변수는 함수명과 동일하게 직접 사용한다. 배열 이름은 배열의 시작 주소인 것처럼 함수 이름도 함수가 저장된 메모리의 시작 주소가 된다.

[실습 10-12]는 덧셈, 뺄셈 함수를 정의한 후 함수 포인터를 사용하여 함수를 호출하는 코드이다.

소스 파일명
ex1012.c

실습 10-12 | 함수를 호출하는 코드

```c
#include <stdio.h>

int add(int x, int y);      // 함수 원형 선언
int sub(int x, int y);
int main( )
{
    int a, b, result;
```

```c
        int (* fp)(int x, int y);    // 함수 포인터 선언

        printf("정수 두 개 입력 : "); scanf("%d %d", &a, &b);

        fp = add;     // 함수명(함수의 시작 주소) add를 함수 포인터에 저장
        result = fp(a, b);   // 함수 호출시 함수 포인터  사용
        printf("%d + %d = %d\n", a, b, result);

        fp = sub;               // 함수명 sub를 함수 포인터에 저장
        result = fp(a, b);    // 함수 포인터로 함수 호출
        printf("%d - %d = %d\n", a, b, result);
        return 0;
}

int add(int x, int y) // 덧셈 함수 정의
{
        return (x + y);
}

int sub(int x, int y) // 뺄셈 함수 정의
{
        return (x - y);
}
```



```
정수 두 개 입력 : 10 5
10 + 5 = 15
10 - 5 = 5
```



```c
        int (* fp)(int x, int y);
```

이 문장은 함수 포인터 변수를 fp로 선언한다. 함수의 주소를 저장하므로
그 주소를 사용하여 함수를 호출할 수 있다. 함수를 참조하여 함수를 호출하
므로 반드시 (*fp)처럼 소괄호로 묶어야 한다. 만약 소괄호가 없이 *fp를 사
용하면 변수 선언이 아니고 함수를 선언한 것이다. 이제부터 호출할 함수 이
름을 대입 연산자를 사용하여 저장하자.

```c
        fp = add;
```

함수 이름 add을 함수 포인터 변수 fp에 저장하면 fp는 add( ) 함수를 가리킨다.

```c
        dap = fp(a, b);
```

함수 포인터 변수 fp로 add( ) 함수를 호출한다. 이때 인수 a와 b의 값을 add( ) 함수의 매개변수 x와 y에 전달하고 함수 본문을 실행한다.

 void 포인터

void 포인터는 다음 형식과 같이 선언하여 사용한다.


```
void * 포인터 변수;  // 선언
(자료형 *) 포인터 변수; // 사용
```

```
char ch = 'A';  // 단일 문자 A
void *pt;  // 대상을 정하지 않은 포인터
pt = &ch;   // ch 주소
printf("%c\n",*(char*)pt);
              /*캐스트 연산자
(char *) 사용하여 자료형 지정*/
```

void 포인터는 모든 종류의 데이터를 가리킬 수 있지만 그 주소가 가리키는 곳에 저장된 데이터 종류는 알 수가 없다. 변수를 사용할 때 캐스트 연산자를 사용하여 자료형을 결정한다.

[실습 10-13]은 void 포인터를 사용한 후 처리할 변수의 자료형을 캐스트 연산자를 사용하여 변환하는 코드이다.

 실습 10-13 | 캐스트 연산자를 사용하여 변환하는 코드


```c
#include <stdio.h>
int main()
{
    int a = 88;
    double d = 8.15;
    void *pt;

    pt = &a;    // 대상을 정하지 않은 void 포인터, 모든 종류의 데이터
    printf("pt = %d\n", *(int *)pt); // a는 int 형이므로 (int *) 변수

    pt = &d;
    printf("pt = %.2f\n", *(double *)pt);
        // d는 double 형이므로 (double *) 변수
    return 0;
}
```

```
pt = 88
pt = 8.15
```



```
void *pt ;
```

포인터 변수 pt는 void 포인터로 선언하였으므로 어떤 종류의 값도 사용할 수 있다.

void 포인터 변수는 가리키는 자료형을 지정하지 않았으므로 직접 사용할 수 없고 캐스트 연산자 (자료형 *)로 형 변환하여 자료형을 일치시켜야 한다.

```
printf("%c\n", *(char *) pt);
```

이것은 pt가 void형의 포인터를 char형의 포인터로 명확하게 인식하기 때문이다.

명령어 라인에서 프로그램 시작

DOS나 UNIX 같은 운영체제에서 프로그램을 시작할 때 인수를 입력하여 호출한 함수의 매개변수에 전달할 수 있다. 이를 명령행 라인 옵션이라고 한다.

 명령어 라인에서 프로그램 실행 시작

명령행 라인(command line)에서 main( ) 함수는 다음과 같은 함수 원형을 갖는다.

형식 >>>

```
main(int argc, char *argv[ ])
main(int argc, char **argv)
```

argc 매개변수(argument count)는 명령행 인수의 개수이다.

argv 매개변수(argument value)는 매개변수에 명령행 인수의 문자열들을 저장할 배열 포인터이다.

argv[ ]의 대괄호 안의 첨자가 없으므로 입력한 인수의 개수만큼 처리한다. argv[0]은 프로그램명이고, argv[1]은 프로그램에 대한 첫 번째 매개변수이다. argv[argc]은 argc 개수만큼 생성되면서 해당하는 문자열이 저장된다.

[실습 10-14]는 명령행 라인에서 어떻게 사용하는지에 대해 알아보는 코드이다.

 **실습 10-14 | 명령행 라인에서 사용하는 방법**

소스 파일명

ex1014.c

```c
#include <stdio.h>
int main(int argc, char **argv)
{
    int i;
    for (i =0; i < argc; i++)
            printf("argv[%d] = %s\n", i, argv[i]);

    return 0;
}
```

컴파일하고 링크한 후 바로 실행하면 안된다.

실행 결과

```
Microsoft Windows [Version 6.1.7601]
Copyright (c) 2009 Microsoft Corporation. All rights reserved.

C:\Users\ssk>cd c:\work\c\ptfn10\Debug

c:\work\c\ptfn10\Debug>ptfn10
argv[ 0 ] = ptfn10

c:\work\c\ptfn10\Debug>ptfn10 I can do it!
argv[ 0 ] = ptfn10
argv[ 1 ] = I
argv[ 2 ] = can
argv[ 3 ] = do
argv[ 4 ] = it!

c:\work\c\ptfn10\Debug>
```

프로그램 설명

실행 파일이 C:\work\c\ptfn10\Debug에 ptfn10.exe 파일이라고 가정하자.

[시작] → [실행] → cmd라고 입력하고 Enter 를 누르면 윈도우 운영체제에서 DOS 운영체제로 전환된다. 윈도우 7인 경우는 키보드 하단 왼쪽에 있는 윈도우 마크 버튼을 누른 상태에서 R을 누르면 [시작] → [실행] 창이 뜬다.

실행 결과를 살펴보자. 저장된 폴더로 이동하려면 C:\work\c\ptfn10\Debug하고 Enter 를 눌러 이동한다. 'ptfn10 vision 2050'을 입력하고 Enter 를 누른다. 이때 입력한 문자열은 공백 문자(빈 칸)에 의해 명령과 인수들이 구분된다. 따라서 3개의 문자열 정보가 전달된다.

그림 10-9 ▶

매개변수 arg

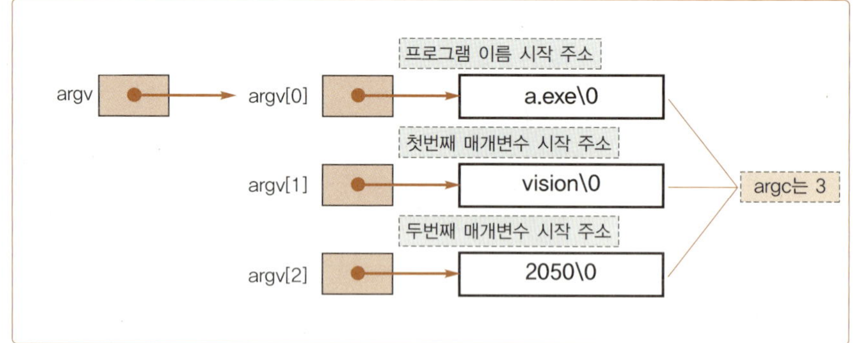

DOS 명령어를 프로그램에서 실행하기

프로그램에서 DOS 운영체제의 명령(command)은 system( ) 함수를 사용하여 실행할 수 있다. system( ) 함수는 다음과 같이 사용할 수 있다.

형식 >>>

```
#include <windows.h>
int system(const char *command);        system("dir");
```

[실습 10-15]는 프로그램 내부에서 운영체제의 명령을 직접 실행하는 system ( ) 함수를 사용한 코드이다. 화면을 깨끗이 지우고, 디렉토리의 내용을 출력한 후 파일을 검색하여 그 파일 내용을 표시한다. 그리고 임의의 키가 눌릴 때까지 잠시 멈추는 동작을 하는 코드이다.

소스 파일명

ex1015.c

실습 10-15 | system( ) 함수를 사용한 코드

```c
#include <stdio.h>
#include <windows.h> // system( ) 함수
int main()
{
    system("cls");    // DOS 화면을 깨끗이 지우기
    system("dir");    // 디렉토리에 있는 파일이나 경로 표시
    system("type c:\\work\\c\\filename.c"); // 파일 내용 출력
    system("pause");  // 임의의 키가 눌릴 때까지 일시 정지
    return 0;

}
```

실행 결과

```
C 드라이브의 볼륨에는 이름이 없습니다.
 볼륨 일련 번호: 120A-F1E5

 C:\work\c\p1\p1 디렉터리

2014-11-04  오후 12:06    <DIR>          .
2014-11-04  오후 12:06    <DIR>          ..
2014-11-06  오전 10:43    <DIR>          Debug
2014-11-04  오후 12:06               269 output.txt
2014-11-06  오전 10:43               375 p1.c
2014-09-25  오전 09:53             3,908 p1.vcxproj
2014-09-25  오전 09:53               954 p1.vcxproj.filters
2014-09-25  오전 09:50               143 p1.vcxproj.user
              5개 파일               5,649 바이트
              3개 디렉터리  173,805,006,848 바이트 남음
지정된 파일을 찾을 수 없습니다.
```

프로그램 설명

위 명령 이외에 더 많은 DOS 명령이 있지만 다음 명령도 알아두자.

md는 디렉토리(폴더)를 생성하고, cd는 디렉토리(폴더)를 변경하는 명령이다. rd는 디렉토리(폴더)를 삭제하는 명령이다.

Q1 다음과 같이 선언된 경우 다음 수식의 값은 얼마인가?

```c
    int na[ ] = {13, 24, 36};
```

① `printf("%d  %d  %d\n", na[0], na[1], na[2]);`
② `printf("%d  %d  %d\n",*na, *(na + 1), *(na + 2));`

Q2 int ar[2] [3] 배열의 의미는 무엇인가?

Q3 int형 변수 a, b, c를 선언한 후 이 변수가 메모리의 어떤 주소에 할당되었는지 확인하여라.

Q4 다음 배열을 포인터로 표기하라.
① `int ar[4]`
② `int *ar[4]`
③ `int ar[3][4]`
④ `int ar[2][3][4]`

Q5 `int ar[ROW][COLUMN] = {{2, 8, 6}, {5, 7, 9}, {3, 6, 1}, {22, 88, 66}};`
포인터에 배열명 ar을 대입하여라.

Q6 1차원 배열에 22, 44, 88을 저장하고, 이 원소들을 출력하는 함수를 작성하여라.

Q7 1차원 배열에 22, 44, 66, 88, 99를 저장한 후 포인터를 사용하여 출력하여라.

Q8 1차원 배열에 22, 44, 66, 88, 99를 저장한 후 포인터를 사용하여 역순으로 출력하여라.

Q9 구의 가로, 세로의 값을 입력하여 면적과 둘레를 계산하여라.

Q10 각 학생마다 수강한 과목수에 따라 수강한 과목점수에 대한 총합계 점수와 평균 점수를 계산하여 출력하여라.

Q11 일반적인 2차원 배열을 인자로 받아 출력하는 함수를 작성하여라.

Q12 88, 99를 두 개의 변수 x, y로 저장한 후 주소를 함수의 인자로 전달하여 덧셈한 결과를 출력하여라.

Q13 정수 사칙 연산자 순서로 입력한 후 함수 포인터를 이용해서 연산한 결과를 출력하여라.

A1　① 13 24 36　　② 13 24 36

A2　요소의 개수가 3개짜리인 배열이다. 즉, 3칸짜리 배열이지, 요소 6개짜리 1차원 배열이 아님을 주의하자. 단지 논리적으로 메모리에는 6개의 숫자가 연속해서 존재하는 2차원 배열처럼 생각하는 것이다.
이 배열은 각 칸칸마다 정수가 저장된 것이 아니라 int [3] 즉, int 3개짜리 배열이 들어있는 것이다. 따라서, 이 배열의 요소의 개수는 2개이고 이 배열의 첫 번째 요소는 a[0] 가 되기에 배열명 a == &a[0]으로 표기해야 한다.

A3
```
#include <stdio.h>
int main()
{
    int a, b, c;
    printf("a의 저장 위치: %#X\n", &a);
    printf("b의 저장 위치: %#X\n", &b);
    printf("c의 저장 위치: %#X\n", &c);
    return 0;
}
```

A4　① int *ar
② int **ar
③ int (*ar)[4]
④ int (*ar) [3] [4]

A5
```c
int *p = (int *) ar;      // 에러, 경고를 막으려고 casting 해야 함
int (*q)[4] = ar;         // 주소를 받는 포인터, 배열명을 생략한 일치하는 자료형
int **r = (int **) ar;    // 2중 포인터, 에러, 경고를 막으려고 casting 해야 함
```

int ar[3][4]에서 배열명 ar는 &ar[0]의 주소이며, ar[0]은 a배열의 첫 번째 요소 즉, 3칸짜리 배열에는 int [4] 즉, int 4개짜리 배열이 들어 있는 int [4] 배열의 이름이다. 따라서, &ar[0]는 int [4] 배열의 주소이므로 int (*)[4]와 일치하는 자료형이다. ar == &ar[0] 이므로 배열 이름은 int (*)[4]와 같은 자료형인 것이다.

A6
```c
#include <stdio.h>
void show(int* p, int len);
int main( )
{
    int ar[ ] = {22, 44, 88}; // 정수 초기화
    int count = sizeof(ar) / sizeof(int); // 원소 개수
    show(ar, count); // ar 배열의 주소 전달, 배열 원본 전체 전달 효과
    return 0;
}

// 메모리 접근에 사용되는 주소값을 전달 형태로 함수 호출
void show(int *p, int len) // show(int p[], int len)과 동일
{
    int i;
    for (i = 0; i < len; i++)
        printf("%5d", p[i]);
    printf("n");
}
```

A7

```c
#include <stdio.h>
int main( )
{
    int i, *y;
    int ar[ ] = {22, 44, 66, 88, 99};

    for (i = 0; i < 5; i++)
      printf("ar[%d] = %3d, *(ar + %d) = %3d\n", i, ar[i],
          i, *(ar + i));
    return 0;
}
```

A8

```c
#include <stdio.h>
int main( )
{
    int i;
    int ar[ ] = {22, 44, 66, 88, 99};

    for (i = 0; i < sizeof(ar)/sizeof(ar[0]) -1; i++)
      printf("ar[%d] = %3d\n", i, *(ar + i));

    for (i = sizeof(ar)/sizeof(ar[0]) - 1; i >= 0; i--)
      printf("ar[%d] = %3d\n", i, *(ar + i));
    return 0;
}
```

A9

```c
#include <stdio.h>
void space(int a, int b, int * area, int * circumference);

int main()
{
    int x, y;
    int area, circumference;
    printf("구의 두 개의 값을 입력: " ); scanf("%d %d", &x, &y);
    space(x, y, &area, &circumference);
    printf("Area is %d Perimeter is %d\n", area, circumference);
    return 0;
}

void  space(int a, int b, int *area, int *circumference)
{
    *area = a * b;   // 면적
    *circumference = 2 * (a + b); // 구의 둘레
}
```

A10

```c
#include <stdio.h>
#include <stdlib.h>

int main( )
{
    int students;
    int sum=0;
    int i, j;
    int *lessons = NULL;
    int **score = NULL;

    printf("학생수를 입력하세요: "); scanf("%d", &students);

    score = (int **)malloc(sizeof(int *)*students);
```

```c
    // 세로축에 해당하는 메모리 할당
lessons = (int *)malloc(sizeof(int)*students);

for (j=0; j < students; j++)
{
    printf("%d번째 학생의 수강과목 수: ", j+1);
    scanf("%d", &lessons[j]);  /* 학생별 수강과목 수 입력 */
    score[j] = (int *)malloc(sizeof(int)*lessons[j]);
    printf("%d번째 학생의 점수 (%d개): ", j+1, lessons[j]);
    for (i=0; i<lessons[j]; i++)       /* 과목 수만큼 루프 */
            scanf("%d", &score[j][i]);  /* 점수 입력 */
}

for (j=0; j<students; j++)     /*  학생 수만큼 루프 */
{
    sum = 0;
    for (i=0; i< lessons[j]; i++)
        sum += score[j][i];       /* 학생별 평균 계산 */
    printf("%d번째 학생 총점: %d", j+1, sum);
    printf("\t평균: %.2f\n", (double) sum / lessons[j]);
}

for (j=0; j<students; j++)     // 학생 수만큼 루프
    free(score[j]);       // 가로축에 해당하는 메모리 반납

free(score);                   // 세로축에 해당하는 메모리 반납
free(lessons);
return 0;
}
```

```c
#include <stdio.h>
#define ROW    4
#define COLUMN  3

void f1(int a[ ] [COLUMN], int row, int column);
void f2(int (*a)[COLUMN], int row, int column);

int main()
{
    int ar[ROW][COLUMN] = {{2, 8, 6}, {5, 7, 9},
                           {3, 6, 1}, {22, 88, 66}};
    int **ar1;                  /* ragged */
    int **ar2;                  /* contiguous */
    int *ar3;                   /* "flattened" */
    int (*ar4)[COLUMN];

    f1(ar, ROW, COLUMN);  // 일반적인 2차원 배열을 인자로 받으며
    f2(ar, ROW, COLUMN);
    return 0;
}

// 2차원 배열을 인수로 받는 함수 정의
void f1(int a[ ][COLUMN], int row, int column)
{
    int i, j;
    for (i = 0; i < row; ++i)
    {
        for (j = 0; j < column; ++ j)
            printf("%5d", a[i][j]);
        printf("\n");
    }
}

// 배열명을 넘기고 포인터로 받고, 활용할 때는 마치 원래의 배열처럼 하자.
void f2(int (*a)[COLUMN], int row, int column)
{
```

```c
    int i, j;
    for (i = 0; i < row; ++i)
    {
        for (j = 0; j < column; ++ j)
            printf("%5d", a[i][j]);
        printf("\n");
    }
}
```

A12
```c
#include <stdio.h>
void add(int *x, int *y);  // 함수 원형

int main( )
{
    int a = 88, b = 99;
    add(&a, &b);                  // &변수로 주소값  전달, 원본 사용
        return 0;
}

void add(int *x, int *y)   // 매개변수는 포인터 사용
{
    printf("%d\n", *x + *y);
}
```

```c
#include <stdio.h>

typedef int (*fp)(int x, int y);
          // typedef를 이용하여 함수 포인터형의 모양을 단순화
int add(int x, int y);
int sub(int x, int y);
int mul(int x, int y);
int div(int x, int y) ;

int main()
{
    fp f = NULL;
    char op = 0;
    int a = 0, b = 0, result = 0;
    printf("정수 연산자 정수 순서로 입력 : ");
    scanf ("%d %c %d", &a, &op, &b);
    switch (op)      // 함수 포인터 calc에 op에 맞는 함수들의 주소를 담음
    {
        case '+' : f = add; break;
        case '-' : f = sub; break;
        case '*' : f = mul; break;
        case '/' : f = div; break;
    }
    result = calculator (a, b, f);   // 함수명을 함수 포인터에 전달
    printf("result : %d\n", result);
    return 0;
}

// 매개변수로 함수 포인터를 갖는 calculator 함수
int calculator(int x, int y, fp f)
{
    return f(x, y);     // 함수 포인터 사용
}
int add(int x, int y) // 덧셈 함수 정의
{
    return (x + y);
```

```c
}

int sub(int x, int y)  // 뺄셈 함수 정의
{
    return (x - y);
}
int mul(int x, int y)  // 곱셈 함수 정의
{
    return (x * y);
}

int div(int x, int y)  // 나눗셈 함수 정의
{
    return (x / y);
}
```

## Chapter 11

문자와 문자열 함수

학습목표

- 문자와 문자열
- 문자열 만드는 방법과 사용 방법
- 문자 검사 함수
- 문자열 처리 함수

11장에서는 문자 단위 입출력 함수와 문자열 입출력 함수에 대해 소개한다.

문자열은 사용 빈도가 매우 높다. 이러한 문자열을 처리하는 다양한 함수를 잘 살펴보고 사용 방법을 이해하여 활용할 수 있도록 하자. 또한, 문자와 문자열 구분 방법은 무엇인지 살펴보자.

01 문자 입출력 함수

문자는 printf( ) 함수와 scanf( ) 함수를 사용해서 다양한 형태로 입출력할
수 있다.

입력 함수는 일반적으로 ~get~ 또는 ~scan~을 포함한다.
출력 함수는 일반적으로 ~put~ 또는 ~print~을 포함한다.
포맷 양식 형태로 입출력하는 함수는 접미사 ~f를 갖는다.

단일문자 함수인 경우 일반적으로 다음과 같은 함수 이름을 갖는다.

① 직접 콘솔 처리하는 함수는 접미사 ~ch을 붙이고,
② 버퍼를 사용하는 함수는 접미사 ~c를 붙이며,
③ 버퍼형 콘솔이면 접미사 ~char을 붙인 함수 이름을 갖는다.
④ 접미사 ~e는 화면 표시(echo) 기능을 갖는 함수를 의미한다. 즉, 입력할
   때마다 바로 화면에 출력된다.
⑤ 문자열은 접미사 ~s를 갖는다.

getchar( ) 함수와 putchar( ) 함수

getchar( ) 함수는 키보드를 통해 한 글자만 입력받아 버퍼에 저장하고 있
다가 Enter 를 누르면 한 글자만 입력한다.

형식 >>>

```
#include <stdio.h>
int getchar(void);              int ch;
int putchar(int c);             ch = getchar( );// 한 개 문자 입력
                                putchar(ch);   putchar('a')
#include <conio.h>
int getch(void);                ch = getch();
int getche(void);               putch(ch)
int putch(int c);
```

getchar( ) 함수는 공백 문자(빈 칸, 탭, 개행 문자)를 포함한 모든 문자를 읽을 수 있다.

단일 문자를 입력받을 때 에코(echo)하므로 화면에도 출력한다. putchar( ) 함수는 한 문자를 출력한다. getchar( ) 함수와 getch( ) 함수의 다른 점은 getchar( ) 함수는 한 문자를 입력한 후 `Enter`를 눌러야 하지만, getch( ) 함수는 키보드에 문자 하나를 입력해도 화면에 출력되지 않는다. 화면에 출력할 때는 getche( ) 함수를 사용한다. putch( ) 함수는 화면에 단일문자를 출력한다.

getch( ) 함수는 CR을 LF('\n')으로 자동 변환하지 않고 바이너리 모드로 동작한다. 즉, 현재 라인의 맨 앞으로 이동하라는 CR(Carriage Return)은 '\r'로 입력된다. 따라서 [표 11-1]과 같이 프로그램에서 `Enter` 의 입력을 확인하려면 '\r'을 사용한다.

함수	버퍼	`Enter`	echo
getchar( )	O	'\n'	O
getch( )	X	'\r'	X

getchar( ) 함수는 입력 버퍼인 파일 스트림으로부터 값을 읽으므로 `Ctrl` + `Z`(아스키 코드 값은 26)를 EOF(End of File)로 인식한다.(`Ctrl` + `Z`가 입력될 때 버퍼에 EOF를 써넣음.) 그러나 getch( ) 함수는 26을 바로 읽으므로 EOF를 사용할 수 없다.

`Ctrl` + `Z`가 입력될 경우 실행을 종료하려면 다음 문장을 사용해야 한다.

```
while ((ch = getch()) != 26)
{
        putch(ch);
}
```

[실습 11-1]은 문자와 문자에 해당하는 아스키 코드는 동일한 것을 확인하는 코드이다.

ex1101.c

```c
#include <stdio.h>
int main()
{
    char ch = 'A';  // int ch = 65; 와 동일
    char n = '\0';  // 문자열 종료 문자 '\0' , 0 , NULL 모두 동일,
    char zero = '0' ;  // 문자 0 로 ASCII 값은 48
    printf("NULL의 정수(아스키)값 : %d, %d, %d, %d \n", n ,
        0, NULL, zero);
    printf("ch = %c, code = %c\n", ch, ch);
        // %c 는 단일문자, %d 는 정수로 출력
    putchar(ch); putchar(' ');
        // 작은따옴표는 한 개의 문자를 지정할 때 사용
    putchar(65); printf(" ");
        // 큰따옴표는 문자열(한 개 이상의 문자)를 지정할 때 사용
    putchar('A'); printf("\n");
    return 0;
}
```



```
NULL 의 정수<아스키>값 : 0, 0, 0, 48
ch = A, code = A
A A A
```

[실습 11-2]는 getchar( ) 함수와 scanf( ) 함수를 사용할 때 Enter 를 제거하여 정상 동작하기 위한 코드이다.

ex1102.c

```c
#include <stdio.h>
#include <conio.h>  //
int main()
{
    int ch;        // char ch;로 해도 동일한 결과
    printf("한 개의 문자 입력하고 Enter 키 누름 : ");
    scanf("%c", &ch);   // ch = getchar(); 와 동일
    getchar(); // fflush(stdin) 과 동일, 버퍼에 쌓인 공백이나 엔터키 삭제
```

```c
        printf("입력 문자: %c\n", ch); // putchar(ch); 와 동일

        printf("한 개의 문자 입력하고 Enter 키 누름 : ");
        ch = getchar(); //  scanf("%c", &ch); 와 동일
        printf("입력 문자: "); putchar(ch); /* printf("%c\n" ch);와
                                                     동일 */
        putchar('\n');   // printf("\n"); 와 동일, 줄바꿈

        printf("한 개의 문자 입력 즉시 화면에 표시하지 않고 읽어오기 : ");
          ch = getch();  // 입력받으면서 글자를 화면에 안보여줌(비밀번호처럼)
        printf("입력 문자: "); putch(ch); // ch 에 저장한 한 글자 출력
          putch('\n');   // 줄바꿈
        return 0;
}
```



```c
        scanf("%c", &ch);
```

%c는 stdin에서 한 개의 문자만을 가져온다. 만일 stdin에 아무것도 없으면 입력을 기다리지만 stdin에 데이터가 있으면 그 중 한 개만 가져오게 된다.

키보드의 입력을 처리하는 버퍼는 '입력 버퍼(stdin(**standard input**의 약자, 입력 스트림, 표준 입력 즉, 키보드를 의미))'라 부른다. 즉, 키보드로 입력한 모든 정보는 일시적으로 stdin에 저장되었다가 입력이 종료되면 한꺼번에 처리를 한다.

컴퓨터가 어떻게 입력이 종료됐는지 알 수 있을까? 바로 Enter 를 누르기만 하면 입력을 끝낸다. 이때 n까지 버퍼에 저장하게 되며 이것이 오동작의 주범이 되기도 한다. 키보드로 'A'를 입력하고 Enter 를 누르면 버퍼에는 'A'와 '\n'가 들어간다.

getchar( ) 함수는 버퍼에서 첫 번째의 첫 글자 'A' 한 개를 꺼내와 변수 ch에 저장한다. 이때 버퍼에는 Enter 에 해당하는 '\n'이 남아 있게 된다. 다시 getchar( ) 함수로 입력을 하려고 할 때 버퍼에 '\n'가 남아 있으므로 키보

드에서 입력을 기다리지 않고 '\n'을 꺼내온다. 따라서 '\n'이 다른 입력 함수에 의해 입력되므로 입력하지 않았는데도 입력 부분이 건너뛰는 현상이 발생한다. 이런 오동작을 없애려면 버퍼에 쌓인 Enter 나 공백 문자를 삭제해야만 됨에 주의하자.

scanf( ) 함수에서 %s나 %d 또는 다른 모든 수 데이터를 입력받는 형식은 버퍼에 신경 쓸 필요 없이 자유롭게 사용할 수 있지만, %c를 사용할 때는 버퍼에 무엇이 남아 있는지 고려하여 버퍼에 쌓인 데이터를 Enter 나 공백 문자를 삭제해야만 됨에 주의하자.

fflush는 'file flush'의 약자로, '파일을 씻어 버린다'는 의미다. 즉, stdin에 있는 모든 데이터들을 삭제하므로 버퍼가 완전히 비게 된다. 물론 '\n'도 삭제된다. 이 상태에서 scanf( )를 호출하면 %c는 버퍼가 비어 있으므로 입력을 기다리고 있게 된다. 즉, 키보드를 통해 원하는 값을 넣을 수 있게 되는 것이다.

버퍼에 쌓인 데이터를 Enter 나 공백 문자를 삭제하는 것은 getchar( ) 함수를 권장한다.

```
getchar();
```

이 함수의 역할은 stdin에서 한 문자를 읽어 와서 그 값을 리턴한다. 한 문자를 읽어오고 저장하지 않았으므로 읽어온 문자는 stdin에서 삭제된다. 즉, n 을 stdin에서 읽어와 삭제할 수 있는 것이다. 한 개의 문자를 입력할 때 가급적 %c는 사용하지 말자.

02 문자 검사 함수

문자 검사 함수는 "문자열이 무엇으로 구성되어 있는가?"를 확인하는 함수임을 명심하자. 문자 검사 함수는 문자를 검사하기 위한 함수로, 이 함수를 사용하려면 프로그램 선두에 다음과 같이 헤더 파일을 첨부해야 한다.

```
#include <ctype.h>
```

🅒 문자 검사 함수

문자를 검사할 수 있는 함수는 접두사 is~로 시작하며, ctype.h 헤더에 선언되어 있다. 문자 검사 함수를 실행한 결과는 참(true, 0 이외의 값) 또는 거짓(false, 0)이다.

표 11-2 ▶
문자 검사 함수

문자 검사 함수	내용
int isalpha(int ch);	ch 값이 영문자('A'~'Z', 'a'~'z')이면 참, 아니면 거짓
int islower(int ch);	ch 값이 영어 소문자('a'~'z')이면 참, 아니면 거짓
int isdigit(int ch);	ch 값이 10진수(0~9)이면 참, 아니면 거짓
int isupper(int ch);	ch 값이 영어 대문자('A'~'Z')이면 참, 아니면 거짓
int isxdigit(int ch);	ch 값이 16진수(0~9, 'A'~'F', 'a'~'f')이면 참, 아니면 거짓
int isspace(int ch);	ch 값이 공백 문자(스페이스, 개행, 폼피드, 캐리지리턴, 수직 탭, 수평 탭, 기타 locale 문자: 0x09~0x0d, 0x20)이면 참, 아니면 거짓 공백문자: CR FF HT NL VT space
int ispunct(int ch);	ch 값이 구두점 문자(영숫자와 공백 문자를 제외한 인쇄 문자:x021~0x40, 0x5b~0x60, 0x7b~0x7e)이면 참, 아니면 거짓이다. ! " # % & ' ( ) ; < = > ? [\ ] * + , - . / : ^ _ { ¦ } ~
int isalnum(int ch);	ch 값이 영문자('A'~'Z', 'a'~'z')이거나 숫자(0~9)이면 참, 아니면 거짓
int isprint(int ch);	ch 값이 출력 가능 문자(공백 문자를 제외한 인쇄 문자:0x20~0x7e)이면 참, 아니면 거짓
int isgraph(int ch);	ch 값이 인쇄 문자(제어 문자를 제외한 ASCII 문자:0x21~0x7e)이면 참, 아니면 거짓
int iscntrl(int ch);	ch 값이 제어 문자(와 같은 종류:0x00~0x1F, 0x7F)이면 참, 아니면 거짓. 제어 문자:BEL BS CR FF HT NL VT
int isascii(int ch);	ch 값이 ASCII 문자(0x00~0x7f)이면 참, 아니면 거짓

영문자를 대소문자로 변환 함수는 [표 11-3]과 같이 제공한다.

문자 변환 함수	내용
int toupper(int ch);	ch 값의 영문자를 대문자로 변환
int tolower(int ch);	ch 값의 영문자를 소문자로 변환
int toascii(int ch);	ch 값의 문자를 ASCII 문자로 변환

[실습 11-3]은 숫자인지 확인하는 코드이다.

실습 11-3 | 숫자인지 확인하는 코드

```c
#include <stdio.h>
#include <ctype.h>    // isdigit( ), isalpha( ) 사용하기 위해
int main()
{
    char ch;
    char alpha;

    printf("(0 ~ 9) 입력하고 Enter 키 누르기: ");
    scanf("%c", &ch);
    if (isdigit(ch))
        printf("%c : digit(0 ~ 9)\n", ch);
    else
        printf("%c : not digit(0 ~ 9)\n", ch);
    getchar(); // Enter 제거

    printf("영문자 입력하고 Enter 키 누르기: ");
    scanf("%c", &alpha);
    if (isalpha(alpha))
        printf("%c : 영문자('A'~'Z', 'a'~'z')\n", alpha);
    else
        printf("%c : not 영문자('A'~'Z','a'~'z')\n",alpha);
    return 0;
}
```



```
(0 ~ 9) 입력하고 Enter 키 누르기: 8
8 : digit(0 ~ 9)
영문자 입력하고 Enter 키 누르기: A
A : 영문자( 'A'~'Z', 'a'~'z')
```

03 동적 메모리 할당 함수

메모리 할당 방법은 정적(static) 할당과 동적(dynamic) 할당이 있다.
스택과 데이터 영역에 할당된 메모리 크기는 컴파일할 때 결정된 크기가 변경되지 않는다. 이것을 정적 할당이라고 한다.

변수나 배열, 함수는 정적 할당으로 컴파일할 때 그 크기가 결정되고 프로그램이 실행되는 동안 메모리 영역이 할당된 후 그 크기는 변경되지 않는다.

동적 메모리 할당은 컴파일시가 아닌 프로그램이 실행되는 도중에 사용자가 malloc( ) 함수 등으로 원하는 크기를 정의하여 heap 영역을 할당받아 사용하다가 사용이 끝나면 free( ) 함수를 사용하여 할당받은 메모리 공간을 소멸하는 방식이다. 즉, 동적 할당은 언제든지 크기를 바꿀 수 있다.

malloc( ) 함수와 free( ) 함수

malloc( ) 함수는 동적으로 힙(heap) 영역에 할당한다. calloc( ) 함수와 malloc( ) 함수의 차이는 할당한 동적 메모리 블록의 모든 비트들을 0으로 초기화한다는 점이 다르다.


```
#include <stdlib.h>              int *buf; // 버퍼를 가리킬 포인터
void *malloc(size_t size);       buf = (int *) malloc(1000);
void *calloc(size_t size);       buf = (int *) calloc(MAX, sizeof(int));
void free(void *ptr);            free(buf); // 동적으로 할당한 버퍼 삭제
```

동적 메모리를 힙(heap) 영역에 할당할 수 없으면 NULL 포인터를 리턴한다. 리턴형이 void형 포인터이므로 어떤 형태의 포인터도 전달할 수 있게 된다. 그러나 이 포인터가 가리키는 변수의 값은 어떤 타입인지 알 수가 없으므로 사용할 자료형으로 변환해야 한다. 즉, 캐스트 연산자((자료형 *))를 사용해야 한다.

free( ) 함수는 동적으로 할당한 메모리 블록을 해제한다. malloc( ) 함수로 동적 할당한 메모리를 사용한 후에는 반드시 free( ) 함수를 사용하여 메모리를 해제하자.

[실습 11-4]는 입력한 개수만큼 동적 메모리를 할당한 후 입력받아 출력하는 코드이다.

실습 11-4 | 입력한 개수만큼 동적 메모리 할당한 후 입력받아 출력하는 코드

```c
#include <stdio.h>
#include <string.h>
#include <stdlib.h>

#define MAX 100 // 최대 100 개

int main()
{
    int n; // 데이터 개수
    int *ar; // 저장할 장소에 대한 포인터, malloc( ) 함수로 장소 할당해야 함
    int i;
    char *buf;
    char str[] = "I can do it!";

    printf("데이터 개수 : "); scanf("%d", &n);
    ar = (int*)malloc(sizeof(int) * n);// 동적 메모리 할당

    printf("%d개의 점수 입력 : ", n);
    for (i = 0; i < n; i++) {
        scanf("%d", &ar[i]);
    }

    for (i = 0; i < n; i++) {
      printf("%5d", ar[i]);// printf("%5d", *(ar + i));과 동일
    }
    printf("\n");
    free(ar);  // 다 사용하였으므로 동적 메모리 해제

    /*  malloc()  함수를 사용하여 heap 영역에 블록 공간  할당 */
    buf = (char*) malloc(MAX * sizeof(char));
    if (buf == NULL)   // 메모리 블록 할당 실패하면
    {
```

```c
        perror("메모리 블록 할당 실패!\n");  // 오류 메시지 출력한 후
        exit(1);  // 강제로 종료
    }
    strcpy(buf, str);    // str 문자열 복사하여 buf에 저장
    puts(buf);              // 문자열 출력하고 줄바꿈
    free(buf);

    buf = NULL; // 해제한 포인터는 NULL로 리셋하여 다른 곳에서 참조 방지
    /* calloc() 함수 사용하여 메모리 블록 공간을 할당하고 0으로 초기화 */
    buf = (char*) calloc(MAX, sizeof(char));

    strcpy(buf, str); // str 문자열 복사하여 buf에 저장
    puts(buf);              // 문자열 출력하고 줄바꿈

    free(buf);    // 사용한 메모리 블록 공간 해제
    buf = NULL; // 해제한 포인터는 NULL로 리셋하여 다른 곳에서 참조 방지
    return 0;

}
```



```
데이터 갯수 : 3
3개의 정수 입력 : 5 7 9
     5     7     9
I can do it!
I can do it!
```


malloc( ) 함수는 인수로 할당할 바이트 수를 받는다.

```c
int *ar;
ar = (int*) malloc(sizeof(int) * n);
```

이 문장은 n개수 * 4byte(정수형 변수의 크기)한 값 만큼 ar 포인터에 할당한다. 동적 할당이 되면 포인터 변수 ar는 배열처럼 사용할 수 있다? 이는 ar 포인터의 자료형이 int * 이므로 (int *) 캐스트 연산자를 사용해야 버퍼를 할당할 수 있다.

```c
char *buf;
buf = (char*)malloc(MAX * sizeof(char));
```

위 문장은 [그림 11-1]과 같이 메모리 영역을 할당한다.

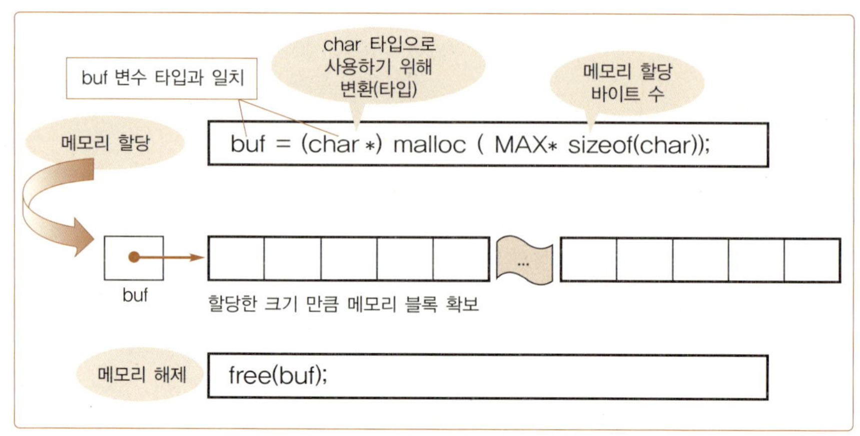

위 문장에서 포인터 변수 buf는 char *buf; 로 선언되어 있으므로 (char *) 캐스트 연산자를 사용한다. 이때 char *가 위치한 자리에 MAX 바이트 메모리 블록 공간을 할당한다. 그 해제한 포인터는 NULL로 리셋(reset)하여 다른 곳에서 참조할 수 없도록 한다.

```
buf = NULL;
```

 메모리 블록 처리 : memset( ), memcpy( ), memmove( ) 함수

memset( ) 함수는 메모리 블록에서 모든 바이트를 특정 값으로 설정할 때 사용한다. 즉, 지정된 수를 1바이트 단위로 지정된 주소부터 지정된 크기까지 채워준다. memcpy( ) 함수는 메모리 블록 간에 데이터의 바이트를 복사(붙여넣기)한다. 복사하는 자료형은 신경쓰지 않으며 메모리의 두 블록이 겹치면 정상적으로 동작하지 않는 단점을 갖는다.

이를 해결하기 위해 memmove( ) 함수는 한 메모리 블록에서 일정량을 복사하지만 메모리 블록이 겹치면 겹치는 영역의 원본 데이터를 덮어쓰기 전에 복사해 둔다. 배열의 요소를 다른 배열로 옮길 때 유용하다. memcmp( ) 함수는 메모리를 비교한다. 여기서 dest는 처리될 대상의 시작 주소, src는 처리할 대상의 시작 주소, count는 크기이다.

```
#include <string.h>
void * memset(void *dest, int c, size_t count);
void * memcpy(void *dest, const void *src, size_t count);
void * memmove(void *dest, const void *src, size_t count);
void * memcmp(void *dest, const void *src, size_t count);
```

[실습 11-5]는 메모리 블록을 처리하는 함수에 관한 코드이다.

실습 11-5 | 메모리 블록을 처리하는 함수에 관한 코드


```
#include <stdio.h>
#include <string.h>
int main()
{
    char str[ ] = "Big Vision";
    char buf[256]= " ";       // 널 문자로 초기화
    char *str1 = "I can do it!";
    char *str2 = "can Vision";
    int dest, n = 123;

    printf("원본: %d", n);
    memcpy(&dest, &n, sizeof(int)); // dest에 123 복사
    printf("\t--> 복사본: %d\n", dest);

    strcpy(buf, str); printf("원본: %s", buf);
    memset(&str[3], '@', 7);    // str[3] 부터 @ 10개 변경
    printf("\t--> 결과: %s\n", str);

    printf("원본: %s", buf);
    memcpy(&buf[2], &buf[6], 7);  // buf[2] 에 buf[6] 부터 7개 복사
    printf("\t--> 오버랩 없이 복사본: %s\n", buf);

    strcpy(buf, str);
    memcpy(buf + 6, buf + 2, 7);  // buf[6] 에 buf[2] 부터 복사
    printf("\t--> 오버랩를 포함한 복사본: %s\n", buf);

    strcpy(buf, str); printf("원본: %s\n", buf);
    memmove(buf + 2, buf + 6, 7); // buf+2 에 buf+6 부터 2개 복사
    printf("\t--> 오버랩 없이 복사본: %s\n", buf);

    strcpy(buf, str); printf("원본: %s\n", buf);
```

```c
        memmove(buf + 6, buf + 2, 7); // buf+2 에 buf+6 부터 2개 복사
        printf("\t--> 오버랩를 포함한 복사본: %s\n", buf);

        if (memcmp(str1, str2, strlen(str1) + 1) == 0)
                printf("두 문자열은 같음\n");
        else
            printf("두 문자열은 다름\n");

        /*  범위 지정하여 문자열 비교하기
        배열 str1의 3번째에서부터~ str2의 첫 번째부터 ~ can 비교 */
        if (memcmp(&str1[2], &str2[0], strlen("can")) == 0)
            printf("can\n");
        return 0;
}
```



```
원본: 123          --> 복사본: 123
원본: Big Vision          --> 결과: Big
원본: Big Vision          --> 오버랩 없이 복사본: Bision
          --> 오버랩를 포함한 복사본: Biggg
원본: Big
          --> 오버랩 없이 복사본: Bi
원본: Big
          --> 오버랩를 포함한 복사본: Biggg
두 문자열은 다름
can
```

문자열 입출력 함수

문자열(string)은 단일문자들이 두 개 이상 연속적으로 결합한 문자들의 집합이다. 문자열은 배열이나 포인터를 사용하여 저장한다. 문자열의 형태는 문자열의 끝에, '여기까지가 문자열이다'라고 알려주는 종료 문자(아스키 값이 0이고, 'J0')를 자동으로 컴파일러가 추가한다. 이 종료 문자를 '널(Null) 문자'라고 부른다.

키보드를 통해 문자열을 입력할 때에는 gets( ) 함수를 사용하고 화면으로 문자열을 출력할 때에는 puts( ) 함수를 사용한다. 물론 scanf(("%s", 배열명 또는 포인트명);을 사용하여 문자열을 입력할 수 있지만, 문자열 속에 공백 문자가 있으면 단어 중심으로 분리되므로 주의하자.

C 문자열 입출력 함수

문자열 입출력 함수는 [표 11-4]와 같이 접두사 str~로 시작하며, string.h 헤더 파일에 선언되어 있다.

① ~n~ : 문자 개수만큼 처리
② ~r~ : 문자열의 맨 마지막 위치부터 역순으로 처리
③ ~i~ : 대소문자 구분하지 않고 동일하게 처리

scanf( ) 함수는 단어 입력용으로 사용하고 문자열 입력은 gets( ) 함수를 사용하자.

[표 11-5]는 문자열 함수 중에서 사용 빈도가 높은 함수들로 꼭 이해하고 그 이외 나머지 함수들은 필요할 때 참고하도록 하자.

접두사	접미사	의미
str~	~brk	문자열(break)에서 특정 문자 위치 계산 예 strbrk( )
	~cat	문자열 끝에 다른 문자열 결합(concaternate) 예 strcat( ), strncat( )
	~coll	두 개 문자열을 locate 문자를 조회 순서로 비교 예 strcoll( )
	~chr	문자열에서 특정 문자를 앞으로 검색(scan character) 예 strchr( )
	~cmp	두 문자열을 사전순으로 비교(compare) 예 strcmp( ), strncmp( ), stricmp( ), strcmpi( ), strnicmp( )
str~	~cpy	원본 문자열을 복사(copy) 예 strcpy( ), strncpy( )
	~cspn	문자열 범위 내에서 지정 문자 세트 문자로 구성되지 않은 (initial span) 부분 문자열의 길이 예 strcspn( )
	~dup	원본 문자열을 중복(duplicate)하여 복사 예 strdup( )
	~len	문자열 길이(length) 구하기 예 strlen( )
	~lwr	문자열을 모두 소문자(lower)로 변환 예 strlwr( )
	~pbrk	문자열(break character)에서 최초의 지정 문자 세트 문자를 검색 예 strpbrk( )
	~rev	문자열의 마지막 위치부터 역순(reverse)으로 찾기 예 strrev( )
	~set	문자열 모두 특정 문자로 변경하여 설정(set) 예 strset( )
	~spn	문자열에서 지정한 부분 문자열(initial span)의 길이 예 strspn( )
	~str	문자열에서 지정한 부분 문자열(substring)을 검색 예 strstr( )
	~tok	문자열에서 토큰(token) 단위로 분리 예 strtok( )
	~upr	문자열을 모두 대문자(upper)로 변환 예 strupper( )
	~xfrm	문자열 중 지정한 문자 개수만큼의 부분 문자열을 strcmp( ) 함수를 사용하여 locate 문자 순서로 비교할 수 있도록 변환

기능	문자열 함수
문자열 입출력	gets( ), puts( )
문자열 길이	strlen( )
문자열 복사	strcpy( ), strncpy( )
문자열 추가 결합	strcat( ), strncat( )
문자열 비교	strcmp( ), strncmp( )
문자열 검색	strchr( ), strrchr( )
문자열 토큰 분리	strtok( )
문자열을 숫자로 변환	atoi( ), atol( ), atof( )
대소문자 변환	toupper( ), tolower( )
문자열로 입출력	sscanf( ), sprintf( )

정수와 부동소수점 수는 숫자 문자(digit character)로 저장하는 문자열 형태나 수치 형태로 저장할 수 있다.

예를 들면 725의 수치 형태는 int형으로 저장되며, 문자열 형태로 저장하면 문자열 배열에 '7', '2', '5', '\0'로 저장된다. printf( ) 함수나 sprintf( ) 함수를 사용하면 수치 형태를 문자열 형태로 변환하여 호환성을 높일 수 있다.

C 버퍼형 문자열 입출력 : gets( ) 함수와 puts( ) 함수

scanf( )는 스페이스바, 탭, 엔터로 입력을 구분하는 단어 중심이므로 문자열 입력은 scanf( ) 함수를 사용하지 말고 gets( ) 함수를 사용하자. 문자열 출력은 puts( ) 함수를 사용할 수 있다.

형식 >>>

```
#include <stdio.h>          char buf[256]; // 문자열 저장 메모리 할당
char *gets(char *s);        gets(buf); // 문자열 입력
int puts(const char *s);    puts(buf);   // 문자열 화면에 출력하고 줄바꿈
```

gets( ) 함수는 Enter 를 입력할 때까지 공백 문자(Space bar, Tab, 개행 문자)를 포함한 모든 문자들을 그대로 읽어들인다. 읽어들인 문자열은 문자열 끝을 표시하는 널 문자('\0') 를 추가하여 저장한다.

보안을 요하는 경우 gets( ) 함수 대신 fgets( ) 함수를 사용하자. puts( ) 함수는 포인터 s가 가리키는 곳에 저장된 문자열을 화면에 출력하고 자동으로 줄바꿈한다.

[실습 11-6]은 문자열을 입력받아 출력하는 코드이다.

실습 11-6 | 문자열을 입력받아 출력하는 코드


```c
#include <stdio.h>
#include <string.h>
int main()
{
    char buf[256];  // 문자열 저장용 배열
    char *str = "Vision";    // 포인터를 사용한 문자열 저장

    printf("이름: ");
    scanf("%s", buf); // 문자열 입력, 단어 중심, 공백에 의해 분리
    printf("%s\n", buf);
    gets(buf);    // 문자열 입력, 문자열 중심
    puts(buf);     // 입력한 문자열을 화면에 출력하고 줄 바꿈

    puts(str);
    printf("%s\n", str);  // puts(str);과 동일

    printf("주소: ");
    fgets(buf, sizeof(buf), stdin);
                        // 인수는 버퍼, 크기, 파일(키보드) 순서
    fputs(buf, stdout);                  // puts(buf);와 동일
    buf[strlen(buf)-1] = '\0';          // 줄바꿈 문자를 제거
    puts(buf);
    return 0;
}
```



```
이름: 홍 길동
홍
길동
Vision
Vision
주소: 경기도 부천시
경기도 부천시
경기도 부천시
```


scanf( ) 함수는 공백 문자를 만나면 이때까지 입력한 문자들만 읽으므로 단어 중심으로 입력된다.

```c
scanf("%s", buf);
```

이 문장은 입력한 문자열을 배열 buf에 저장한다. '홍 길동'이라고 입력한 경우 '홍' 다음에 공백 문자가 존재하므로 '홍' 만 저장하고 '길동'은 다른 문자열로 인식하여 버퍼에 보관하고 있게 된다.

```
fgets(buf, sizeof(buf), stdin);
```

여기서 stdin는 키보드를 의미하는 파일 포인터이다. sizeof(buf)에 의해 buf로 할당한 메모리 공간 크기를 산출한 길이만큼 저장한다.

fgets( ) 함수는 키보드(stdin)에서 한 개의 문장을 읽어 들이고, fputs( ) 함수는 화면(stdout)으로 문자열을 출력한다.


```
#include <stdio.h>
char   fgets(char *str, int n, stdin);
char   fputs(char *str, stdout);
```

 문자열 길이 : strlen( ) 함수

strlen( ) 함수는 문자열의 개수(NULL 문자를 제외한 문자 개수)를 계산한다.


```
#include <stdio.h>
size_t strlen(const char *str);

char str[ 256 ];
printf("문자열 길이 = %d", strlen(str));
```

size_t형은 unsigned int로 정의되어 있으므로 int로 선언해도 된다.

strlen은 문자열의 시작에서부터 널 문자 직전까지의 문자의 개수를 반환한다. 즉, 문자열의 끝을 인식하는 널 문자('0')는 길이에 포함하지 않는다.

[실습 11-7]은 문자열을 입력하여 문자열 개수를 확인하는 코드이다.

실습 11-7 | 문자열을 입력하여 문자열 개수를 확인하는 코드


```c
#include <stdio.h>
#include <string.h>

int main()
{
    int length;
    char str[256];

    puts("문자열 입력 : ");
    fgets(str, sizeof(str), stdin);
    printf("배열 길이 = %d , ", sizeof(str));
    printf("문자열 길이 = %d\n", strlen(str));
    return 0;
}
```



```
문자열 입력 :
I can do it.
배열 길이 = 256 , 문자열 길이 = 13
```


영문자는 1바이트로 계산되고, 한글은 2바이트로 계산된다.

 문자열 복사 : strcpy( ) 함수와 strncpy( ) 함수

strcpy( ) 함수는 포인터 source로 지정한 문자열을 포인터 dest로 지정한 위치로 복사한다.


```c
#include <string.h>
char *strcpy(char *dest, const char *source);
char *strncpy(char *dest, const char *source, size_t n);
```

strncpy( ) 함수는 strcpy( ) 함수와 유사하지만 복사할 문자 n만큼을 지정한다. 만약 source의 길이가 n보다 작으면 dest의 남는 공간은 null로 채워진다.

strcpy( ) 함수는 source의 널 문자를 자동으로 복사하지만, strncpy( ) 함수는 n개만 복사하고 널 문자를 붙이지 않는다. 따라서 strncpy(dest, source, sizeof(buf)-1); 문장 뒤에 dest[sizeof(dest)-1] = 0;을 반드시 추가해 주자.

[실습 11-8]은 동적으로 메모리를 할당하는 방법을 제시한 코드이다.

실습 11-8 | 동적으로 메모리를 할당하는 방법을 제시한 코드

```c
#include <stdio.h>
#include <stdlib.h>
#include <string.h>

int main()
{
    char *pt;
    int i, j;

    pt = (char*)malloc(sizeof(char) * 256);

    strcpy(pt, "I can do it!"); // pt가 가리키는 곳으로 문자열 복사
    printf("%s\n\n", pt);

    free(pt);   // 동적 메모리 해제

    return 0;
}
```



```
I can do it!
```

 문자열 연결 : strcat( ) 함수와 strncat( ) 함수

strcat( ) 함수는 첫 번째 인자의 문자열의 널 문자 위치에 두 번째 인자로 지정한 문자열을 덧붙인다.


```c
#include <string.h>
char *strcat(char *str1, const
            char *str2);
char *strncat(char *str1, const char
            *str2, , size_t n);
```

```c
char buf[1024];
char *name = "code";
char *a = ".txt";
strcpy(buf, name);
strcat(buf, a);
```

strncat( ) 함수는 strcat( ) 함수와 동일하지만 지정한 개수 n개만큼 덧붙인다.

[실습 11-9]는 파일 이름과 디렉토리 경로를 문자열로 결합하여 a, b, c, d, e, f를 생성하여 단계별로 결합시키고 출력하는 코드이다.

실습 11-9 | 문자열로 결합한 후 단계별로 결합시키기


```c
#include <stdio.h>
#include <string.h>

int main()
{
    char buf[1024];
    char *name = "filename";
    char *extention = ".txt";
    char str[ ] = "append";

    strcpy(buf, name);
    strcat(buf, extention);
    puts(buf);

    strncat(buf, str, sizeof(str));
    puts(buf);

    return 0;
}
```



```
filename.txt
filename.txtappend
```

 문자열 비교 : strcmp( ) 함수와 strncmp( ) 함수

strcmp( ) 함수는 첫 번째 인자의 문자열의 널 문자 위치에 두 번째 인자로 지정한 문자열을 사전적 순서로 비교하여 첫 번째가 크면 양수, 작으면 음수, 같으면 0을 리턴한다.

형식 >>>

```c
#include <string.h>
int *strcmp(const char *str1,
            const char *str1);
int *strncmp(const char *str1,
    const char **str1, size_t n);
```

```c
char str1[ ] = "I can do it.";
char str2[ ] = "Vision";
if(!strcmp(str1, str2))
if(!strncmp(str1, str2, 3))
```

strncmp( ) 함수는 strcmp( ) 함수와 동일하지만 n개만큼만 비교한다.
[실습 11-10]은 두 개의 문자열을 키보드에서 입력하여 비교하는 코드이다.

실습 11-10 | 두 개의 문자열을 키보드에서 입력하여 비교하는 코드

```c
#include <stdio.h>
#include <string.h>

int main()
{
        char str1[1024];
        char str2[1024];

        puts("문자열 입력");
        fgets(str1, sizeof(str1), stdin);

        puts("비교할 문자열 입력:");
        fgets(str1, sizeof(str2), stdin);

        if(!strcmp(str1, str2))
                puts("동일한 문자열");
        else
                puts("동일하지 않은 문자열");

        return 0;
}
```

C 문자열을 숫자로 변환 : atoi( ) 함수, atol( ) 함수, strtol( ) 함수

atoi( ) 함수는 아토이 함수라고 부르며 문자열을 int형의 정수로 변환한다. 숫자가 아닌 문자가 오면 변환이 안되고 0을 반환한다. 단, 화이트 문자(공백, 탭 키, 엔터 키)는 무시한다.

```
#include <stdlib.h>                     char str[256]=
int atoi(const char *str);                "1234", buf[256];
long atol(const char *str);             value = atol(str);
double atof(const char *str);             // long형의 정수 변환
```

atol( ) 함수는 atoi( ) 함수와 같지만 long형의 정수로 변환한다. atof( ) 함수는 문자열을 double형 값으로 변환한다. 점(.)도 소숫점으로 인식한다. strtol( ) 함수는 문자열을 long형 정수로 변환한다.


```
#include <stdlib.h>
long strtol(const char *str, char **stop, int radix);
unsigned long strtoul(const char *str, char **stop, int radix);
double strtod(const char *str, char **stop);
```

strtoul( ) 함수는 문자열을 unsigned long 값으로 변환한다.

strtod( ) 함수는 문자열을 double형 값으로 변환한다. atof( ) 함수와는 달리 숫자와 알파벳으로 구성된 문자열을 분리하여 변환되지 않은 나머지 문자열들은 포인터 stop으로 지정한 위치에 저장한다. 변환 가능한 문자가 나타나지 않으면 0을 반환한다. 문자열이 숫자로 변환한 문자 개수는 'stop ? str'이다.

radix는 진법으로 2~36까지의 값을 갖는다. 0으로 설정하여 첫 부분이 0이면 8진수, 0x이면 16, 그 이외의 값이면 10진수로 해석한다.

[실습 11-11]은 정수 문자열을 입력한 후 정수로 변환하는 코드이다.

실습 11-11 │ 정수 문자열을 입력한 후 정수로 변환하는 코드

ex1111.c

```
#include <stdio.h>
#include <string.h>
#include <stdlib.h>

int main()
{
    int i , radix = 16;
    char str[256]= "12fe34";
    char *stop;   // 문자열이 숫자로 변환된 길이 확인 용도
    long convert;
```

```c
        stop = (char*)malloc(sizeof(char) * strlen(str)+1);
        printf("%d\n", atoi(str));    // int형 정수로 변환
        convert = atol(str);    // long형의 정수로 변환
        printf("%d\n", convert);
        itoa(convert, stop, 2); // 2진수 문자열로 변환
        puts(stop);

        convert = strtol(str, &stop, 16);
            // 16진수 문자열 숫자를 long 형 10진수 정수 변환
        printf("16진수 %s 는 10진수 %d 이다.\n", str, convert);
        for (i = 0; i < strlen(str) - strlen(stop) ; i++)
            printf("%c", str[ i ] );
        printf("(%d)\t -> \t%li (10진수)\n",radix, convert);
        return(0);
}
```



```
12
12
1100
16진수 12fe34 는 10진수 1244724 이다.
12fe34 (16)        ->        1244724 ( 10진수)
```

[실습 11-12]는 실수 문자열을 double형 실수 숫자로 변환하는 코드이다.

실습 11-12 | 실수 문자열을 double형 실수 숫자로 변환하는 코드

소스 파일명

ex1112.c

```c
#include <stdio.h>
#include <string.h>
#include <stdlib.h>

int main()
{
    char str[256] = "2030.1224 www.naver.com";
    char alpha[256], number[256];
    char *stop = NULL;
    long y;
    double d;

    d = strtod(str, &stop);
        // stop 에는 숫자로 변환 못하는 문자열의 시작 위치
```

```c
        printf("%.4f\n", d);   // 실수로 변환하여 소수점 이하 4자리로 출력

        /* 숫자를 포함한 문자열을 분리 */
        y = strtod(str, &stop);
        printf("%d 개의 문자들이 변환: ", stop - str);
            // 숫자로 변환한 문자수(stop - str)

        strcpy(alpha, stop);
            // stop 에는 숫자로 변환 못하는 문자열의 시작 위치
        *stop = '\0'; // NULL 문자로 초기화하여 모든 내용 삭제
        strcpy(number, str); // str 에는 실수로 변환한 문자열
        printf("문자열 :%s\n", alpha);
        printf("숫자 %s\n", number);
        return 0;

}
```



```
2030.1224
9 개의 문자들이 변환: 문자열 : www.naver.com
숫자 2030.1224
```



```c
        strcpy(alpha, stop);
        *stop = '\0';
```

알파벳 복사가 완료되면 NULL 문자를 넣어 숫자만으로 구성된 문자열을
만든다. 문자열이 숫자로 변환한 문자 개수는 'stop ? str'이다.

Ⓒ 숫자를 문자열로 변환 : itoa( ) 함수, ltoa( ) 함수, ultoa( ) 함수

itoa( ) 함수는 숫자를 문자열 숫자로 변환한다. ltoa( ) 함수는 long
형 정수를 문자열로 변환한다.


```c
#include <stdlib.h>
char *itoa(int value, char
      *str, int radix);
char *ltoa(long value, char
      *str, int radix);
char *ultoa(unsigned long value,
        char *str, int radix);
```

```c
char str[256];
    // 변환 값이 저장될 버퍼
itoa(25, str, 2);
    // 2진수 문자열 변환
```

value는 변환할 정수, str은 변환된 문자열이 저장될 버퍼의 포인터, radix 는 값의 기수로 진법이다.

- ultoa( ) 함수는 unsigned long 값을 문자열로 변환한다.
- fcvt( ) 함수는 실수(float) 값을 문자열로 변환한다.
- ecvt( ) 함수는 실수(double) 값을 문자열로 변환한다.
- gcvt( ) 함수는 실수 값을 부호와 소수점을 포함하여 문자열로 변환한다.


```c
char *fcvt(double value, int count, int *dec, int *sign);
char *ecvt(double value, int count, int *dec, int *sign);
char *ecvt(double value, int count, int *dec, int *sign);
char *gcvt(double value, int digits, char *str);
```

count는 변환 문자열 중 소수점 이하 숫자의 길이, dec는 소수점의 위치가 저장될 변수의 포인터, sign은 부호가 저장될 변수의 포인터, digits는 변환 시 문자열로 저장할 수의 자릿수, str은 변환된 문자열이 저장될 버퍼의 포인터이다.

[실습 11-13]은 숫자를 문자로 구성한 문자열로 변환하는 코드이다.

실습 11-13 ｜ 숫자를 문자로 구성한 문자열로 변환하는 코드


```c
#include <stdio.h>
#include <stdlib.h>
int main( )
{
    int  y = 198;
    int  x  = 1234567890;
    long z = -1234567890L;    // long 숫자는 숫자 끝에 L 붙임
    unsigned long u = 345678902UL;
        // unsigned long 숫자는 숫자 끝에 UL 붙임
    float nf = 1234.5678f; // float 숫자는 숫자 끝에 f 붙임
    double nd = 1.2345678e+3;
        // e+3 은 10의 3승을 의미, 1234.5678 과 동일
    int radix, dec, digit, sign;
    char buf[100], *pbuf;

    radix = 10;  // 값의 기수는 10진수
    itoa(x, buf, radix);
    printf("x 값에 대한 10진수 문자열은 %s이다.\n", buf);
```

```c
    ltoa(z, buf, radix);
    printf("z 값에 대한 10진수 문자열은 %s\n", buf);
    ultoa(u, buf, radix);
    printf("u 값에 대한 10진수 문자열은 %s\n", buf);

    itoa(y, buf, 2);    // 2진 문자열로 변환
    printf("%d 의 2진수 문자열은 %s이다.\n", y, buf);

    itoa(y, buf, 16); // 16진 문자열로 변환
    printf("%d 의 16진수 문자열은 %s이다.\n", y, buf);

    pbuf = fcvt(nf, 7, &dec, &sign);
    printf("%s 소수점의 위치가 저장될 변수의 포인터 = %d\n", pbuf, dec);
    pbuf = ecvt(nd, 10, &dec, &sign);
    printf("%s 소수점의 위치가 저장될 변수의 포인터 = %d\n", pbuf, dec);

    digit = 6; // 문자열로 저장할 수의 자릿수(6자리까지만 변환, 그 나머지는 반올림)
    pbuf = gcvt(nd, digit, buf);
    printf("%.4f = %s\n", nd, pbuf);
        // 변환된 문자열이 저장된 buf 버퍼의 포인터
    digit = sizeof(nd); // nd 에 저장된 점을 포함한 숫자의 개수
    pbuf = gcvt(nd, digit, buf);
        // 9자리까지만 변환, 그 나머지는 반올림
    printf("%.4f = %s\n", nd, pbuf);
    return 0;
}
```

C 대소문자 변환 : strupr( ) 함수와 strlwr( ) 함수

strlwr( ) 함수는 문자열을 소문자로 변환한다.

```
#include <string.h>          char str[256] ="I Can Do It.";
char *strlwr(char *str);     strupr(str);
char *strupr(char *str);             // 모든 문자들을 대문자로 변환
                             strlwr(str);
                                     // 모든 문자들을 소문자로 변환
```

strupr( ) 함수는 포인터 str로 지정한 문자열을 대문자로 변환한다.
영문자가 아닌 문자들은 영향을 받지 않으므로 그대로 유지한다.

[실습 11-14]는 문자열을 대문자와 소문자로 변환하여 출력하는 코드이다.

실습 11-14 | 문자열을 대문자와 소문자로 변환하기

소스 파일명
ex1114.c

```c
#include <stdio.h>
#include <string.h>

int main()
{
        char str[ ] = "I CAN do it!";
        char buf[256];
        char *pt;
        printf("문자열을 입력 : " );  gets(buf); // 문자열 입력

        strlwr(buf); // 소문자로 변환
        printf(" --> %s\n", buf);

        pt = strupr(str); // 대문자로 변환
        puts(str);

        return 0;
}
```

실행 결과

```
문자열을 입력 : Happy day.
--> happy day.
I CAN DO IT!
```

문자 검색 : strchr( ) 함수

strchr( ) 함수는 문자열의 앞에서 뒤로 특정한 문자가 처음 나타나는 위치를 찾는다. strrchr( ) 함수는 문자열의 뒤에서 앞으로, 처음 나타나는 위치를 찾는다.


```
#include <string.h>                      char str[1024];
char *strchr(const char *str, int ch);   char *find;
char *strrchr(const char *str, int ch);  find=strchr(str,'d');
```

포인터 str로 지정한 검색할 문자열 중에서 처음 부분부터 한 바이트씩 순방향으로 검색하여 문자 ch가 처음 나타나는 위치(처음 위치는 0이므로 '찾을 문자의 시작 위치 +1')를 반환한다. 검색할 문자열을 발견하지 못하면 NULL 포인터를 반환한다.

[실습 11-15]는 문자열에서 검색할 문자를 입력하여 찾는 코드이다.

실습 11-15 │ 문자열에서 검색할 문자를 입력하여 찾기

```c
#include <stdio.h>
#include <string.h>

int main()
{
    char *find;
    char str[ ] = "I can do it!";
    find = strchr(str, 'c'); printf("%s\n", find);

    if (find == NULL)  // 찾지 못하면 NULL
        puts(" ~ 찾지 못함 ~ !!");
    else
        printf("c 는 str[%d] 위치에서 발견!\n", find - str);

    find = strchr(str, 'd');  printf("%s \n", find);
    find = strrchr(str, 't'); printf("%s \n", find);
    return 0;
}
```

 ## 문자열로부터 출력: sprintf( ) 함수와 sscanf( ) 함수

sprintf( ) 함수는 printf( ) 함수처럼 포인터 str로 지정한 버퍼에 저장한다. sscanf( ) 함수는 키보드가 아닌 문자열 변수에서 정해진 형식의 데이터를 받아들이고, sprintf( ) 함수는 정해진 형식의 출력을 모니터가 아닌 문자열 변수에 저장한다. 버퍼에 저장된 문자열을 자유롭게 활용할 수 있으므로 매우 유용하다.


```
#include <stdio.h>
int sprintf(char *str, const char *fmt, ...);
int sscanf(const char *str, const char *fmt, ...);
```

포인터 변수 str가 가리키는 배열에 포맷지정자 형식대로 문자열을 읽거나 기록한다. sprintf( ) 함수는 자동적으로 포인터 변수 str의 맨 마지막에 NULL 문자를 붙이므로 항상 한 칸의 여유가 있어야 한다는 사항을 명심하라.

[실습 11-16]은 배열에 저장된 정수를 입력하는 방법과 여러 항목의 문자열을 결합한 문자열로 변환하는 코드이다.

 **실습 11-16** | 문자열을 결합한 문자열로 변환하기

```
#include <stdio.h>
#include <stdlib.h>

main()
{
    int  i, j, k, m, n;
    char x[4], y[6];

    char str[1024] = "77, 88 33 55";
    char buf[1024] = {0};
    char *tmp = str;
    char format[ ] = "%d %d %d %d\n";

    sscanf(str,"%d%*c%d%d%d", &j, &k, &m, &n);
        // 이렇게 변경해야 모두 읽음
    sprintf(tmp, format, j, k, m, n);
```

```c
        // 문자열로 변환하여 tmp가 가리키는 곳에 저장
    puts(tmp);  // tmp 는 배열 buf 을 가리키므로 buf[ ] 데이터 출력

    sscanf(str, "%d", &j);  // str에서 읽어 j에 저장
    sscanf(str, "%d", &k);
        // sscanf는 포인터 이동이 없으므로 앞과 같은 값(오류)
    printf("포인터 이동이 없으므로 앞과 같은 값: %d  %d\n", j, k);

    sscanf(str, "%d %d %d %d", &j, &k, &m, &n);
    printf(format, j, k, m, n);

    /* 3 항목을 하나의 문자열로 변환한 후 str에 저장 */
    sprintf(str, "%3d%5.2f%10s\n", 123, 8.15, "Vision");
    puts(str);

    sscanf(str, "%3s%5s%15s", x, y, buf);  // str 문자열에서 읽기
    /* 문자열을 long형, double형으로 변환하여 출력 */
    printf("%d  %.2f  %s\n", atoi(x), atof(y), buf);
    retun 0;
}
```



```
77 88 33 55

포인터 이동이 없으므로 앞과 같은 값: 77 77
77 88 33 55
123 8.15  Vision

123 8.15 Vision
```



```c
    sscanf(str, "%d", &x);
```

이 문장을 잘 이해하자.

fscanf( ) 함수는 한번 읽으면 파일 포인터가 뒤로 이동되므로

```c
    fscanf(fp, "%d", &j);
    fscanf(fp, "%d", &k);
```

이 문장에 의해 차례대로 두 개의 데이터를 읽어온다. 그러나 sscanf( ) 함수는 포인터 이동이 없다는 것을 명심하자. 다음 문장을 살펴보자.

```c
    sscanf(str, "%d", &j);
    sscanf(str, "%d", &k);
```

이 문장을 통해 두 번째 데이터인 88을 읽기 원했지만, 결과는 첫 번째 데이터인 77을 읽는다. 원인은 sscanf( ) 함수는 포인터 이동이 없기 때문이다.

이를 해결할 방법은 다음과 같다.

```c
scanf(str, "%d %d", &j, &k);
```

이 문장처럼 변경해야 두 개를 정확하게 읽는다. 꼭 기억하자.

```c
sscanf(str, "%d %d %d %d", &j, &k);
```

이 문장처럼 sscanf( ) 함수는 포인터 이동이 없으므로 %d를 읽을 데이터 개수만큼 나열해야 한다.

Q1 문자열 길이를 알아내는 strlen( ) 함수를 정의하여라.

Q2 숫자 6자리로 입력받아 문자열로 저장한 후 특정 위치부터 추출하여 정수로 변환해 보자.

Q3 문자열의 왼쪽 공백을 제거하는 코드를 작성해 보자.

Q4 문자열의 오른쪽 공백을 제거하는 코드를 작성해 보자.

Q5 원본 문자열의 길이만큼 메모리를 할당해서 target에 복사하는 코드를 작성해 보자.

Q6 키보드를 통해 문자열을 입력한 후 strdup( ) 함수를 사용하여 문자열을 중복 생성하는 코드를 작성해 보자.

Q7 "I can do it!" 문자열의 개수를 산출하는 코드를 작성해 보자.

```
힌트  strxfrm(char *dest, const char *source, size_t  n);
      // 문자열의 지정한 문자 개수
```

Q8 문자열 "I can do it."을 저장한 후 특정 문자를 문자열 역순으로 검색하여 분리된 문자들을 출력해 보자.

```
힌트  char *strrchr(const char *str, int ch);
      // 역순으로 특정 문자를 검색한다.
```

Q9 문자열 "I can#do it! Just do it."을 저장한 후 ! 또는 #이 나타나는 위치를 출력해 보자.

```
힌트  strcspn(const char *str, const char *chset);
         // 문자 세트의 문자들을 검색
```

Q10 문자열 "I cando it! Just do it."을 저장한 후 I, a, c, n 이외의 문자가 나타나면 그 위치를 출력하는 코드를 출력하라.

> 힌트 `strspn(const char *str1, const char *chset);`
> // 문자 세트의 문자들과 일치하지 않는 문자를 검색

Q11 문자열 "I can do it!"에서 지정한 문자 세트의 공백 문자나 d와 일치하는 문자를 검색하여라.

> 힌트 `strpbrk(const char *str, const char *chset);`
> // 문자 세트의 문자 위치 검색

```c
A1  #include <stdio.h>
    #include <string.h>

    int StrLen(char *buf);

    main ()
    {
        char str[1024];
        puts("문자열 입력");
        if (fgets(str, sizeof(str), stdin) != NULL)
        {
            printf("문자열 길이 = %d\n", StrLen(str));
        }
    }

    int StrLen(char *buf)
    {
        int length=0;
        while (*buf++ != 0)
            length++;
        return length;
    }
```

```c
A2  #include <stdio.h>
    #include <string.h>

    int main()
    {
        int year, month, day;
        char str[256] = {" "};
        char buf[256] = {" "};
        char temp[256] = {" "};

        puts("6자리 수를 입력"); gets(str);
```

```c
        strncpy(buf, str, 6);   // 6자리 추출한 문자열 숫자
        printf("추출한 문자열: %s\n", buf);
        year = atoi(strncpy(temp, buf, 2)); // 첫 번째 위치부터 2개를 추출
        month = atoi(strncpy(temp, buf+2, 2));// 두 번째 위치부터 2개를 추출
        day = atoi(strncpy(temp, buf+4, 2));   // 5번째 위치부터 2개를 추출

        printf("\n생년월일: %5d 년 %5d 월 %5d 일\n", year, month, day);
        return 0;
}
```

A3

```c
#include <stdio.h>
#include <string.h>
#include <ctype.h>

char *Substitute(char* str);

int main()
{
    char buf[100]= " ";
    char *pstr;
    char *data = " I can do it ";

    strcpy(buf, data);
    printf("원본 데이터    : %s\n", buf);
    pstr = Substitute (buf);
    printf("왼쪽 공백 제거: %s\n", pstr);
    return 0;
}

char *Substitute(char *str)
{
    while (*str)
    {
        if (!isspace(*str))
```

```c
        {
             return str;
        }
        str++;
    }

    return (char*)"";
}
```

A4
```c
#include <stdio.h>
#include <string.h>
#include <ctype.h>

char *Subritrim(char* str);

int main( )
{
    char buf[100] = {" "};
    char *pstr;
    char *data = "I can do it    ";

    strcpy(buf, data);
    printf("원본    데이터: %s\n", buf);

    pstr = Subritrim( buf );
    printf("오른쪽 공백 제거: %s\n", pstr);
    return 0;
}
char *Subritrim(char *str)
{
    char *start = str;
    while (*str)
    {
        str++;
```

```c
        }
        str--;

        while (start <= str)
        {
            if (!isspace(*str))
            {
                *++str = '\0';
                return start;
            }
            str--;
        }
        return (char*)"";
}
```

```c
#include <stdio.h>
#include <stdlib.h>
#include <string.h>

int main()
{
    char str[ ] = "I can do it.";
    char *dest; //동적 메모리 할당을 위해서 포인터로 선언

    /* strdup는 내부적으로 malloc( ) 함수를 호출하여 할당하므로
       별도의 malloc( ) 또는 calloc( )를 사용할 필요가 없음      */

    dest = strdup(str);
    printf("원본: %s\n", str);
    printf("복사본: %s\n", dest);

    free(dest); // 할당된 메모리 해제
    return 0;
}
```

```c
#include <stdio.h>
#include <string.h>
#include <malloc.h>

int main()
{
    char str[256];
    char *dest;

    puts("문자열을 입력한 후 Enter키를 치세요 !");
    puts("아무 문자도 입력하지 않고 Enter키를 치면 종료!");

    while (1)
    {
        gets(str);
        if (strlen(str) == 0) break;

        /* malloc() 함수를 내부적으로 호출하여 메모리 영역 할당한 후 문자열 복사 */
        dest = strdup(str);
        strcpy(str, "I can do it!"); /* 문자열 복사 */
        strcat(str, "Just do it."); /* 문자열 연결 */
        printf("원본 문자열: %s \n", str);
        printf("복사된 문자열: %s \n", dest);
        free(dest); /* 할당된 메모리 영역 해제   */
        buf = NULL; /* 해제한 포인터는 NULL로 리셋하여 다른 곳에서 참조 방지
    };
    return 0;
}
```

A7
```c
#include <stdio.h>
#include <string.h>

int main ()
{
    char str[] = "I can do it.";
    printf("문자열의 길이 : %d\n", strxfrm(NULL, str, 0));
    return 0;
}
```

A8
```c
#include <stdio.h>
#include <string.h>

int main( )
{
    char   *str = "I can do it.";
    char path[] = "\\work\\c\\fn.c";
    char *pos;

    printf("%s\n", strrchr( str, 'c'));
    printf("경로: %s\n", path);
    printf("발견된 순서별로 출력\n");
    while (pos = strrchr(path, '\\'))
    {
        *pos = '\0';
        printf("%s\n", pos+1);
    }
    return 0;
}
```

```c
#include <stdio.h>
#include <string.h>

int main()
{
    char *str = "I can#do it! Just do it.";
    char *cset = " !.#";
    int pos;

    pos = strcspn(str, cset);
    puts("012345678901234567890123456789 0");
    puts(str);
    puts(cset);
    printf("%d 위치에서 첫 문자를 발견\n", pos);
    return 0;
}
```

```c
#include <stdio.h>
#include <string.h>

int main()
{
    char *str = "I cando it! Just do it.";
    char *cset = "Iacn !";
    unsigned int pos;

    pos = strspn(str, cset);
    puts("012345678901234567890123456789 0");
    puts(str);
    puts(cset);
    printf( "%d 위치에서 일치하지 않는 문자를 발견\n", pos);
    return 0;
}
```

```c
#include <stdio.h>
#include <string.h>

int main()
{
    char *str = "I can do it!";
    char *cset = " cd";
    char *pos;

    pos = strpbrk(str, cset);
    puts("012345678901234567890123456789 01234567890");
    puts(str);

    /* 공백 찾아 그 위치 반환 */
    pos = strpbrk(pos, cset);

    while (pos != NULL)
    {
        puts(pos++);  /* 분리한 문자열 출력하고 다음 위치로 이동 */
        pos = strpbrk(pos, cset);
    }
    return 0;
}
```

Memo

Memo

구조체

12장에서는 구조체란 무엇인지 살펴보고 어떻게 정의하고 접근하는지 소개한다. 응용 프로그램은 대부분 구조체를 사용하므로 꼭 알아야 한다. 이러한 구조체를 어떻게 만드는지 정확히 이해하고 활용할 수 있도록 하자.

구조체 struct는 사용자가 정의한 자료형

저장할 데이터가 적으면 변수를 사용하고, 데이터 분량이 조금 많아지면 배열을 사용하여 저장한다. 그러나 배열은 모두 같은 자료형인 데이터만 저장할 수 있지만, 구조체는 연관된 변수들을 하나의 구조로 묶어 정의한 것이다.

구조체

구조체는 연관된 변수들을 통합하여 하나의 구조로 묶어 정의한 것이므로 관리가 쉽다.

예를 들어, 사람의 정보나 성적 관리를 할 경우 많은 변수가 필요하며, 배열을 사용해도 불편하다. 이런 경우 구조체로 통합하면 한꺼번에 데이터를 관리할 수 있다. 또한 **정렬(sort)할 때 구조체 단위로 정렬할 수 있고, 함수를 반환할 때 구조체 단위로 묶어서 전달할 수 있기 때문이다.**

구조체 선언과 구조체 사용하기

구조체는 struct 예약어로 시작하여 태그를 붙이고 구조체의 구성요소(통합할 항목)들을 열린 중괄호({)와 닫힌 중괄호(}) 안에 나열한 후 닫힌 중괄호(})끝에 세미콜론(;)을 붙여서 정의한다. 구조체는 사용자가 정의한 새로운 자료형이다.


```
// 구조체 정의 , 메모리 공간 미 확보      struct Student
struct 태그                             {
{                                           char name[11]; // 배열에 문자열 저장
    자료형  멤버명;                          char *address; // 포인터에 문자열 저장
};                                          int age;
                                            double weight;
                                        };
```

구조체를 대표하는 이름은 태그(tag)라고 부르며, 구조체 변수들을 멤버
(member)라고 한다. 멤버는 일반 변수 선언과 같이 자료형 멤버명으로 선언
한다.

**struct 선언만으로는 새로운 자료형을 정의한 것이므로 메모리 영역이 할
당되지 않지만, 컴파일러에게 설계도처럼 구조체 형만 알려준다. 즉, 아직 데
이터를 저장할 수 없다.**

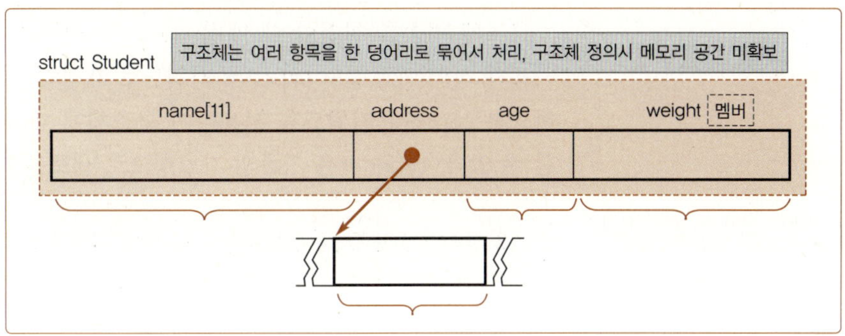

이와 같이 Student라는 자료형을 만든 것이다. 이를테면 Student는 int,
double과 같은 것이다. 이렇게 정의된 구조체를 자료형으로 사용하여 변수를
선언해야 구조체에 데이터를 저장할 수 있다. 이것을 인스턴스(instance : 복
사 생성)라고 한다.

C에서 사용자 정의 자료형의 변수를 선언하려면 사용자 정의형 키워드
(enum, struct, union 등)와 선언된 자료형의 태그 이름을 같이 적어 주어야
함에 주의하자.


```
struct 태그명 구조체 변수;        struct    Student na;      // 구조체 변수 na
struct 태그명 구조체 배열;        struct    Student na[20];  // 구조체 배열
struct 태그명 구조체 포인터;      struct    Student *na;     // 구조체 포인터
```

구조체의 이름표와 같은 역할을 하는 태그 이름만 사용하면 컴파일할 때
오류가 발생하므로 태그만으로 자료형을 쓸 수 없다. 구조체와 변수의 선언
을 한방에 선언할 수 있다. 이때 태그는 생략할 수 있다.

형식 >>>

```
// 구조체 정의와 구조체 변수 만들기      struct Student
// 메모리 공간 확보                       {
struct 태그                                  char name[11];  // 배열에 문자열 저장
{                                            char *address;  // 포인터에 문자열 저장
      자료형  멤버명;                         int age;
} 구조체 변수;                               double weight;
                                          } na;
```

구조체 변수를 선언할 때 매번 struct를 써주는 것도 번거롭기에 C에서는 사용자 정의 자료형도 typedef 키워드로 재정의 할 수 있다. 즉, 사용상 간편하도록 typedef 키워드를 사용하여 구조체에 대하여 별칭(기호화)으로 선언할 수 있다. typedef은 기존의 자료형으로 새로운 자료형을 만든다.

형식 >>>

```
typedef 기존 자료형 재정의한 자료형      typedef struct Student Std;
```

위 예는 struct Student을 Std로 별칭을 붙였으므로 struct Student을 Std 로 사용할 수 있다. 태그 이름과 자료형 이름은 엄연히 다르다.

예문
```
typedef struct Student
{
      char name[11];  // 배열에 문자열 저장
      char *address;  // 포인터에 문자열 저장
      int age;
      double weight;
} std;
```

이 문장은 구조체 struct Student을 std으로 재정의한 것이다.

```
std na
```

이 문장은 구조체 변수 na으로 선언한 것이다. 다음 문장과 동일하다.

```
struct Student na;
```

설계도를 가지고 상품을 생산하듯이 변수와 같은 방법으로 여러 개의 구조체 변수를 생성할 수 있다. 구조체를 정의하고 구조체 변수(구조체 배열, 구조체 포인터)를 생성한 후에는 구조체 변수의 각 멤버에 접근할 수 있다. 구조체 변수의 각 멤버에 접근하여 읽고 쓰기는 구조체 멤버 연산자인 도트 연산자(.)를 사용한다.

<table>
<tr><td>구조체 변수명.멤버명</td><td>

```
strcpy(na.name, "홍 길동");
strcpy(na.address, "서울 종로구");
na.age = 18;
na.weight = 56.12;
```

</td></tr>
</table>

이 문장은 [그림 12-2]와 같이 초기화한다.

그림 12-2 ▶
구조체 초기화와 멤버 참조

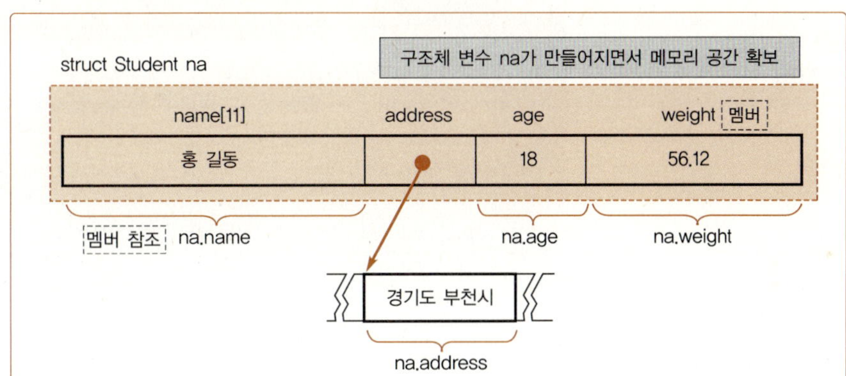

멤버가 문자열인 경우 대입 연산자(=)를 사용하여 저장할 수 없고 strcpy( ) 함수를 사용해야 한다. 그러나 초기화 방법을 사용하는 경우에는 해당 순서에 적기만 하면 된다.

변수와 동일하게 구조체도 대입 연산자(=)를 사용하여 데이터를 저장한다.

<table>
<tr><td>구조체 변수1 = 구조체 변수2;</td><td>

```
na.age = 20;
```

</td></tr>
</table>

구조체는 여러 개의 멤버를 하나로 묶은 것이므로 대입 연산자(=)를 사용하면 구조체의 모든 멤버를 복사한다. 그러나 배열은 이 기능이 없다. 도트 연산자(.)는 왼쪽에서 오른쪽으로 결합하므로 예를 들어 na.name은 구조체 na의 name 멤버를 접근하여 선택한다.

구조체 na은 [그림 12-2]와 같이 학생 정보에 관련된 항목들을 관리가 간편하도록 배열 name, 포인터 address, 2개의 변수 age, weight를 한 덩어리로 묶은 자료형이다.

[실습 12-1]은 학생에 대한 구조체를 다음과 같이 구성하고, 학생 hong에 대한 정보를 저장하여 출력하는 코드이다.

이름	주소	나이	몸무게
문자열	포인터	정수	실수
11byte		4byte	8byte

ex1201.c

```c
#include <stdio.h>
#include <string.h>    // 문자열 함수(strcpy)를 사용하기 위해 첨부

struct Student
{
    char name[11]; // 이름, 배열 [ ]은 문자열을 직접 대입 불가, strcpy( ) 함수 사용
    char *address;      // 주소, 포인터 *는 문자열 직접 대입 가능
    int age;            // 나이
    double weight;      // 몸무게
};

int main( )
{
    struct   Student na;           // 구조체 변수 na 정의, 한 명에 대한 관리
    strcpy(na.name, "홍 길동");
                    // 배열은 문자열을 직접 대입 불가, strcpy( ) 함수 사용
    na.address = "경기도 부천시"; // 포인터 *는 문자열 직접 대입 가능
    na.age = 18;
    na.weight = 56.12;

    printf("struct   Student 크기 = %d bytes\n",
            sizeof(struct Student)); // 구조체 크기
    printf("%12s%25s%10s%10s\n","이름:","주소 :","나이:",
            "몸무게");
    printf("%11s", na.name);
    printf("%24s", na.address);
    printf("%9d ", na.age);
    printf("%10.2f\n", na.weight);
    return 0;
}
```



```
struct   Student 크기 = 32 bytes
        이름:                   주소 :        나이:       몸무게
      홍 길동            경기도 부천시          18        56.12
```

구조체 변수 na는 구조체의 멤버들을 차례로 연속하여 저장할 수 있는 메모리 공간이 연속으로 할당된다. 할당된 메모리 공간은 각 멤버들의 크기를 모두 더한 값이 되며, 드디어 하나의 변수 na처럼 사용할 수 있다. 주의할 점은 구조체 na는 여러 개의 멤버가 모두 포함된다는 점이다.

운영체제가 32비트 환경에서는 word 단위(4 byte)의 크기를 기준으로 갖는다. 구조체 크기는 구조체 멤버도 4바이트 단위로 맞추려고 padding 공간 (2byte= 16bytes)을 포함하여 (11 + 4 + 4 + 8) 27이 아니라 32의 크기를 가진다.

구조체 변수 na은 모든 멤버가 포함되어 있으므로 각 멤버를 참조하려면 멤버 참조 연산자(.)를 사용한다. 즉, 구조체 변수명.멤버명으로 멤버를 직접 접근해야 한다.

구조체 변수를 선언한 후 모든 멤버를 출력하려면 각 멤버마다 출력 함수의 매개변수로 사용해 주어야 한다.

Student는 4개의 멤버 변수로 구성된 구조체이다. 따라서 모든 멤버에 데이터 값을 저장하려면 각 멤버마다 저장해야하므로 4개의 항목에 값을 저장한다.

ⓒ 구조체 초기화

구조체 초기화 방법은 배열과 거의 비슷하다. 선언시에 = 구분자와 {}를 쓰고 {} 안에 멤버의 초기값을 나열하면 된다.


```
struct  태그 이름 구조체 변수 =      struct Student na = {"나소원",
{                                                    "서울 종로구",
        데이터 리스트 ;                               19, 48.35
};                                                  };
```

중괄호로 묶인 멤버 목록 순서대로 멤버 값이 대입된다. 각 멤버들의 데이터는 콤마(,)로 구분한다. 만일 값이 없는 나머지 멤버들은 기본값으로 초기화된다. 이때 초기값이 대응되는 멤버의 자료형과 같아야 한다.

위 예는 [그림 12-3]처럼 초기화한다.

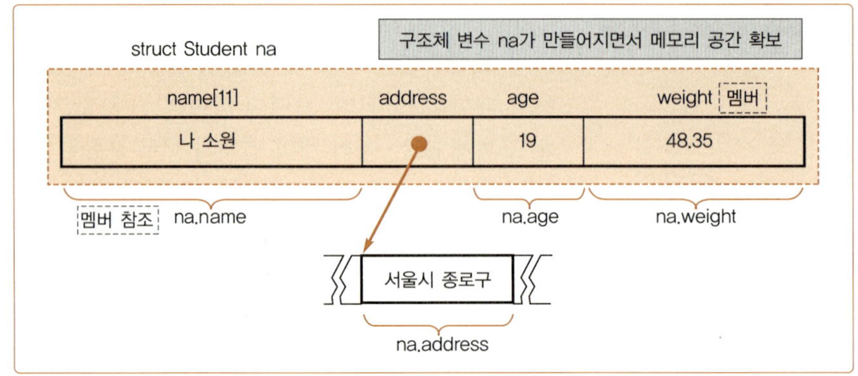

[실습 12-2]는 2명의 학생에 대하여 구조체를 정의하고 초기화한 코드이다.

실습 12-2 | 2명의 학생에 대하여 구조체를 정의하고 초기화한 코드

```c
#include <stdio.h>
#include <string.h>

struct Student
{
    char name[11];  // 이름, 배열 [ ]은 문자열을 직접 대입 불가, strcpy( ) 함수 사용
    char *address;  // 주소, 포인터 *는 문자열 직접 대입 가능
    int age;        // 나이
    double weight;  // 몸무게
};

int main( )
{
    struct Student hong = {"홍 길동","경기도 부천시", 18, 56.12};  // 학생 1
    struct Student na = {"나소원", "서울 종로구", 19, 48.35};// 학생 2

    printf("%12s%25s%10s%10s\n","이름:","주소:","나이:","몸무게");
    printf("%11s", na.name);
    printf("%24s", na.address);
    printf("%9d ", na.age);
    printf("%10.2f\n", na.weight);
    return 0;
}
```



```
이름:                      주소 :     나이:        몸무게
나소원                   서울 종로구      19      48.35
```

struct Employee 구조체 정의의 멤버 중에 char hakbun[8];은 사번으로 2자리(년도) + 2자리(부서코드) + 3자리(일련번호) + 문자열 끝 표시(\0)로 구성되므로 8자리를 마련해야 한다. 사원에 관련된 항목들을 하나로 묶어서 구조체를 정의한다.

```c
struct Student hong = {"홍 길동", "경기도 부천시", 18, 56.12};
struct Student na = {"나소원", "서울 종로구", 19, 48.35};
```

위 문장들을 초기화한다. 구조체 변수를 선언한 후 모든 멤버를 출력하려면 각 멤버마다 출력 함수의 매개변수로 사용해 주어야 한다. 멤버가 4개 존재하므로 printf( ) 함수도 4번 사용해야 모든 멤버가 출력된다.

크기가 큰 구조체 초기화는 지역으로 선언하지 않는 것이 좋다. 컴파일러는 구조체 초기식을 대입문으로 바꿔서 기록하므로 많은 시간이 걸린다. 보통 초기화가 필요한 구조체나 배열은 참고용 정보이므로 읽기 전용이 많다. 이런 경우 한 번 초기화한 후 바뀌지 않기에 static으로 선언하여 전역 변수로 한 번만 초기화하자.

[실습 12-3]은 학생에 대한 정보를 키보드에서 입력한 후 구조체를 대입하여 출력하는 코드이다.

실습 12-3 | 구조체를 대입하여 출력하는 코드

```c
#include <stdio.h>
#include <stdlib.h>

struct Student
{
    char name[11];    // 이름, 배열 [ ]은 문자열을 직접 대입 불가, strcpy 함수 사용
    char *address;    // 주소, 포인터 *는 문자열 직접 대입 가능
    int age;          // 나이
    double weight;    // 몸무게
};

int main( )
{
    int n;
    struct Student na, ya ;  // 구조체 변수 생성, 학생
    puts("이름, 주소, 나이, 몸무게 순서로 입력");
    gets(na.name);
```

```c
// address는 포인터이므로 gets 사용 전에 동적 할당 필요
// 주의 사항: 자료형이 char *이므로 캐스트 연산자 (char *) 사용
na.address = (char*) malloc(sizeof(char) * 20) ;
gets(na.address);
scanf("%d", &na.age);
scanf("%lf", &na.weight);

ya = na ;  // 구조체 대입
printf("%12s%25s%10s%10s\n","이름:","주소:" "나이:",
    "몸무게");
printf("%11s", ya.name);
printf("%24s", ya.address);
printf("%9d ", ya.age);
printf("%10.2f\n", ya.weight);
return 0;
}
```


■■■■■ 프로그램 설명

```c
na.address = (char *) malloc(sizeof(char) * 20) ;
gets(na.address);
```

이 문장처럼 구조체 멤버 address는 포인터이므로 gets( ) 사용 전에 반드시 동적 메모리를 malloc( ) 같은 함수를 사용하여 할당해야만 된다. 주의할 점은 자료형이 char *이므로 캐스트 연산자(char *)를 사용해야 한다. 또한, 문자열 입력은 scanf( ) 함수를 사용하지 말고 gets( ) 함수를 사용해야 한다.

```c
scanf("%lf", &kang.weight);
```

이 문장에서 kang.weight는 double 자료형이므로 %f를 사용할 수 없다. 반드시 %lf를 사용해야 정확한 값이 입력된다.

구조체가 배열과 다른 점은 대입이 가능하다는 것이다.

형식 >>>

구조체 변수1 = 구조체 변수2;	`struct Student na, ya;` `ya = na;   // na의 모든 멤버들 복사`

구조체를 대입하면 두 구조체의 모든 멤버는 같은 값을 가지게 된다. 즉, 구조체 변수 ya는 na의 모든 멤버 값이 복사된다. 그리고, 구조체는 컴파일러가 구조체의 이름을 좌변값으로 인정하기에 대입이 가능하므로 함수의 인수나 리턴값으로 사용할 수 있다.

02 구조체 배열

앞에서 공부한 구조체 변수는 한 사람에 대한 정보만 저장할 수 있다. 반 전체나 모든 학년의 성적을 관리하기 위해서는 여러 개의 구조체가 필요하다. 즉, 성적관리, 전화번호부, 도서관리 등과 같이 정보가 많으면 구조체의 배열을 사용한다.

[실습 12-4]는 학생 3명에 대한 정보를 구조체 배열을 사용하여 초기화한 후 출력하는 코드이다.

소스 파일명

ex1204.c

실습 12-4 │ 구조체 배열을 사용하여 초기화하기

```c
#include <stdio.h>
#include <string.h>      // 문자열 함수(strcpy) 사용하기 위해 첨부

struct Student
{
    char name[11];       // 이름, 배열 [ ]은 문자열을 직접 대입 불가, strcpy 함수 사용
    char *address;       // 주소, 포인터 *는 문자열 직접 대입 가능
    int age;             // 나이
    double weight;       // 몸무게
};

int main()
{
    int i;
    struct Student na[ ] = {{"홍 길동", "서울 종로구", 20, 75.32 },
                            {"나 소원", "경기도 부천시",18, 48.12 },
                            {"이 대로", "인천 남구", 21, 60.89 }
                           };

    printf("%12s%25s%10s%10s\n","이름:","주소:","나이:","몸무게");
    for (i = 0; i < 3; i++)
    {
        printf("%11s", na[i].name);
        printf("%24s", na[i].address);
        printf("%9d ", na[i].age);
```

```c
        printf("%10.2f\n", na[i].weight);
    }
    return 0;
}
```



```
이름:                    주소 :        나이:      몸무게
홍 길동            서울 종로구        20        75.32
나 소원            경기도 부천시      18        48.12
이 대로            인천 남구         21        60.89
```


구조체 배열의 초기화는 배열의 초기화 방법과 동일하며, 각 구조체 배열 단위로 멤버들을 중괄호({ }) 속에 넣어서 초기화한다.

```c
struct Student na[ ] = { {"홍 길동", "서울 종로구", 20, 75.32},
                         {"나 소원", "경기도 부천시", 18, 48.12},
                         {"이 대로", "인천 남구", 21, 60.89}
                       };
```

이 문장은 학생 3명에 대한 구조체 배열 na을 선언하고 [그림 12-4]처럼 초기화한 것이다. 각 멤버마다 콤머(,)로 구분한다. 구조체 배열 요소는 (전체 배열의 총 바이트 수) ÷ (각 배열의 요소 바이트 수)이다.

```c
요소 수 = sizeof(na) / sizeof(struct Student);
```


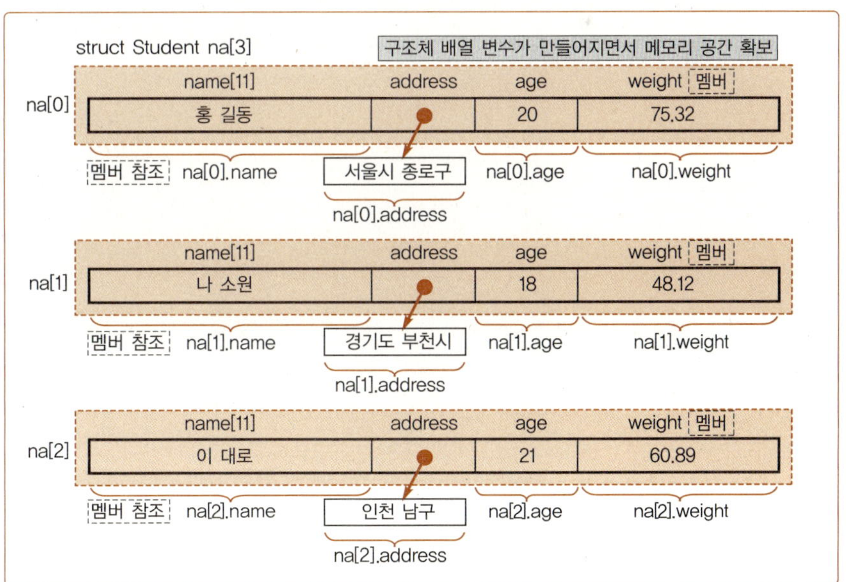

[실습 12-5]는 학생 3명에 대한 정보를 키보드에서 입력하고 구조체 배열에
저장한 후 출력하는 코드이다.

실습 12-5 | 정보를 입력하고 구조체 배열에 저장하여 출력하기


```c
#include <stdio.h>
#include <string.h>   // 문자열 함수(strcpy) 사용하기 위해 첨부
#include <stdlib.h>   // malloc( ) 함수 사용하기 위해 첨부
struct Student
{
    char name[11];   // 이름, 배열 [ ]은 문자열을 직접 대입 불가, strcpy( ) 함수 사용
    char *address;   // 주소, 포인터 *는 문자열 직접 대입 가능
    int age;         // 나이
    double weight;   // 몸무게
};

int main( )
{
    int i;
    struct Student na[3]; // 구조체 배열
    // address는 포인터이므로 gets 사용 전에 동적 할당 필요
    // 주의 사항: 자료형이 char *이므로 캐스트 연산자(char *) 사용

    puts("3명에 대한 이름, 주소, 나이, 몸무게 순서로 입력");
    for (i = 0; i < 3; i++)
    {
        gets(na[i].name);
        na[i].address =(char*) malloc(sizeof(char * 20) ;
        gets(na[i].address);
        scanf("%d", &na[i].age);
        scanf("%lf", &na[i].weight);
        getchar(); // 공백 문자나 엔터 키 제거
    }
    printf("%12s%25s%10s%10s\n","이름:","주소:","나이:","몸무게");
    for (i = 0; i < 3; i++)
    {
        printf("%11s", na[i].name);
        printf("%24s", na[i].address);
        printf("%9d ", na[i].age);
        printf("%10.2f\n", na[i].weight);
    }
    return 0;
}
```

```
scanf("%lf", &na[i].weight);
getchar(); // 공백문자나 엔터 키 제거용
```

이 문장은 공백문자와 개행문자('\n')를 무시하는 scanf( ) 함수를 보완한 것으로, getchar( ) 함수에 의해 하나의 문자를 입력하여 공백문자와 개행문자를 읽고, 입력 버퍼에 남아 있던 개행을 삭제하면 오동작을 막을 수 있다.

scanf( ) 함수를 사용하면 Enter 를 눌렀을 때 개행문자가 그 자리에 남아 있기 때문에 다음에 입력 명령문이 실행될 때까지 대기하고 있다가 입력 명령문의 첫 번째 데이터로 읽으므로 오동작이 된다.

 구조체 포인터

변수를 가리키는 포인터와 동일한 방법으로 구조체 포인터를 만들 수 있다.

struct 구조체명 *구조체 포인터 변수;	struct Student *s;

이 예는 구조체 포인터 변수 pt로 선언한다. 이 포인터 변수 s를 사용하려면

```
s = &kang;      // 구조체 변수 주소, 포인터 변수 = &구조체 변수
s = na;         // 구조체 배열의 시작 주소, s = &na[0]; 와 동일
```

을 선언하여 구조체 변수의 시작 번지를 구조체 포인터 변수에 대입해야 한다. 구조체 포인터 멤버를 접근하는 방법은 형식과 같다.

① 구조체 포인터 변수 -> 멤버 변수	(na + i)->name
② *(구조체 포인터 변수.멤버 변수)	((na+i).name)

구조체 포인터의 멤버 접근은 하이픈(–)과 부등호(>)로 구성된 화살표 연산자(->)를 사용한다. 형식 ②로 접근해도 되지만 거의 사용하지 않는다. 그리고 연산자 우선순위 관계로 *(구조체 변수.멤버 변수)처럼 반드시 소괄호를 사용해야 하며 생략할 수 없다.

[실습 12-6]은 학생 3명에 대한 정보를 구조체 포인터를 사용하여 초기화한 후 출력하는 코드이다.

실습 12-6 | 학생 3명에 대한 정보를 구조체 포인터를 사용하여 초기화하기

```c
#include <stdio.h>
#include <string.h>     // 문자열 함수(strcpy) 사용하기 위해 첨부

struct Student
{
    char name[11]; // 이름, 배열 []은 문자열을 직접 대입 불가, strcpy( ) 함수 사용
    char *address;     // 주소, 포인터 *는 문자열 직접 대입 가능
    int age;           // 나이
    double weight;     // 몸무게
};

int main()
{
    int i;
    struct Student na[ ] = {{"홍 길동","서울 종로구", 20, 75.32},
                            {"나 소원", "경기도 부천시", 18, 48.12},
                            {"이 대로", "인천 남구", 21, 60.89}
                           };

    struct Student *pt;
    pt = na; // 구조체 포인터 pt는 배열 시작 주소 갖음, *pt는 na[ ]와 같음
    printf("%12s%25s%10s%10s\n", "이름:", "주소:", "나이:", "몸무게");
    for(i = 0; i < 3; i++)
    {
        printf("%11s",(na + i)->name);// 멤버 참조: 구조체 포인터 -> 멤버
        printf("%24s", (na + i)->address);
        printf("%9d ", (na + i)->age);
        printf("%10.2f\n", (na + i)->weight);
    }
    return 0;
}
```

```
이름:                  주소 :        나이:      몸무게
홍 길동          서울 종로구         20        75.32
나 소원          경기도 부천시       18        48.12
이 대로          인천 남구          21        60.89
```

C 중첩 구조체

구조체 멤버는 모든 자료형을 사용할 수 있으므로 구조체를 포함할 수 있다. 구조체 안에 구조체 변수가 멤버로 포함하는 것을 중첩(nest) 구조체라고 부른다.

[실습 12-7]은 하나의 점(x좌표, y좌표)을 표현할 수 있도록 구조체로 정의한 후 선과 삼각형을 표현하기 위한 중첩 구조체를 정의한 것이다. 이러한 중첩 구조체를 사용하여 점, 선과 삼각형의 정보를 출력하는 코드이다.

실습 12-7 | 중첩 구조체를 사용하여 점, 선과 삼각형의 정보를 출력하는 코드

```c
#include <stdio.h>

struct Point {    // 점의 좌표 구조체
    int x;
    int y;
};

struct Line {    // 선 좌표 중첩 구조체
    struct Point p1, p2 ;
};

struct Triangle {        // 삼각형 좌표 중첩 구조체
    struct Point p1, p2, p3 ;
};

int main()
{
    struct Point p = {2, 9}; /* 구조체 변수 c */
    struct Line  l = {{4, 8} , {10, 10}};
    struct Triangle  t = {{3,2}, {7,6}, {9, 3}};
    printf("점 : (%d, %d)\n", p.x, p.y);
    printf("선 : (%d, %d), (%d, %d))\n", l.p1.x,
                l.p1.y, l.p2.x, l.p2.y);
    printf("삼각형 : (%d, %d), (%d, %d), (%d, %d) \n",
        t.p1.x, t.p1.y, t.p2.x, t.p2.y, t.p3.x, t.p3.y);
    return 0;
}
```

```
점   : 〈2, 9〉
선   : 〈4, 8〉, 〈10, 10〉〉
삼각형 : 〈3, 2〉, 〈7, 6〉, 〈9, 3〉
```


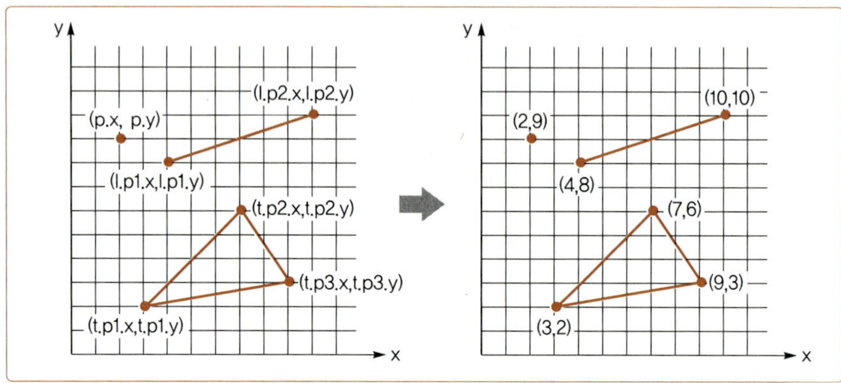

구조체와 함수

함수를 호출할 때 인자로 구조체 자체를 직접 전달할 수 있지만, 구조체 포인터로 전달하는 것이 효율적이다.

구조체를 함수의 인수로 전달할 수 있다는 것은 변수 자체를 그대로 전달할 수 있으므로 편리하다. 그러나 구조체를 함수의 인수로 직접 사용하는 경우는 별로 없다. 그 이유는 큰 구조체는 인수 전달에 시간과 메모리 소모가 발생하기 때문이다. 따라서 구조체보다는 포인터를 사용하는 방법이 더 효율적이다.

함수의 인수 구조체 전달

함수를 호출할 때 구조체 변수(구조체 배열, 구조체 포인터)의 시작 주소를 인자로 사용하면 참조에 의한 호출(call by reference) 방식이 되어 복사하지 않고 구조체 원본에 직접 접근하여 사용하게 된다. 이때 호출된 함수(함수 정의)에서의 매개변수는 구조체 포인터를 사용하여 전달된 인자를 받아야 한다. 물론 구조체 포인터는 구조체 배열로 호환된다.

형식 >>>

```
// 함수 정의
리턴형 함수명(struct 태그명   *구조체 포인터 변수 리스트)
{
        몸체;
}
```

구조체 원본을 사용하므로 원본이 변경될 수 있다. 이를 방지하려면 함수에 const 키워드를 사용하면 된다.

형식 >>>

```
// 함수 정의
리턴자료형 함수명(struct 태그명   const *구조체 포인터 변수 리스트)
{
        몸체;
}
```

*구조체 포인터 변수 리스트는 구조체 배열[ ]과 동일하다.

[실습 12-8]은 학생 3명에 대한 정보를 함수 호출할 때 구조체를 포인터로 전달하여 출력하는 코드이다. [실습 12-6]과 비교해보면 이해가 쉬울 것이다.

실습 12-8 | 학생 3명에 대한 정보를 구조체를 포인터로 전달하기

```c
#include <stdio.h>
#include <string.h>    // 문자열 함수(strcpy) 사용하기 위해 첨부

void list(struct Student *s);

struct Student
{
    char name[11];  // 이름, 배열 [ ]은 문자열을 직접 대입 불가, strcpy( ) 함수 사용
    char *address;     // 주소, 포인터 *는 문자열 직접 대입 가능
    int age;           // 나이
    double weight;   // 몸무게
};

int main()
{
    int i;
    struct Student na[ ]={{"홍 길동", "서울 종로구", 20, 75.32},
                {"나 소원", "경기도 부천시", 18, 48.12},
                {"이 대로", "인천 남구", 21, 60.89}
                    };

    printf("%12s%25s%10s%10s\n", "이름:", "주소:", "나이:", "몸무게");
    printf("----------------------------------\n");
    list(na);   // 함수 호출, 구조체의 주소(&na[0])를 함수 정의한 매개변수 s에 전달
    return 0;
}

/*함수 정의, 구조체 원본에 직접 접근하기 위해 구조체 포인터로 전달 받음
리턴형 함수명( struct 태그  *구조체 포인터 변수 ) */
void list(struct Student *s)
{
    int i;
    for (i = 0; i < 3; i++)
    {
        printf("%11s", (s + i)->name);
```

```c
        // 구조체 멤버 읽고 쓰기, 참조 연산자 ->
      printf("%24s",(s + i)->address);// ( 구조체 포인터 + 첨자)->멤버
      printf("%9d ", (s + i)->age);
      printf("%10.2f\n", (s + i)->weight);
   }
}
```



```
이름:                              주소 :       나이:       몸무게
------------------------------------------------------------------
홍 길동                        서울 종로구      20       75.32
나 소원                      경기도 부천시      18       48.12
이 대로                        인천 남구        21       60.89
```

04 union

공용체(union)는 동일한 메모리 영역을 여러 멤버가 공동으로 사용한다.

 **공용체**

공용체는 형식처럼 선언하여 새로운 자료형을 생성한다.


```
union 태그                          union data
{                                  {
    자료형 멤버;                           char ch;
};                                        int num;
                                          double y;
                                   };
```

공용체 변수를 선언하면 모든 멤버가 공동으로 사용할 수 있는 가장 큰 범위를 갖는 자료형 크기로 메모리 공간을 할당하고 공용체 변수를 생성한다.


```
union 태그 공용체 변수;        union data value;   // 공용체 변수 선언
```

동시에 모든 멤버를 저장할 수 없고 하나의 멤버만 존재한다. 공용체 변수의 멤버에 접근하여 참조하는 방법은 도트 연산자(.)를 사용한다.


```
공용체 변수.멤버              value.num
```

포인터를 사용한 공용체의 멤버 데이터 접근은 하이픈(-)과 부등호(>)로 구성된 화살표 연산자(->)를 사용한다.


```
포인터 선언: union 태그 * 공용체 포인터 변수;        union Value *p;
멤버 참조: 공용체 포인터 변수 -> 멤버 변수           p->num
```

[실습 12-9]는 char, int, double형을 하나의 메모리에서 공동으로 사용하기 위해 공용체를 사용한 코드이다. 따라서 각 변수를 처리할 때마다 한 개의 내용만 저장된다.

소스 파일명
ex1209.c

실습 12-9 | 공용체를 사용한 코드

```
#include <stdio.h>

union Value
{                    // 공용체 정의
    char ch;
    int num;
    double y;    // 공용체이므로 변수 선언시 8바이트만 메모리 영역이 확보
};

int main()
{
    union Value u;    // 공용체 변수 정의
    printf("union Value 크기 = %d bytes\n",
       sizeof(union Value));
    u.ch = 'A'; printf("ch = %c, ASCII Code 값 = %d\n",
       u.ch, u.ch);
    u.num = 123; printf("num = %d\n", u.num);
    u.y = 45.679; printf("y = %.3f\n", u.y);
    return 0;
}
```

●●●●●●● 실행 결과

```
union Value 크기 = 8 bytes
ch = A, ASCII Code 값 = 65
num = 123
y = 45.679
```

●●●●● 프로그램 설명

이 코드의 공용체는 [그림 12-5]처럼 메모리 영역이 확보된다.

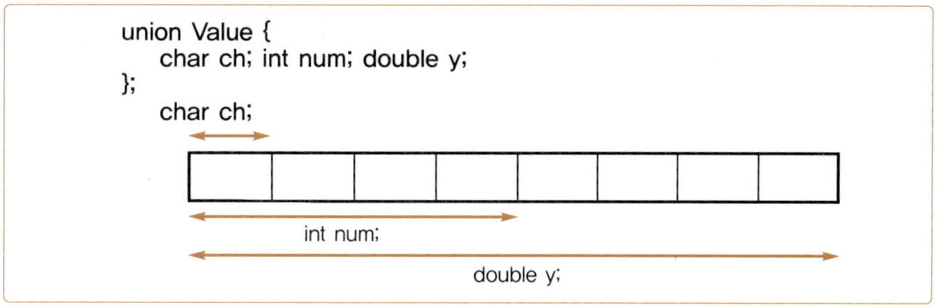

그림 12-5 ▶
공용체

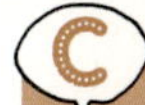

05 열거형 enum

enum 자료형은 변수에 저장할 수 있는 값들을 나열하여 정의한 것이다.

 enum 자료형

enum 자료형은 형식처럼 정의한다.


```
enum 태그명 {값1, 값2, 값3,... };      enum season {spring,
                                        summer, fall, winter};
```

중괄호 안에 열거한 값만 사용할 수 있으며, 같은 값을 가질 수 없다.

위 예는 [그림 12-6]처럼 사계절은 spring, summer, fall, winter 중 하나의 값일 것이다. 다른 값은 가질 수 없다. 다른 이름을 사용하면 컴파일러는 오류 메시지를 출력하고 컴파일을 중단한다.

그림 12-6 ▶
열거형

초기값을 할당하지 않았으므로 처음에 0으로 치환하고, 그 값 이후로 1씩 증가한 정수 값으로 정의된다. 즉, 왼쪽부터 spring은 0, summer는 1, fall은 2, winter는 3이다. 다음 문장과 동일하게 동작한다.

```
#define   spring    0
#define   summer    1
#define   fall      2
#define   winter    3
```

나열된 값은 수정할 수 있다. 초기값을 할당하면 초기값부터 시작하여 1씩 증가하는 값으로 자동 설정된다.


```
enum week {spring = 3,  summer, fall, winter};
```

예문 1에서 초기값을 3으로 할당하였으므로 처음에 3으로 치환하고, 그 값 이후로 1씩 증가한 정수 값으로 정의된다. 즉, 왼쪽부터 spring은 3, summer는 4, fall은 5, winter는 6이다. 특정한 위치에 값을 설정할 수 있다.


```
enum week {spring, summer = 3, fall = 5,  winter};
```

예문 2에서 특정 변수에 값을 지정하면 그 값으로 설정되지만, 값을 지정하지 않은 변수는 앞의 값에 1씩 증가한 정수 값으로 정의된다. 초기값을 할당하지 않았으므로 처음에 0으로 치환하고, 그 값 이후로 1씩 증가한 정수 값으로 정의된다. 그러나 summer = 3, fall = 5로 지정하였으므로 왼쪽부터 spring은 0, summer는 3, fall은 5, winter는 6이다.

enum 자료형을 사용하려면 enum 자료형 변수를 선언해야 한다.

형식 >>>

enum 태그명 열거 자료형 변수;	enum season s;

위 예는 열거 자료형 변수 s를 선언한 것이다. 따라서 s는 enum season에서 정의한 값들만을 가질 수 있다.

[실습 12-10]은 사계절에 대한 정보를 열거 자료형으로 정의한 후 출력하는 코드이다.

소스 파일명

ex1210.c

실습 12-10 | 사계절에 대한 정보를 열거 자료형으로 정의한 후 출력하는 코드

```c
#include <stdio.h>

enum season {spring, summer, fall, winter};

int main()
{
    int i;
    enum season s; // 열거형 변수 s
    char *name[ ] = {"봄", "여름", "가을", "겨울"};
```

```c
    for (i = spring; i <= winter; i++)
        printf("사계절 : %s\t", name[i]);
    printf("\n");
    return 0;
}
```



```
봄      여름    가을    겨울
```

Q1 고객명, 계좌번호, 잔액, 이자율을 갖는 은행계좌에 대한 구조체를 작성하여라.

Q2 시, 분, 초를 갖는 시간에 대한 구조체를 작성하여라.

Q3 월, 일, 년을 갖는 날짜에 대한 구조체를 작성하여라.

Q4 영화 제목, 감독, 평점, 주연 남자 배우, 주연 여자 배우, 장르를 갖는 영화에 관련된 구조체를 작성하여라.

Q5 두 개의 좌표 (x, y)에 대해 구조체를 정의하고, 두 점의 거리를 구하는 함수를 구현하여라.

Q6 실수 + 허수 i로 표시하는 복소수를 표현할 수 있도록 구조체를 정의하고, 복소수 덧셈을 하는 함수를 작성하여라.

Q7 이름, 키, 몸무게를 입력하여 비만도를 계산하여라.

Q8 생년월일을 저장할 날짜 구조체를 정의한 후 학번, 이름, 키, 생년월일 구조체를 포함하는 구조체를 정의하고, 그 값을 입·출력 하여라.

Q9 키보드에서 정수 100자리, 소수 100의 자리까지로 구성된 문자열을 입력받아 int형으로 출력하여라. 단, 정수와 소수점 이하 소수는 구조체로 구성한다.

Q10 3명의 학생에 대한 국어, 영어, 수학 점수를 구조체를 사용하여 학생별 과목 총점과 평균, 각 과목당 총점과 평균을 출력하라.

학번	국어	영어	수학	총점	평균
1	93	88	79		
2	78	95	92		
3	89	96	71		
총점					
평균					

Q11 **Q10** 을 구조체 포인터를 사용하여 저장하고, 학생별 과목 총점과 평균, 각 과목당 총점과 평균을 계산한 후 학번 순서로 정렬(sort)하여 화면에 출력한다. 국어 점수 순으로 정렬하고 출력하라.

Q12 전화번호부는 이름과 집 전화번호, 휴대폰 번호로 구성한다. 3명에 대한 전화번호부를 입력하여 구조체 배열에 저장한 후 출력하라.

이름	집 전화번호	휴대폰 번호
문자열	문자열	문자열
20byte	14byte	14byte

Q13 회사에 입사한 직원에 대한 구조체를 정의한다. 직원은 사번, 이름, 생년월일, 주소, 전화번호로 구성한다. 3명에 대한 자료를 입력하여 구조체 배열에 저장한 후 출력한다.

사번	이름	생년월일	주소	전화번호
정수 7byte	문자열 20byte	문자열 11byte	문자열 26byte	문자열 14byte

Q14 3명에 대한 구조체 배열을 정의하고, 저장한 내용을 출력하여라. 그리고 이름순으로 정렬하여 출력하고, 나이순으로 다시 정렬하여 출력한다.

Q15 책 관리에 대한 구조체를 다음과 같이 구성한 뒤 책 종류에 해당하는 정보를 입력한 후 출력하여라.

도서 이름	저자	출판 연도	보유 권수	보관 위치
정수 7byte	문자열 20byte	문자열 11byte	문자열 80byte	문자열 14byte

Q16 이름, 주민등록번호, 나이, 몸무게를 입력하여 생년월일을 출력하여라.

힌트 함수를 작성하고 호출할 때 구조체를 포인터로 전달하고, 주민등록번호와 날짜를 구조체(중첩 구조체)를 사용하여 선언한다. 그리고 주민등록번호를 분리하여 날짜 구조체 변수의 값들을 설정하자.

Q17 음식점의 이름, 전화번호, 음식의 종류, 가격을 갖는 구조체를 정의한 후 데이터를 입력받고 출력하여라.

Q18 다음과 같은 구조를 갖는 급여 관리 구조체를 정의하고 데이터를 입력한 후 출력하라.

사원 번호	부서 코드	호봉	직급	본봉	상여금	공제액	수당1	수당2	수당3	부양 가족
문자 7byte	문자 3byte	문자 2byte	숫자 3byte	문자 8byte	문자 8byte	문자 6byte	문자 8byte	문자 8byte	문자 8byte	숫자 1byte

힌트 ① 작업을 원활하게 하기 위해 gets( ) 함수를 사용하여 숫자를 문자열로 입력하여 처리한다. 문자열을 long 자료형의 정수로 변환하는 함수 atol( ) 함수를 사용한다. 직급은 3자리이므로 strncpy( ) 함수를 사용하여 지정한 개수만큼만 복사한다. atol(strncpy(복사될 배열명, 복사할 직급명, 3))을 사용한다.
② 각 항목을 저장할 때 배열을 사용하면 정확한 길이만큼 확보한다. 이때 조심할 것은 배열의 첨자 크기는 저장할 문자열 길이보다 1바이트 크게 잡는다. 숫자 항목은 문자열로 저장할 임시 장소 temp를 배열을 마련하여 이 곳에서 작업을 하도록 한다.

③ 몇 개의 항목에 대하여 데이터를 입력하는 방법을 제시한다.

```
gets(line);
strncpy(sawoncode, line+10, 2); /* 호봉, 자리수 7 + 3= 10 */
strncpy(sangyeo line+23, 8); /* 상여금, 자리수 7 + 3 + 2 + 3 + 8 = 23 */
jickgub = atol(strncpy(temp1, line + 12, 3)); /* 직급, 자리수 7+3+2=12 */
buyang = atol(strncpy(temp2, line + 61, 1)); /* 부양 가족*/
```

④ 자리수 계산은 처음부터 해당하는 항목 바로 앞까지의 자리수를 모두 합하면 된다.

⑤ 프로그램을 실행할 때 데이터 입력은 구조체 형태의 자리수를 정확히 일치시켜 연속하여 입력한다.

예 승객 한 명에 대한 레코드 데이터

12345671231212312345678123456781234561234567123456781234567789 `Enter`

Q19 다음과 같은 구조를 갖는 기차 예매 관리 구조체를 정의하고 데이터를 입력하여 텍스트 파일로 저장한 후 출력한다. 각 레코드를 입력하고 `Enter` 를 누른다. 입력을 끝내려면 고객 번호를 입력하지 않고 라인의 시작 위치에서 `Enter` 를 누른다.

고객 번호	열차 코드	좌석 코드	열차 요금	출발지 코드	도착지 코드	탑승 인원	여행 거리	월 이용 횟수
숫자 7byte	문자 2byte	문자 2byte	숫자 6byte	문자 2byte	문자 2byte	숫자 3byte	숫자 5byte	숫자 2byte

```
A1  struct BankAccount  {
                            char     name;  // 고객명
                            char     accountNo;  // 계좌번호
                            int      balance;    // 잔액
                            double   interestRate;  // 이자율
    };
    typedef struct BankAccount ba;
```

```
A2  struct Time  {
                    int hour;
                    int min;
                    int sec;
    };
    typedef struct Time t;
```

```
A3  struct Data {
                    int month;
                    int day;
                    int year;
    };
    typedef struct Data d;
```

```
A4  struct movie {
        char title[30];          // 영화 제목
        char director[20];       // 감독
        float score;             // 평점
        char actor[40];          // 주연 남자 배우
        char actress[40];        // 주연 여자 배우
        enum genre{DRAMA, ACTION, SF, ANIMATION, THRILLER, COMEDY};
    };
```

A5

```c
#include <stdio.h>

typedef struct Point {
        int x;
        int y;
} Point;

void distance(Point *p1, Point *p2, Point *result);
void show(Point *p);

int main( )
{
    Point p1 = {20, 10}, p2 = {80, 24};
    Point result1, result2;

    distance(&p1, &p2, &result1);
    show(&result1);
    return 0;
}

void distance(Point *p1, Point *p2, Point *result) {
    result->x = p1->x - p2->x;
    result->y = p1->y - p2->y;
}

void show(Point *p) {
    printf("%5d%5d\n", p->x, p->y);
}
```

A6

```c
#include <stdio.h>

struct Complex {
        double real;
        double imag;
};
```

```c
struct Complex add(struct Complex c1, struct Complex c2);

int main()
{
    struct Complex a, b, result;
    printf("첫번째 복소수 입력(a, b) : ");
    scanf("%lf,%lf", &a.real, &a.imag);

    printf("두번째 복소수 입력(a, b) : ");
    scanf("%lf,%lf", &b.real, &b.imag);
    result = add(a, b);
    return 0;
}

struct Complex add(struct Complex c1, struct Complex c2)
{
    struct Complex result;
    result.real = c1.real + c2.real;
    result.imag = c1.imag + c2.imag;
    printf("복소수의 합 : %.0f + i%.0f\n", result.real, result.imag);
    return result;
}
```

A7

```c
#include <stdio.h>

struct User {
        char name[10]; // 이름
        double height; // 키
        double weight; // 몸무게
};

int main()
{
```

```c
    struct User user;
    double result = 0;

    printf("이름 : "); gets(user.name);
    printf("키 : "); scanf("%lf",&user.height); getchar();
    printf("몸무게 : "); scanf("%lf",&user.weight); getchar();

    if (user.height > 151.0)
        result = (user.weight-(user.height-100))/(user.
                height-100)*100;
    else
        result = (user.weight-(user.height-100)*0.9)/(user.
                height-100)*100;

    if (result <= 20.0)
        printf("정상 체중\n");
    else if (result <= 30.0)
        printf("비만\n");
    else
        printf("과체중\n");
    return 0;
}
```

A8

```c
#include <stdio.h>

struct Date {
        int month;
        int day;
        int year;
};

struct Student {
        char hakbun[8];
        char name[20];
```

```c
        double height;
        struct Date date;
};

struct Student2 {
        char hakbun[8];
        char name[20];
        double height;
        struct Date *date;
};

int main()
{
    struct Date d = {8, 15, 2000};
    struct Student s = {"1519001", "홍 길동", 175.3};
    struct Student2 s2 = {"1519002", "이 기자", 160.5};

    s.date.day = 12;
    s.date.month = 25;
    s.date.year = 2000;
    s2.date = &d;

    printf("학번 : %s\n", s.hakbun);
    printf("이름 : %s\n", s.name);
    printf("신장   : %.2f\n", s.height);
    printf("생년월일: %d 년 %d 월 %d 일\n\n",s.date.year,
        s.date.month,s.date.day);

    printf("학번    : %s\n",s2.hakbun);
    printf("이름    : %s\n",s2.name);
    printf("신장    : %.2f\n",s2.height);
    printf("생년월일: %d 년 %d 월 %d \n",s2.date->year,s2.date-
        >month,s2.date->day);
    return 0;
}
```

```c
#include <stdio.h>
#define INDEX 100   // 최대 자리수

int strnum(char *str, struct Number *num); // 함수 원형

struct Number
{
        int digit[INDEX];      // 정수 부분
        int part[INDEX];       // 소수 부분
        int countDigit;        // 정수 부분 총 자리수
        int countPart;         // 소수 부분 총 자리수
        int sign;              // 부호, 양수: 0, 음수 : 1
};

int main( )
{
    int i = 0;
    char str[INDEX + 1];       // 문자열 끝에 추가되는 NULL  문자 자리수 포함
    char rw[INDEX + 1];        // 문자열 끝에 추가되는 NULL  문자 자리수 포함
    struct Number num;
    printf("소수점을 포함한 수로 구성된 문자열을 입력: "); gets(str);

    strnum(str, &num);    // 문자열을 숫자로 변환 함수 호출

    printf(" ── 변환된 숫자 ──\n");
    if (num.sign == 1)   // 음수
        printf("-");

    // 정수 부분 변환하여 구조체 num의 digit[ ]에 저장
    for (i = 0; i < num.countDigit; i++){
        printf("%d", num.digit[num.countDigit - i - 1]);
    }

    printf("."); // 소수점을 출력
    // 소수 부분 변환하여 구조체 num의 part[ ]에 저장
    for (i = 0; i < num.countPart; i++) {
```

```c
            printf("%d", num.part[num.countPart - i - 1]);
        }
    printf("\n");
    return 0;
}

// 문자열을 숫자로 변환하는 함수 정의
int strnum(char *str, struct Number *num)
{
    int i = 0, j = 0, k = 0, n = 0;
    num->countDigit = 0; // 정수 부분 총 자리수 초기화
    num->countPart = 0;   // 소수 부분 총 자리수 초기화

    if (str[0] == '-') {
        num->sign = 1;   // 음수
        i--;
    }
    else
        num->sign = 0;   // 양수

    while ( *str != '.' ) {
        i++; // 정수 카운트 시작
        str++; // 다음 위치로 이동
    }

    j = i; // 총 자리수 저장
    str = str - i; // 처음 위치로 재설정
    i = 0;   // 초기화

    // 정수 부분 변환
    for (i = 0; i < j; i++) {
        num->digit[j-i-1]=(int) *str - 48; // 0은 ASCII 코드 값 48
        num->countDigit++;   // 변환된 정수 자리수 증가
        str++;
     }

    str++;   // 다음 위치로 이동, 소수 문자열의 시작 위치
```

```c
    while (*str) {
        num->countPart++;  // 변환된 소수 자리수 증가
        k++;  // 카운트 시작, 소수 부분 총 자리수 계산
        str++;  // 다음 위치로 이동
    }

    str = str - k;   // 소수 문자열의 시작 위치로 위치 조정
    for (i = 0; i < k; i++) {
        num->part[k-i-1] = (int) *str - 48; // 숫자로 변환
        str++;  // 다음 위치로 이동
    }

    str = str - num->countDigit - num->countPart - 1;// 첫 위치
    k = 0;   // 초기화
    return 0; // 초기화
}
```

A10
```c
#include <stdio.h>
#include <string.h>

struct person
{
        int hakbun;    // 학번
        int kor;       // 국어
        int eng;       // 영어
        int mat;       // 수학
};

int main()
{
    int i;
    int sumk=0,sume=0,summ=0,sum1=0,sum2=0,sum3=0;

    struct person na[]= {{1,93,88,79}, {2,78,95,92}, {3,89,96,71}};
```

```c
for (i = 0; i < 3; i++)
{
    sumk += na[i].kor;
    sume += na[i].eng;
    summ += na[i].mat;
    sum1 = na[0].kor+ na[0].eng+ na[0].mat;

    sum2 = na[1].kor+ na[1].eng+ na[1].mat;

    sum3 = na[2].kor+ na[2].eng+ na[2].mat;

}

printf(" -- 과목 당 총점 -- \n");
printf("%7s%7s%7s%8s%8s%8s\n","국어","영어","수학","1번",
    "2번","3번");
printf("%7d%7d%7d%8d%8d%8d\n",sumk,sume,summ,sum1,sum2,
    sum3 );

printf("\n -- 과목 당 평균 -- \n");
printf("%7s%7s%7s%8s%8s%8s\n","국어","영어","수학","1번",
    "2번","3번");
printf("%7.2f", (double) sumk / 3);
printf("%7.2f", (double) sume / 3);
printf("%7.2f", (double) summ / 3);
printf("%8.2f", (double) sum1 / 3);
printf("%8.2f", (double) sum2 / 3);
printf("%8.2f\n", (double) sum3 / 3);
return 0;
}
```

```c
#include <stdio.h>
void sort(struct Student na[]);

struct Student
{
        int hakbun;     // 학번
        int kor;        // 국어   점수
        int eng;        // 영어   점수
        int mat;        // 수학   점수
};

int main()
{
    int I, sumk = 0, sume = 0, summ = 0;
    int sum[3] = { 0 };
    struct Student na[] = {{1,93,88,79},{2,78,95,92},{3,89,96,71}};

    for (i=0; i<3; i++)
    {
       sumk += na[i].kor;
       sume += na[i].eng;
       summ += na[i].mat;
       sum[i] = na[i].kor + na[i].eng + na[i].mat;
    }
    printf("%10s%10s%10s%10s%10s%10s\n","학번","국어","영어",
       "수학","총점","평균");
    for (i=0;i<3;i++)
    {
       printf("%10d%10d%10d%10d%10d%10.2f\n",
            na[i].hakbun,na[i].kor,na[i].eng,na[i].mat,
            sum[i],sum[i]/(float)3);
    }
    printf("%10 s%10d%10d%10d\n","총점",sumk,sume,summ);
    printf("%10s%10.2f%10.2f%10.2f\n","
       평균",(float)sumk/3,(float)sume/3,(float)summ/3);
```

```c
        sort(na,sumk,sume,summ,sum);
        printf("\n국어점수 Sort\n\n");
        printf("%10s%10s%10s%10s%10s%10s\n","학번","국어",
            "영어","수학","총점","평균");
        for (i=0;i<3;i++)
        {
            printf("%10d%10d%10d%10d%10d%10.2f\n",
                    na[i].hakbun,na[i].kor,na[i].eng,na[i].mat,
                    sum[i],sum[i]/(float)3);
        }
        printf("%10s%10d%10d%10d\n","총점",sumk,sume,summ);
        printf("%10s%10.2f%10.2f%10.2f\n","평균",
                (float)sumk/3,(float)sume/3,(float)summ/3);
        return 0;
}

// 정렬 함수
void sort(struct Student na[ ], int sumk, int sume, int
        summ, int sum[ ])
{
    struct Student sort[3], temp;
    int x, y, i, j;
    int sum1[3] = {0, 0, 0};
    for(i= 0; i< 3; i++)
        sort[i] = na[i];
    for (i=0; i<2; i++)
    {
        for (j=i; j<3; j++)
        {
            if(na[i].kor<na[j].kor)
            {
                temp = sort[i];
                sort[i] = sort[j];
                sort[j] = temp;
            }
```

```c
        }
    }
    for (i=0; i<3; i++)
        na[i] = sort[i];

    for (i=0; i<3; i++)
    {
        sumk += na[i].kor;
        sume += na[i].eng;
        summ += na[i].mat;
        sum[i] = na[i].kor + na[i].eng + na[i].mat;
    }
}
```

A12
```c
#include <stdio.h>
#include <string.h>

struct person
{
        char name[20];
        char phone[14];
        char cell[14];

};
int main( )
{
    int i;
    struct person na[3];

    puts("3명의 이름,  집 전화번호,  휴대폰 번호 입력");

    for (i=0; i<3; i++)
    {
        printf("이름: "); gets(na[i].name);
```

```c
            printf("집 전화번호: "); gets(na[i].phone);
            printf("휴대폰 번호 입력: "); gets(na[i].cell);
        }
        printf("%20s%14s%14s\n","이 름:","집 전화번호:","휴대폰 번호:");

        for (i=0; i<3; i++)
        {
            printf("%20s",na[i].name);
            printf("%14s",na[i].phone);
            printf("%14s\n",na[i].cell);
         }
         return 0;
}
```

A13

```c
#include <stdio.h>
#include <string.h>
#include <stdlib.h>

struct person
{
        int sa;
        char name[20];
        char birth[11];
        char *address;
        char cell[14];
};

int main( )
{
    int i;
    struct person na[3];

    puts("3명의 사번, 이름, 생년월일, 주소, 전화번호를 입력");

    for (i=0; i<3; i++)
```

```c
    {
        printf("사번:"); scanf("%d", &na[i].sa); getchar();

        printf("이름: "); gets(na[i].name);

        printf("생년월일: (2015/12/25 형식으로 입력) ");
                gets(na[ i ].birth);
        // address는 포인터이므로 gets 사용 전에 동적 할당 필요
        // 주의 사항: 자료형이 char *이므로 캐스트 연산자 (char *) 사용
        na[ i ].address = (char *) malloc(sizeof(char) * 26) ;
        printf("주소: "); gets(na[i].address);

        printf("전화번호: "); gets(na[i].cell);
    }
    printf("%7s%20s%11s%26s%14s\n","사번:","이름:",
        "생년월일","주소","전화번호");
    for (i=0; i<3; i++)
    {
        printf("%7d",na[i].sa);
        printf("%20s",na[i].name);
        printf("%11s",na[i].birth);
        printf("%26s",na[i].address);
        printf("%14s\n",na[i].cell);
    }
    return 0;
}
```

A14
```c
struct Person
{
        char name[11];          /* 이름 */
        char jumin[15];         /* 주민등록번호 */
        int age;                /* 나이 */
        double weight;          /* 몸무게 */
};
```

```c
#include <stdio.h>
#include <string.h>

void display(struct Person p[]);
void bubbleSort(struct Student p[], int size);
void bubblenameSort(struct Student p[], int size);

struct Person
{
        char name[11];          /* 이름 */
        char jumin[15];         /* 주민등록번호 */
        int age;                /* 나이 */
        double weight;          /* 몸무게 */
};

int main()
{
    int i;
    struct  Person na[3];

    puts("3명에 대한 이름,  주민등록,  나이,  몸무게 순서로 입력");
    for (i=0; i<3; i++)
    {
       gets(na[i].name);
       gets(na[i].jumin);
       scanf("%d", &na[i].age);
       scanf("%lf", &na[i].weight);
       getchar(); /* 공백 문자나 엔터 키 제거용 */
    }

    printf("\n%12s%17s%5s%8s\n", "이름:","주민등록번호 :",
        "나이:", "몸무게");
    printf("------------------------------------------\n");
    display(na);     // 구조체의 주소로 함수에 전달
```

```c
        bubblenameSort(na, 3);  // 이름순으로 정렬
        printf("\n이름 순으로 정렬 결과\n");
        display(na);     // dayplay(&na[0]);와 동일

        bubbleSort(na, 3);  // 나이 순으로 정렬
        printf("-------------------------------------\n");
        printf("\n나이 순으로 정렬 결과\n");
        display(na);
        return 0;
}

/* call by reference 방식, 구조체 원본이 전달되어 구조체에 직접 접근
    원본을 변경하였으므로 원본 수정
*/
void display(struct Person p[ ])
{
    int i;
    for (i=0; i<3; i++)
    {
        printf("%12s", p[i].name);
        printf("%16s", p[i].jumin);
        printf("%5d ", p[i].age);
        printf("%8.2f\n", p[i].weight);
    }
}

/* 구조체를 사용하면 구조체 단위로 묶어서 정렬할 수 있다.
   구조체 배열을 사용할 것이므로 p[ ] 처럼 첨자를 생략해야 한다.
*/
void bubbleSort(struct Person p[ ], int size)
{
    struct Person temp;
    int pass, j;
    for (pass=1; pass<size; pass++)
        for (j=0; j<size-1; j++)
```

```c
                    /*정렬하려는 멤버 변수로 교환, 여기서는 age 순으로 정렬 */
                if (p[j].age >p[j+1].age)
                {
                    temp = p[j];   /* 구조체의 모든 멤버 변수 전체 임시로 보관 */
                    p[j] = p[j+1]; /* 구조체의 모든 멤버 변수 전체 교환 */
                    p[j+1] = temp; /* 임시 보관한 구조체의 모든 멤버 변수 전체 교환 */
                }
}

/* 각 구조체의 모든 멤버 변수 중 이름순으로 정렬한다.
   문자열은 strncmp( ) 함수를 사용하여 비교하자.
*/
void bubblenameSort(struct Person p[ ], int size)
{
    struct Person temp;
    int pass, j;
    for (pass=1; pass<size; pass++)
        for (j=0; j<size-1; j++)
            /* 이름순으로 정렬 */
            if ((strncmp(p[j].name, p[j+1].name,20) > 0))
            {
                temp = p[j];      /* 구조체의 모든 멤버 변수 전체 보관 */
                p[j] = p[j+1];    /* 구조체의 모든 멤버 변수 전체 교환 */
                p[j+1] = temp;    /* 보관한 구조체의 모든 멤버 변수 전체 교환 */
            }
}
```

```c
#include <stdio.h>
#include <string.h>
#include <stdlib.h>

typedef struct Book{
        char *name;
        char *author;
        int   year;
        int   amount;
        char *position;
} BOOK;

int main( )
{
    BOOK *book;
    char tmp[1024];   // 문자열 입력을 위한 임시 버퍼 크기는 1024
    int size;
    int i;

    printf("도서 종류는 몇 가지 존재? ");
    scanf("%d", &size); getchar();

    book = (BOOK *) malloc(size * sizeof(BOOK));

    for (i=0; i<size; i++)
    {
        printf("도서 이름 : "); gets(tmp);
        book[i].name = (char *)malloc((strlen(tmp)+1) *
                sizeof(char));
        strncpy(book[i].name, tmp, strlen(tmp));
        book[i].name[strlen(tmp)] = '\0';

        printf("저자 : ");    gets( tmp );
        book[i].author = (char *)malloc((strlen(tmp)+1) *
                sizeof(char));
```

```c
        strncpy(book[i].author, tmp, strlen(tmp));
        book[i].author[strlen(tmp)] = '\0';

        printf("출판연도 : "); scanf("%d", &(book[i].year) );
        printf("보유권수 : "); scanf("%d", &(book[i].amount));
                getchar( );
        printf("보관위치 : "); gets( tmp );
        book[i].position = (char *)malloc((strlen(tmp)+1) *
                sizeof(char));
        strncpy(book[i].position, tmp, strlen(tmp));
        book[i].position[strlen(tmp)] = '\0';
        printf("\n");
    }

    printf("\n\n결과 조회\n\n");
    for (i=0; i<size; i++)
    {
        printf("도서 이름 : %s\n", book[i].name);
        printf("저자 : %s\n", book[i].author);
        printf("출판연도 : %d\n", book[i].year);
        printf("보유권수 : %d\n", book[i].amount);
        printf("보관위치 : %s\n\n", book[i].position);
    }

    for (i=0; i<size; i++)
    {
        free(book[i].name);
        free(book[i].author);
        free(book[i].position);
    }
    free(book);
    return 0;
}
```

 **A16**

```c
#include <stdio.h>
#include <string.h>
struct  Date  seperdate(struct  Person *p);
struct  Jumincode seperjumin(struct  Person *p);
void display(struct  Person *p);

struct Date
{
      int day;
      int month;
      int year;
};

struct Jumincode
{
      struct Date   d[7];
      char inf[8];
};

struct Person
{
      char name[11];        /* 이름 */
      char jumin[15];       /* 주민등록번호 */
      int age;              /* 나이 */
      double weight;        /* 몸무게 */
};

int main( )
{
    struct  Jumincode code;
    struct  Date  date;
    struct  Person kang;

    strcpy(kang.name, "강한자"); /* 문자열 저장은 = 사용 불가하므로 */
    strcpy(kang.jumin, "820316-1234567");/*strcpy()함수 사용하여 대입함 */
    kang.age = 20;
```

```c
    kang.weight = 57.59;

    printf("\n%12s%17s%5s%8s\n","이름:","주민등록번호:","나이:","몸무게");
    display(&kang);
    seperdate(&kang);
    seperjumin(&kang);
    return 0;
}

struct Date seperdate(struct Person *p)
{
    char buf[256] = { " " };
    char temp[256]={""};
    struct  Jumincode code;
    struct  Date  date;
    strncpy(buf, p->jumin, 6);   /* 주민등록번호 중 생년월일 6자리 */
    date.year = atoi(strncpy(temp, buf, 2));   /* 출생 년도 */
    date.month = atoi(strncpy(temp, buf+2, 2));   /* 출생 월 */
    date.day = atoi(strncpy(temp, buf+4, 2));   /* 출생 일 */
    printf("\n생년월일: %5d 년 %5d 월 %5d 일\n", date.year,
        date.month, date.day);
    return date;
}

struct Jumincode seperjumin(struct Person *p)
{
    int sex, doo, si, dong, tong, meoyn, val;
    char buf[256];
    struct  Jumincode code;
    strncpy(code.inf, p->jumin+7, 7);/* 주민등록번호 중 지역 정보 7자리 */
    sex = atoi(strncpy(buf, code.inf, 1));   /* 성별 */
    doo = atoi(strncpy(buf, code.inf+1, 1));/* 특별시, 광역시, 도 */
    si = atoi(strncpy(buf, code.inf+2, 1));   /* 시, 군 */
    dong = atoi(strncpy(buf, code.inf+3, 1));   /* 동, 읍, 면 */
    tong = atoi(strncpy(buf, code.inf+4, 1));   /* 통, 반, 리 */
    meoyn = atoi(strncpy(buf, code.inf+5, 1));   /* 동, 읍, 면 */
    val = atoi(strncpy(buf, code.inf+2, 1)); /* 주민등록 유효성 */
```

```c
    if (sex == 1)
        puts("남성입니다.");
    else
        printf("여성입니다.\n");

    return code;
}

void display(struct  Person *p)
{
    printf("%12s", p->name);
    printf("%16s", p->jumin);
    printf("%5d ", p->age);
    printf("%8.2f\n", p->weight);
}
```

프로그램 설명

```c
    strncpy(code.inf, p->jumin+7, 7);
```
위 문장은 주민등록번호 중 8번째 위치부터 7개를 추출하여 code.inf에 저장한다.

```c
    sex = atoi(strncpy(buf, code.inf, 1));   /* 성별 */
```
위 문장은 주민등록번호 중 1번째 위치부터 1개를 추출하여 buf에 저장한 후 int 타입으로 변환하여 sex에 저장한다.

```c
    doo = atoi(strncpy(buf, code.inf+1, 1)); /* 특별시, 광역시, 도 */
```
위 문장은 주민등록번호 중 2번째 위치부터 1개를 추출하여 buf에 저장한 후 int 타입으로 변환하여 sex에 저장한다.

```c
    si = atoi(strncpy(buf, code.inf+2, 1));   /*시, 군 */
```
위 문장은 주민등록번호 중 3번째 위치부터 1개를 추출하여 buf에 저장한 후 int 타입으로 변환하여 sex에 저장한다.

```c
    dong = atoi(strncpy(buf, code.inf+3, 1));    /* 동, 읍, 면 */
```
앞 페이지 문장은 주민등록번호 중 4번째 위치부터 1개를 추출하여 buf에 저장한 후 int

타입으로 변환하여 sex에 저장한다.

```
        tong = atoi(strncpy(buf, code.inf+4, 1));   /* 통, 반, 리*/
```

위 문장은 주민등록번호 중 5번째 위치부터 1개를 추출하여 buf에 저장한 후 int 타입으로 변환하여 sex에 저장한다.

```
        meoyn = atoi(strncpy(buf, code.inf+5, 1));   /* 동, 읍, 면 */
```

위 문장은 주민등록번호 중 6번째 위치부터 1개를 추출하여 buf에 저장한 후 int 타입으로 변환하여 sex에 저장한다.

```
        val = atoi(strncpy(buf, code.inf+2, 1));   /* 주민등록 유효성 */
```

위 문장은 주민등록번호 중 7번째 위치부터 1개를 추출하여 buf에 저장한 후 int 타입으로 변환하여 sex에 저장한다.

A17

```c
#include <stdio.h>
#include <stdlib.h>
#include <string.h>

struct Restaurant
{
        char name[20];          // 상호
        char phone[14];         // 전화번호
        char *menu;             // 음식 종류
        int price;              // 가격
};

int main()
{
    int i ;
    struct Restaurant r[3];

    for (i=0; i<3; i++)
    {
        printf("음식점 이름: "); gets( r[ i ].name);
```

```c
        printf("전화번호 : "); gets( r[ i ].phone);
        r[ i ].menu = (char *) malloc(40);
        printf("음식 : "); gets( r[ i ].menu);
        printf("가격 : "); scanf("%d", &r[ i ].price);
        getchar();
    }

    printf("음식점 : 전화번호 : 음식 : 가격 :\n");
    for (i=0;i<3;i++)
    {
        printf("%s\t%s\t%s\t%5d\n",
            r[ i ].name, r[ i ].phone,r[ i ].menu, r[ i ].price);
    }
    return 0;
}
```

A18
```c
#include <stdio.h>
#include <string.h>
#include <stdlib.h>

struct person
{
        char sb[8];    // 사원 번호
        char code[4];  // 부서 코드
        char hb[3];    // 호봉
        long jg;       // 직급
        char bb[9];    // 본봉
        char syg[9];   // 상여금
        char gj[7];    // 공제액
        char sd1[9];   // 수당1
        char sd2[9];   // 수당2
        char sd3[9];   // 수당3
        long by;       // 부양가족
};
```

```c
int main()
{
    char line[63];
    char temp1[4], temp2[2];
    struct person na= { 0 };

    printf("123456712312123123456781234567812345612345 67
        12345678123456789 입력\n");
    gets(line);

    strncpy(na.sb, line+0, 7);
    strncpy(na.code, line+7, 3);
    strncpy(na.hb, line+10, 2);
    na.jg = atol(strncpy(temp1, line+12, 3));

    strncpy(na.bb, line+15, 8);
    strncpy(na.syg, line+23, 8);
    strncpy(na.gj, line+31, 6);
    strncpy(na.sd1, line+37, 8);
    strncpy(na.sd2, line+45, 8);
    strncpy(na.sd3, line+53, 8);
    na.by = atol(strncpy(temp2, line+61, 1));

    printf("%7s%9s%7s%7s%9s%11s%9s%8s%8s%9s%10s\n",
        "사원번호","부서코드","호봉","직급","본봉","상여금","공제액",
            "수당1","수당2","수당3","부양가족");

    printf("%7s%7s%9s%8d%13s%9s%7s%9s%9s%9s%7d\n",
            na.sb, na.code, na.hb, na.jg, na.bb, na.syg,
            na.gj, na.sd1, na.sd2, na.sd3, na.by);

    return 0;
}
```

```c
#include <stdio.h>
#include <stdlib.h>
#include <string.h>

struct Geecha {
        long hakbun;              /* 고객 번호 */
        char code[3];             /* 열차 코드 */
        char jasuk[3];            /* 좌석 코드 */
        long cal;                 /* 열차 요금 */
        char org[3];              /* 출발지 코드 */
        char dest[3];             /* 도착지 코드 */
        long num;                 /* 탑승인원 */
        double dist;              /* 여행 거리 */
        long count;               /* 월 이용 횟수 */
};

int main()
{
    char line[256]="";   /* 한 개의 레코드 단위로 입력한 내용 저장 */
    /* 숫자 필드 임시 저장 */
    char temp1[8], temp4[7], temp7[4], temp8[6], temp9[3];
    struct Geecha tr={0};      /* 구조체 변수 선언과 초기화 */

    /* 레코드 단위로 읽기(모두 문자열로 읽기) */
    while (gets(line) != NULL && line[0] != '\0')
    {
    /* 문자열을 숫자 long 타입으로 변환 */
    tr.hakbun = atol(strncpy(temp1, line + 0, 7));
    strncpy(tr.code, line+7, 2);   /*열차 코드, 자리수 0+7=7 */
    strncpy(tr.jasuk, line+9, 2); /*좌석 코드, 자리수 0+7+2=11 */
    /* 열차 요금, 자리수 0+7+2+2=11 */
    tr.cal = atol(strncpy(temp4, line + 11, 6));
    strncpy(tr.org, line+17, 2); /* 출발지 코드 */
    strncpy(tr.dest, line+19, 2); /* 도착지 코드 */
    tr.num = atol(strncpy(temp7, line + 21, 3)); /* 탑승인원 */
    tr.dist =  atof(strncpy(temp8, line + 24, 6));/* 여행 거리 */
```

```
        tr.count = atol(strncpy(temp9, line + 30, 2)); /* 월이용 횟수 */
        printf("%d%s%s%d%s%s%d%.2lf%d\n", tr.hakbun, tr.code, tr.jasuk,
            tr.cal,  tr.org, tr.dest, tr.num, tr.dist, tr.count);
    }
    return 0;
}
```


프로그램 실행

다음 데이터를 키보드에서 입력한다.

> 1234567SAGD123456BCIN123123.4512 `Enter`
> `Enter` 를 누른다.

프로그램 설명

```
    while (gets(line) != NULL && line[0] != '\0')
```

위 문장에서 gets(line) != NULL은 문자열을 읽어 line[256]에 저장한다. 파일의 끝이면 NULL이 되고, line[0] != '\0'은 입력한 문자열의 첫 번째 문자가 널 문자(빈 문자열)인지를 검사한다. 즉, `Enter` 를 누르면 빈 문자열이 전송되고 while의 루프가 종료되어 입력을 끝낸다.

숫자로 구성된 필드는 문자열로 입력하였으므로 long 타입의 정수로 변환하는 atol( ) 함수를 사용하여 long 타입, atof( ) 함수를 사용하여 double 타입으로 변환한다.

구조체 변수.멤버 변수 = atol(strncpy(복사될 배열명, 복사할 항목, 읽을 개수));

배열의 크기는 (문자열 길이 + 1) 바이트 크게 잡는다.

```
    strncpy(구조체 변수.멤버 변수, line+시작 위치, 복사할 개수);
    strncpy(tr.code, line+7, 2);
```

line+시작 위치는 처음부터 해당하는 항목 바로 앞까지의 자리수를 덧셈하면 된다.

Memo

Memo

13

C 파일 입출력

학습목표

- 입출력 스트림
- 파일 입출력 함수
- 텍스트 파일
- 이진 파일
- 순차 파일과 랜덤 파일

13장에서는 데이터를 재활용할 수 있도록 파일로 저장하고 읽는 방법을 소개한다.

프로그램을 작성할 때 최종 단계는 파일 입출력이다. 이러한 파일 종류를 살펴보고 파일 입출력 단계를 이해하고 활용하자.

01 파일의 기초

지금까지 작성한 표준 입출력 프로그램은 모니터와 키보드로 표준 입출력을 수행하지만 사용한 데이터는 RAM 영역에 저장되므로 프로그램을 종료하면 모든 데이터가 없어진다. C 언어 파일 입출력은 보조기억장치 파일에 데이터를 입출력하므로 사용한 데이터는 저장하였다가 재사용할 수 있다. 이것은 파일 단위로 데이터를 보관하기 때문이다.

C 파일

파일(File)은 데이터를 디스크 등과 같은 보조기억장치에 저장한 데이터들의 집합이다.

파일은 텍스트 파일(text file)과 이진 파일(binary file)로 구분한다. 텍스트 파일은 사람들이 읽을 수 있는 문서 파일이다. 이진 파일은 모든 데이터를 있는 그대로 이진 데이터로 저장한다. 이진 파일을 이용해야 읽을 수 있으며, 실행 파일, 사운드 파일, 그래픽 파일 등은 이진 파일이다.

C 언어는 파일을 열어 더 이상 읽을 데이터가 없으면 '텍스트 파일의 끝'을 의미하는 EOF(End Of File)을 반환한다.

DOS에서는 Ctrl + Z 를 누르면 EOF 문자로 인식하고, UNIX나 Linux에서는 Ctrl + D 를 누르면 EOF 문자로 인식한다.

C 스트림

프로그램과 모니터, 키보드 같은 외부 장치는 [그림 13-1]과 같이 스트림(stream)을 통해 연결한다.

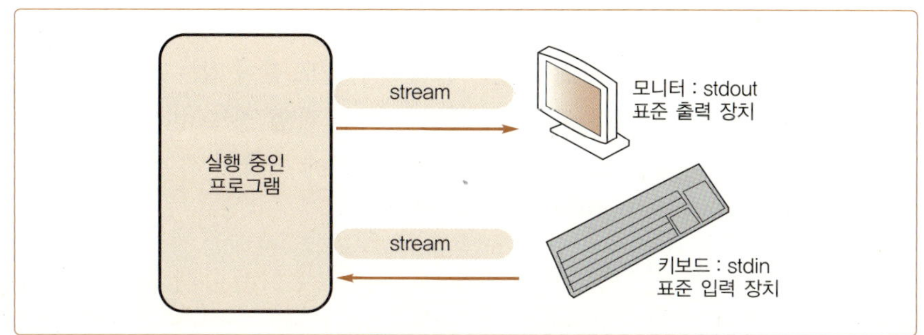

스트림(stream) 형성은 운영체제가 구현한 가상 통로이다. 구조는 시냇물처럼 한쪽 방향으로 데이터가 바이트 단위로 연속으로 이동하는 파이프와 비슷하다. 키보드를 통한 입력 함수와 모니터에 출력하는 출력 함수는 프로그램이 실행되면 표준 입출력 스트림이 자동으로 생성되고, 프로그램이 종료되면 자동으로 소멸된다.

 파일 입출력

파일 입출력은 다음 순서로 작성한다.

① 파일을 연다(**'파일명' 부분에서 파일 경로를 표시할 때 \를 인식 못하므로 \\로 표시해야 한다**. 곧이어 설명한다).

```
FILE *파일 포인터;    // 파일 포인터가 필요하기 때문에 선언
파일 포인터 = fopen("파일명", "모드");
```

② 파일 입출력 처리를 한다.

③ 파일 닫기 : fclose(파일 포인터 변수);

 파일 개방 : fopen( ) 함수

파일을 열기 위한 첫 단계는 fopen( ) 함수로 파일과 연결된 스트림을 생성하고 파일을 연다.


```
#include <stdio.h>                      FILE *fp; // 파일 포인터
FILE *파일 포인터 변수;                  fp = fopen("test.txt", "w");
파일 포인터 변수 = fopen
   ("filename", "mode");
```

filename은 스트림을 생성할 파일 이름(경로를 지정하지 않으면 현재 소스 파일이 있는 폴더에 파일도 같이 있는 경우), 확장자까지 포함한 이름이다.

mode는 개방할 파일 작업 정보이다. 실행이 성공하면 스트림을 생성하고, 그 정보를 FILE 구조체에 저장한 후 주소값을 반환한다. 실패하면 NULL 포인터를 반환한다.

파일은 파일명을 직접 사용하지 않고 파일 포인터를 사용한다.
파일 모드(file mode)는 파일을 개방할 때 파일 선택사항이다. 파일 모드는 [표 13-1]과 같다.

모드	내용
"r"	읽기 전용. 파일이 없으면 NULL이 발생한다.
"w"	쓰기 전용. 파일이 없으면 새로 생성하고, 파일이 존재하면 내용은 삭제하고 처음부터 기록한다.
"a"	첨가(추가 쓰기). 파일이 없으면 새로 생성하고, 파일이 존재하면 그 파일의 끝에 이어서 추가하여 기록한다.
"r+"	읽기와 쓰기 겸용(갱신). 파일이 없으면 오류 발생, 파일이 있으면 파일의 데이터를 삭제하지 않고 덮어쓰기 한다.
"w+"	읽기와 쓰기 겸용. 파일이 없으면 새로 생성하고, 파일이 있으면 데이터를 삭제하고 처음부터 기록한다.
"a+"	읽기와 추가 쓰기. 파일이 없으면 새로 생성하고, 파일이 있으면 그 파일의 끝에 이어서 데이터를 추가 기록한다.
"b"	이진 파일로 연다.

파일의 모드는 기본적으로 텍스트이므로 "t"를 생략해도 추가한 것이 된다. "r"은 "rt", "w"는 "wt", "a"는 "at", "r+"는 "r+t", "w+"는 "w+t", "a"는 "a+t"와 동일하다. 파일을 이진 모드로 개방하려면 b를 추가해 주어야한다. 즉, "rb", "wb", "ab", "r+b", "w+b", "a+b"를 사용한다.

화면과 키보드는 [표 13-2]와 같이 표준 스트림 파일 포인터를 제공한다.

스트림 이름	내용	장치	예문
stdin	표준 입력	키보드	fscanf(stdin, &x);
stdout	표준 출력	화면	fprintf(stdout, "I can do it!\n");
stderr	표준 에러 출력	화면	fprintf(stderr, "error\n");

perror( ) 함수는 에러 메시지를 표준 에러 스트림(stderr)에 출력한다. stderr은 화면이다.

형식 >>>

```
#include <errno.h>
void perror(const char *msg);        perror("에러 발생");
```

포인터 msg로 지정한 문자열을 표준 에러 화면에 출력한다.

 파일 닫기

파일을 다 사용한 후에는 fclose( ) 함수로 파일을 닫아야 한다.

```
#include <stdio.h>
int fclose(FILE *stream);


FILE *fp;
fp = fopen("test.txt", "w");
fclose(fp);
```

stream은 스트림에 관련된 파일명에 해당하는 주소이다. 성공하면 0을 반환하고, 에러가 발생하면 EOF를 반환한다. fcloseall( ) 함수는 표준으로 정의되어 있는 stdin, stdout, stderr을 제외하고 열려 있는 모든 스트림을 닫는다.

```
fcloseall();
```

이 함수를 정상적으로 실행하면 닫힌 함수의 개수를 리턴한다.

 개행문자

개행문자는 줄이 바뀐다는 의미로 작용하며 하나의 문자로 인식하지 않는다. 운영체제에 따라 개행문자가 [표 13-3]과 같이 약속된다.

표 13-3 ▶
개행문자

운영체제	개행문자	C 언어	예문
윈도우	\r\n	\n	OS에 의해 변환
Linux·UNIX	\n	\n	–
Mac	\r	\n	OS에 의해 변환

개행문자(LF) \n은 줄(행) 바꿈이고, \r은 시작 위치를 현재 행의 맨 앞으로 이동한다. 파일을 텍스트 모드로 개방하면 C 프로그램 실행과정에서 \n이 OS 종류에 따라 자동으로 변환된다. 그러나 이진 모드로 개방하면 아무런 변환도 일어나지 않는다. **OS가 윈도우즈이면 \n을 텍스트 파일에 저장하면 \r\n으로 변환되어 저장된다. 텍스트 파일에 저장된 \r\n을 텍스트 모드로 열어 읽으면 \n으로 변환되어 읽는다.**

[그림 13-2]와 같이 텍스트 파일은 텍스트 모드와 이진 모드로 개방할 때의 차이점이 있다.

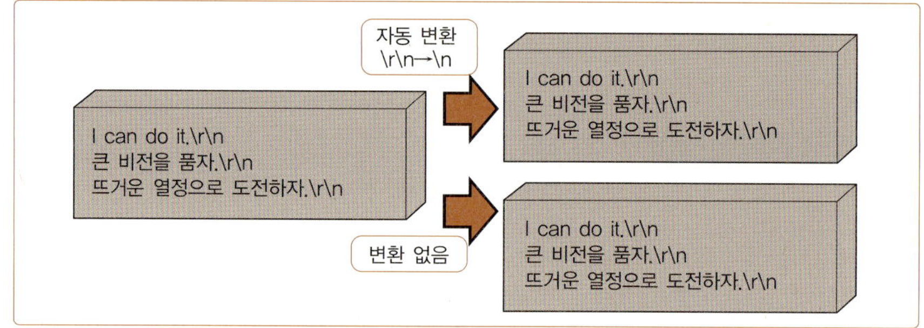

UNIX와 Linux에서는 텍스트 모드와 이진 모드를 구분하지 않고, 이진 모드로 읽기와 쓰기를 한다. 또한 LF인 \n으로 개행문자를 표현한다.

이진 모드에서 줄을 바꾸려면 문자를 출력할 때 '\n'을 사용하면 동작되지 않고, CR/LF 조합인 '\r\n'을 사용해야 줄 바꾸기가 된다.

02 텍스트 파일 입출력 함수

사용빈도수가 높은 파일 입출력 함수는 [표 13-4]와 같다.

운영체제	파일 입출력 함수		표준 입출력 함수	
	입력 함수	출력 함수	입력 함수	출력 함수
서식	fscanf( )	fprintf( )	scanf( )	printf( )
문자	getc( )	fputc( )	getchar( )	putchar( )
문자열	fgets( )	fputs( )	gets( )	puts( )
이진 파일	fread( )	fwrite( )		

 텍스트 문자 입출력 : getc( ), fgetc( ), putc( ), fputc( )

fgetc( ) 함수는 파일 포인터 fp로 지정한 파일을 열고 한 개의 문자를 읽는다. 그리고 파일 커서가 다음으로 이동한다.


```
#include <stdio.h>
int   getc(FILE *fp);        ch = getc(fp);  // 파일에서 문자 읽기
int   fgetc(FILE *fp);       putchar(ch);    // 화면에 출력
```

성공시 입력된 문자를 반환하고, 에러가 발생하면 EOF를 반환한다.

getc( ) 함수는 시스템에서 속도를 빠르게 하기 위해 스트림을 여러 번 검사하는 매크로 함수로 구현되어 있다는 것만 제외하고, fgetc( ) 함수와 동일하다. 파일 커서는 파일의 어느 위치에 있는지를 가리키는 것이다.

putc( ) 함수는 fputc( ) 함수를 시스템에서 속도를 빠르게 하기 위해 매크로로 구현한 것 뿐 기능은 동일하며, 파일 포인터 fp로 지정한 파일을 열고 한 개의 문자를 저장한다. 그리고 파일 커서가 다음으로 이동한다. putc( )는 단일문자를 출력하는데 가장 좋은 함수이다.

```c
#include <stdio.h>
int  putc(FILE *fp);              putc(ch, fp);
int  fputc(FILE *fp);
```

성공시 출력된 문자를 반환하고, 에러가 발생하면 EOF를 반환한다.

파일 실습을 하기 위해 다음과 같이 디렉토리(폴더)를 만들자. 컴퓨터 아이콘을 눌러 표시되는 로컬 디스크 C를 더블 클릭한 후 마우스의 오른쪽 버튼을 클릭하여 새 폴더를 생성하고 이름을 'work'으로 변경한다. 그리고 더블 클릭한 후 같은 방법으로 서브 폴더를 생성하고 이름을 c라고 변경한다. 이제 작업 환경을 준비하였으니 실습하기로 하자.

[실습 13-1]은 키보드에서 `Ctrl` + `Z` 가 눌릴 때까지 문자를 입력하여 C:\work\c\test.txt 파일에 저장하는 코드이다.

실습 13-1 | 키보드에서 입력받은 문자열을 파일에 저장하기

소스 파일명 ex1301.c

```c
#include <stdio.h>
#include <stdlib.h>   // exit() 사용하기 위해 첨부

int main()
{
    FILE *fp;    // 파일을 개발하기 전에 반드시 파일 포인터 선언
    int  ch;

    /* 파일 개방에 실패(NULL) 검사하여 실패하면 */
    if( (fp = fopen("c:\\work\\c\\test.txt", "w")) == NULL) {
        printf("파일 개방 실패 ... \n");
        exit(1);    // 프로그램 강제로 종료하고 OS로 1을 전달
    }

    /* 정상적으로 파일을 오픈하였으면 아래 문장들 실행 */
    printf("키보드에서 ctrl키와 z키가 눌릴 때까지 문자를 입력\n");

    /*키보드(stdin)에서 [ctrl]+[z]키가 눌릴 때까지 문자를 입력한다. */
    while ((ch = getchar()) != EOF)
        putc(ch, fp); // 화면에 출력하지 않고 test.txt 파일에 문자를 기록

    fclose(fp); // 파일 처리가 끝나면 반드시 파일 포인터를 닫아주어야 함
    return 0;
}
```

```
if((fp=fopen("c:\\work\\c\\test.txt","w")) == NULL)
```

이 문장은 NULL이 되면 파일 개방에 실패(NULL)한 경우를 처리하기 위한 루틴이다.

```
C:\\work\\c\\test.txt
```

이 문장은 C:\work\c\test.txt를 표시한 것이다. **이때 더블 백슬래시(\\)를 쓴 이유는 백슬래시 문자(\)를 특수 목적으로 사용하므로 백슬래시 문자(\) 자체를 표현하려면 하나의 백슬래시 문자(\)를 더 추가해야 \로 인식하기 때문이다.** UNIX에서는 슬래시 문자(/)를 경로의 디렉토리 이름을 구분하는데 사용한다.

파일 개방할 때 오류가 발생하면 NULL 값을 반환한다.

```
if ((fp = fopen("c:\\work\\c\\test.txt", "w")) == NULL) {
        printf("파일 개발 실패 ... \n");
        exit(1);
}
```

위 문장처럼 오류를 검사하는 것이 중요하다. 실패하면 화면에 메시지를 출력하고 exit( ) 함수로 안전하게 프로그램이 종료한다.

```
while ((ch = getchar())!= EOF)
```

이 문장은 다음 두 개의 문장을 합성한 것이다.

```
ch = getchar();
while (ch !=EOF)
```

즉, 문자 한 개를 입력받아 ch 변수에 저장한 후 ch 값이 EOF(파일의 끝)이 아니면 다음 문장을 실행한다.

```
putc(ch, fp);
```

이 문장은 fp가 가리키는 test.txt 파일에 ch의 데이터를 기록한다.

[실습 13-2]는 [실습 13-1]에서 작성한 C:\work\c\test.txt 파일로부터 데이터를 읽어와서 화면에 출력하는 코드이다.

실습 13-2 | 텍스트 파일로부터 데이터를 읽어와서 화면에 표시하기

소스 파일명

ex1302.c

```c
#include <stdio.h>
#include <stdlib.h>

int main()
{
    FILE *fp;
    int  ch;

    if ((fp = fopen("c:\\work\\c\\test.txt", "r")) == NULL) {
        printf("파일 개방 실패 ... \n");
        exit(1);
    }

    while (!feof(fp))              // 파일의 끝까지
    {
        ch = getc(fp);            // 파일에서 한 문자씩 읽어
        putchar(ch);              // 화면에 출력
    }

    fclose(fp);
    return 0;
}
```

●●●●●●● 실행 결과

●●●●● 프로그램 설명

```c
!feof(fp)
```

EOF는 파일 끝이거나 오류가 발생한 경우에도 발생하므로 파일의 끝을 확인할 때에는 feof(fp)를 사용하자. NOT 연산자 느낌표(!)를 붙인 !feof(fp)은 파일의 끝이 아닐 경우를 의미한다. 다음 문장은 fp가 가리키는 파일에서 한 개의 문자를 읽어 ch에 저장한다.

```c
ch = getc(fp);
```

 파일 에러 : ferror( ) 함수와 파일 끝 : feof( ) 함수

feof( ) 함수는 개방된 파일의 끝을 검사한다. ferror( ) 함수는 데이터 조작시 오류가 발생되었는지 검사한다.


```
#include <stdio.h>
int feof(FILE *fp);
int ferror(FILE *fp);
```

```
while(!feof(fp))  // 파일의 끝까지
{
  ch = getc(fp);   // 문자를 읽어
  if( ferror(fp)) {
       printf("읽기 오류");
       break;}
  putchar(ch);  // 화면에 출력
}
```

fp는 파일 포인터이다.

feof( ) 함수는 파일의 끝이면 참(0이 아닌 값)을 반환하고, 끝이 아니면 거짓(0)을 반환한다.

ferror( ) 함수는 오류가 발생하였으면 참(0이 아닌 값)을 반환하고, 아니면 거짓(0)을 반환한다. 대부분의 파일 입출력 함수들은 EOF를 자동으로 인식하여 return 값에 null이나 eof를 반환한다.

fread( ) 함수는 읽기 여부만 반환하고 파일의 끝은 알 수 없으므로 feof( ) 함수를 사용해야 한다.

 버퍼 비우기 : fflush( ) 함수

fflush( ) 함수는 강제로 버퍼의 내용을 비운다.


```
#include <stdio.h>
int fflush(FILE * fp);
```

```
fflush(fp);
```

fp는 파일명에 대한 포인터이다. 파일을 쓰기 모드로 개방하면 fflush( ) 함수는 버퍼에 저장된 내용을 디스크에 저장하지만 읽기 모드로 개방하면 fflush( ) 함수는 버퍼에 저장된 내용을 제거한다.

fflush(stdin);은 입력 버퍼를 버린다는 의미로, 입력 버퍼의 내용을 삭제

한다.

　fflush(stdout);은 출력 버퍼를 비운다는 의미가 '버리라는 의미가 아니라 모니터로 보내라.'는 뜻으로 '즉시 출력' 한다.

 문자열 입출력 : fgets( ) 함수와 fputs( ) 함수

　fgets( ) 함수는 파일에서 문자열을 읽어 들이고 fputs( ) 함수는 파일에 문자열을 기록한다.


```
#include <stdio.h>
cha fgets(char *str, int n, FILE *fp);      char buf[256];
char fputs(char *str, FILE *fp);            fgets(buf, 256, fp);
```

　str은 입력 문자열이 저장될 메모리에 대한 포인터이고, n은 입력 가능한 최대 문자 개수이며, fp는 파일명에 해당하는 주소이다.

　LF(newline: Enter 값 '\n')가 나타나기 전에는 n-1개까지 문자를 읽으면 읽기가 종료된다. 물론 n-1개의 문자를 읽기 전에 LF(Line Feed)가 나타나면 읽기가 종료된다.

　주의할 사항은 끝에 문자열의 마지막이라는 것을 표시하기 위해 널 문자('\0')를 추가한다. 성공적으로 수행되면 str의 시작 주소를 반환하고, 파일의 끝을 의미하는 EOF를 만나면 NULL 값을 반환한다. 또한 에러가 발생하면 NULL 값을 돌려준다.

　fputs( ) 함수는 str에 저장된 문자열을 fp가 가리키는 파일에 기록한다. 읽어 들인 문자열의 마지막에 추가된 널 문자(NULL, '\0')를 삭제하고 저장한다. 문자열을 출력할 때 개행문자('\n')를 추가하지 않는다. 이 함수가 성공적으로 수행되면 음수가 아닌 값을 반환하고, 에러가 발생하면 EOF를 반환한다.

　fgetc( ), getc( ), getchar( ) 함수는 unsigned char형으로 읽은 문자를 int형으로 반환하고, 파일의 끝이면 EOF, 에러가 발생하면 에러 값을 반환한다. gets( )와 fgets( ) 함수는 성공하면 문자열의 포인터를 반환하지만, 파일의 끝이거나 에러가 발생하면 아무런 문자도 입력받지 못하면서 EOF를 반환한다.

[실습 13-3]은 문자열을 텍스트 파일에 출력(기록)한 C:\work\c\test.txt 파일에서 문자열 데이터를 읽는 방법을 보여주는 코드이다.

실습 13-3 | test.txt 파일에서 문자열 데이터를 읽기

```c
#include <stdio.h>
#include <stdlib.h> // malloc( )
#include <string.h> // strlen 함수가 정의된 헤더 파일

int main()
{
    FILE *fp;
    char *buf;
    int size = 1024;
    buf = (char *) malloc(size); // buf[1024]처럼 동적 메모리 할당
    if ((fp = fopen("c:\\work\\c\\test.txt", "r") ) == NULL) {
        printf("파일 개방 실패 ... \n");
        exit(1);
    }

    while (fgets(buf, sizeof(buf), fp) != NULL)
        fputs(buf, stdout); // puts(buf);와 동일함

    fclose(fp);
    return 0;
}
```



```
I can do it.
```



```
fgets(buf, sizeof(buf), fp)
```

이 문장은 한 줄이다. 읽혀지면 읽기를 종료한다. 즉, 개행문자를 만나면 읽기를 종료한다.

scanf( ) 함수의 경우, 파일 포인터는 그 줄의 맨 마지막 '\n'을 가리킨다. 바로 다음 줄에서 fscanf( ) 함수로 읽으면, 자동으로 다음 줄을 읽는다.

fgets( ) 함수로 읽으려면 바로 직전에 fgetc(fp);를 한번 실행해서 파일 포인터를 그 다음 줄로 옮겨야 한다. 그렇게 하지 않으면, 다음 줄에서 fgets( ) 함수로 읽게 되는 문자열은 '\n' '\0'이 된다. fscanf( ) 함수에서 '\n'을 읽지 않은 이유는 %s의 경우, 공백, 개행문자, 탭 등을 문자열의 구분자로 인식하

기 때문이다.

```
fputs(buf, stdout);
```

위 문장은 puts(buf); 와 동일하다. 즉, 화면에 출력한다.

문자열을 입력하는 gets( ) 함수는 버퍼 오버플로우를 검사하지 않으므로 컴퓨터 해킹에 치명적이다. 이를 방지하려고 fgets( ) 함수를 사용한다.

```
fgets(name, 256, stdin);
```

이 문장에서 stdin는 키보드에 대한 스트림 이름이다. 즉, 키보드를 의미한다. fgets( ) 함수는 scanf( ) 함수와 달리 마지막에 개행문자('\n')가 삽입되므로 다음 문장처럼 사용하여 이를 제거한다.

```
name[strlen(name) - 1] = NULL;
```

맨 마지막 문자인 개행문자를 반드시 제거하자.

> **✓ 참고**
>
> 모든 스트림 입출력 시에 데이터들은 임시로 버퍼에 저장되었다가 입출력된다. 입출력 장치마다 수행 시간이 차이가 나므로 잠시 기다릴 수 있도록 버퍼를 거치게 한다. 파일 입출력은 메모리에 비하여 속도가 느리므로 fread() 함수, fwrite( ) 함수를 사용할 경우 블록 단위로 setvbuf( ) 함수로 스트림 버퍼를 만들면 입출력시 매번 새로운 버퍼를 만들지 않기에 속도를 향상할 수 있다. 이 함수는 버퍼를 생성할 수 없으면 0이 아닌 값을 리턴한다.
>
> ```
> • 형식: void setbuf(File *fp, char *buf, int mode, size_t bufsize);
>         setbuf(fp, NULL, _IOFBF, BUFSize);
>         int setvbuf(FILE *stream, char *buf, int mode, size_t size);
> ```
>
> 위 문장에서 2번째 전달 인자는 파일 입출력 대신 사용할 버퍼, NULL을 사용하면 시스템 버퍼를 동적으로 사용, 모드만 적용되므로 시스템에 define된 BUFSIZE가 적용된다.
>
> - _IOFBF 완전 버퍼링(full), 파일에 기록을 할 조건이 버퍼가 모두 찰 때 입출력
> - _IOLBF 라인 버퍼링(line), 한 줄마다 파일에 입출력(버퍼 크기보다 많은 양이면 full)
> - _IONBF 비버퍼링(no), 파일에 즉시 입출력

블록 단위 파일 입출력 함수

C 언어는 기본으로 문자 단위로 입출력을 한다. 즉, 텍스트 파일에서는 문자 단위로 입출력을 한다. 그러나 구조체 단위로 입출력할 경우 직접 블록 단위로 입출력할 수 있는 fread( ) 함수와 fwrite( ) 함수를 사용한다.

◉ 이진 파일 입출력 : fread( ) 함수와 fwrite( ) 함수

fread( ) 함수는 파일에서 구조체 단위로 데이터를 읽고, 읽은 바이트 만큼 파일 내부 위치 포인터를 이동한다. fwrite( ) 함수는 파일에 버퍼 내용을 구조체 단위로 데이터를 기록(쓰기)하고, 저장한 바이트 만큼 파일 내부 위치 포인터를 이동한다. 처리 속도를 향상하기 위해 setvbuf( ) 함수로 버퍼를 생성한 후 사용하자

형식 >>>

```
size_t fread(const void *buf, size_t size, size_t
        count, FILE *fp);
size_t fwrite(const void *buf, size_t size, size_t
        count, FILE *fp);
```

예 >>>

```
int buf[256];
fwrite(list, sizeof(struct Student), MAX, fp);
fread(buf, sizeof(struct Student), MAX, fp);
```

buf는 파일 내용에 대한 입출력할 메모리 포인터, size는 데이터 항목 크기, count는 항목의 개수, fp는 파일 포인트이다.

성공적으로 수행하면 입출력한 데이터 항목의 개수를 반환한다. 반환 값이 음수이거나 0이면 파일의 끝에 도달한 것이고, count 값 보다 작으면 에러가 발생한 것이다.

예문 `fwrite(list, sizeof(struct Student), MAX, fp);`

[그림 13-3]은 블록 단위로 파일에 기록하기에 대한 설명이다.

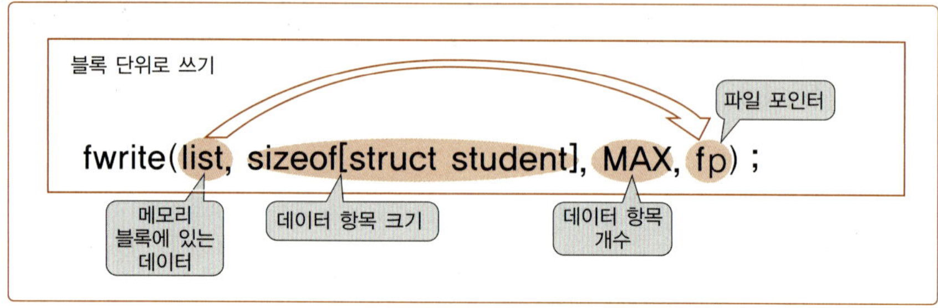

구조체 Student형을 갖는 MAX 개의 데이터 항목을 파일에 저장한다.

예문
```
int buf[256];
fread(buf, sizeof(struct Student), MAX, fp);
```

[그림 13-4]는 블록 단위로 파일에서 읽는 방법이다.

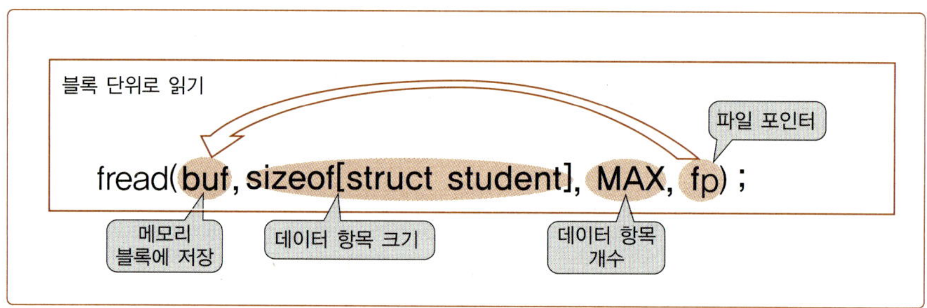

파일 포인터 fp로 지정한 파일을 있는 그대로 읽기 위하여 이진 모드로 개방한 후 구조체 Student 형을 갖는 MAX개의 데이터 항목들을 읽어서 버퍼 buf에 저장한다. 이 함수는 메모리에 기록된 실제 데이터 값을 지시한 그대로 수행한다.

[실습 13-4]는 사원 정보를 구조체 단위로 기록하고 읽어 화면에 출력하는 코드이다.

실습 13-4 | 사원 정보를 구조체 단위로 기록하고 읽기

```c
#include <stdio.h>
#include <string.h>
#include <stdlib.h>
#define BUFSIZE 4096
```

```c
struct Emp
{
    char *name;
    char *address;
    int  time;
    int  timepay;
};

int main(void)
{
    FILE *fp;
    struct Emp e[ ] = {{"홍 길동", "경기도 부천시", 8, 5000},
    {"이 기자", "서울 종로구", 8, 5000}};
    struct Emp tmp;
    int  i =0;

    if ((fp = fopen("c:\\work\\c\\emp.txt", "w+b")) == NULL) {
        printf("Error: file open error\n");
        exit(1);
    }

    fseek(fp, SEEK_SET, 0);
    for (i = 0; i < sizeof(e) / sizeof(struct Emp); i++) {
        fwrite(&e[i], sizeof(struct Emp), 1, fp);
        if (setvbuf(fp, NULL, _IOFBF, BUFSIZE) != 0)
            { fputs("error", stderr); continue; }
                // 한 개의 struct 씩 기록
    }

    puts("원본 구조체 데이터");
    fseek(fp, SEEK_SET, 0);   // 파일 처음 위치로 이동
    for (i=0; i<2; i++)
    {
        printf("%s %s %d %d\n", e[i].name ,
            e[i].address, e[i].time, e[i].timepay);
    }

    puts("\n파일에서 구조체 단위로 데이터 읽기 ");
    fseek(fp, SEEK_SET, 0); // 파일 처음 위치로 이동
    while (!feof(fp))//파일의 끝이면 종료
    {
        if (setvbuf(fp,NULL, _IOFBF, BUFSIZE) != 0)
```

```c
        { fputs("error", stderr); continue; }
        fread(&tmp, sizeof(struct Emp), 1, fp);
                // 한 개의 struct 씩 읽음
        if (!feof(fp)) /* EOF를 읽을 때는 아직 0을 반환하므로 */
                printf("%s %s %d %d\n", tmp.name ,
                    tmp.address, tmp.time, tmp.timepay);
    }

    fclose(fp); // 파일 닫기
    return 0;
}
```


구조체 배열 요소는 (전체 배열의 총 바이트 수) ÷ (각 배열의 요소 바이트 수)이다.

```c
    sizeof(e) / sizeof(struct Emp)
```

이 문장은 구조체 배열 요소 개수를 산출한다. 다음 문장을 살펴보자.

```c
    while (!feof(fp)) // 파일의 끝이면 종료
    {
        fread(&tmp, sizeof(struct Emp), 1, fp);
        if (!feof(fp)) // EOF를 읽을 때는 아직 0을 반환하므로
            printf("%s %s %d %d\n", tmp.name, tmp.address,
                    tmp.time, tmp.timepay);
    }
```

이 문장에서 EOF를 읽을 때는 아직 0을 반환하므로 다음 문장을 반드시 삽입해야 파일의 끝 부분을 두 번 중복해서 읽지 않는다. 꼭 기억하자.

```c
    if (!feof(fp))
```

04 포맷 파일 입출력 함수

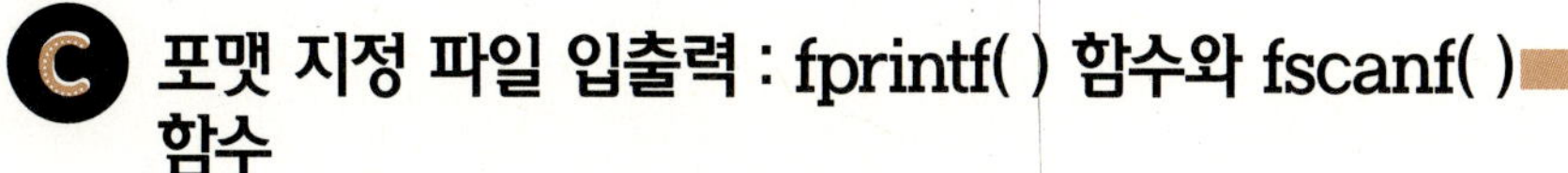

포맷 지정 파일 입출력 : fprintf( ) 함수와 fscanf( ) 함수

printf( ) 함수는 화면에 출력하지만, fprintf( ) 함수는 데이터를 형식에 맞추어 파일에 출력한다. scanf( ) 함수는 키보드에서 데이터를 읽지만, fscanf( ) 함수는 파일에서 데이터를 형식에 맞추어 읽는다.


```
int fprintf(FILE *fp, char *fmt, ...);
int fscanf(FILE *fp, const char *fmt, ...);
```



```
fprintf(fout, "%s%c", msg, cr);
fscanf(fin ,"%s", msg );
```

fp는 파일 포인터, fmt는 데이터를 출력할 형식을 지정하는 포맷지정자이다. 이 함수가 성공하면 입출력한 데이터의 개수를 반환하지만, 실패하면 EOF를 반환한다.

fprintf( )는 파일을 상대로 파일 포인터를 이용하는 점을 제외하면 sprintf( ), printf( )와 사용법이 같으며, 파일 포인터는 자동으로 증가한다.

fscanf( )는 파일을 상대로 파일 포인터를 이용하는 점을 제외하면 sscanf( ), scanf( )와 사용법이 같으며, 파일 포인터는 자동으로 증가한다.

[실습 13-5]는 문자열을 이진 파일에 기록한 C:\work\c\fprintf.txt 파일에서 문자열 데이터를 읽어 출력하는 코드이다.

실습 13-5 | 이진 파일에 기록한 문자열 데이터를 읽어 출력하는 코드

소스 파일명
ex1305.c

```
#include <stdio.h>
#include <stdlib.h>
int main()
```

```c
{
    FILE *fin, *fout;
    char msg[] = "Big Vision!";
    char buf[1028] = {" "};  // 입력한 데이터 보관용 */

    // 파일 개방시 오류 처리
    if ((fout = fopen("c:\\work\\c\\fprintf.txt",
            "w")) == NULL) {
        printf("Error: file open error\n");
        exit(1);
    }

    fprintf(fout, "%s", msg);
    if ((fin = fopen("c:\\work\\c\\fprintf.txt", "r"))
            == NULL )
    {
        printf("파일이 없음!\n");
        return 0;
    }

    fseek(fin, 0L, SEEK_SET);
                // 파일 처음 위치로 이동, rewind(fin); 동일
    fscanf(fin ,"%s", msg );
                // fin 파일 포인터에서 데이터를 읽어 배열 msg에 기록
    fprintf(stdout, "%s\n", msg); // 화면에 msg 내용 출력

    fgets(msg, sizeof(msg), fin);
    fprintf(stdout, "%s\n", msg);
                // printf("%s\n", msg); 와 동일

    printf("공 백 포함한 문자열 입력\n");
    fscanf(stdin ,"%s", buf); // 한 단어씩 읽기, 공백에 의해 구분
    fprintf(stdout, "%s\n", buf);
    fgetc(stdin);   // 공백 제거

    fgets(buf, sizeof(buf), stdin);// 올바르게 다음 문자열을 읽기 위해
    fprintf(stdout, "%s\n", buf); // 읽은 데이터 출력

    fclose(fin);
    fclose(fout);
    return 0;
}
```

프로그램 설명

   fscanf( ) 함수는 파일 포인터가 그 줄의 맨 마지막 '\n'을 가리키지만 바로 다음에 fscanf( ) 함수를 사용하면 다음 줄을 읽는다. 그러나 fgets( ) 함수로 읽으려면 fgetc(fp);를 추가하여 파일 포인터를 다음 줄로 이동시켜야 올바르게 읽는다.

[실습 13-6]은 키보드에서 입력한 문자열을 파일에 기록한 후 문자열 데이터를 읽어 출력하는 코드이다.

실습 13-6 | 입력한 문자열로부터 데이터를 읽어와서 화면에 표시하기

소스 파일명 ········

ex1306.c

```c
#include <stdio.h>
#include <stdlib.h>
int main()
{
    FILE *fp;
    char buf[1028] = {" "}; // 입력한 데이터 보관용 */
    char name[20];
    int age;
    double weight;

    // 파일 개방시 오류 처리
    if ((fp = fopen("c:\\work\\c\\fprintf.txt",
            "w+")) == NULL) {
        printf("Error: file open error\n");
        exit(1);
    }

    printf("이름: "); gets(name);     // 키보드에서 문자열 입력
    printf("나이: "); scanf("%d", &age); // 키보드에서 입력
    printf("몸무게: "); scanf("%lf", &weight);// 키보드에서 입력
    fprintf(fp,"%s %d %lf", name, age, weight);// 파일에 기록

    // fscanf(fp,"%[^\n]s", buf); // \n을 만날 때까지 문자열로 받아들이기
    // fflush(stdin); // 버퍼를 지우기
    fseek(fp, 0L, SEEK_SET);
```

```c
            // 파일 처음 위치로 이동, rewind(fin); 동일
    while ((fscanf(fp, "%[^\n]", buf)) != EOF) {
        fgetc(fp);        // 모든 데이터를 한 문자씩 읽기
        printf("buf = %s \n", buf);
    }


    fseek(fp, 0L, SEEK_SET);
        // 파일 처음 위치로 이동, rewind(fin); 동일
    while ((s = fgetc(fp)) != EOF) // File 한 문자씩 읽기
    printf("%c", s);
    printf("\n");
    fclose(fp);
    return 0;
}
```



```
이름: 홍 길동
나이: 19
몸무게: 75.23
buf = 홍 길동 19 75.230000
홍 길동 19 75.230000
```

순차 파일과 랜덤 파일

파일의 구조는 순차 파일(sequential file)과 랜덤 파일(random file) 접근 방식으로 구분한다.

순차 파일은 파일의 데이터를 시작 순서부터 접근하여 읽거나 쓰는 파일이다. 랜덤 파일은 원하는 임의의 위치에 직접 접근하여 처리하는 파일이다. 블록 단위(구조체)로 데이터를 쓰거나 읽는 방식이므로 접근 속도가 순차 파일에 비해 월등히 빠르다.

 순차 파일

순차 파일(sequential file)은 파일의 첫 위치부터 순서대로 읽고 기록할 수 있다. 임의의 위치로 이동할 수 없으므로 특정 위치로 직접 이동할 수 없다. 파일 위치 지시자(file position indicator)는 파일의 위치 정보를 갖는다. 파일을 처음 개방하면 파일 위치 지시자는 파일의 맨 앞으로 이동한다.

[실습 13-7]은 순차 파일로 학생 성적을 입력하고 출력하는 코드이다.

 **실습 13-7** | 순차 파일로 학생 성적을 입력하여 출력하기

소스 파일명

ex1307.c

```c
#include <stdio.h>
#include <stdlib.h>    // malloc( ) 함수 사용하기 위해 첨부
#include <string.h>    // 문자열 함수(strcpy) 사용하기 위해 첨부

#define MAX 3          // 학생 수

struct Student
{
    char name[11]; // 이름, 배열 [ ]은 문자열을 직접 대입 불가, strcpy( ) 함수 사용
    char *address;     // 주소, 포인터 *는 문자열 직접 대입 가능
    int age;           // 나이
    double weight;     // 몸무게
};
```

```c
int main()
{
    int i;
    struct Student na[3]; // 구조체 배열
    FILE *fin, *fout;

    if ((fout=fopen("c:\\work\\c\\ic.dat", "w")) == NULL){
        fprintf(stderr, "Error opening file.");
        exit(1);
    }

    for (i = 0; i < MAX; i++)
    {
        printf("\n학번: ");  gets(na[i].name);
        na[i].address = (char *) malloc(sizeof(char) * 20) ;
        printf("성명: ");    gets(na[i].address);
        printf("나이: ");    scanf("%d", &na[i].age);
        printf("몸무게: ");   scanf("%lf", &na[i].weight);
        getchar(); // 공백 문자나 엔터 키 제거
    }
    fclose(fout);

    if ((fin=fopen("c:\\work\\c\\ic.dat", "r")) == NULL) {
        fprintf(stderr, "Error opening file.");
        exit(1);
    }

    printf("%12s%25s%10s%10s\n", "이름:","주소 :", "나이:",
                    "몸무게");
    for(i = 0; i < MAX; i++)
    {
        printf("%11s", na[i].name);
        printf("%24s", na[i].address);
        printf("%9d ", na[i].age);
        printf("%10.2f\n", na[i].weight);
    }
    fclose(fin); // 파일 닫기
    return 0;
}
```

```
학번: 1519001
성명: 홍 길동
나이: 18
몸무게: 67.89

학번: 1519002
성명: 이 기자
나이: 19
몸무게: 47.65

학번: 1519003
성명: 정 도령
나이: 20
몸무게: 75.24
         이름:                        주소 :        나이:       몸무게
   1519001                      홍 길동           18        67.89
   1519002                      이 기자           19        47.65
   1519003                      정 도령           20        75.24
```

C 랜덤 파일

랜덤 파일(random file, 임의 접근 파일)은 파일의 위치 이동을 마음대로 할 수 있는 구조이다. 구조체로 작성하면 길이가 일정하게 되므로 랜덤 파일을 처리할 수 있다.

원하는 임의의 위치로 직접 이동하여 접근할 수 있으므로 순차 파일보다 빠르게 데이터를 읽거나 기록할 수 있다.

랜덤 파일은 다음과 같은 순서로 처리한다.

① 파일을 이진 파일로 연다. "모드"는 b를 포함하여 이진 파일로 연다.
    FILE *파일 포인터 변수;
    파일 포인터 변수 = fopen("파일명", "모드");
② 파일 포인터 이동: fseek( ) 함수 사용
③ 블록 단위로 파일 처리: fread( ), fwrite( ) 함수 사용
④ 파일 닫기: fclose(파일 포인터 변수);

지정한 위치로 이동 : fseek( ) 함수

fseek( ) 함수는 파일의 현재 위치를 이동한다.


```
#include <stdio.h>
int fseek(FILE *fp, long offset, int origin);

fseek(fin, 0L, SEEK_END);
```

fp는 파일 포인터, offset는 시작 위치로부터 상대적 위치, + 순방향, − 역
방향, origin은 [표 13-5]와 같이 이동 기준 위치이다.

표 13-5 ▶

origin에 정의된 상수 이름

상수 이름	값	내용
SEEK_SET	0	파일의 처음에서 offset 바이트 뒤로 파일 위치 지시자를 이동
SEEK_CUR	1	파일의 현재 위치부터 offset 바이트만큼 파일 위치 지시자를 앞으로 이동한다. offset 값은 진행 방향에 따라서 +값과 −값을 갖는다. +값은 현재 위치에서 뒤로 이동, −값은 현재 위치에서 앞으로 이동
SEEK_END	2	파일의 마지막 위치부터 offset 바이트 뒤로 파일 위치 지시자를 이동

offset 값은 숫자 뒤에 long형을 의미하는 L을 붙인다.

예문
```
fseek(fp,  0L,  SEEK_SET);    // 파일의 시작 위치로 이동
fseek(fp,  5L,  SEEK_CUR);    // 현재 위치에서 뒤로 5바이트만큼 이동
fseek(fp, -6L,  SEEK_CUR);    // 현재 위치에서 앞으로 6바이트(-6)만큼 이동
fseek(fp,  0L,  SEEK_END);    // 파일의 끝 위치로 이동
fseek(fp, -7L,  SEEK_END);
                              // 파일의 끝 위치에서 7바이트 앞(-7)으로 이동
```

그림 13-5 ▶

파일 이동

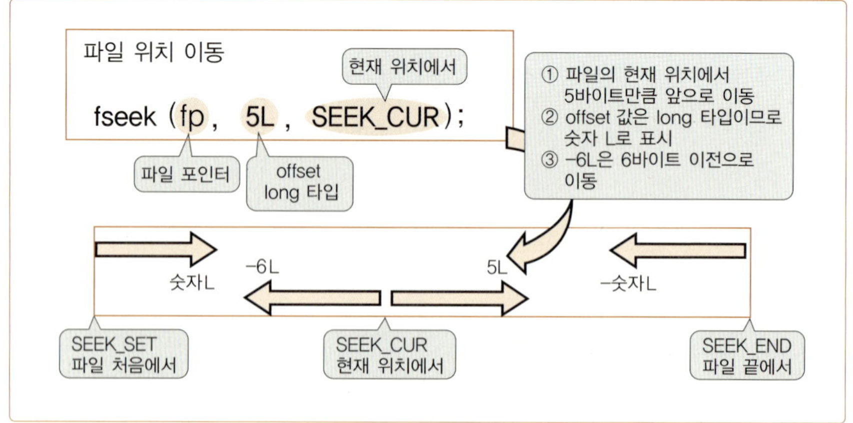

파일의 현재 위치 : ftell( ) 함수

ftell( ) 함수는 파일의 현재 위치를 알려준다.


```
#include <stdio.h>
long ftell(FILE *fp);
```



```
count = ftell(fin) / sizeof(struct Student);
```

fp는 파일 포인터이다. 파일의 시작 위치인 바이트 0에서부터 현재의 파일 위치까지를 바이트 단위로 계산한다. 에러가 발생하면 -1의 값을 long형인 -1L로 반환한다.

[실습 13-8]은 랜덤 파일로 학생 성적을 입력하고 출력하는 코드이다.

 **실습 13-8 │ 랜덤 파일로 학생 성적을 입력하여 출력하기**


```c
#include <stdio.h>
#include <stdlib.h>    // malloc( ) 함수 사용하기 위해 첨부
#include <string.h>    // 문자열 함수(strcpy) 사용하기 위해 첨부

#define MAX 3          // 총 학생 수

void recordRead();     // 함수 원형
int insert();

struct Student
{
    char name[11];  // 이름, 배열 [ ]은 문자열을 직접 대입 불가, strcpy( ) 함수 사용
    char *address;      // 주소, 포인터 *는 문자열 직접 대입 가능
    int age;            // 나이
    double weight;   // 몸무게
};
struct Student na[3];          // 구조체 배열
int index = 0;

int main()
{
    printf("3명의 학생에 대한 성적 입력: \n");
    insert();
    recordRead();
```

```c
    return 0;
}
void recordRead( )
{
    FILE *fin;
    int i, recordCount = 0;
    long offset;
    struct Student s= {" "};
    if ((fin=fopen("c:\\work\\c\\ic.bin", "r")) == NULL) {
        fprintf(stderr, "Error opening file.");
        exit(1);
    }

    fseek(fin, 0L, SEEK_END); // 파일의 끝 위치로 이동
    recordCount = ftell(fin) / sizeof(struct Student);
    printf(" 레코드 총 개수: %d\n", recordCount);

    for (i=0; i< recordCount; i++)  {
        // 위치 표시를 지정된 요소로 이동시킨다.
        if ((fseek(fin, (i * sizeof(struct Student)),
            SEEK_SET)) != 0)        {
            fprintf(stderr, "\nError using fseek().\n");
            exit(1);
        }
        fread(&s, sizeof(struct Student), 1, fin);
        printf("%11s%24s%9d%10.2f\n", s.name, s.address,
                    s.age, s.weight );
    }

    /*  파일에 저장된 내용을 레코드 단위로 읽어 온다.
    파일이 끝날 때까지 읽기를 반복하고 화면에 출력한다. */
    while (!feof(fin))
    {
    printf("\n읽을 레코드 번호, -1 입력하면 종료: ");
    scanf("%ld", &offset);
    if (offset < 0 && offset > recordCount)
    break;

    // 위치 표시를 지정된 요소로 이동시킨다.
    if ((fseek(fin, ((offset-1) * sizeof(struct
                    Student)), SEEK_SET)) != 0) {
        fprintf(stderr, "\nError using fseek().\n");
```

```c
        exit(1);
    }
    fread(&s, sizeof(struct Student), 1, fin);
    printf("%12s%25s%10s%10s\n", "이름:","주소 :", "나이:",
                    "몸무게");
    printf("%11s%24s%9d%10.2f\n", s.name, s.address,
            s.age, s.weight );
    }
    fclose(fin);  // 파일 닫기
}


int insert( )
{
    int i;
    FILE *fout;
    if ((fout=fopen("c:\\work\\c\\ic.bin", "wb"))== NULL) {
        fprintf(stderr, "Error opening file.");
        exit(1);
    }
    for (i =0; i < MAX; i++)             {
        printf("\n학번: "); gets(na[i].name);
        na[i].address = ( char * ) malloc(sizeof(char) * 20);
        printf("성명: "); gets(na[i].address);
        printf("나이: "); scanf("%d", &na[i].age);
        printf("몸무게: "); scanf("%lf", &na[i].weight);
        getchar(); // 공백 문자나 엔터 키 제거
        fwrite(&na[i], sizeof(struct Student), 1, fout);
            // 레코드 단위로 저장
    }
    fclose(fout);
    return 0;
}
```

```
3명의 학생에 대한 성적 입력:

학번: 1519004
성명: 홍 길동
나이: 18
몸무게: 67.89

학번: 1519002
성명: 이 기자
나이: 19
몸무게: 47.65

학번: 1519003
성명: 은 하수
나이: 20
몸무게: 75.24
 레코드 총 개수: 3
        1519004                    홍 길동           18        67.89
        1519002                    이 기자           19        47.65
        1519003                    은 하수           20        75.24

읽을 레코드 번호, -1 입력하면 종료: 2
        이름:                   주소 :        나이:       몸무게
        1519002                    이 기자           19        47.65

읽을 레코드 번호, -1 입력하면 종료: 3
        이름:                   주소 :        나이:       몸무게
        1519003                    은 하수           20        75.24

읽을 레코드 번호, -1 입력하면 종료: 1
        이름:                   주소 :        나이:       몸무게
        1519004                    홍 길동           18        67.89

읽을 레코드 번호, -1 입력하면 종료: -1

Error using fseek().
```



```
if ((fout=fopen("c:\\work\\c\\ic.bin", "wb")) == NULL) {
```

모드 "w"를, "wb"로 수정하면 이진 파일로 열고 기록한다. 즉, 랜덤 파일
로 처리된다.

연습 exercise 문제

Q1 문자열 "Hello World!"를 텍스트 파일 rep1501.txt에 저장하라.

Q2 **Q1** 에서 작성한 rep1501.txt 파일에 "Happy day!"를 덧붙여라.

Q3 0~9까지 숫자를 텍스트 파일 rep1503.txt에 기록하고, 읽어서 화면에 출력하라.

Q4 rep1503.txt 파일에서 텍스트 문자열을 한 줄씩 읽어 화면에 출력하라.

Q5 'C:\\work\\c\\rep1503.txt' 파일로부터 데이터를 읽어 'C:\\work\\c\\backup.txt'에 복사하라.

Q6 파일 이름을 입력하여 그 파일이 없으면 화면에 오류 메시지를 출력하라.

Q7 키보드에서 Ctrl + Z 가 눌릴 때까지 문자를 입력하여 "C:\\work\\c\\rep7.txt" 파일에 저장하라.

Q8 윈도우즈에서 1바이트 값을 fwrite( ) 함수로 텍스트 파일에 기록한 파일의 크기는 1바이트가 아니고 2바이트가 된다. 이를 확인하라.

Q9 윈도우즈에서 1바이트 값을 텍스트 파일에 기록한 파일의 크기는 1바이트가 아니고 2바이트가 된다. 레코드 총 개수와 기록한 총 개수의 차이를 확인하라.

Q10 문자열을 이진 파일에 출력(기록)한 C:\work\c\msg.txt 파일에서 문자열 데이터를 읽어라.

Q11 성적 처리를 이진 파일로 2명의 성적을 저장하고 출력하라.

Q12 순차 파일로 학생 성적을 입력하고 출력하라.

Q13 랜덤 파일로 학생 성적을 입력하고 출력하라.

Q14 test.dat 텍스트 파일을 쓰기 전용으로 생성하고 키보드(stdin)에서 학번, 국어, 영어, 수학 점수를 입력하여 이 파일에 기록한다. 또한 test.dat 파일을 다시 열어 데이터를 읽어 화면에 출력하라.

Q15 test.dat 텍스트 파일을 읽기/쓰기 겸용(갱신용)으로 생성하고 키보드에서 학번, 국어, 영어, 수학 점수를 입력하여 이 파일에 기록한 후 읽어 화면에 출력하라.

Q16 다음과 같은 구조를 갖는 기차 예매 관리 구조체를 정의하고 데이터를 입력하여 텍스트 파일로 저장한 후 출력한다.

고객 번호	열차 코드	좌석 코드	열차 요금	출발지 코드	도착지 코드	탑승 인원	여행 거리	월 이용 횟수
숫자 7byte	문자 2byte	문자 2byte	숫자 6byte	문자 2byte	문자 2byte	숫자 3byte	숫자 5byte	숫자 2byte

Q17 test.txt 파일 끝에 "Give thanks!"를 추가하라.

Q18 can.dat 파일에 문자열을 저장하고, 7글자씩 입력하면서 현재 파일의 위치를 파악한 후 파일의 처음 위치로 이동하여 처음부터 글자를 읽어 출력하라.

Q19 이진 파일로 3명의 성적을 다음과 같이 저장하라.

학 번	이 름	C++	DB	Web
20061001	홍길동	90	95	76
20061002	이기자	60	75	80
20061003	천사표	79	98	88

Q20 Q19 의 2진 파일로 성적을 입력한 파일의 내용을 읽어 화면에 출력하라.

Q21 C:\work\c\test.txt 파일이 존재하는지 검사하여 존재하면 그 파일을 삭제하라.

Q22 입력한 파일명의 코드를 출력할 파일명에 복사하는 코드를 작성하여라.

Q23 입력한 파일의 코드를 출력할 파일명에 복사하라. 단, 이진파일 입출력 함수를 사용하라.

Q24 원본 파일 이름을 입력하면 C 소스 코드를 읽은 후 각 라인의 코드 앞에 줄 번호를 삽입한다. 그리고 그 내용을 화면에 24라인씩 출력한 후 파일명.line의 파일에 저장하는 코드를 작성하여라.

Q25 다음과 같은 구조를 갖는 사원 구조체를 정의하고 데이터를 입력하여 이진 파일로 저장한 후 출력한다.

사번	성명	봉급	전화번호	평점
숫자 7byte	문자 2byte	숫자 8byte	숫자 13byte	숫자 6byte

A1

```c
#include <stdio.h>
int main()
{
    FILE *f;
    f = fopen("rep1501.txt","w");
    fprintf(f, "Hello World!");
    fclose(f);
}
```

A2

```c
#include <stdio.h>
int main()
{
    FILE *f;
    f = fopen("rep1501.txt", "a");
    fprintf(f, "Happy day!");
    fclose(f);
}
```

A3

```c
#include <stdio.h>
int main()
{
    FILE *fp ;
    int n, data;

    fp = fopen("c:\\work\\c\\rep1503.txt", "w");
    for (n = 0 ; n < 10 ; n++) {
        fprintf(fp, "%d\n", n);
    }
    fclose(fp);

    fp = fopen("c:\\work\\c\\rep1503.txt", "r");
    while (fscanf(fp, "%d", &data) != EOF) {
```

```c
        printf("%3d", data);
    }
    printf("\n");
    fclose(fp);
    return 0;
}
```

A4
```c
#include <stdio.h>
int main()
{
    FILE *f = NULL;
    char strTemp[1024];
    char *n;
    f = fopen("c:\\work\\c\\rep1503.txt", "r");
    if ( f == NULL ) {     // 에러 처리
    }

    while (!feof(f)) {
        n = fgets( strTemp, sizeof(strTemp), f );
        printf( "%s", n );
    }
    fclose(f);
    return 0;
}
```

```
A5  #include <stdio.h>
    #include <stdlib.h> // malloc( ) 함수 사용하기 위해 첨부
    int main()
    {
        char *buf;
        int size = 1024;
        FILE *fp;
        FILE *fdest;

        if (fp = fopen("c:\\work\\c\\rep1503.txt", "r")) {
            if (fdest   = fopen("c:\\work\\c\\backup.txt", "w")) {
                    buf   = (char *) malloc( size+5);

                    while (fgets(buf, size, fp))
                            fputs(buf, fdest);
                    printf("File copy 완료!\n");
                    free(buf);
                            fclose(fdest);
            }
            fclose(fp);
        }
        return 0;
    }
```

```
A6  #include <stdio.h>
    #include <stdlib.h>
    #include <errno.h>
    main()
    {
        FILE *fp;
        char filename[80];

        puts("파일명 입력: ");  gets( filename );
        /* 존재하지 않는 파일을 열어 오류를 발생시켜 perror() 함수를 호출 */
```

```c
    if ((fp = fopen(filename, "r")) == NULL) {
        perror("에러 발생: ");  /* 화면에 출력  */
        printf("에러 번호: %d\n", errno);
        exit(1);
    }
    puts("파일 열기 성공!");
    fclose(fp);
    return 0;
}
```

A7

```c
#include <stdio.h>
int main()
{
    FILE *fp;
    int  ch;

    /* 파일을 쓰기 전용으로 개방에 실패(NULL) 하면 */
    if ((fp = fopen("c:\\work\\c\\rep7.txt", "w")) == NULL) {
        printf("Error: file open error\n");
        exit(1);   /* 프로그램을 강제로 종료하고 시스템에게 1을 전달 */
    }

    /* 정상적으로 파일을 오픈하였으면 */
    printf("키보드에서 ctrl키와 z키가 눌릴 때까지 문자를 입력\n");

    /*키보드(stdin)에서 [ctrl]+[z]키가 눌릴 때까지 문자를 입력한다. */
    while ((ch = getchar()) != EOF)
        putc(ch, fp);   // 파일에 문자를 기록

    fclose(fp);
    return 0;
}
```

A8
```c
#include <stdio.h>
int main()
{
    char c;    // 1바이트
    FILE *fp;
    int recordCount =0;

    c = 0x0a;

    fp = fopen("test.bin", "w"); // 1바이트를 기록
    fwrite(&c, 1, sizeof(char), fp);

    fseek(fp, 0L, SEEK_END); // 파일의 끝 위치로 이동
    recordCount = ftell(fp) / sizeof(char);
    printf(" 레코드 총 개수: %d\n", recordCount);
    fclose(fp);
    return 0;
}
```

A9
```c
#include <stdio.h>
int main()
{
    char c;                  // 1바이트 문자 */
    FILE *fp;
    int recordCount =0;
    int writeSize, readSize = 0;
    c = 0x0a;

    fp = fopen("test.bin", "w"); // 1바이트를 기록
    writeSize = fwrite(&c, 1, sizeof(char), fp);

    fseek(fp, 0L, SEEK_END); // 파일의 끝 위치로 이동
    recordCount = ftell(fp) / sizeof(char);
```

```c
        printf(" 레코드 총 개수: %d\n", recordCount);
        printf(" 기록한 총 개수: %d\n", writeSize);
        fclose(fp);
        return 0;
}
```

A10
```c
#include <stdio.h>
#include <string.h>
#include <stdlib.h>

int main( )
{
    FILE *fp, *fin, *fout;
    char msg[ ] = "I can do it!";
    char buf[256] = { " " };
    char name[256] =  { " " }, target[256] = { " " };
    char ch;
    int file_size, success_read, success_write;

    if ((fp = fopen("c:\\work\\c\\msg.txt", "w+")) == NULL) {
       printf("Error: file open error\n");
       exit(1);
    }

    fwrite(msg, strlen(msg) + 1, sizeof(msg), fp);
    file_size = ftell(fp);

    fseek(fp, SEEK_SET, 0);
    fread(buf, strlen(msg) + 1, sizeof(msg), fp);
    printf("%s\n", buf);

    printf("원본 파일명: "); gets(name);
    printf("사본 파일명: "); gets(target);

    fin = fopen(name, "r");
```

```c
        fout = fopen(target, "w");

        /* 블록 크기 > 20,000 이상인 경우 처리 방법 */
        while (file_size > 0){
            success_read = fread(&ch, 1, 1, fin);
            success_write = fwrite(&ch, success_read, 1, fout);
            file_size -= success_write;
        }
        fclose(fin);
        fclose(fout);
        fclose(fp);
        return 0;
}
```

A11
```c
#include <stdio.h>
#include <string.h>
#include <stdlib.h>

struct Jumsoo
{
        char subject[30];
        int  n1;
        int  n2;
};

int main()
{
    FILE *fp;
    struct Jumsoo js[ ]={{"C언어", 80, 95}, {"C++언어",97, 88}};
    struct Jumsoo tmp;
    int   i =0;

    if ((fp = fopen("c:\\work\\c\\cjumsoo.txt", "w+")) == NULL) {
        printf("Error: file open error\n");
        exit(1);
```

```c
    }

    fseek(fp, SEEK_SET, 0);
    for (i = 0; i < sizeof(js) / sizeof(struct Jumsoo); i++) {
        fwrite(&js[i], sizeof(struct Jumsoo), 1, fp);
    }

  fseek(fp, SEEK_SET, 0);
  while (!feof(fp)) {          // 파일의 끝이면 종료
      fread(&tmp, sizeof(struct Jumsoo), 1, fp);
      if (!feof(fp))  /* EOF를 읽을 때는 아직 0을 반환하므로 */
          printf("%s %d %d \n", tmp.subject, tmp.n1, tmp.n2);
  }
  return 0;
}
```

A12

```c
#include <stdio.h>
#include <stdlib.h>
#include <string.h>

struct Student   /* 구조체 정의 */
{
        char hakbun[8];        /* 학번 */
        char name[11];         /* 이름 */
        int kor;               /* kor 점수 */
        int eng;               /* eng 점수 */
        int mat;               /* mat 점수 */
};

int main()
{
    struct Student list;
    FILE *fin, *fout;

    if ((fout=fopen("c:\\work\\c\\hakjum.dat", "w")) == NULL){
```

```c
        fprintf(stderr, "Error opening file.");
        exit(1);
    }

    printf("종료하려면 <Enter>키 누름!\n");
    while (1) {
        printf("학번: ");        gets(list.hakbun); /* 학번 입력 */
                if(strlen(list.name) == 0) break;

        printf("성명: ");        gets(list.name); /* 성명 입력 */
        if (strlen(list.name) == 0) break;

        printf("국어, 영어, 수학 점수를 차례로 입력하고 <Enter>키 누름!\n");
        scanf("%d %d %d", &list.kor, &list.eng, &list.mat);

        fprintf(fout, "%8s%11s%3d%3d%3d",
                list.hakbun,list.name, list.kor, list.eng,
                  list.mat);
                getchar(); /* 출력 버퍼 비우기 */
    }
    fclose(fout);

    if ((fin=fopen("c:\\work\\c\\hakjum.dat", "r")) == NULL) {
        fprintf(stderr, "Error opening file.");
        exit(1);
    }

    printf("-----------------------------\n");
    printf("     성  명  국어 영어 수학\n");
    printf("-----------------------------\n");

    /* 파일에 저장된 내용을 레코드 단위로 읽어 온다.
       파일이 끝날 때까지 읽기를 반복하고 화면에 출력한다.  */
    while (!feof(fin)) {
        fgets(list.hakbun, 9, fputs(list.hakbun, stdout);
        fgets(list.name, 12, fin); fputs(list.name, stdout);
        fscanf(fin, "%3d%3d%3d", &list.kor, &list.eng,
```

```c
                &list.mat);
        printf("%6d%6d%6d\n", list.kor, list.eng, list.mat);

    }

    fclose(fin); /* 파일에서 읽기가 끝났으므로 파일을 직접 닫는다. */
    return 0;
}
```


A13
```c
#include <stdio.h>
#include <stdlib.h>
#include <string.h>

struct Student   /* 구조체 정의 */
{
        char hakbun[8];        /* 학번 */
        char name[11];         /* 이름 */
        int kor;               /* kor 점수 */
        int eng;               /* eng 점수 */
        int mat;               /* mat 점수 */
};
int main()
{
    struct Student list= {""};
    FILE *fin, *fout;
    int recordCount =0;
    long offset;

    if ((fout=fopen("c:\\work\\c\\hakjum2.dat", "wb")) == NULL) {
        fprintf(stderr, "Error opening file.");
        exit(1);
    }

    printf("종료하려면 <Enter>키 누름!\n");
    while (1) {
```

```c
    printf("학번: ");      fgets(list.hakbun, 9, stdin);
    list.hakbun[strlen(list.hakbun) - 1] = NULL;
        if(strlen(list.hakbun) == 0) break;

    printf("성명: ");      fgets(list.name, 12, stdin);
    list.name[strlen(list.name) - 1] = NULL;
    if(strlen(list.name) == 0) break;

    printf("국어, 영어, 수학 점수를 차례로 입력하고 <Enter>키 누름!\n");
    scanf("%d %d %d", &list.kor, &list.eng, &list.mat);
    getchar();      /* 출력 버퍼 비우기 */


        /* 레코드 단위로 저장한다. */
        fwrite(&list, sizeof(struct Student), 1, fout);
}
fclose(fout);

if ((fin=fopen("c:\\work\\c\\hakjum2.dat", "r")) == NULL) {
    fprintf(stderr, "Error opening file.");
    exit(1);
}
fseek(fin, 0L, SEEK_END); /* 파일의 끝 위치로 이동한다.*/
recordCount = ftell(fin) / sizeof(struct Student);

printf(" 레코드 총 개수: %d\n", recordCount);

/* 파일에 저장된 내용을 레코드 단위로 읽어 온다.
   파일이 끝날 때까지 읽기를 반복하고 화면에 출력한다.  */
while (!feof(fin)) {
    printf("\n읽을 레코드 번호, -1 입력하면 종료: ");
    scanf("%ld", &offset);

    if (offset < 0 && offset > recordCount)
      break;

    /* 위치 표시를 지정된 요소로 이동시킨다. */
    if ((fseek(fin, ((offset-1) * sizeof(struct
```

```c
                    Student)), SEEK_SET)) != 0)
        {
                fprintf(stderr, "\nError using fseek().\n");
                exit(1);
        }

    printf("---------------------------\n");
    printf("    학번: 성  명: 국어: 영어: 수학\n");
    printf("---------------------------\n");

     /* 레코드 단위로 읽어들인다. */
    fread(&list, sizeof(struct Student), 1, fin);

    printf("%8s", list.hakbun);
    printf("%11s", list.name);
    printf("%6d", list.kor);
    printf("%6d", list.eng);
    printf("%6d\n", list.mat);
    }
    fclose(fin); /* 파일에서 읽기가 끝났으므로 파일을 직접 닫는다. */
    return 0;
}
```

A14
```c
#include <stdio.h>
#include <stdlib.h>
int main()
{
    char number[256];
    int  kor, eng, mat;
    FILE *fp;

    // score.dat 파일을 생성하고 쓰기 전용으로 오픈, 실패(NULL)하면 실행
    if ((fp=fopen("c:\\work\\c\\score.dat","w")) == NULL) {
        fprintf(stderr, "Error opening file.");
        exit(1);
```

```c
    }
    /* 파일 오픈에 성공하면 */
    printf("학번, 국어, 영어, 수학 점수를 입력하세요!\n");

    /* 키보드(stdin)에서 학번, 국어, 영어, 수학 점수를 입력한다. */
    fscanf(stdin, "%s %d %d %d", number, &kor, &eng, &mat);

    /* 입력한 데이터를 파일에 저장한다. */
    fprintf(fp, "%10s %3d %3d %3d", number, kor, eng, mat);
    fclose(fp);   /* 기록이 끝났으므로 파일을 직접 닫는다. */

    /* score.dat 파일을 읽기 전용으로 오픈한다.
       실패(NULL) 하면 에러 메시지 */
    if ((fp=fopen("c:\\work\\c\\score.dat","r")) == NULL) {
        fprintf(stderr, "Error opening file.");
        exit(1);
    }
    /* 파일 오픈에 성공하면 */
    printf("----------------------------\n");
    printf("학번 국어  영어 수학\n");
    printf("----------------------------\n");

    /" 파일에 저장된 내용을 레코드 단위로 읽어 온다.
       파일이 끝날 때까지(EOF) 읽기를 반복하고 화면에 출력(printf)한다. "/
    while (fscanf(fp, "%s%d%d%d", number, &kor, &eng, &mat) != EOF)
        printf("%10s %3d %3d %3d\n", number, kor, eng, mat);

    fclose(fp); /* 파일에서 읽기가 끝났으므로 파일을 직접 닫는다. */
    return 0;
}
```

```
A15  #include <stdio.h>
     #include <stdlib.h>
     int main()
     {
         char number[256];
         int  kor, eng, mat;
         FILE *fp;

         if ((fp=fopen("c:\\work\\c\\score.dat","w+")) == NULL) {
            fprintf(stderr, "Error opening file.");
            exit(1);
         }
         /* 파일 오픈에 성공하면 */
         printf("학번, 국어, 영어, 수학 점수를 입력하세요!\n");

         /* 키보드(stdin)에서 학번, 국어, 영어, 수학 점수를 입력한다. */
         fscanf(stdin, "%s %d %d %d", number, &kor, &eng, &mat);

         /* 입력한 데이터를 파일에 저장한다. */
         fprintf(fp, "%10s %3d %3d %3d", number, kor, eng, mat);
         printf("----------------------------\n");
         printf("학번 국어  영어 수학\n");
         printf("----------------------------\n");
         rewind(fp);  // 파일의 위치를 첫 위치로 이동

         /* 파일에 저장된 내용을 레코드 단위로 읽어 온다.
            파일이 끝날 때까지(EOF) 읽기를 반복하고 화면에 출력(printf) 한다.*/
         while (fscanf(fp, "%s%d%d%d", number, &kor, &eng, &mat) != EOF)
             printf("%10s %3d %3d %3d\n", number, kor, eng, mat);

         fclose(fp); /* 파일에서 읽기가 끝났으므로 파일을 직접 닫는다. */
         return 0;
     }
```

```c
#include <stdio.h>
#include <stdlib.h>
#include <string.h>

struct Geecha {
        long number;            /* 고객 번호 */
        char code[3];           /* 열차 코드 */
        char jasuk[3];          /* 좌석 코드 */
        long cal;               /* 열차 요금 */
        char org[3];            /* 출발지 코드 */
        char dest[3];           /* 도착지 코드 */
        long soo;               /* 탑승 인원 */
        double dist;            /* 여행 거리 */
        long count;             /* 월 이용 횟수 */
};

int main( )
{
    char line[256]= " ";   /* 한 개의 레코드 단위로 입력한 내용 저장 */

    /* 숫자 필드 임시 저장 */
    char temp1[8], temp4[7], temp7[4], temp8[6], temp9[3];
    FILE *in, *out;
    struct Geecha gc = { 0 };       /* 구조체 변수 선언과 초기화 */

    /* 입력 파일 개방 */
    in = fopen("c:\\work\\c\\project2.txt", "rt");
    /* 출력 파일(데이터를 기록할 파일) */
    out = fopen("c:\\work\\c\\project2.out", "wt");
    /*파일에 저장된 내용을 레코드 단위로 읽어 온다.
     파일이 끝날 때까지(EOF) 읽기를 반복한다.*/
    while (!feof(in)) {
        fgets(line, 256, in); /* 레코드 단위로 읽기(모두 문자열로 읽기) */
        /* 문자열을 숫자 long 타입으로 변환 */
        gc.number = atol(strncpy(temp1, line + 0, 7));
        strncpy(gc.code, line+7, 2);   /*열차 코드, 자리수 0+7=7 */
```

```c
        strncpy(gc.jasuk, line+9, 2);  /*좌석 코드, 자리수 0+7+2=11 */
        /* 열차 요금, 자리수 0+7+2+2=11 */
        gc.cal = atol(strncpy(temp4, line + 11, 6));
        strncpy(gc.org, line+17, 2);  /* 출발지 코드 */
        strncpy(gc.dest, line+19, 2);  /* 도착지 코드 */
        gc.soo = atol(strncpy(temp7, line + 21, 3));  /* 탑승 인원 */

        gc.dist =  atof(strncpy(temp8, line + 24, 6));  /*여행 거리 */
        gc.count = atol(strncpy(temp9, line + 30, 2));  /*월 이용 횟수 */

        printf("%d%s%s%d%s%s%d%.2lf%d\n", gc.number, gc.code,
               gc.jasuk, gc.cal,  gc.org, gc.dest, gc.soo,
               gc.dist, gc.count);

        fprintf(out, "%d%s%s%d%s%s%d%.2lf%d\n", gc.number,
               gc.code, gc.jasuk, gc.cal,  gc.org, gc.dest,
               gc.soo, gc.dist, gc.count);
    }
    fclose(in);
    fclose(out);
    return 0;
}
```

프로그램 설명

먼저 폴더 c:\work\c에 project2.txt 파일에 다음 데이터를 편집하여 저장한다.

```
1234567SAGD123456BCIN123123.4512 [Enter]
1357902jfxw246802kpaw159278.2384 [Enter]
5892537kwsp190425dalc208452.4139 [Enter]
```

힌트

① 전체 필드를 하나의 구조체로 정의하고, 파일을 입력 모드로 개방한다.

```
fp = fopen(c:\\work\\c\\project2.txt", "rt");
```

② 작업을 원활하게 하기 위해 fgets( ) 함수를 사용하여 각 레코드 단위의 모든 내용을 문자열로 입력하여 처리한다.

③ 숫자 항목은 문자열로 저장할 임시 장소 temp를 배열을 마련하여 이곳에서 작업을 하

도록 한다. 숫자로 구성된 필드는 문자열로 입력하였기 때문에 long형의 정수로 변환하는 atol( ) 함수를 사용한다. long형, atof( ) 함수를 사용하여 double형으로 변환한다.
구조체 변수.멤버 변수 = atol(strncpy(복사될 배열명, 복사할 항목, 읽을 개수));

④ 레코드의 모든 필드가 line[256] 배열에 문자열로 저장되어 있다. 각 필드의 문자열은 특정한 위치를 지정해 주어야 하고 길이도 지정해야 하므로 strncpy( ) 함수를 사용하여 지정한 개수만큼만 복사한다.
strncpy(구조체 변수.멤버 변수, line+시작 위치, 복사할 개수);
각 항목을 저장할 때 배열을 사용하면 정확한 길이만큼 확보한다. 이때 조심할 것은 배열의 첨자 크기는 저장할 문자열 길이보다 1바이트 크게 잡는다.

⑤ line+시작 위치 계산은 처음부터 해당하는 항목 바로 앞까지의 자릿수를 모두 합하면 된다.

⑥ 프로그램을 실행하기 전에 편집기(메모장 등)를 이용하여 다음과 같이 구조체 형태의 자릿수를 정확히 일치시켜 연속하여 입력한다.
예 승객 한 명에 대한 레코드 데이터
11234567SAGD123456BCIN123123.4512 Enter

⑦ 파일에 출력하여 저장한다.
fprintf(파일 포인터, "%포맷지정자 ...\n", 출력할 항목);

A17

```c
#include <stdio.h>
#include <stdlib.h>
int main( )
{
    FILE *fp;
    /* 파일 열 때 실패(NULL)하면 에러 메시지를 출력 */
    if ((fp = fopen("c:\\work\\c\\test.dat","a")) == NULL) {
        fprintf(stderr, "Error opening file.");
        exit(1);
    }
    /* 파일을 정상적으로 열면 */
    fprintf(fp,"Give thanks!\n");
    fclose(fp);
    return 0;
}
```

```c
#include <stdio.h>
#include <stdlib.h>
#define   STEP   7
int main( )
{
    FILE *fp;
    char buf[] = "Rejoice always, Give thanks";

    if ((fp = fopen("c:\\work\\c\\can.dat", "w")) == NULL) {
        fprintf(stderr, "Error opening file.");
        exit(1);
    }

    if (fputs(buf, fp) == EOF) {
        fprintf(stderr, "Error writing to file.");
        exit(1);
    }
    fclose(fp);

    /* 읽기 상태로 파일을 연다. */
    if ((fp = fopen("c:\\work\\c\\can.dat", "r")) == NULL) {
        fprintf(stderr, "Error opening file.");
        exit(1);
    }
    printf("\n현재 위치: %ld", ftell(fp));

    /* 7 문자를 읽어들인다. */
    fgets(buf, STEP, fp);
    printf("\n읽고 난 후 현재 위치: %ld", ftell(fp));

    /* 다음 7 문자를 읽어들인다. */
    fgets(buf, STEP, fp);
    printf("\n또 읽은 후 현재 위치:%ld",  ftell(fp));

    rewind(fp);  /* 스트림을 시작 부분으로 이동 */

    /* 7 문자를 읽어 들인다. */
```

```c
        fgets(buf, STEP, fp);
        printf("\n%s\n", buf);
        fclose(fp);
        return(0);
}
```

A19
```c
#include <stdio.h>
#include <stdlib.h>
#define    MAX        3       /* 3명의 학생수 */

struct Student            /* 구조체 정의       */
{
    int number;        /* 학번 */
    char name[20];     /* 이름 */
    int cpp;           /* C++ 점수 */
    int db;            /* DB 점수 */
    int web;           /* Web 점수 */
};

int main()
{
    FILE *fout;

    /* 3개의 구조체 배열 변수 정의와 초기화  */
    struct Student list[] = {
        {20061001, "홍길동", 90, 95, 76},
        {20061002, "이기자", 60, 75, 80},
        {20061003, "천사표", 79, 98, 88}};

    if ((fout=fopen("c:\\work\\c\\score.bin","wb")) == NULL) {
        printf("Error: file open error\n");
        exit(1);
    }

    if (fwrite(list, sizeof(struct Student), MAX, fout) != MAX) {
```

```c
        printf("Error: file write error\n");
        exit(1);
    }
    fclose(fout);
    return 0;
}
```

A20
```c
#include <stdio.h>
#include <stdlib.h>
#define   MAX     3      /* 3명의 학생수 */

struct list
{
    int number;         /* 학번 */
    char name[20];      /* 이름 */
    int cpp;            /* C++ 점수 */
    int db;             /* DB 점수 */
    int web;            /* Web 점수 */
};

int main()
{
    FILE *fin;
    int i;
    struct list list[3];   /* 3개의 구조체 배열 변수 */

    if ((fin = fopen("c:\\work\\c\\score.bin","rb")) == NULL) {
        printf("Error: file open error\n");
        exit(1);
    }

    if (fread(list, sizeof(struct list)*MAX, 1, fin) != 1) {
        printf("Error: file read error\n");
        exit(1);
    }
```

```c
        printf("학  번 | 이 름 | c++ | DB  | Web | \n");
        for (i=0; i < 3; i++) {
            printf("%d", list[i].number);
                        // list[] 구조체의 멤버 number 출력
            printf("%8s", list[i].name);
            printf("%6d", list[i].cpp);
            printf("%6d", list[i].db);
            printf("%6d \n", list[i].web);
        }
        fclose(fin);
        return 0;
    }
```

A21
```c
#include <stdio.h>
#include <io.h>

#define    EXIST      0

int main()
{
    char *path;

    path = "c:\\work\\c\\test.txt";

    if (access(path, EXIST) == EXIST) {
        if (remove(path) == 0) {
            printf("%s 파일 삭제! \n", path);
        }
    }
    else {
        printf("%s 파일이 존재하지 않습니다. \n", path);
    }
    return 0;
}
```

```c
#include <stdio.h>
#include <stdlib.h>
int main()
{
    FILE *fin, *fout;        /* 파일 포인터 선언 */
    char finame[40], foutname[40];   /*파일 이름 */
    int  ch;   /* 파일에서 읽어온 문자를 저장할 변수 선언 */

    printf("\n입력 파일명: c:\\work\\c\\test.txt을 입력 ");
    fgets(finame, sizeof(finame), stdin);
    finame[strlen(finame)-1] = NULL; // gets(finame);
    printf("\n출력 파일명:   "); gets(foutname);

    if ((fin=fopen(finame, "r")) == NULL){
        printf("Error: %s file open error\n", finame);
        exit(1);
    }

    /* 파일을 쓰기 전용으로 개방에 실패(NULL)하면  */
    if ((fout = fopen(foutname, "w")) == NULL) {
        fprintf( stderr, "%s 파일을 개방할 수 없습니다!\n", foutname );
        exit(1);   /* 프로그램 강제로 종료하고 시스템에게 1을 전달 */
    }

    while ((ch = getc(fin)) !=EOF)  /* 파일이 끝나기 전까지 */
    {
        putc(ch, fout);        /* 파일에 출력함 */
            putchar(ch);   /* 화면에 출력함  */
    }

    fclose(fin);
    fclose(fout);

    return 0;
}
```

```c
#include <stdio.h>
#include <stdlib.h>
#include <io.h>

int copy(char *sourcename, char *destname); /* 함수 원형 */

int main( )
{
    char source[80], dest[80]; /* 파일 이름 저장 */

    /* 원본 파일 이름과 복사본 파일의 이름을 입력 */
    printf("원본 파일 이름: "); fgets(source, sizeof(source), stdin);
    source[strlen(source)-1] = NULL; // gets(source);
    printf("\n복사본 파일 이름: ");       gets(dest);

    if (access(dest, 0) == 0 ) {
            puts("파일이 존재합니다!");
            return -1;
    }

    if (copy(source, dest) == 0 )
      puts("복사 성공!");
    else
      fprintf(stderr, "복사 오류!");

    return 0;
}

/* 함수 정의 텍스트 파일, 이진 파일을 복사할 수 있도록 이진 모드로 연다.*/
int copy(char *sourcename, char *destname)
{
    FILE *source, *dest;
    int ch;

    /* 텍스트 파일, 이진 파일을 읽기, 이진 모드로 연다. */
    if ((source = fopen(sourcename, "rb")) == NULL)/* 실패하면 */
```

```c
        return -1;

    /* 쓰기 전용, 이진 모드로 연다. */
    if ((dest = fopen(destname, "wb")) == NULL)   /* 실패하면 */
    {
        fclose (source);
        return -1;
    }

    /* 파일을 성공적으로 개방하였으면 */
    while (1)  /* 모두 복사할 때까지 무한 루프 */
    {
        ch = fgetc(source);  /* 한 바이트를 읽음 */

        if (!feof(source))   /* 파일의 끝에 도달하지 않았으면 */
                fputc(ch, dest); /* 복사본 파일에 바이트를 기록 */
        else
                break;   /* 강제로 종료 */
    }
    fclose(dest);
    fclose(source);
    return 0;
}
```

A24
```c
#include <stdio.h>
#include <stdlib.h>
#include <string.h>
int main()
{
    char buffer[256]="";    /* 한 줄씩 처리하기 위한 버퍼 */
    char source[80]="";     /* 원본 파일 저장용 버퍼 */
    char dest[80]="";       /* 줄 삽입 파일 이름 저장 */
    char token[80]="";      /* 원본 파일을 보호하기 위해 임시 버퍼 사용 */
    const char sepset[] = ".";  /* 토큰 구분 문자 - '.' **/
```

```c
    int line=1, page=0;          /* 삽입할 줄 번호 저장과 페이지 관리 */
    FILE *fin, *fout;            /* 입력 파일과 출력 파일 포인터 */
    char *pt;                    /* 줄 삽입에 사용할 포인터 */

    /* 원본 파일 이름과 복사본 파일의 이름을 입력 */
    printf("원본 파일 이름: "); gets(source); /* 원본 파일 이름 입력 */
    strcat(token, source);    /* 원본 파일을 보호하기 위해 임시 버퍼 사용 */

    /* 줄 삽입 파일 이름을 결정하기 위해 확장자 .c 토큰 분리 작업 */
    pt = strtok(token, sepset);    /* 1. 최초의 호출     **/
    while (pt)                     /* NULL이면 종료 */
    {
        strcat(dest, pt);              /* 토큰 저장 */
        pt = strtok(NULL, sepset); /* 2. 다음 호출 */
        if(*pt == 'c')                 /* 확장자가 c라면 종료 */
            break ;
    }
    strcat(dest, ".");         /* 확장자 앞의 점(.) 삽입 */
    strcat(dest, "line");      /* 확장자는 line 붙임 */
    printf("줄 번호 삽입한 파일 이름: %s\n", dest);

    /* 텍스트 파일, 이진 파일을 복사할 수 있도록 이진 모드로 연다. */
    if ((fin = fopen(source, "rb" )) == NULL) {
        fprintf(stderr, "%s파일을 개방할 수 없습니다!\n", source);
        exit(1);
    }

    /* 복사본 파일을 쓰기 상태의 이진 모드로 연다. */
    if ((fout = fopen(dest, "wb")) == NULL)    { /* 실패하면 */
        fprintf(stderr, "%s파일을 개방할 수 없습니다!\n", dest);
        fclose(fout);
        return -1;
    }

    system("cls"); /*DOS 명령 CLS 실행하여 화면 지우기  */
    while (fgets(buffer, 256, fin) != NULL) {
        if (line % 24 == 0)   {   /* 한 화면에 24라인씩 출력 */
```

```c
                page++;           /* 페이지 */

                fprintf(fout, "%Page: %d, 4d:\t%s", line++, buffer);
                system("pause"); /* 임의의 키를 누를 때까지 정지 */
        }
        else
                fprintf(stdout, "%4d:\t%s", line++, buffer);

        fprintf(fout, "%4d:\t%s", line, buffer); /* 파일에 저장 */
    }
    puts("각 라인에 줄 번호 삽입 성공!");
    fclose(fin);
    fclose(fout);
    return 0;
}
```

A25

```c
#include <stdio.h>
#include <stdlib.h>
#include <string.h>

struct Employee
{
        char no[8];               /* 사번 */
        char name[11];            /* 성명 */
        int pay;                  /* 봉급 8자리 */
        char tel[14];             /* 전화번호 010-1234-5679*/
        double grade;             /* 평점 */
};

int main()
{
    struct Employee  emp= {""};
    FILE *fin, *fout;
    int i, recordCount =0;
```

```c
    int step; // 구조체와 구조체 사이 간격
    char list[1024] = {""};
    char tmp[1024] = {""};

    if ((fout=fopen("c:\\work\\c\\emp.dat", "w+b")) == NULL) {
        fprintf(stderr, "Error opening file.");
        exit(1);
    }

    printf("종료하려면 <Enter>키 누름!\n");
    while (1) {
        printf("사번:(1234567) ");   fgets(emp.no, 9, stdin);
          emp.no[strlen(emp.no)-1] = NULL;
                if(strlen(emp.no) == 0) break;

        printf("성명: ");        fgets(emp.name, 12, stdin);
        emp.name[strlen(emp.name) - 1] = NULL;
        if(strlen(emp.name) == 0) break;

        printf("봉급:(12345678) "); fgets(list, 10, stdin);
        list[strlen(list) - 1] = NULL;
          emp.pay = atoi(list);
                getchar();  /* 정수이므로 출력 버퍼 비우기 */

        printf("전화번호:(010-1234-5679) "); fgets(emp.tel,15, stdin);
        emp.tel[strlen(emp.tel) - 1] = NULL;

        printf("평점:123.45 "); fgets(list, 9, stdin);
        list[strlen(list) - 1] = NULL;
          emp.grade = atof(list);
        getchar(); /* 실수이므로 출력 버퍼 비우기 */

        sprintf(list, "%7s%10s%8d%13s%6.2f",
                emp.no, emp.name, emp.pay, emp.tel, emp.grade);
        /* 레코드 단위로 저장한다. */
        fwrite(&list, sizeof(struct Employee), 1, fout);
        //fwrite(&emp, sizeof(struct Employee), 1, fout);
```

```c
}

    fseek(fout, 0L, SEEK_END);  /* 파일의 끝 위치로 이동한다.*/
    recordCount = ftell(fout) / sizeof(struct Employee);

    printf("레코드 크기 = %d\n", sizeof(struct Employee));
    printf("파일 크기 = %d\n", ftell(fout));
    printf("전체 레코드 개수: %d\n", recordCount);

    fseek(fout, 0L, SEEK_SET);  /* 파일의 첫 위치로 이동한다.*/
    /* 파일에 저장된 내용을 레코드 단위로 읽어 온다.
       파일이 끝날 때까지(EOF) 읽기를 반복한다.*/
    while (recordCount) {
        fgets(list, sizeof(struct Employee), fout);
                /* 레코드 단위로 읽기 */
        strncpy(emp.no, list + 0, 7);
        strncpy(emp.name, list+7, 10);   /* 자리수 0+7=7 */

        emp.pay = atoi(strncpy(tmp, list + 17, 8));
                /*  자리수 7+10 =17 */
        strncpy(emp.tel, list+25, 13); /* 자리수 17+ 8 = 25 */
        emp.grade = atof(strncpy(tmp, list + 38, 6));
                /*  자리수 25 + 13 = 38 */
        step = sizeof(struct Employee) - 44 - 2; // 매우 중요, 공백 간격
        printf("%10s%15s%10d%15s%10.2f\n",
               emp.no, emp.name, emp.pay, emp.tel, emp.grade);

        fgets(list, step, fout);   // 매우 중요, 공백 간격 삭제 효과
        recordCount--;
    }
    fclose(fout);
    return 0;
}
```

프로그램 설명

파일에 데이터를 저장할 때 문자열인 경우 다음 사항을 고려한다.

```
fgets(emp.no, 9, stdin);
```

이 문장처럼 emp.no는 7자리이므로 2자리 더한 9자리로 저장해야 다음과 같이 8자리로 확정된다.

```
emp.no[strlen(emp.no) - 1] = NULL;
```

파일에 데이터를 저장할 때 숫자인 경우 다음 사항을 고려한다.

```
fgets(list, 10, stdin);
```

이 문장처럼 list는 8자리이므로 2자리 더한 10자리로 저장해야 다음과 같이 9자리로 확정된다.

```
list[strlen(list) - 1] = NULL;
```

int 타입 정수이므로 다음 문장처럼 문자열을 int형으로 변경한다.

```
emp.pay = atoi(list);
```

long 타입 정수인 경우 다음 문장처럼 문자열을 long형으로 변경한다.

```
변수 = atol(list);
```

double 타입 부동 소수점수인 경우 다음 문장처럼 문자열을 double형으로 변경한다.

```
emp.grade = atof(list);
```

반드시 숫자인 경우는 다음과 같이 공백이나 Enter 값 '\n' 을 삭제해야 한다.

```
getchar();      /* 정수이므로 출력 버퍼 비우기 */
```

레코드의 크기는 sizeof(struct Employee)로 계산하면 48바이트가 된다.
실제 구조체 크기는 (8 + 11 + 4 + 14 + 8) = 45바이트가 되지만 4의 배수로 저장되므로 48바이트가 된다. 항상 3바이트의 간격이 있게 된다.

```
                    1         2         3         4         5         6         7
123456789012345678901234567890123456789012345678901234567890123456789012345 6
0221001   홍 길동 3456781 032-123-4567 90.20    0221002   이 기자 23456789
        7       10      8         13      6
```

파일에서 데이터를 읽을 경우 다음 사항을 고려한다. fread( ) 함수로 읽으면 오 동작되는 경우도 있으므로 권장하지 않는다. 문자열과 숫자가 혼합되어 구성되어 있지만 각 멤버별로 읽으면 정확하게 읽을 수 없으므로 다음 문장처럼 레코드 단위(구조체 크기)로 읽어 온다.

```
fgets(list, sizeof(struct Employee), fout);
```

strncpy( ) 함수를 사용하여 멤버 크기대로 분할한다.

```
strncpy(emp.no, list + 0, 7);
```

첫 번째 레코드와 두 번째 레코드 사이는 간격이 들어 있으므로 이 간격을 없애야 한다. 간격은 다음 공식으로 계산한다(fgets( ) 함수에서는 실제 크기 +2이므로 −2 해 두어야 함).

```
모든 멤버의 총 자리 수 = (7 + 10 + 8 + 13 + 6) = 44
step = sizeof(struct Employee) - 44 - 2;
```

다음 문장에 의해 문자열을 읽고 처리하지 않으면 공백 간격을 삭제하는 효과가 있다.

```
fgets(list, step, fout);
```

Memo

전처리와 매크로

학습목표

- 전처리 명령어
- 매크로
- 프로그램 모듈화

14장에서는 컴파일러가 C 소스 코드를 컴파일하기 전에 처리하는 # 기호가 붙은 전처리 명령어에 대해 소개한다. 흔히 사용하는 #include와 #define은 반드시 이해하고 활용할 수 있어야 한다.

01 매크로

전처리(Preprocessor) 명령의 특징은 다음과 같다.

① #문자로 시작하는 명령으로 [표 14-1]과 같이 제공된다.
② 프로그램의 선두 부분에서 선언한다.
③ 컴파일할 때 전처리 명령을 먼저 수행한 후 컴파일한다.
④ 반드시 한 줄에 하나의 지시자만 기술할 수 있다.

표 14-1 ▶
전처리 지시자

지시자	내용
#define	매크로 정의
#undef	매크로 정의 해제
#include	파일에 텍스트 첨부
#if	상수식의 값인지 검사하여 참이면 텍스트 처리
#ifdef	매크로 이름이 정의되어 있으면 텍스트 추가
#ifndef	매크로 이름이 정의되어 있지 않으면 텍스트 추가
#else	#if, #ifdef, #ifndef, #elif와 연결하여 거짓이면 텍스트 추가
#endif	조건부 전처리 지시자의 끝 표시
#line	컴파일러 메시지로 라인 번호 출력
#elif	#if, #ifdef, #ifndef, #elif와 연결하여 거짓이면 다른 상수값에 따라 텍스트 추가
defined	#if, #elif에서 사용, 명칭이 매크로로 정의되면 1, 아니면 0을 생성
# 연산자	매개변수를 매개변수 문자열로 변환
## 연산자	두 토큰을 결합하여 하나로 병합
#pragma	컴파일러에 기능 전달
#error	진단 메시지를 통해 컴파일 할 때 오류 생성

매크로는 기호 상수 이름이고, 기호 상수(symbolic constants)란 프로그램에서 특정 이름 또는 기호로 표현하는 상수이다.

주의

#으로 시작하는 매크로는
① 명령문이 아니고 대체 메커니즘이므로 문장의 끝에 세미콜론(;)을 붙이지 않는다.
② 매크로 내부에 다른 매크로를 포함할 수 있다.

 **매크로 정의 : #define**

#define은 지정한 매크로를 생성하여 작업을 정의한 매크로로 치환한다.

> ① #define 매크로명 토큰 시퀀스
> ② #define 매크로명(매개변수 리스트)　토큰 시퀀스
> ③ #define 매크로명(매개변수)　함수명(매개변수)

매크로명은 연상 기호 상수 이름이고, 이 명칭을 만날 때마다 토큰 내용으로 대치된다. 토큰(token)은 공백문자(white space: 공백(blank), 탭(tab), 개행문자(newline), FF(formfeed))에 의해 분리되는 단어(word)이다.

- 형식 ①은 상수 값을 상수 기호로 대체하여 사용한다.
- 형식 ②는 함수처럼 매개변수를 갖는 매크로로 간단한 수식을 기호한 경우이다. **함수 매크로는 매개변수를 선언할 때 자료형을 붙이지 않는다.**
- 형식 ③은 간단한 한 줄의 함수를 이름으로 기호화하여 함수처럼 사용할 수 있다.

함수 매크로는 일반 함수에 비해 실행 속도가 빠르지만 매크로가 있는 위치마다 해당하는 코드가 삽입되기 때문에 프로그램 소스 코드가 더 길어진다. 또한 일반적으로 프로그램의 길이가 한 줄일 때 사용한다.

반복되는 상수를 매크로명으로 정의하여 사용하면 문서화한 것처럼 그 의미를 명확하게 알 수 있고, 유지 보수가 용이하다.

예를 들어 배열의 크기를 변경할 경우 이 배열 크기를 기술한 곳마다 일일이 수정해야 하므로 불편하다. 이런 경우 #define문으로 기호 상수화하여 한 번에 그 부분의 상수값만 변경하면 크기가 달라지는 상수가 수정되므로 매우 효율적이다.

예문 1　`#define PAI 3.1415926 /* 3.1415926 상수를 PAI로 정의 */`

[그림 14-1]은 값을 매크로 정의하는 방법이다.

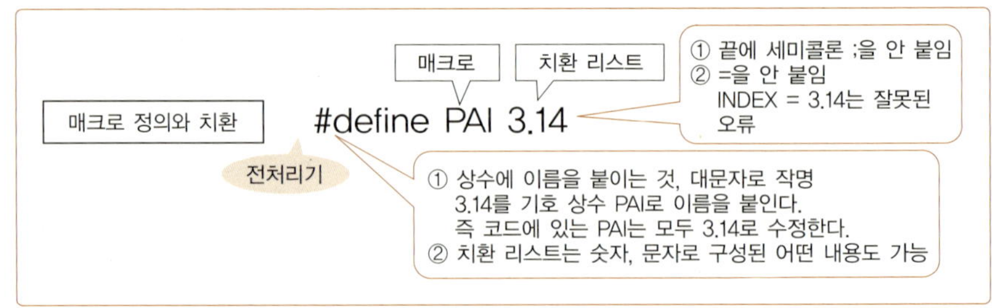

일반적으로 #define의 매크로명은 대문자를 사용한다.

예문 2 #define SQUARE(x)   x * x

SQUARE(x)의 x는 매개변수이다. 전달 인자이므로 SQUARE(x)가 나타나는 곳에는 x * x로 치환된다. x는 정수, 실수, 문자 등 모든 타입에 적용한다.

함수 매크로는 매개변수의 자료형을 붙이지 않으므로 모든 자료형에 따라 자동으로 변환된다. 따라서 매개변수들을 소괄호로 묶는다.

위 문장은 다음과 같이 각 기호마다 소괄호를 붙여서 이 수식을 실행할 때 연산과 결합이 올바른 순서로 이루어지도록 수정하는 것이 안전하다.

```
#define SQUARE(X)  ((X)*(X))
```

(x)부분이 곱셈하기 전에 우선 처리되므로 올바르게 대체된 후에 연산이 이루어진다.

예문 3 키 값 재정의 – 각 키에 해당하는 ASCII 코드값

```
#define ESC       27       /* Esc 키에 해당하는 ASCII 코드값 */
    #define ENTER 0xd
    #define HOME  0x47
    #define END   0x4f
    #define INS   0x52
    #define DEL   0x53
    #define TAB   0x0f

    /*  논리값 재정의   */
    #define TRUE  1
    #define FALSE 0
    #define ON    1
    #define OFF   0
```

하드웨어 포트(port)나 장비의 주소 및 각종 제어 신호, 각종 파라미터들은 #define을 사용하여 정의한 후 프로그램 코드를 작성한다.

인텔의 x86 프로세서 계열에서는 입출력 장치를 액세스용 inp(주소, 데이터), outp(주소, 데이터) 함수를 제공하는 I/O 맵 방식이지만 다른 시스템에서는 사용할 수 없다. 이를 해결하려면 메모리의 일부를 입출력 장치 영역으로 할당하여 사용하는데 이를 메모리 맵 방식(memory mapped peripheral method)이라고 한다.

메모리 맵 방식으로 입출력 장치를 제어하려면 다음 순서로 진행한다.
① 입출력할 장치가 연결된 포트 주소를 포인터 변수로 정의하여 선언한다.
② 선언한 포인터를 이용하여 데이터를 읽거나 기록한다.

입출력할 하드웨어 장치는 하드웨어 포트에 연결되어 있다. 다음 주의 사항은 매우 중요한 개념이다.

#define으로 하드웨어 포트(port)나 장비의 주소를 정의하려면 캐스트 연산자 (자료형 *)으로 상수 값을 상수가 아니라 주소화해야 한다.

① #define 매크로 (자료형 *) 주소
② 정수를 직접 사용하면 일반 정수로 인식하지만 (자료형 *)정수로 하면 정수는 번지 값이 된다.
③ 입출력 장치를 액세스할 경우 캐시를 사용하면 입출력 장치의 내용이 변경되어도 사용 전의 캐시 메모리에 저장된 내용이 프로세서로 전달될 수도 있으므로 캐시 메모리를 사용하지 말자.

예문 4 하드웨어의 메모리 맵(memory map) – 포트 주소(port address)

```
/* LCD 모듈을 액세스하기 위한 주소 디코딩, 주소에 따라 명령어 쓰기, 명령어 읽기가 구분
   된다. */
        #define LcdCW *((char *)0xbc00) /* LCD 명령어 쓰기 레지스터 */
        #define LcdCR *((char *)0xbc01) /* LCD 명령어 읽기 레지스터 */

/* LED 모듈을 액세스하기 위한 주소 디코딩 */
        #define LED    *((unsigned char *)0xb900

/* RAM 주소 */
        #define    RAMEND    (unsigned long *)0x10FF
        #define    XRAMEND   (unsigned long *)0xFFFF

/* Data 레지스터 */
        #define    PORTF7    7
```

```
#define LED        *((unsigned char *)0xb900
```

LED의 주소가 0xb900인 경우 (unsigned long *)0xb900 처럼 캐스트 연산자를 사용하여 이 주소를 정의한 매크로이다. 이처럼 주소를 매크로로 정의하면 하드웨어 장치에 접근시 이 매크로를 사용한다. 예를 들어, 위 주소에 연결된 LED에 0x00을 기록하여 LED가 켜진다면 LED로 명령을 출력하기 위해 다음과 같은 코드로 작성한다.

```
LED = 0x00;   // LED 모두 출력. 0이면 LED on, 1이면 LED off
```

이처럼 하드웨어 장치는 하나의 매크로로 인식되므로 프로그램에서 이 장치로 데이터를 입출력할 수 있다. 이 개념 역시 하드웨어를 제어하는 경우 매우 중요하다.

LED 주소를 다음과 같이 선언한 경우

```
volatile unsigned long *LED  = (volatile unsigned long *)0xb900;
```

volatile을 붙이면 컴파일러가 최적화되는 동안 LED에 대한 동작이 유지되므로 안전하다. LED를 켜기 위한 코드는 다음과 같다.

```
*LED = 0x00;
```

위와 같이 매크로가 정의되면, 프로그램 소스상의 char는 unsigned char로 치환된다.

 ## #define에서 매크로 전달인자로 문자열 만들기와 토큰 결합 연산자

문자열 내부에서의 인자(실 매개변수)는 출력할 수 없지만, #연산자를 사용하면 문자열 내에서 실 매개변수를 문자열로 변환하여 데이터를 출력할 수 있다. #는 파운드 기호(pound sign)이라고 읽는다.

① 매개변수 문자열 변환 연산자(#): # 매크로 매개변수
② 토큰 병합 연산자(##): 토큰1 ## 토큰2

'#'는 매크로 인자를 문자열로 만들어, 문자열 안에 매크로 전달인자를 포함시킬 때 사용한다. '##'는 매크로 함수 안에서 분리되어 있는 2개의 토큰(문

법 분석의 단위, 예: 숫자, 콤마, 연산자, 식별자 등)을 결합하여 하나의 토큰으로 병합(merge)한다.

예문
```
#define JOIN(n)  x ## n /* x와 n이 결합하여 매개변수는 xn로 변환 */
#define PRN(n)  printf("변수 "#n" = %d\n", x ## n)
```

[실습 14-1]은 다양한 형태로 define문을 사용한 코드이다.

실습 14-1 | 다양한 형태로 define문을 사용한 코드


```c
#include <stdio.h>

#define X        15              // 정수 15 대신 X 사용
#define PAI    3.1415926         // 실수 4.1415926 대신 PAI 사용
#define MUNJA   '@'              // 단일 문자 @
#define TEXT printf("I Can do it!\n")
#define ADD(x,y) (x + y)         // ADD(x,y) 위치마다 (x + y)로  치환
#define JOIN(n)  x ## n          // x와 n을 하나로 통합한 xn로 확장
#define LIST(n)  printf("변수 "#n" = %d\n", JOIN(n))
#define SIZE( x ) sizeof(x) / sizeof(x[0])

/* #인수(실매개변수)를 사용하면 message로 변환된 인수 출력 */
#define OUT(message)  printf("변수 "#message" 값= %d\n", message)

int  main()
{
    int i, x= 88, y = 99;
    int x3 = 9; // JOIN 매크로로 x와 3이 결합한 생성 변수 x3 선언
    char str[ ] = { 'L', 'O', 'V', 'E'} ;

    printf("매크로 상수 출력: %d\n", X);
    printf("5 + 2 = %d\n", ADD(5, 2));
    TEXT; /* printf() 을 사용하여 출력 */

/* #인수(실매개변수)를 사용하면 message로 변환된 인수 출력 */
    OUT(x);
    LIST(3); // x와 2이 결합한 x2로 확장 생성
        for (i = 0; i < SIZE(str); i++)
            printf("%5c", str[ i ]);
    printf("\n");
    return 0;
}
```

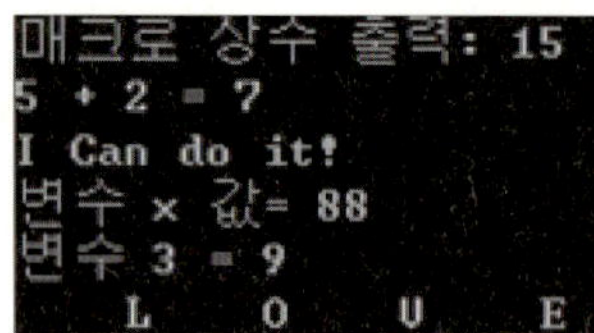

#define은 상수, 문자, 문자열, 함수 등을 기호로 정의하여 사용하며, 이 정의한 기호 명칭이 있는 위치는 해당하는 내용으로 대치된다.

```
#define ADD(x, y)
```

두 변수의 값을 덧셈하는 (x+y) 연산식 또는 ADD(x,y)을 사용할 수 있다.

```
#define OUT(message) printf("변수 "#message" 값= %d\n", message)
```

printf( ) 함수 내부의 매개변수 #message는 호출한 내용으로 변환한 문자열로 변경한 후 출력한다. 함수 호출을 OUT(x);으로 하였으므로 #message는 "x"로 치환된다.

함수를 호출한 인자로 변환하려면 #define로 정의할 함수 내부의 매개변수는 반드시 큰 따옴표("치환할 문자열") 속에 넣어야 한다. 즉, "#message"로 표기해야지 #message로 표기하면 치환되지 않고 그대로 출력된다.

```
#define JOIN(n)  x ## n
```

x와 n이 결합하여 xn로 확장된다. 이후에 프로그램에서 이 매크로를 다음과 같이 사용하면

```
JOIN(2)
```

x와 2가 결합한 x2으로 치환되므로 변수 x2가 생성된다.

ⓒ 매크로 정의 해제 : #undef

#undef는 #define으로 정의한 내용을 해제한다.

정의한 매크로 해제 : #undef 명칭

```
#define MAX 256
#undef  MAX // MAX 정의를 취소
```

MAX 정의가 두 번 나타나므로, 먼저 정의한 80은 무시되고 256으로 재정의된다. 그 후에 정의가 취소된다.

 파일 포함 : #include

#include는 지정한 파일의 모든 내용을 #include 지시자 위치에 포함시킨다.

• 형식 ①은 컴파일러를 제공한 회사의 라이브러리 함수를 사용할 때 사용한다. 〈파일명〉이면 컴파일러는 표준 시스템 디렉토리(컴퓨터에 컴파일러를 설치한 폴더)를 검색하여 파일을 찾아 파일을 복사하여 포함시킨 후 컴파일 한다.

• 형식 ②는 사용자가 만든 파일을 포함시킬 때 사용한다. "파일명"이면 컴파일러는 지정한 디렉토리에서 파일을 검색하여 찾아 포함시킨다.

```
#include <stdio.h>        // 시스템 폴더에서 stdio.h 헤더 파일을 검색
#include "mylib.h"        // 현재 작업 디렉토리(상대 경로)에서 fn.h 검색
#include "c:\\work\\fn.h" // 절대 경로 c:\ex 디렉토리에서 fn.h 검색
```

다음 두 형식의 차이점은 헤더 파일을 찾는 순서가 다르다.
① #include 〈파일명〉 형식: 표준 라이브러리 헤더 파일
　　컴파일러가 설치된 시스템의 폴더(디렉토리)에서 검색
② #include "파일명" 형식: 사용자가 만든 헤더 파일, 외부에서 제작한 헤더 파일
　　지정한 디렉토리에서 검색, 없으면 표준라이브러리 디렉토리에서 검색

헤더 파일은 프로그램에서 필요한 정보를 선언한 소스 파일이다.
Visual C 6.0을 사용하는 시스템은 다음 폴더에 헤더 파일이 존재한다.

```
C:\Program Files\Microsoft Visual Studio\VC98\Include
```

include 폴더에는 많은 헤더 파일들이 존재한다.
C 표준 라이브러리는 여러 부분으로 분할 모듈화 되어 있으며 각각에 대응하는 헤더 파일을 갖고 있다.

 **조건부 컴파일 : #if/#else/#endif문**

프로그램 이식성을 높이기 위해 컴파일할 때 다음 형식처럼 조건부 컴파일을 한다.


```
#if 매크로 상수          #if LINUX
    문장;                // LINUX 버전이라면 이 부분 실행
#endif                   #else
                         // 그 외의 버전이면 이 부분 실행
                         #endif
```

if문과 같이 #else문을 추가할 수 있다. #if문의 종료는 반드시 #endif문이 존재해야 한다.

조건부 컴파일은 여러 개의 조건을 하나의 파일에 모아서 코딩한 후 각 조건에 맞추어서 해당되는 부분만 선택하여 컴파일하는 방법으로 많이 사용한다. 파일이 큰 경우 헤더 파일이 중복하여 포함되는 것을 방지하려면 #ifndef~ #define~#endif를 사용하여 헤더 파일을 검사한다. 이 경우 지정한 헤더 파일이 정의되어 있으면 포함시키지 않고, 정의되어 있지 않으면 새로 정의해 줌으로서 중복될 우려가 있는 헤더 파일의 코드가 중복 삽입되는 것을 방지한다. 이때 헤더 파일의 이름은 헤더 파일의 이름에서 확장자의 점(.) 대신 밑줄 문자(_)를 사용한다. 특정 지시자가 매크로로 정의되어 있는지 검사하려면 #ifdef나 #ifndef를 사용한다.


```
#ifdef 매크로
    문장1;     // 매크로가 정의된 경우에 포함될 문장
#else
    문장2   // 매크로가 정의되지 않은 경우에 포함될 문장
#endif
```

#ifdef 다음에 나오는 매크로가 #define으로 정의되어 있으면 #endif까지의 코드를 포함시키고, 매크로로 정의되어 있지 않으면 #endif나 #else까지의 코드를 제외한다. #ifdef/#else문은 블록을 표시하는 중괄호를 인식하지 않고 #else와 #endif문을 사용하여 그 사이에 있는 코드들을 블록으로 표시한다.

#ifndef 매크로를 사용하면 매크로가 정의되어 있으면 무시하고, 정의되어 있지 않으면 새로 정의할 때 사용한다. 이 지시자는 하나의 헤더 파일을 포함할 때 중복되어 정의되는 것을 방지한다. 즉, 처음으로 포함된 헤더 파일에 정의되어 있으면 또 다시 중복하여 포함하려고 할 때 중복을 차단하므로 그 이후의 정의들은 무시되어 오직 한 번만 정의가 된다.

예문　다음 문장은

```
#ifdef     상수식
#ifndef    지시자
```

각각 아래와 같다.

```
# if defined      상수식
# if ! defined    지시자
```

Ⓒ 헤더 파일 중복 포함 방지 : #ifndef~#endif문

ifndef문은 헤더 파일이 이중으로 중복 포함하는 것을 방지한다.


```
#ifndef  헤더 파일명_H
#define  헤더 파일명_H
      컴파일하려는 모든 문장들
#endif
```

헤더 파일을 포함할 때 중복되어 정의되는 것을 막기 위한 매크로이다. 이미 헤더 파일이 정의되어 있는데 다시 중복하여 포함하려고 할 때 그 이후의 정의들은 무시되어 한 번만 선언하게 된다.

예문 1　　　`#ifdef    매크로 상수`

위 문장은 다음 문장과 같다.

```
# if defined   매크로 상수
```

예문 2　　　`#ifndef    매크로 상수`

위 문장은 다음 문장과 같다.

```
# if ! defined   매크로 상수
```

```
#ifndef  _STDIO_H    // stdio.h 헤더 파일이 선언되지 않았으면
#define  _STDIO_H    // stdio.h 헤더 파일 정의
//
#endif
```

예문 3은 stdio.h 헤더 파일이 정의되어 있으면 ifndef~#define~#endif 지시자를 건너 뛰어 헤더 파일을 삽입하지 않는다. 그러나 stdio.h 헤더 파일이 정의되어 있지 않으면 ifndef~#define~#endif 지시자 내부에 있는 문장으로 정의하여 삽입한다. 이때 헤더 파일의 이름은 stdio.h 이지만 관행상 대문자로 변경하고, 확장자의 점(.) 대신 밑줄 문자(_)를 사용하여 _STDIO_H 로 표기한다.

헤더 파일이 중복됨을 방지하려면 다음과 같은 규칙을 적용한다.

① 보통 매크로, const 변수는 대문자를 사용한다. 헤더 파일도 대문자로 표기한다.
왜 뒤에 _를 붙였을까? 매크로를 정의할 때 이름이 충돌이 나지 않게 하기 위함이다. 또한 _를 하나 혹은 두 개 연속으로 시작하는 것은 컴파일러 내부에서 사용하는 매크로라는 코딩 스타일(암시적 약속)이다. 물론 강제성은 없으며 단지 관습상 그렇다.

② 표준 헤더 파일에는 접두사로 밑줄 문자(_)를 붙인다.
사용자가 정의한 파일 이름은 접두사로 밑줄 문자(_)를 붙이면 예약된 이름과 충돌될 수도 있으므로, 밑줄 문자는 피하는 것이 좋다. 하나의 밑줄 문자를 접두사, 접미사로 사용하여 붙인다.
[예] 표준 헤더 파일: _헤더 파일명_H
사용자가 정의한 파일: _헤더 파일명_H, 헤더 파일명_H_

예문 4

```
#ifndef _STRING_H
#define _STRING_H
#include <string.h>
 ...
#endif
```

예문 4는 string.h 헤더 파일이 없으면 string.h 헤더 파일을 새로 삽입하여 정의하고 string 헤더 파일이 이미 정의되어 있으면 헤더 파일을 다시 포함시키지 않는다.

C #error

#error문은 컴파일을 중단하고 소스 라인에 직접 에러 메시지를 출력한다.

> #error 토큰 연산자

```
ERROR : XXXXX.c ########: Error directive: 내용
```

여기서, XXXXX.c는 현재 컴파일 중인 파일 이름이고, ######는 전처리기가 #error문을 만난 시점에서의 행 번호(헤더 포함)이다.

C #pragma

#pragma는 컴파일 옵션을 지정한다. 지정한 기능을 소스 코드에서 직접 설정한다.

> #pragma 토큰 연산자

#pragma는 단독으로 사용할 수 없고 함수의 바로 앞에 오며, 그 함수에만 영향을 준다.

#pragma 명령을 살펴보자.

```
#pragma once
```

이 문장은 해당 소스가 단 한번만 포함되게 한다(여러 번 include되는 것 차단).

```
#pragma pack
```

이 문장은 변수 정렬을 강제로 변경시킨다(보통은 4바이트로 지정되어 있다).

```
#pragma comment("comment-type" [commentstring])
```

#pragma comment( )는 여러 가지 명령어로 사용된다.

comment type는 compiler, exestr, lib, linker, user 등이 올 수 있다. lib는 library file을 지정하는 것이다. comment string은 파일 이름이나 디렉토리를 넣는다. 즉, project settings에서 link tab에 있는 input에 .lib file을 쓰지 않고 #pragma comment (lib, "xxx.lib")라고 써도 된다.

```
#pragma comment(lib, *)
```

이 문장은 해당 라이브러리를 링크시켜 준다.

예문 1
```
#pragma once // 해당 헤더 파일이 한번만 빌드
#ifndef _HEADERFILE_H
#define HEADERFILE_H
#endif
```

예문 1은 headerfile.h 헤더 파일이 없으면 headerfile.h 헤더 파일을 정의하게 되어 다음과 동일한 효과를 갖는다. 즉, 헤더 파일이 존재하는지 점검하여 한 번만 포함되게 함으로써 두 번 이상 중첩되어 서로 충돌되는 것을 방지한다.

예문 2
```
const unsigned int ccr0=0x20cc;
#pragma locate(ccr1 = 0xff2368      /* RAM 메모리 주소 */
#pragma interruptpage(0xFF)  /* 외부 RAM 인터럽트 처리 */
/* 구조체의 정렬 상태를 스택에 push하여 저장하면서 8바이트로 정렬 */
#pragma pack(push,8)
#pragma pack(4)    /* 4바이트로 정렬 */
struct st1{int i;  int x;};  /* 구조체 st1를 4바이트로 정렬 */
#pragma pack(pop)    /* 원래 정렬값으로 복원 */
struct st2{int i;  int x;};  /* 구조체 st2를 4바이트로 정렬  */
```

예문 3 #pragma warning은 특정 경고 메시지를 무시하는 명령어이다.

```
#pragma warning(disable:4514)
```

이 지시자가 나타난 순간부터 C4514 관련 경고 메시지를 출력하지 못하게 한다. MS 컴파일러에서 경고 메시지는 자신의 고유번호를 갖고 있다.

Ⓒ 미리 정의된 매크로

C 컴파일러에 미리 정의된 매크로는 [표 14-2]와 같다.

표 14-2 ▶

미리 정의된 매크로

전처리 지시자	의미
__LINE__	컴파일되고 있는 소스 라인 번호를 지정한다.
__FILE__	현재 컴파일중인 파일명
__DATE__	컴파일 날짜를 "Mmm dd yyyy" 형태로 담고 있는 문자열(Mmm는 숫자가 아닌 영문 3자리로 표시된 월)
__TIME__	컴파일 시작 시간을 "hh:mm:ss" 형태로 담고 있는 문자열
__STDC__	ANSI-C 표준을 따르는 컴파일러에서만 1로 정의
__cplusplus	소스 파일을 C 언어와 C++ 언어 모두에서 사용 가능하게 구성
__STDC__	표준 C코드
__cdecl	C 언어 형태의 호출 방식(매개변수는 오른쪽부터 왼쪽 순서인 역순으로 스택에 저장)
__pascal	pascal 형태의 호출 방식(매개변수는 왼쪽부터 오른쪽 순서로 스택에 저장)
__func__	함수에서 호출한 함수명을 표시하는 문자열로 확장, C 언어에서 미리 정의한 식별자(C99 표준)

예문   `printf("파일 이름: %s 줄 번호: %d\n", __FILE__, __LINE__);`

오류가 발생한 파일 이름과 발생한 줄 번호를 출력한다. 라인 번호는 __LINE__에 의해 알 수 있고, 파일명은 __FILE__에 의해 알 수 있다.

 #line

#line은 컴파일하는 해당 파일의 라인 번호와 파일명을 지정하여 변경한다.

표 14-3 ▶

#line문

전처리 지시자	의미
#line 상수 "파일명"	에러 진단을 목적으로, 컴파일러로 하여금 다음 소스 라인의 라인 번호를 주어진 10진수 정수 상수로, 현재 컴파일중인 파일명을 주어진 명칭으로 알도록 만듦
#line 상수	만약 파일명이 생략되면, 현재 컴파일중인 파일명이 그대로 유지

예문
```
#define  LINE_NUMBER  123
/*라인 번호를 123으로 변경하고, 파일명을 test.c로 재설정한다. */
#line  LINE_NUMBER, "test.c"
```

volatile로 컴파일러에 의한 자동 변환 방지

volatile가 선언된 변수는 외부적인 요인으로 그 값이 언제든지 바뀔 수 있음을 의미하므로 최적화를 수행하지 않고 모든 메모리 쓰기를 지정한 대로 수행한다.

```
volatile 자료형 변수명[ = 초기값];
```

volatile로 선언된 변수 값의 변경은 항상 메인 메모리에 적재(loading, 올라감)된다. volatile 변수를 참조할 경우 레지스터에 로드된 값을 사용하지 않고 매번 메모리를 참조한다.

예문 컴파일러에 의해 외부 조건으로 포트 번지가 변경되는 부작용을 방지

```
volatile int var;
const volatile int *port = 0x3025FF;
```

변수 var에 저장된 값은 순간적으로 다른 영역으로 참조될 수 있으므로 코드를 최적화하지 않는다.

프로그램의 실행 흐름과 상관없이 외부 요인이 변수 값을 변경할 수 있는 MMIO(Memory-mapped I/O), 인터럽트 서비스 루틴이나 멀티 쓰레드 프로그램의 경우 스택에 할당하는 지역 변수는 공유하지 않으므로, 서로 공유되는 전역 변수의 경우에만 필요에 따라 volatile을 사용한다.

 restrict로 특정 타입의 코드 최적화

restrict는 포인터에만 적용할 수 있으며, 해당 포인터가 가리키는 메모리 영역 접근 연산은 캐시 메모리를 기반으로 최고의 성능을 낼 수 있도록 코드를 최적화한다. 포인터 선언시 restrict이 붙으면 이 포인터가 가리키는 메모리 공간은 이 포인터로만 접근이 가능하다.


```
restrict 자료형 변수명[ = 초기값];
```

함수 매개변수로 사용하는 포인터에도 사용한 restrict 키워드는 함수의 몸체에서 그 포인터가 가리키는 데이터를 다른 식별자로 수정할 수 없을 뿐만 아니라 다른 방법으로 최적화할 수도 없다는 것이다.

예문
```
int str[80];
int *restrict pt = (int *) malloc(80 * sizeof(int));
int *pt2 = str;
```

여기서, int *restrict pt; 최적화를 수행할 수 있으며, 포인터가 가리키는 메모리 공간은 오직 이 포인터로 접근할 수 있다.

포인터 pt는 할당된 메모리 공간은 포인터 pt를 통해서만 접근이 가능하기 때문에 restrict를 붙일 수 있다. 그러나 포인터 pt2는 배열 str에 저장된 요소에 접근할 수 있는 유일한 방법이 아니므로 restrict를 붙일 수 없다.

Memo

15

정렬과
C 어셈블리

학습목표

- 정렬(sort)
- 시간 함수
- C 소스 코드에 대한 어셈블리

15장에서는 프로젝트를 작성할 때 참고할 수 있는 주제를 다루었다. 이 장은 건너뛸 수 있지만 자주 등장하는 정렬 방법은 여러 방법을 동원하여 더 깊게 이해한다면 많은 도움을 받을 수 있을 것이다. 물론 시간 함수도 필요한 경우에 참고하자. 디버깅에 도움을 주는 어셈블리 과정도 이해한다면 금상첨화일 것이다.

01 선택 정렬·버블 정렬·퀵 정렬

 **선택 정렬**

[실습 15-1]은 10개의 데이터를 1차 배열에 저장하고 선택 정렬 알고리즘을 사용하여 오름차순(작은 수부터 큰 수 순서)으로 정렬한 후 출력하는 코드이다.

소스 파일명

ex1501.c

실습 15-1 | 오름차순으로 정렬한 후 출력하기

```c
#include <stdio.h>

#define   IX   10

int main()
{
   int a[IX] = {2, 8, 10, 4, 20, 18, 16, 6, 12, 14};
   int pass, i, j, k, temp;

   printf("데이터:\n");
   for (i = 0; i < IX; i++ )
      printf("%4d", a[i]);          /* 원본 데이터 내용 출력 */
   printf("\n");

    /* select sort  */
   for (pass = 0; pass <IX-1; pass++ )
      for (j = pass+1; j <IX; j++ )
        if ( a[pass] > a[j] ) /* 내림차순이면 부등호를 <로 변경 */
        {
            temp = a[pass];    /* 임시 보관 */
            a[pass] = a[j];    /* 데이터 교환 */
            a[j] = temp;
        }

   printf("\nselect 정렬 결과:\n");
   for (k = 0; k < IX; k++)
      printf("%4d", a[k]);
   printf("\n");

   return 0;
}
```

실행 결과

```
데이터:
  2   8  10   4  20  18  16   6  12  14

select 정렬 결과:
  2   4   6   8  10  12  14  16  18  20
```

프로그램 설명

정렬 알고리즘 중에서 가장 간단한 선택 정렬(select sort) 알고리즘은 다음과 같다.

가장 큰 숫자를 리스트의 끝에 놓는다. 가장 큰 수를 제외한 두 번째 큰 수를 찾아 (끝-1)에 놓는다. 이 과정을 리스트가 오직 하나의 수만 남을 때까지 반복한다. 즉, 배열의 첫 번째 요소의 값을 기준으로 오른쪽의 요소를 비교하여 최소가 되면 교환하여 최소값을 저장한다. 다음에는 첫 번째 요소를 제외한 두 번째 요소의 값을 기준으로 오른쪽의 요소를 비교하여 최소가 되면 교환하여 두 번째 최소값을 저장한다. 이 과정을 리스트가 오직 하나의 수만 남을 때까지 반복한다. 다음 루틴과 같이 구현한다.

```
for (pass = 0; pass <IX-1; pass++ )
     for (j = pass+1; j <IX; j++ )
          if (a[pass] > a[j])     /* 내림차순이면 부등호를 < 로 변경 */
          {
               temp = a[pass];    /* 임시 보관 */
               a[pass] = a[j];    /* 데이터 교환 */
               a[j] = temp;
          }
```

예를 들어, 오름차순으로 a[9] 요소를 결정짓는 순서는 [그림 15-1]과 같다.

그림 15-1 ▶ 오름차순 a[9] 요소 결정 순서

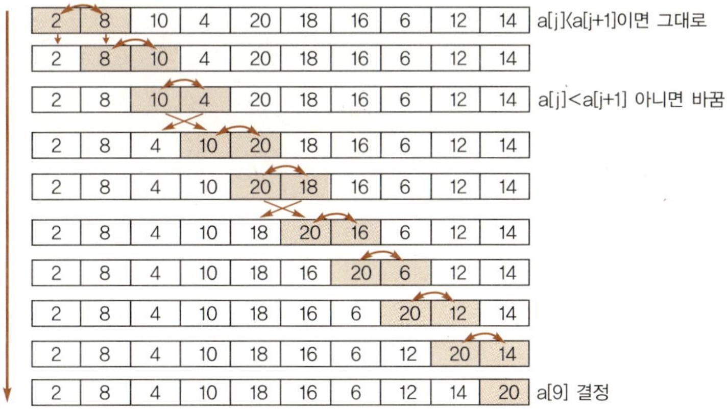

예를 들어, 내림차순으로 a[0] 요소를 버블 정렬로 결정짓는 순서는 [그림 15-2]와 같다.

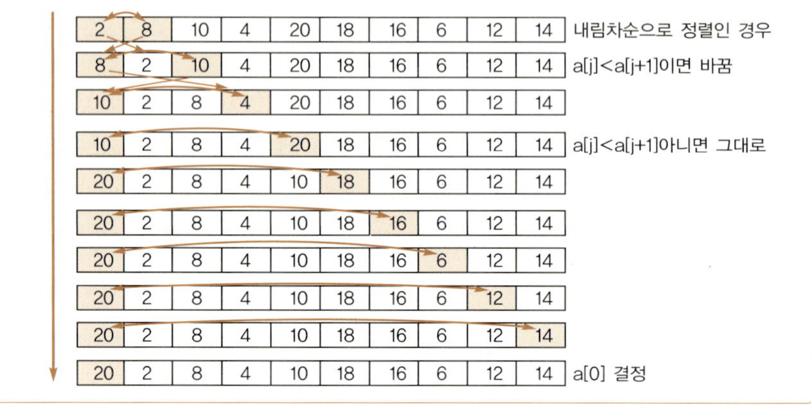

a[1]은 8번만 비교하면 결정되고, a[2]는 7번만 비교하면 결정된다. 같은 방법으로 a[9]까지 결정한다.

C 버블 정렬

[실습 15-2]는 10개의 데이터를 1차 배열에 저장하고 버블 정렬 알고리즘을 사용하여 오름차순(작은 수부터 큰 수 순서)으로 정렬한 후 출력하는 코드이다.

실습 15-2 | 오름차순으로 정렬한 후 출력하기


```c
#include <stdio.h>
#define    IX      10
int main()
{
    int a[IX] = {2, 8, 10, 4, 20, 18, 16, 6, 12, 14};
    int pass, i, j, k, temp;

    printf("데이터:\n");
    for (i = 0; i < IX; i++)
        printf("%4d", a[i]);        /* 원본 데이터 내용 출력 */
    printf("\n");

    for (pass = 0; pass <IX - 1; pass++)   /* bubble sort */
        for (j = 0; j < IX - 1; j++)
            if ( a[j] > a[j + 1]) {
```

```c
                temp = a[j];            /* 임시 보관 */
                a[j] = a[j + 1];        /* 데이터 교환 */
                a[j + 1] = temp;
            }

    printf("\n정렬 결과:\n");
    for (k = 0; k < IX; k++)
        printf("%4d", a[k]);
    printf("\n");
    return 0;
}
```


버블 정렬(bubble sort)은 마치 공기방울이 수면 위로 떠오르듯이 가장 큰 값이 한 칸씩 오른쪽으로 떠올라 오는 정렬이다. 이 과정은 서로 이웃하는 요소를 비교하여 'a[j] > a[j + 1]'이면 두 요소를 바꾸는 작업을 왼쪽부터 순서대로 수행하고, 큰 수는 오른쪽으로 놓는다.

```c
for (pass = 0; pass <IX - 1; pass++)            /* bubble sort */
    for (j = 0; j <IX - 1; j++)
        if (a[j] > a[j + 1]) {
            temp = a[j];            /* 임시 보관 */
            a[j] = a[j + 1];        /* 데이터 교환 */
            a[j + 1] = temp;
        }
```

[실습 15-3]은 과목명을 포인터를 사용하여 저장하고 과목당 점수는 2차 배열을 사용하여 저장한 코드이다.

실습 15-3 | 과목당 점수는 2차 배열을 사용하여 저장한 코드

소스 파일명
ex1503.c

```c
#include <stdio.h>
#define LESSONS 3
int main()
{
    int students; /* 학생수 */
```

```c
        int sum=0;      /* 합계 */
        int i, j;
        char *lesson[] = {"C프로그래밍", "Java", "MFC"};

        int score[ ] [LESSONS] = {
                {95, 84, 92},              /* 1번째 학생의 점수 */
                {72, 88, 90},              /* 2번째 학생의 점수 */
                {92, 78, 76},
                {98, 86, 98}};

        students = sizeof(score)/sizeof(score[0]);/* 학생 수 계산 */

        for (i = 0 ; I < LESSONS ; i++) /* 과목 수만큼 루프 실행 */
        {
                sum = 0;
                for (j = 0; j < students; j++)/*학생 수만큼 루프 */
                {
                        sum += score[j][i];  /* 과목별 총점 */
                }
                printf("[%11s] 총점: %d, ", lesson[i], sum);
                printf("평균: %.2f\n", (double)sum/students);
        }
        return 0;
}
```



```
[C프로그래밍] 총점: 357, 평균: 89.25
[      Java] 총점: 336, 평균: 84.00
[      MFC] 총점: 356, 평균: 89.00
```

 퀵 정렬

[실습 15-4]는 10개의 오름차순으로 정렬한 데이터를 1차 배열에 저장하고
이진 검색을 사용하여 검색할 데이터를 찾는 코드이다.

실습 15-4 | 이진 검색을 사용하여 검색할 데이터를 찾는 코드

소스 파일명

ex1504.c

```c
#include <stdio.h>
#include <stdlib.h>

int BinarySearch(int list[], int key, int ix);

int main()
```

```c
{
    int x[] = { 10,  20, 30, 40, 50, 60, 70, 80, 90};
    int count, key, *ptr, pos, index;

        index = sizeof(x) / sizeof(x[0]); /* 배열 x의 크기 */

    pos = BinarySearch(x, 60, index); /* 검색할 데이터 60 */
        printf("%d --> x[%d]에 저장된 데이터\n", 60, pos);

    return 0;
}

/* 이진 검색 함수 */
int BinarySearch(int list[], int key, int ix)
{
    int start = 0;              /* 배열의 시작(최소) 인덱스 */
        int end = ix-1;         /* 배열의 끝(최대) 인덱스 */
        int mid;                /* 리스트 중간 인텍스 */

        while (end >= start) {
                mid = (start + end) / 2;
        /* 1. 키를 배열의 중간 원소와 비교하여 같으면 찾았으니 끝냄
            같지 않으면 배열 원소들을 중간 원소를 기준으로 반을 분리한다.
            2. (키<중간 원소)이면 왼쪽에 위치한 배열 반쪽을 선택하고
                (키>중간 원소)이면 오른쪽에 위치한 배열 반쪽을 선택한다.
            3. 키가 선택한 반대 배열에 있는지 결정하면서 1과 2 과정 반복
        */
                if (key < list[mid])
                        end = mid -1;
                else if (key == list[mid])   /* 원소 발견 */
                        return mid;
                else
                        start = mid + 1;
        }

        /* -0은 리스트에서 발견할 수 없음,
            키가 list[0]보다 작으면 함수 종료시 first = 0       */
        return -start - 1; /* 배열에 검색할 데이터 없음, 음수로 표시하려고 */
}
```

이진 검색은 순차적으로 정렬된 값들의 리스트에 대해 검색할 데이터를 찾는 방법이다.

> 이진 검색을 하려면 반드시 배열 원소들은 먼저 정렬되어 있어야만 한다.

배열의 원소가 많을수록 이진 검색은 효과적이다.

이 검색법은 검색 키가 존재하면 그 위치에 해당하는 인덱스를 반환하므로 양수의 정수 값을 갖는다. 만약 찾을 키(데이터)가 없으면 −(검색키가 삽입될 위치+1)을 반환하므로 각 단계마다 비교한 후 데이터 리스트가 반으로 축소된다.

이 예제에서 키 key = 60을 찾는 절차는 다음과 같다.

① key = 60을 배열 9개의 원소 중 중간 위치 원소인 x[4] = 50와 비교한다. 60은 50 보다 크므로 오른쪽에 위치한 배열 반쪽 x[6] ~ x[9] 원소 60, 70, 80, 90에서 찾는다.

② key = 60을 배열 4개의 원소 중 중간 위치 원소인 70과 비교한다. 60은 70 보다 작으므로 왼쪽에 위치한 배열 반쪽 60에서 찾는다.

③ 값이 같으므로 검색을 종료한다.

[실습 15-5]는 10개의 데이터를 1차 배열에 저장하고 퀵 정렬 알고리즘을 사용하여 오름차순(작은 수부터 큰 수 순서)으로 정렬한 후 출력하는 코드이다.

실습 15-5 | 오름차순으로 정렬한 후 출력하는 코드

소스 파일명

ex1505.c

```c
#include <stdio.h>

void quicksort(int *a, int left, int right);
void swap(int *px, int *py);
void printresult(int *data);

#define    IX        10

int main()
{
    int a[IX] = {16, 6, 12, 2, 8, 10, 4, 20, 18, 14};
    printf("<    원본 데이터  > \n"); printresult(a);
    quicksort(a, 0, IX-1);
    printf("<    정렬 결과   > \n"); printresult(a);
```

```c
    return 0;
}


/* 퀵 정렬
    전체 리스트를 2개 그룹으로 분할하고 각 그룹별로 퀵 정렬
    a        : 소트할 정수 배열
    left     : 제일 왼쪽의 index (전체개수가 10개라면 0)
    right    : 맨 오른쪽 index (전체개수가 10개라면 9)
*/
 void quicksort(int *a, int left, int right)
 {
    int i, j, pivot;
    i = left;
    j = right;
    pivot = a[right]; /* 맨 오른쪽 요소를 pivot(피벗, 기준값)으로 선정 */
    for( ; ; )
    {
        while (a[i] < pivot) i++;
        while (a[j] >pivot) j--;
        if (i >= j) break;
        swap(a+i, a+j);     // pivot 보다 큰 값과 작은 값 교환
        printf("\t분할범위: %d - %d 기준값= %d [%d]와[%d]교환
\n", left, right, pivot, i,j);
        printresult(a);
        i++;
        j--;
    }
    /* 정렬할 범위가 2개 이상이면 피벗을 기준으로 피벗보다 작은 요소는
       모두 왼쪽, 피벗보다 큰 요소는 모두 오른쪽으로 나눈다. */
    if (left < i-1)
        quicksort(a, left, i-1); /* left부터 피벗 전 i-1까지 퀵정렬,
                                     피벗 왼쪽리스트 정렬 */
    if (j+1 < right)
        quicksort(a, j+1, right); /* 피벗 다음 j+1부터 right까지 퀵정렬,
                                      피벗 오른쪽리스트 정렬 */
}


/* 호출되는 함수를 구현한 곳에서는 포인터 사용 */
void swap(int *px, int *py)
{
    int temp;            /* 데이터를 임시 보관 장소 */
```

```c
    temp = *px;          /* 먼저 저장 장소의 내용을 보관한다 */
    *px = *py;           /* 포인터 변수를 사용하여 x 변수의 내용 전달 */
    *py = temp;          /* 포인터 변수를 사용하여 y 변수의 내용 전달 */
}


void printresult(int *data)
{
    int i;

    for (i = 0; i < IX; i++)
        printf("%4d", data[i]);
    printf("\n");
}
```


퀵 정렬 알고리즘은 다음과 같다.

전체 데이터 리스트를 2개의 부분 그룹으로 분할한 후 각 부분 그룹을 다시 퀵 정렬한다.

① 정렬할 데이터 리스트 안에 있는 한 요소를 기준값(피벗 : pivot)으로 선택한다.

단계1 : 피벗 = 여기서는 첫 번째 요소를 피벗으로 하기로 한다.

단계2 : 피벗보다 작은 요소는 모두 피벗의 왼쪽으로 교환하고, 피벗보다 큰 요소들은 모두 피벗의 오른쪽으로 교환한다.

단계3 : 피벗 위치를 경계로 피벗보다 작은 그룹과 큰 그룹으로 나눈다.

② 결과적으로 피벗의 왼쪽은 작은 요소들로 구성되고, 피벗의 오른쪽은
피벗 보다 큰 요소들로 구성된다.

③ 이 상태에서 피벗을 제외한 왼쪽 리스트와 오른쪽 리스트를 ①과 같은
방법을 반복하여 다 정렬되면 전체 리스트가 정렬된다.

새로 정의한 qsort( ) 함수는 [그림 15-3]처럼 동작한다.

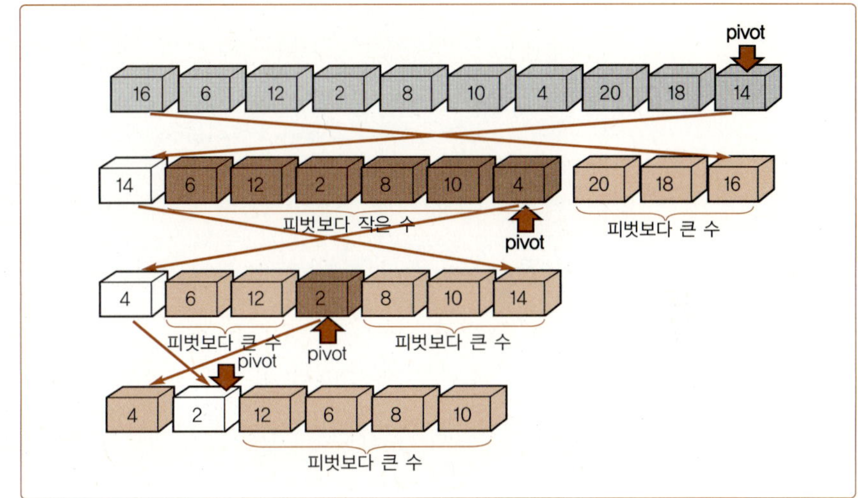

[실습 15-6]은 qsort( ) 함수를 사용하여 상수 데이터를 정렬하고, bsearch( )
함수를 사용하여 이진 검색하는 코드이다.

실습 15-6 | qsort( ) 함수-데이터 정렬, bsearch( ) 함수-이진 검색

```c
#include <stdio.h>
#include <stdlib.h>

#define MAX 9

int intcmp(const void *number1, const void *number2);

int main()
{
    int x[MAX] = {10, 30, 50, 20, 40, 60, 80, 90, 70};
    int count, key, *ptr;

    /* 배열을 오름차순으로 정렬 */
```

```c
    qsort(x, MAX, sizeof(x[0]), intcmp);
    puts("정렬 후 내용: ");
    for (count = 0; count < MAX; count++)
        printf("\nx[%d] = %d.", count, x[count]);

    puts("\n검색 키(데이터) 입력 ");
    scanf("%d", &key);

    /* 이진 검색, qsort와 인수 동일하지만 첫 번째 인수는 검색 키만 다름 */
    ptr = (int *)bsearch(&key, x, MAX, sizeof(x[0]), intcmp);

    if (ptr != NULL) /* 발견되면, 검색 키의 위치에 대한 포인터 전달 */
        printf("x[%d] 위치에 %d 찾음\n", (ptr - x), key);
    else   /* 발견되지 않으면 NULL */
        printf("%d찾지 못함\n", key);
    return 0;
}
/* 상수 비교 함수, number1은 시작 위치, number2는 종료 위치 */
int intcmp(const void *number1, const void *number2)
{
    return (*(int *)number1 - *(int *)number2);
}
```



```
정렬 후 내용:

x[0] = 10.
x[1] = 20.
x[2] = 30.
x[3] = 40.
x[4] = 50.
x[5] = 60.
x[6] = 70.
x[7] = 80.
x[8] = 90.
검색 키<데이터> 입력
30
x[2] 위치에 30 찾음
```

프로그램 설명

정렬 방법 중 가장 빠른 속도를 자랑하는 qsort( ) 함수는 다음 형식과 같이 제공한다.

형식 >>>

```c
void qsort(void *base, size_t num, size_t width, int (*cmp)
        (const void *element1, const void *element2));
```

포인터 base로 지정한 모든 데이터를 퀵 정렬 알고리즘으로 오름차순으로 정렬한다.

num은 검색할 원본 데이터 개수이고 width는 각 요소의 크기를 바이트 단위로 계산한 값으로, 일반적으로 sizeof( ) 연산자를 사용하여 해당되는 값을 얻는다. cmp는 비교 함수에 대한 포인터로 cmp( ) 함수는 다음 조건을 구비해야 한다.

① 인수가 두 개 있어야 하며, 모두 두 항목에 대한 포인터로 전달해야 한다.
② 처리 결과는 다음과 같은 3가지 int 타입으로 리턴한다.

　음수 : 첫 번째 요소가 두 번째 요소보다 작다.

　0 : 수 : 첫 번째 요소와 두 번째 요소는 동일하다.

　0보다 큰 양수 : 수 : 첫 번째 요소가 두 번째 요소보다 사전 순서로 크다.

[그림 15-4]는 qsort( ) 함수를 설명한 것이다.

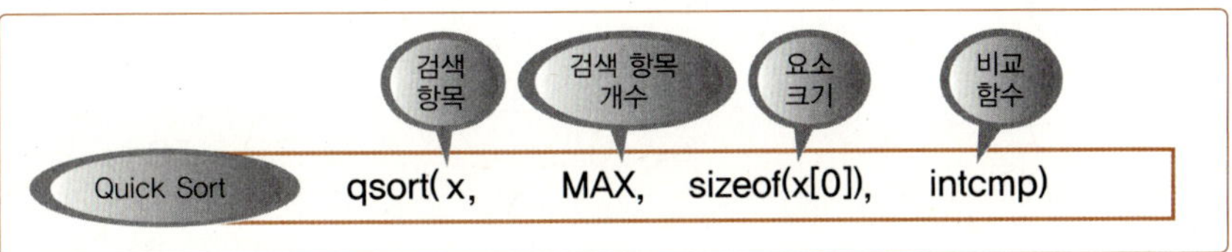

bsearch( ) 함수는 이진 검색하는 함수이다. 이 함수를 사용하여 이진 검색을 하기 전에 검색할 모든 데이터를 오름차순으로 정렬(sort)한 후 사용해야 한다.


```
#include <stdlib.h>
void * __cdecl bsearch(const void *key, const void *base,
size_t num, size_t width, int (*cmp)(const void *element1,
const void *element2));
```

포인터 base로 지정한 데이터에서 포인터 key로 지정한 검색할 데이터 항목을 이진 검색법으로 검색하면서 처음으로 발견된 위치의 주소를 리턴한다. 발견하지 못하면 NULL 포인터를 반환한다.

num은 검색할 원본 데이터 개수이고 width는 각 요소의 크기를 바이트 단위로 계산한 값으로, 일반적으로 sizeof( ) 연산자를 사용하여 해당되는 값을 얻는다. 마지막 인수 cmp는 앞의 qsort( ) 함수에서 제시한 비교 함수와 동일하다.

02 시간 함수

시간 함수는 〈time.h〉 헤더 파일에 선언되어 있다. 〈time.h〉 헤더 파일에 정의된 struct tm 구조체는 달력 시각 정보들을 담고 있는 구조체로 정의되어 있다.

```
struct tm {
    int tm_sec;      /* 분을 기준으로 경과된 초(0-61) */
    int tm_min;      /* 시를 기준으로 경과된 분(0-59) */
    int tm_hour;     /* 자정을 기준으로 경과된 시간(0-23) */
    int tm_mday;     /* 월에서 첫날을 기준으로 경과된 날째(0-31) */
    int tm_mon;      /* 1월을 기준으로 경과된 월(0-11) */
    int tm_year;     /* 1900년을 기준으로 경과된 년도 */
    int tm_wday;     /* 일요일을 기준으로 경과된 날째(0-6) */
    int tm_yday;     /* 1월 1일을 기준으로 경과된 날째(0-365) */
    int tm_isdst;    /* 일광절약시간(Daylight Savings Time; 일명 서머 타임) 플래그.
                        (0보다 크면 일광절약시간이 적용되고, 0이면 적용되지 않음.
                        음수값은 그 정보를 사용할 수 없다는 의미이다. */
};
```

C time( ) 함수

time( ) 함수는 시스템에 내장된 현재 시간을 세계표준시간으로 산출한다.


```
#include <time.h>
struct tm * localtime(const time_t *time);
```

시스템의 현재 시간은 1970년 1월 1일 자정을 기준으로 경과된 시간을 초 단위로 계산한 세계표준시간(UTC)을 포인터 time으로 지정한 메모리 영역에 저장한다. UTC는 영국 런던 남동부의 그리니치를 기준으로 한 시간이다.

실패하면 (-1)을 리턴한다. time_t는 long으로 정의되어 있다. 이 함수로 산출한 세계표준시간(한국시간(KST:Korea Standard Time) 보다 9시간 빠

름)은 직접 사용할 수 없으므로 localtime( ) 함수를 사용하여 현재 사용하는
국가의 시간으로 변환시켜야 한다.

 localtime( ) 함수

localtime( ) 함수는 time( ) 함수를 사용하여 구한 세계표준시간을 로컬 시
간(현재 사용하는 국가의 시간, 우리나라에서는 한국표준시간)으로 변환한다.


```
#include <time.h>
struct tm * localtime(const time_t *ptr);
```

time_t 형으로 표현되는 시간을 tm 구조체로 변환하고, time에 의해 계산
된 값을 시, 분, 초로 반환한다.
time( ) 함수를 사용하여 구한 세계표준시간은 한국시간보다 9시간 빠르기
때문에 직접 사용할 수 없으므로 localtime( ) 함수를 사용하여 현재 사용하
는 국가의 시간으로 변환시켜야 한다.

 mktime( ) 함수

mktime( ) 함수는 tm 구조체로 표현되는 시간을 time_t 타입으로,
1970년 1월 1일을 기준으로 경과된 초의 값으로 변환한다.


```
#include <time.h>
time_t  mktime(struct tm *ptr);
```

ctime( ) 함수

ctime( ) 함수는 시간을 time_t 형식의 문자열로 저장하고,
asctime( ) 함수는 tm 구조체 형식의 문자열로 저장한다.


```
#include <time.h>
char *l asctime(const struct tm *ptr);
char * ctime(const time_t *ptr);
```

ptr이 지정한 구조체에 들어 있는 분리된 시각을 '요일 월 일 시:분:초 년도 \n\0' 형식의 문자열로 변환하고, 그 문자열을 가리키는 포인터를 리턴한다.

 **strftime( ) 함수**

strftime( ) 함수는 시간을 다양한 형식으로 문자열로 저장된다.


```
#include <time.h>
char *strftime(char *str, size_t max, const char *fmt, const  struct tm *ptr);
```

포인터 ptr로 지정한 시간을 포인터 fmt의 포맷지정자 형식으로 최대 max 개수만큼 문자열을 생성하여 포인터 str로 지정한 메모리 영역에 저장한다. 이 함수는 strlen(str)로 계산한 문자 개수를 리턴하고, max 개수보다 큰 문자면 0을 리턴하고, 변환한 문자열은 무시된다. [표 15-1]은 strftime( ) 함수에서 사용하는 포맷지정자이다.

 **difftime( ) 함수**

difftime( ) 함수는 두 시간의 차(end 시간-start 시간)를 초 단위로 계산한다.


```
#include <time.h>
double difftime(time_t start, time_t end);
```

 **clock( ) 함수**

clock( ) 함수는 프로그램이 실행된 이후 경과된 프로세서 시간을 1/1,000초 단위로 계산한다.


```
#include <time.h>
clock_t  clock(void);
```

clock_t는 long형으로 정의되어 있다. 실패하면 (-1)을 리턴한다.

포맷지정자	내용
%a	약어로 된 요일 이름
%A	요일 이름
%b	약어로 된 월별 이름
%B	월별 이름
%c	로케일에 적합한 날짜와 시간 출력
%d	10진수로 표시한 1개월 단위의 일(00~31)
%D	"%m/%d%y"와 같다.
%e	10진수로 표시한 월의 날짜 수. 단일 숫자들의 경우에는 앞에 스페이스 하나를 붙인다.
%F	"%Y-%m-%d"와 동등
%g	연도를 주 단위로 계산한 마지막 두 숫자(00~99)
%G	10진수로 표시한 week-based year
%h	%b와 같다.
%H	1일 단위 24시간을 10진수로 표시한 시간(00~23)
%I	1일 단위 12시간을 10진수로 표시한 시간(00~12)
%j	1년 단위의 10진수로 표시한 날째(001~366)
%m	1년 단위의 10진수로 표시한 월(00~12)
%M	1시간 단위의 10진수로 표시한 분(00~59)
%n	개행 문자
%p	12시간 시계에 적합한 AM 이나 PM 표시
%r	로케일에 적합한 12시간 시계 시간
%R	"%H:%M"과 동일
%S	1분 단위의 10진수로 표시한 초(00~59)
%t	수평 탭 문자
%T	"%H:%M:%S"와 동일
%u	ISO 8601 요일(1~&), 월요일은 1이다.
%U	일요일을 첫 주의 첫 날을 기준으로 계산한 1년의 주 수(00~53)
%V	일요일을 첫 주의 첫 날을 기준으로 계산한 1년의 ISO 8601 주 수(00~53)
%w	요일을 0~6으로 표시, 일요일은 0이다.
%W	1년 단위의 주(00~53), 한 주의 첫 요일은 월요일
%x	로케일의 날짜
%X	로케일의 시간
%y	세기를 생략하고 10진수로 표시한 년도(00~99)
%Y	세기 부분을 포함하여 10진수로 표시한 년도
%z	ISO 8601 포맷에서 UTC로부터의 오프셋 ("-800"은 그리니치보다 8시간 뒤진다는 의미이다. 즉, 서쪽으로 8시간). 이 정보를 사용할 수 없으면 어떤 문자도 대체되지 않고 빈줄로 처리한다.
%Z	시간대 이름(유효하지 않으면 빈줄로 처리)
%%	% 기호

[실습 15-7]은 현재 사용하고 있는 컴퓨터 시스템의 시간을 출력하는 코드이다.

실습 15-7 | 컴퓨터 시스템의 시간을 출력하기


```c
#include <stdio.h>
#include <time.h>

main()
{
    time_t now, start;  /* time( ) 함수에서 사용할 변수, time_t는 long 타입 */
    struct tm *t;  /* localtime( ) 함수에서 리턴하는 구조체 tm의 값을 저장 */
    char *c, buf[80];  /* 현재 시간을 처리하기 위한 포인터, 배열 */
    int year, month, day, hour, min, sec;

/* 1. 프로그램이 실행된 시간을 time( ) 함수를 사용하여 구하고, 기록 */
    start = time(0);    /* time(NULL) 과 동일함 */

/* 2. time( )을 호출하여 현재 시간을 가져옴(세계표준시간(UTC)으로 기록)
      시간은 1970년 1월 1일 0시를 기준으로 현 시점까지 경과된 시간을 초로 환산한 숫자 */
    time(&now);

/* 3. tm형 구조체를 이용하여 시간 표현하기 위해 localtime( ) 함수를 사용해야 함
      세계 표준 시간(time_t값)을 한국표준시간으로 변환(tm형 구조체로 변환) */
    t = localtime(&now);

    /* 현재 시간 출력 형식으로 변환하고 출력 */
    c = asctime(t);  /* 세계표준시간은 한국 시간보다 9시간 빠름 */
    puts(c);  /* 출력 형식: 요일 달 일 시:분:초  년도  */

/* 구조체 tm의 달력 시각 정보를 출력 형식에 적용할 항목으로 분리 */
    year = t->tm_year + 1900;     /* 년도 */
    month = t->tm_mon + 1;        /* 월 */
    day = t->tm_mday;             /* 일 */
    hour = t->tm_hour;            /* 시 */
    min = t->tm_min;              /* 분 */
    sec = t->tm_sec;              /* 초 */

    printf("현재 %d년 %d월 %d일 %d시 %d분 %d초입니다.\n",
                    year, month, day, hour, min, sec);

    /* 현재 시간을 다양한 형식으로 변환하고 출력 */
    strftime(buf, 80, "현재 %c", t);
```

```c
    puts(buf);      /* 출력 형식: 월/일/년도 시:분:초 */

    strftime(buf, 80, "현재 %x %p %X", t);
    puts(buf);      /* 출력 형식: 월/일/년도 시:분:초 */

    strftime(buf, 80, "현재 %x %p %I시 %M분 %S초", t);
    puts(buf);

    return 0;
}
```


[실습 15-8]은 각 달의 마지막 날짜를 구하는 코드이다.

실습 15-8 | 각 달의 마지막 날짜 구하기

소스 파일명: ex1508.c

```c
#include <stdio.h>
#include <time.h>
#define DAYSEC (24 * 60 * 60) // 하루 24시간을 초로 환산
int main( )
{
    time_t now; // time 함수에서 사용할 변수, time_t는 long 형
    struct tm tnow, tnext;
        // localtime 함수에서 리턴하는 구조체 tm의 값을 저장
    int nowsec, nextsec, lastday;
    int i;

    time(&now); // 현재 시간을 세계표준시간(UTC)으로 기록
    tnow = *localtime(&now);
                        // 세계표준시간을 한국표준시간으로 변환
    tnow.tm_mday = 1;       // 날짜를 그 달의 첫날인 1일로 수정
    tnext = tnow;
    /*tm_year은 1900년을 기준으로 경과된 년도이므로 */
    printf( "%d년 각 달별 마지막 날\n", tnow.tm_year+1900);
```

```c
    for (i = 0; i <= 11; i++)   // 구조체 tm에서 0(1월)~11(12월)
    {
        tnow.tm_mon  = i;        // 현재 달
        tnext.tm_mon = i+1;      // 현재 달 + 1, 다음 달
        nowsec  = mktime(&tnow);
                // tm 구조체를 time_t 형의 초로 변환
        nextsec = mktime(&tnext);
                // tm 구조체를 time_t 형의 초로 변환
        lastday = (nextsec - nowsec) / DAYSEC;
        printf("%2d월 %d일\t", tnow.tm_mon+1, lastday);
    }
        printf("\n");
    return 0;
}
```



```
2014년 각 달별 마지막 날
 1월 31일           2월 28일           3월 31일           4월 30일
 6월 30일           7월 31일           8월 31일           9월 30일
11월 30일          12월 31일
```

[실습 15-9]는 30일 지난 로그 파일을 삭제하는 코드이다. 해당 경로 C:\work\c 디렉토리에 20110802.log 파일을 메모장 등을 사용하여 편집한 후 저장하고 실행해야 한다.

소스 파일명

ex1509.c

실습 15-9 | 30일 지난 로그 파일을 삭제하기

```c
#include <stdio.h>
#include <string.h>
#include <stdlib.h>
#include <time.h>
#include <io.h>
#define DAYSEC (24*60*60) // 하루 24시간을 초로 환산
int main()
{
    time_t now; // time( ) 함수에서 사용할 변수, time_t는 long 형
    struct tm t = {0}, t2={0};
        // localtime( ) 함수에서 리턴하는 구조체 tm의 값을 저장
    int year, month, day;
    char path[] = "c:\\work\\c\\20140831.log";
        // 삭제할 로그 파일
```

```c
        char temp[80];
        char *pos="";
        /* char *strncpy(char *dest const char *source, size_t  n);
        source의 문자열 중 n개수만큼의 문자들을 dest에 복사  */
        strncpy(temp, path+14, 2);   // 일의 위치, 자릿수 0+8+2+2=14
        t.tm_mday = atoi(temp); // 일
        strncpy(temp, path+12, 2);  // 달의 위치, 자릿수 0+8 + 2+ 2=12
        t.tm_mon  = atoi(temp) - 1; // tm_mon은 0(1월)~11(12월)
        strncpy(temp, path+8, 4);  // 년의 위치, 자릿수 0+8=8
        t.tm_year = atoi(temp) - 1900;
            // tm_year은 1900년을 기준으로 경과된 년도
        time(&now); // 세계표준시간(UTC)
        t2 = *localtime(&now);// 세계표준시간을 한국표준시간으로 변환

        year = t2.tm_year - t.tm_year;
        month = t2.tm_mon - t.tm_mon;
        day = t2.tm_mday - t.tm_mday;
        if (year > 0 || (month == 1 && day > 0) || month > 1) {
            if (remove(path) ==0) // remove( ) 함수는 파일 자체를 삭제
                printf("%s삭제되었습니다.\n", path);
            else
                fprintf(stderr,  "삭제 실패하였습니다!\n");
        } else
                puts("아직 30일이 경과되지 않았습니다!");
        return 0;
}
```



```
c:\work\c\20140831.log삭제되었습니다.
```

[실습 15-10]은 현재부터 2021년 12월 25일까지 남아 있는 날짜를 계산하는 코드이다.

실습 15-10 | 현재부터 2021년 12월 25일까지 남아 있는 날짜를 계산하기


```c
#include <stdio.h>
#include <time.h>
#define DAYSEC (24 * 60 * 60)    // 하루 24시간을 초로 환산
int main()
{
    time_t now; ()  // time( ) 함수에서 사용할 변수, time_t는 long형
```

```c
struct tm *tnow;
struct tm tday = {0, 0, 0, 31, 12, 2021};
    // 0초 0분 0시 31일 12월 2021년
int year, month, day, hour, min, sec;
int nowsec, dsec, step;
char buf[80];

now = time(NULL);    //세계표준시간
tnow = localtime(&now); // 세계표준시간을 한국표준시간으로 변환
strftime(buf, 80, "현재 %c", tnow);
    // 현재 시간 출력 형식으로 변환/
puts(buf);    // 출력/

/* 구조체 tm의 달력 시각 정보를 출력 형식에 적용할 항목으로 분리 */
year = tnow->tm_year + 1900;    // 년도
month = tnow->tm_mon + 1;        // 월
day = tnow->tm_mday;             // 일
hour = tnow->tm_hour;            // 시
min = tnow->tm_min;              // 분
sec = tnow->tm_sec;              // 초
printf( "현재 %d년 %d월 %d일 %d시 %d분 %d초입니다.\n",
                year, month, day, hour, min, sec);

/* 구조체 tm 형식으로 변환 */
tday.tm_year -= 1900;  // 1900년을 기준으로 2021년까지의 경과된 년도
tday.tm_mon  -= 1;    // 1월은 0을 사용, 사용할 달 = 현재 달 - 1
tnow->tm_hour = 0;    // 현재 시간을 0시로 수정(tm_hour)
tnow->tm_min  = 0;    // 현재 분을 0분으로 수정(tm_min)
tnow->tm_sec  = 0;    // 현재 초를 0초로 수정(tm_sec)
nowsec  = mktime(tnow);    // 초 계산, tnow가 포인터이므로 tnow
dsec = mktime( &tday );     // tday는 구조체 변수이므로 &rday
step = (dsec - nowsec) / DAYSEC;    // 각 달의 마지막 날
printf("오늘부터 %d년 %d월 %d일까지는 %d일 남았네요.\n",
    tday.tm_year+1900, tday.tm_mon+1, tday.tm_mday, step);
return 0;
}
```



```
현재 11/18/14 09:04:36
현재 2014년 11월 18일 9시 4분 36초입니다.
오늘부터 2021년 12월 31일까지는 2600일 남았네요.
```

03 디버깅 더 살펴보기

C에 대한 어셈블리

비주얼 스튜디오(Visual studio) 2010은 C 언어로 작성한 원시 코드를 디버그 모드에서 어셈블리로 번역하는 기능을 갖고 있다. 컴파일러가 어떻게 메모리에 로드하고 기계어로 번역하는지 그 과정을 살펴봄으로써 포인터에 대한 개념을 이해하는데 도움을 주고자 한다.

[실습 15-11]은 포인터와 포인터 변수를 선언하고 사용한 코드이다.

실습 15-11 | 포인터와 포인터 변수를 선언하기

소스 파일명

ex1511.c

```c
#include <stdio.h>

int main()
{
        int num;
        int* pt;

        num = 79;
        pt = &num;

        printf("num: %d\n", num);
        printf("*pt : %d\n", *pt);

        return 0;
}
```

실행 결과

단계 1 디버그(D) 메뉴에서 중단점 설정/해제 를 사용하여 [그림 15-5]처럼 int num; 위치와 맨 마지막의 } 위치를 중단점을 설정한다.

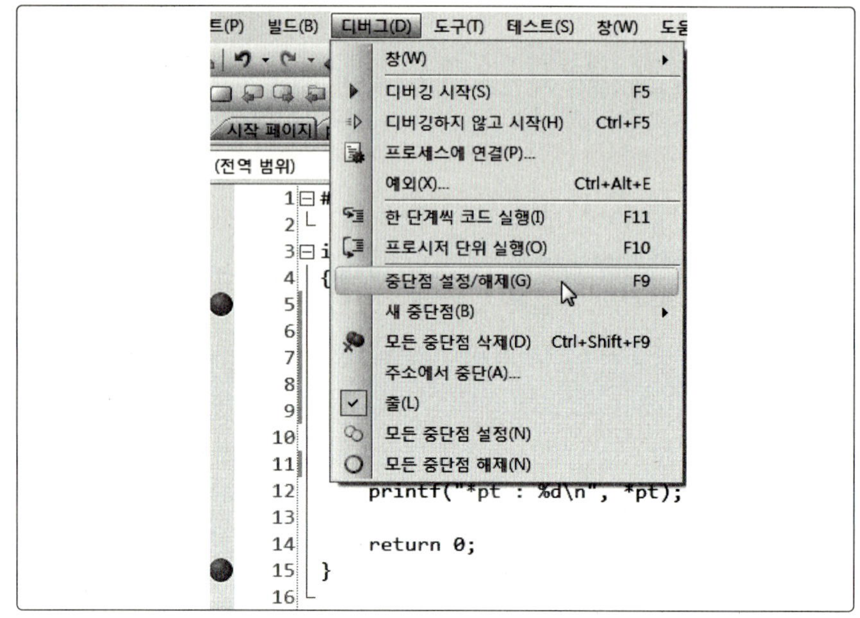

중단점이 설정되면 [그림 15-6]과 같이 표시된다.

단계 2 디버그(D) → 디버깅 시작 또는 F5 를 눌러 디버깅을 시작한다. [그림 15-7]처럼 디버깅하는 현재 위치가 화살표로 표시된다.

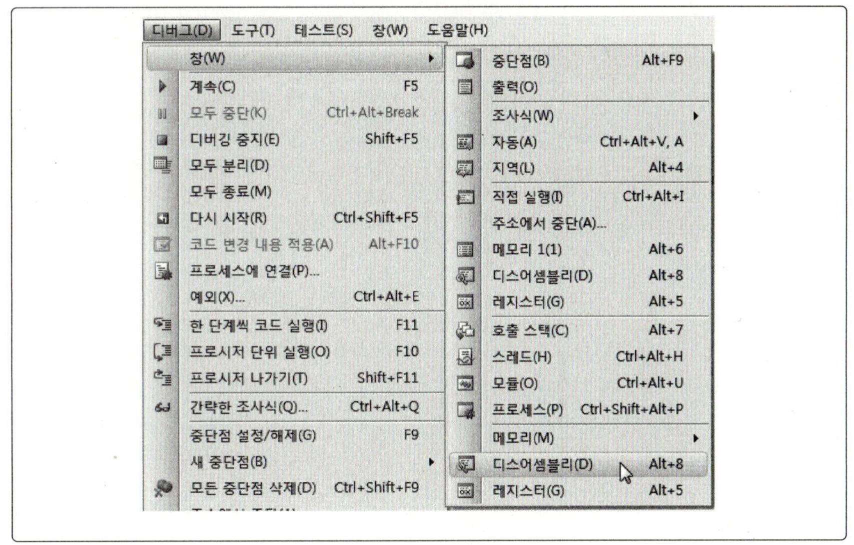


```c
1  #include <stdio.h>
2
3  int main()
4  {
5      int num;
6      int* pt;
7
8      num = 79;
9      pt = &num;
10
11     printf("num: %d\n", num);
12     printf("*pt : %d\n", *pt);
13
14     return 0;
15  }
```

단계 3 [그림 15-8]처럼 디버그(D) → 창(W) → 디스어셈블리(D) 를 클릭
하여 컴파일러가 만든 C 소스 코드를 어셈블리 코드를 디스어셈블
리 창에 [그림 15-9]처럼 표시한다.

만약 창(W) 의 디스어셈블리(D) 메뉴가 표시되지 않으면 [그림 15-9]처럼
[도구]메뉴의 [사용자 지정]을 클릭하여 표시되는 [사용자 지정] 대화상자의
[명령] 탭에서 범주에 위치한 [디버그]를 선택하고 [명령]의 [디스어셈블리]를
드래그하여 추가할 위치에 놓으면 추가된다.

```
디스어셈블리 | printf.c 🔒 | pointer20.c

주소:  main(void)

      --- c:\work\c\point20\point20\pointer20.c ------------------
      #include <stdio.h>

      int main( )
      {
00FB13A0  push          ebp
00FB13A1  mov           ebp,esp
00FB13A3  sub           esp,0D8h
00FB13A9  push          ebx
00FB13AA  push          esi
00FB13AB  push          edi
00FB13AC  lea           edi,[ebp-0D8h]
00FB13B2  mov           ecx,36h
00FB13B7  mov           eax,0CCCCCCCCh
00FB13BC  rep stos      dword ptr es:[edi]
          int num;
          int* pt;

          num = 79;
00FB13BE  mov           dword ptr [num],4Fh
          pt = &num;
00FB13C5  lea           eax,[num]
00FB13C8  mov           dword ptr [pt],eax

          printf("num: %d\n", num);
00FB13CB  mov           esi,esp
00FB13CD  mov           eax,dword ptr [num]
00FB13D0  push          eax
00FB13D1  push          offset string "num: %d\n" (0FB5748h)
00FB13D6  call          dword ptr [__imp__printf (0FB82BCh)]
00FB13DC  add           esp,8
00FB13DF  cmp           esi,esp
00FB13E1  call          @ILT+310(__RTC_CheckEsp) (0FB113Bh)
          printf("*pt : %d\n", *pt);
00FB13E6  mov           esi,esp
00FB13E8  mov           eax,dword ptr [pt]
00FB13EB  mov           ecx,dword ptr [eax]
00FB13ED  push          ecx
00FB13EE  push          offset string "*pt : %d\n" (0FB573Ch)
00FB13F3  call          dword ptr [__imp__printf (0FB82BCh)]
00FB13F9  add           esp,8
00FB13FC  cmp           esi,esp
00FB13FE  call          @ILT+310(__RTC_CheckEsp) (0FB113Bh)

          return 0;
00FB1403  xor           eax,eax
      }
00FB1405  push          edx
00FB1406  mov           ecx,ebp
00FB1408  push          eax
00FB1409  lea           edx,[ (0FB142Ch)]
```

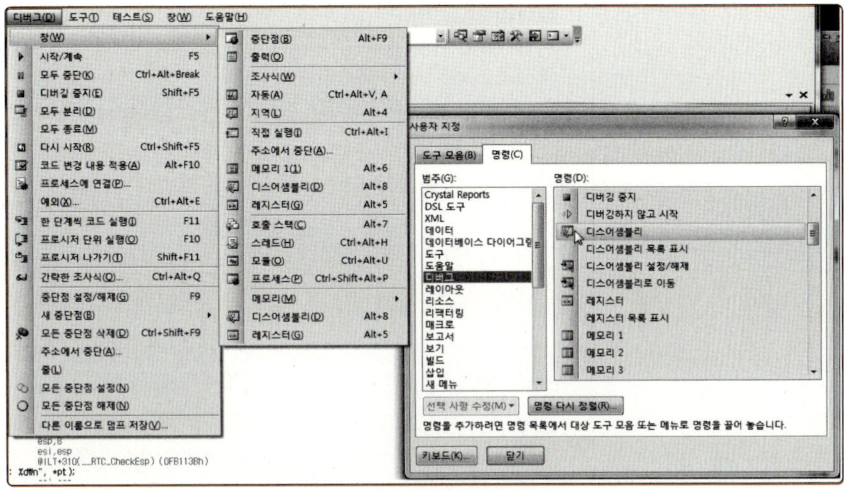

단계 4 디버그 → 디버깅 중지 또는 Shift + F5 를 눌러 디버깅을 종료한다. 그러면 편집 창으로 전환된다.

Tip 비주얼 스튜디오 2010에서 자주 사용하는 디버깅 사용법

① F9 는 코드에 중지점(breakpoint)을 설정한 후 다음 키를 사용하여 한 행씩 수행하면서 디버깅한다.

② F10 은 코드의 한 라인을 수행(Step Over)한다. 코드에 함수가 존재하면 그 함수 전체를 실행한 후 다음 라인으로 이동한다.

③ F11 은 코드의 한 라인을 수행(Step Into)한다. 코드에 함수가 존재하면 그 함수 내부로 이동한다.

④ Shift + F11 은 현재 실행 중인 함수를 끝까지 실행하고 함수 밖으로 이동한다.

⑤ Ctrl + F10 은 현재 키보드 커서 위치까지 코드를 실행한다.

⑥ Shift + F5 는 디버깅을 종료한다.

다음 내용은 디버그 모드에서 어셈블리로 변역한 코드값을 설명한 부분으로 참조만 하자. 왼쪽 첫 부분에 있는 숫자는 주소값으로 실행할 때마다 변경된다.

```
#include <stdio.h>

int main()
{
00B613A0   push            ebp     // 스택에 EBP 레지스터의 값을 저장
```

스택 프레임을 참조하기 위해 스택 베이스 포인터(ebp)를 스택에 푸시(저장, 대피)하고, return문의 주소를 참조해 ebp를 반환한다.
스택(stack)은 자료구조의 한 형태로 항아리처럼 입력과 출력이 한 방향으로만 데이터를 처리하는 구조이므로 가장 먼저 들어온 데이터가 가장 마지막에 나오는 선형구조(FILO : First in Last out)이다. 즉, 스택은 오직 위(top)에서만 가능하다. 스택에 새로운 데이터를 저장하기 위해 데이터를 넣는 것을 push라고 부르며, 스택에서 데이터를 꺼내는 과정을 pop이라고 한다. 주의 사항은 push한 반대(역순)로 pop된다. 예를 들어, 1 2 3 4 5 순서대로 push하면 pop은 5 4 3 2 1 순서로 해야 된다.

```
00B613A1   mov             ebp,esp
```

현재 스택 포인터 값인 esp의 값을 ebp로 복사한 후 ebp로 참조(인덱싱)한다. 스택의 현재 위치에 현재의 스택 포인터 값을 넣고, 새로운 스택의 시작 주소를 이전 스택의 마지막 주소값으로 설정한다. 현재의 스택 포인터 위치를 0xD8(216바이트)만큼 증가시킨다.

```
00B613A3   sub             esp,0D8h
```

esp의 값에서 (D8h = 13×16 + 8) = 216만큼 뺀 값은 유효 주소이다. 즉, 컴파일러에서 main( ) 함수의 간격을 임의로 정한 것으로, esp는 216바이트만큼 주소값이 작아지게 되므로 스택의 위쪽으로 올라간다. 216바이트를 스택 영역으로 할당한다.

```
00B613A9   push            ebx     // 스택에 ebx 레지스터의 값을 저장(대피)
00B613AA   push            esi     // 스택에 esi 레지스터의 값을 저장(대피)
00B613AB   push            edi     // 스택에 edi 레지스터의 값을 저장(대피)
```

기존의 스택 베이스 위치를 스택에 저장한다.

```
00B613AC   lea             edi,[ebp-0D8h]
```

할당한 지역 변수 공간을 초기화하기 위해 선두 주소를 설정한다. lea는 load effective address로 실제 주소를 저장하지만 빠른 연산용으로 사용한다. 따라서 edi에는 ebp에서 0D8h를 뺀 값인 스택의 ebx 값이 저장된 위치의 주소를 넣는다. 즉, 메모리 오프셋 ebp 레지스터에 *(ebp-0D8h 번지가 가리키는 값)을 대입(lea)한다.

```
00B613B2   mov          ecx,36h  // ecx에 54바이트 넣는다. 반복하기 위한 카운트 수
00B613B7   mov          eax,0CCCCCCCCh
```

쓰레기값이라는 데이터, 로컬 스택 부분을 채운다.

```
00B613BC   rep stos     dword ptr es:[edi]
```

ecx를 카운터로 사용하여 0이 될 때까지 54번(4바이트×54 = 216바이트) 반복 실행한
다. [메모리 번지]는 특정 메모리 번지에 있는 내용을 읽으라는 의미이다. 메모리 오프셋
es 레지스터의 값 + *(edi의 값인 주소에 들어 있는 값)만큼 반복해서 기본 스택 할당
공간 전체를 0CCCCCCCCh 으로 채운다.

```
           int num;
           int* pt;


           num = 79;
00B613BE   mov          dword ptr [num],4Fh
```

dword는 double word로 word는 4바이트이다. ptr은 pointer이다. 메모리 오프셋
num의 값인 주소(&num의 자리 *(num의 주소) 즉, num 변수)에 데이터 4F를 대입
(mov)한다.

```
           pt = &num;
00B613C5   lea          eax,[num]
00B613C8   mov          dword ptr [pt],eax
```

eax 레지스터에 *(num의 번지가 가리키는 값)을 대입한다.

```
           printf("num: %d\n", num);
00B613CB   mov          esi,esp
00B613CD   mov          eax,dword ptr [num]
00B613D0   push         eax
00B613D1   push         offset string "num: %d\n" (0B657B8h)
00B613D6   call         dword ptr [__imp__printf (0B682BCh)]
```

메모리 오프셋 0FB82BCh 위치에 놓인 printf( ) 함수를 정의한 코드를 호출하여 실행
한다.

```
00B613DC   add          esp,8     // esp의 값에 8바이트를 더(+)한다.

00B613DF   cmp          esi,esp // esi와 esp의 값을 검사(비교)
00B613E1   call         @ILT+310(__RTC_CheckEsp) (0B6113Bh)
           printf("num: %p\n", &num);
```

```
00B613E6   mov          esi,esp
00B613E8   lea          eax,[num]
00B613EB   push         eax
00B613EC   push         offset string "num: %p\n" (0B65748h)
00B613F1   call         dword ptr [__imp__printf (0B682BCh)]
00B613F7   add          esp,8
00B613FA   cmp          esi,esp
00B613FC   call         @ILT+310(__RTC_CheckEsp) (0B6113Bh)
        printf("*pt : %d\n", *pt);
00B61401   mov          esi,esp
00B61403   mov          eax,dword ptr [pt]
00B61406   mov          ecx,dword ptr [eax]
00B61408   push         ecx
00B61409   push         offset string "*pt : %d\n" (0B6573Ch)
00B6140E   call         dword ptr [__imp__printf (0B682BCh)]
00B61414   add          esp,8
00B61417   cmp          esi,esp
00B61419   call         @ILT+310(__RTC_CheckEsp) (0B6113Bh)

        return 0;
00B6141E   xor          eax,eax
```

logical Exclusive OR 연산, 즉, eax = 0으로 초기화

```
}

00B61420   push         edx
00B61421   mov          ecx,ebp
00B61423   push         eax
00B61424   lea          edx,[ (0B61448h)]
00B6142A   call            @ILT+130(@_RTC_CheckStackVars@8)
(0B61087h)
00B6142F   pop          eax
00B61430   pop          edx
00B61431   pop          edi   // 대피시켰던 edi 복구
00B61432   pop          esi   // 대피시켰던 esi 복구
00B61433   pop          ebx   // 대피시켰던 ebx 복구
00B61434   add          esp,0D8h
```

esp 원상태로 복구(esp에 216을 더해서 스택 포인터 값을 감소)시킨다.

```
00B6143A   cmp          ebp,esp
```

스택 포인터 값과 printf( ) 함수를 실행한 후의 스택 포인트 값을 비교한다. ZF(zero flag)에 상태가 설정된다.

```
00B6143C  call         @ILT+310(__RTC_CheckEsp) (0B6113Bh)
```



```
00B61441  mov          esp,ebp
```



```
00B61443  pop          ebp  //스택에서 ebp가 가리키는 곳에서 주소값을 불러낸 후 저장
00B61444  ret          //원래 위치로 리턴 , 스택에서 주소를 pop한 후 그 주소로 돌아감
```

C 레지스터

현재 많이 사용하고 있는 32비트 컴퓨터나 64비트 컴퓨터의 CPU(Central Process Unit) 용도로 인텔에서 제공하는 마이크로프로세서에서는 레지스터(register)를 갖고 있다. 레지스터는 CPU의 내부에 존재하는 작은 메모리로 처리 속도가 고속이다. 32비트 레지스터로 종류는 데이터, 스택, 포인터, 플래그, 세그먼트 레지스터로 구분한다.

1 범용 레지스터(general purpose register)

1 EAX 레지스터(accumulator)

일반적으로 곱셈, 나눗셈 명령에 사용되며, 함수의 리턴값을 저장하는 용도로도 사용한다. 다른 레지스터보다 입출력 속도가 빠르다. [그림 15-11]처럼 바이트로 AX 레지스터, AX를 다시 1바이트인 AH, AL 레지스터로 나눌 수 있다.

그림 15-11 ▶
EAX 레지스터 내부 분리
구조

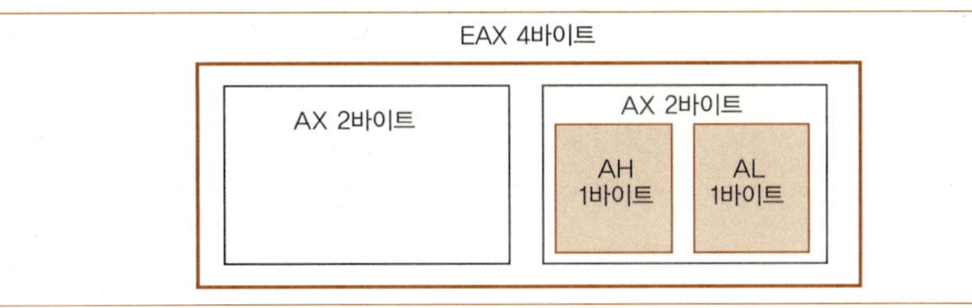

2 EBX 레지스터(base)

일반적으로 포인터 용도로 사용한다. ESI나 EDI와 결합하여 인덱스(index)로 사용한다. 2바이트로 BX 레지스터, BX를 다시 1바이트인 BH, BL 레지스터로 나눌 수 있다.

❸ ECX 레지스터(count)

일반적으로 반복문에서 반복 횟수(카운트)나 좌우 방향 시프트 비트수를 기억하는 용도로 사용한다. 2바이트로 CX 레지스터, CX를 다시 1바이트인 CH, CL 레지스터로 나눌 수 있다.

❹ EDX 레지스터(data)

일반적으로 곱셈, 나눗셈 데이터의 입출력과 EAX와 함께 부호 확장 명령 등에 사용한다. 2바이트로 EX 레지스터, EX를 다시 1바이트인 EH, EL 레지스터로 나눌 수 있다.

② 스택 레지스터(stack register)

❶ ESP 레지스터(stack pointer)

스택 프레임에 쌓아둔 데이터의 마지막(끝) 위치를 저장하는 용도로 사용하며, push와 pop 명령에 의해 4바이트씩 변경된다.

❷ EBP 레지스터(base pointer)

스택 프레임에 쌓아둔 데이터의 시작 위치를 저장하는 용도로 사용되며, 현재 스택 프레임이 소멸되지 않으면 EBP 값이 변하지 않는다. 만약 현재 스택 프레임이 소멸되면 이전에 사용되었던 스택 프레임을 가리킨다.

③ 포인터 레지스터(pointer register)

❶ ESI 레지스터(souce index)

일반적으로 간접 주소 지정에 사용되며, 데이터를 읽어올 때 offset 주소를 가리킨다.

❷ EDI 레지스터(destination index)

일반적으로 간접 주소 지정에 사용되며, 데이터를 저장할 때 offset 주소를 가리킨다.

❸ EIP 레지스터(instruction pointer)

명령을 수행하고 다음에 수행할 명령어가 있는 주소를 가리키는 용도로 사용한다.

④ 세그먼트 레지스터(segment register)

❶ CS 레지스터(code segment)

현재 실행 가능한 명령어의 시작 주소를 가리키는 세그먼트 오프셋이 저장된다.

❷ DS 레지스터(data segment)

데이터가 저장된 시작 위치를 가리키는 용도로 사용한다.

❸ SS 레지스터(stack segment)

스택 세그먼트의 위치를 가리키는 용도로 사용한다.

❹ ES 레지스터(extra segment)

세그먼트의 위치를 가리키는 용도로, 문자열 명령어에 사용되기도 한다.

5 플래그 레지스터

❶ CF(carry flag)

산술 연산 후 상위 비트로 캐리나 시프트 할 때 1(set)이 된다.

❷ ZF(zero flag)

연산 결과가 0이면 1(set), 0이 아니면 0(clear 해제)이 된다.

❸ OF(overflow flag)

산술 연산 결과 상위 비트를 초과하여 오버플로우(overfow, 용량 초과))될 때 1(set)이 된다.

❹ SF(sign flag)

부호 비트로 연산 결과가 음수가 될 때 1(set), 양수면 0(clear 해제)이 된다.

❺ DF(direction flag)

문자열을 처리할 경우 연속되는 문자열의 처리 방향에 따라 설정된다.

6 부동소수점 데이터 레지스터

ST0, ST1, ST2, ST3, ST4, ST5. ST6, ST7

[그림 15-12]는 [디버그] → [창] → [레지스터]를 실행한 결과로 레지스터에 기록된 주소를 16진수로 표시한 것이다.


```
레지스터
EAX = 00932378 EBX = 7EFDE000 ECX = 00933E90 EDX = 00000001 ESI = 00000000
EDI = 00000000 EIP = 00B613A0 ESP = 0026FEE8 EBP = 0026FF34 EFL = 00000202

CS = 0023 DS = 002B ES = 002B SS = 002B FS = 0053 GS = 002B
```

[그림 15-13]은 스택 프레임 구조이다. 스택 프레임은 호출된 프로시저(함수)의 복귀 번지를 기준으로 변위 값을 이용하여 매개변수를 처리하기 위한 구조이다.

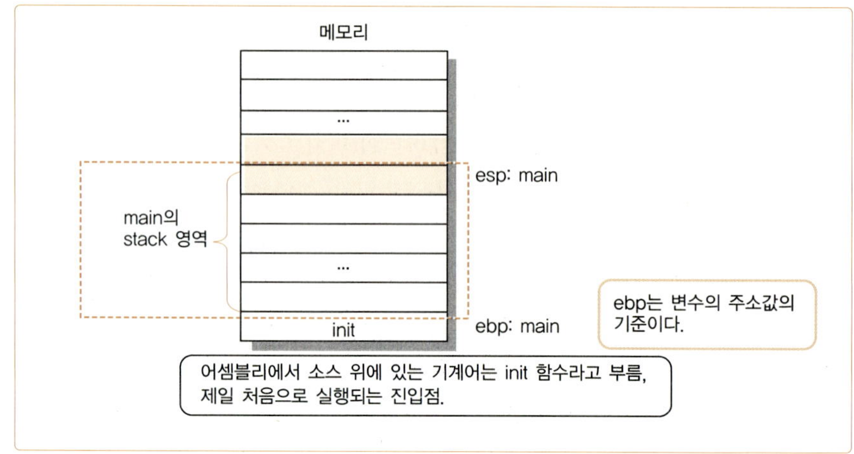

esp는 push와 pop의 영향을 받지만 ebp는 받지 않으므로 이 레지스터를 기준(base)으로 삼는다. 즉, 프로시저 내에서 중간에 스택의 변화가 발생하여도 ebp를 기준으로 한 매개변수의 참조는 아무 영향도 받지 않아 안전하다.

[그림 15-14]는 디버그 → 창(W) → 메모리 를 실행한 결과로 main( ) 함수의 시작 위치에 대한 메모리 상태를 16진수로 표시한 내용이다.

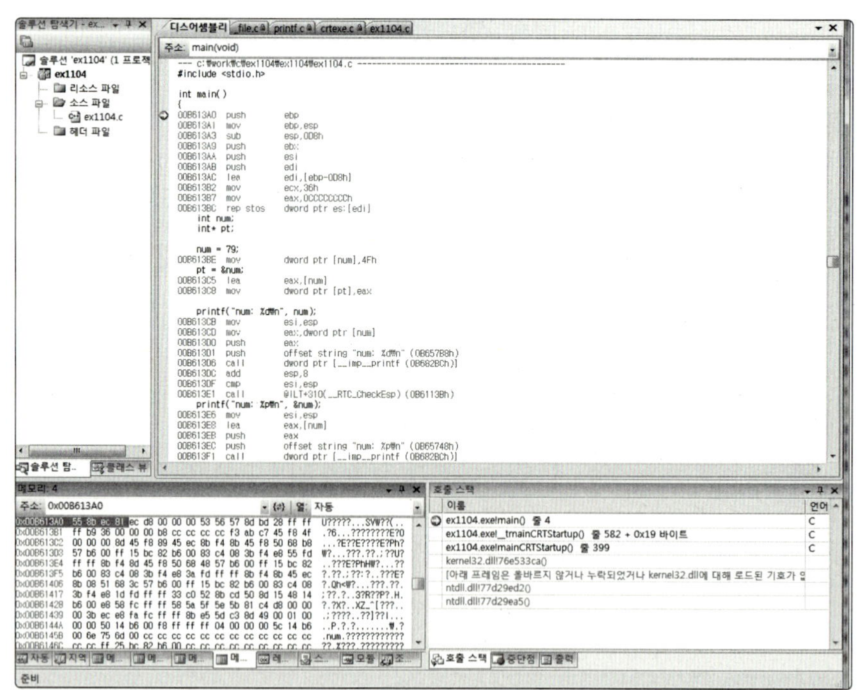

부록

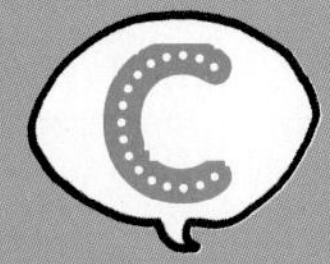

1. ASCII 코드
2. C 함수사전

부록으로는 ASCII 코드표와 본문에서 나온 함수를 찾을 수 있는
C 함수사전을 제공한다.

　표 1. 아스키 코드표

PC에서 가장 널리 사용하는 문자 코드는 미국에서 제안한 아스키(ASCII(American Standard Code for Information Interchange)) 코드로, 영어 문자를 기반으로 한다. 아스키코드는 128개의 가능한 문자조합을 제공하는 7비트(bit) 부호이다.

2진수	상위4비트	0000		0001		0010		0011		0100		0101		0110		0111	
하위4비트	16진수	0		1		2		3		4		5		6		7	
0000	0	NUL	0 00	DLE	16 10	SP	32 20	0	48 30	@	64 40	P	80 50	`	96 60	p	112 70
0001	1	SOH	1 01	XON (DC1)	17 11	!	33 21	1	49 31	A	65 41	Q	81 51	a	97 61	q	113 71
0010	2	STX	2 02	DC2	18 12	"	34 22	2	50 32	B	66 42	R	82 52	b	98 62	r	114 72
0011	3	ETX	3 03	XOFF (DC3)	19 13	#	35 23	3	51 33	C	67 43	S	83 53	c	99 63	s	115 73
0110	4	EOT	4 04	DC4	20 14	$	36 24	4	52 34	D	68 44	T	84 54	d	100 64	t	116 74
0111	5	ENQ	5 05	NAK	21 15	%	37 25	5	53 35	E	69 45	U	85 55	e	101 65	u	117 75
1000	6	ACK	6 06	SYN	22 16	&	38 26	6	54 36	F	70 46	V	86 56	f	102 66	v	118 76
1001	7	BEL	7 07	ETB	23 17	'	39 27	7	55 37	G	71 47	W	87 57	g	103 67	w	119 77
1010	8	BS	8 08	CAN	24 18	(	40 28	8	56 38	H	72 48	X	88 58	h	104 68	x	120 78
1011	9	HT	9 09	EM	25 19	)	41 29	9	57 39	I	73 49	Y	89 59	i	105 69	y	121 79
1100	A	LF	10 0A	SUB	26 1A	*	42 2A	:	58 3A	J	74 4A	Z	90 5A	j	106 6A	z	122 7A
1101	B	VT	11 0B	ESC	27 1B	+	43 2B	;	59 3B	K	75 4B	[	91 5B	k	107 6B	{	123 7B
1110	C	FF	12 0C	FS	28 1C	,	44 2C	<	60 3C	L	76 4C	\	92 5C	l	108 6C	|	124 7C
1101	D	CR	13 0D	GS	29 1D	−	45 2D	=	61 3D	M	77 4D	]	93 5D	m	109 6D	}	125 7D
1110	E	SO	14 0E	RS	30 1E	.	46 2E	>	62 3E	N	78 4E	^	94 5E	n	110 6E	~	126 7E
1111	F	SI	15 0F	US	31 1F	/	47 2F	?	63 3F	O	79 4F	_	95 5F	o	111 6F	DEL	127 7F

ASCII 코드 0부터 31은 다음과 같은 기능을 갖는다. ASCII 코드표에서 문자 앞에 ^가 붙은 것은 Ctrl 을 함께 누른다는 의미이다.

16진수	이름	설명
00	NUL	Null ^@
01	SOH	Start Of Heading
02	STX	Start Of TeXt
03	ETX	End Of TeXt
04	EOT	End Of Transmission
05	ENQ	ENQuiry
06	ACK	ACKnowledge
07	BEL	BELl(beep) ^G
08	BS	BackSpace ^H
09	TAB	horizontal TAB ^I
0A	LF	Line Feed ^J
0B	VT	Vertical Tab
0C	FF	Form Feed ^L
0D	CR	Carriage Reutrn
0E	SO	Shift Out
0F	SI	Shift in
10	DLE	Data Link Escape
11	XON	Xmt ON ^Q
12	DC2	Device Control 2
13	XOFF	Xmt OFF ^S
14	DC4	Device Control 4
15	NAK	Negative AcKnowledge
16	SYN	SYN chronous idle
17	ETB	End of Transmission Block
18	CAN	CANcel
19	EM	End of Medium
1A	SUB	SUBstitute
1B	ESC	ESCape ^/
1C	FS	File Separator
1D	GS	Group Separator
1E	RS	Record Separator
1F	US	Unit Separator

함수 이름	기능	페이지
a abs(int x)	|x|	113
acos(double x)	$\cos^{-1}x$	113
asctime( )	tm 구조체 형식으로 문자열로 저장하는 함수	489
asin(double x)	$\sin^{-1}x$	113
atan(double x)	$\tan^{-1}x$	113
atof( )	문자열을 double형 값으로 변환한다. 점(.)도 소수점으로 인식한다.	307, 313~316
atoi( )	아토이 함수라고 부르며 문자열을 int형의 정수로 변환한다. 숫자가 아닌 문자가 오면 변환이 안되고 0을 반환한다. 단 화이트 문자(공백, 탭 키, 엔터 키)는 무시한다.	307, 313~316
atol( )	atoi( ) 함수와 같지만 long형의 정수로 변환한다.	307, 313~316
b bsearch( )	이진 검색하는 함수. 이 함수를 사용하여 이진 검색을 하기 전에 검색할 모든 데이터를 오름차순으로 정렬(sort)한 후 사용해야 한다.	487
c calloc( )	메모리를 동적으로 힙(heap)에 할당하지만 할당한 모든 메모리들의 모든 비트를 0으로 초기화하는 함수	307
clock( )	프로그램이 실행된 이후 경과된 프로세서 시간을 1/1,000초 단위로 계산하는 함수	491
cmp( )	비교 함수	487
cos(double x)	cos x	113
cosh(double x)	cosh x	113
ctime( )	시간을 time_t 형식으로 문자열로 저장하는 함수	489
d difftime( )	두 시간의 차(end 시간 – start 시간)를 초 단위로 계산하는 함수	490
e ecvt( )	실수(double) 값을 문자열로 변환한다.	317
exp(double x)	e^x	113, 116
f fabs(double x)	|x|	113
fclose( )	파일을 다 사용한 후에는 fclose( ) 함수로 파일을 닫아야 한다.	397
fcloseall( )	표준으로 정의되어 있는 stdin, stdout, stderr을 제외하고 열려 있는 모든 스트림을 닫는다. 이 함수를 정상적으로 실행하면 닫힌 함수의 개수를 리턴한다.	397
fcvt( )	실수(float) 값을 문자열로 변환한다.	317
feof( )	개방된 파일의 끝을 검사한다.	402~403
ferror( )	데이터 조작시 오류가 발생되었는지 검사한다.	403
fflush( )	키보드 버퍼를 강제로 지우는 함수	88, 403~404
fgetc( )	파일에서 문자열을 읽어들이는 함수. 파일 포인터 fp로 지정한 파일을 열고 한 개의 문자를 읽는다. 그리고 파일 커서가 다음으로 이동한다. 성공시 입력된 문자를 반환하고, 에러가 발생하면 EOF를 반환한다.	399
fgets( )	파일에서 문자열을 읽어들이는 함수.	399, 404~405
fmod(double x, double y)	x/y	113
fopen( )	파일 개방 함수. 파일과 연결된 스트림을 생성하고 파일을 연다.	395
fprintf( )	printf( ) 함수는 화면에 출력하지만 fprintf( ) 함수는 데이터를 형식에 맞추어 파일에 출력한다.	399, 411~414

함수 이름	기능	페이지
fputc( )	문자를 파일에 출력하는 함수	399
fputs( )	화면(stdout)으로 문자열을 출력하는 함수	399, 404~405
fread( )	파일에서 구조체 단위로 데이터를 읽고, 읽은 바이트 만큼 파일 내부 위치 포인터를 이동한다.	399, 407~410
free( )	메모리를 동적으로 할당한 것을 해제하는 함수	299~302
fscanf( )	함수는 한 번 읽으면 파일 포인터가 뒤로 이동되므로 차례대로 두 개의 데이터를 읽어온다.	399
fscanf( )	scanf( ) 함수는 키보드에서 데이터를 읽지만 fscanf( ) 함수는 파일에서 데이터를 형식에 맞추어 읽는다.	399, 411~414
fseek( )	파일의 현재 위치를 이동한다.	418
ftell( )	파일의 현재 위치를 알려준다.	419~422
fwrite( )	파일에 버퍼 내용을 구조체 단위로 데이터를 기록(쓰기)하고 저장한 바이트 만큼 파일 내부 위치 포인터를 이동한다.	399, 407~410
gcvt( )	실수 값을 부호와 소수점을 포함하여 문자열로 변환한다.	317
getc( )	시스템에서 속도를 빠르게 하기 위해 스트림을 여러 번 검사하는 매크로 함수로 구현되어 있다는 것만 제외하고 fgetc( ) 함수와 동일하다.	399
getch( )	키보드에 문자 하나를 입력해도 화면에 출력되지 않는 함수로, CR을 LF('\n')으로 자동 변환하지 않고 바이너리 모드로 동작한다.	293
getchar( )	키보드를 통해 한 글자만 입력받아 버퍼에 저장하고 있다가 엔터키를 누르면 한 글자만 입력하는 함수. 공백 문자(빈 칸, 탭, 개행)를 포함한 모든 문자를 읽을 수 있다.	80, 81, 88, 292~296, 399
gets( )	문자열 입력 함수. 엔터키가 저장될 때까지 하나의 문자열로 저장하는 함수. 문자열 입력용으로 사용한다.	84~85, 305, 306~309, 399
isalnum( )	문자 검사 함수. ch 값이 영문자('A'~'Z', 'a'~'z')이거나 숫자(0~9)이면 참, 아니면 거짓	297
isalpha( )	문자 검사 함수. ch 값이 영문자('A'~'Z', 'a'~'z')이면 참, 아니면 거짓.	297
isascii( )	문자 검사 함수. ch 값이 ASCII 문자(0x00~0x7f)이면 참, 아니면 거짓	297
iscntrl( )	문자 검사 함수. ch 값이 제어 문자(Ctrl+c와 같은 종류:0x00~0x1F, 0x7F, BEL BS CR FF HT NL VT)이면 참, 아니면 거짓	297
isdigit( )	문자 검사 함수. ch 값이 10진수(0~9)이면 참, 아니면 거짓	297
isgraph( )	문자 검사 함수. ch 값이 인쇄 문자(제어 문자를 제외한 ASCII 문자:0x21~0x7e)이면 참, 아니면 거짓	297
islower( )	문자 검사 함수. ch 값이 영어 소문자('a'~'z')이면 참, 아니면 거짓	297
isprint( )	문자 검사 함수. ch 값이 출력 가능 문자(공백 문자를 제외한 인쇄 문자 : 0x20~0x7e)이면 참, 아니면 거짓	297
ispunct( )	문자 검사 함수. ch 값이 구두점 문자(영숫자와 공백 문자를 제외한 인쇄 문자 (x021~0x40, 0x5b~0x60, 0x7b~0x7e, ! "" # % & '( ) ; 〈 = 〉 ? [\ ] * + , − . / : ^ _ {	} ~)이면 참, 아니면 거짓이다.	297
isspace( )	문자 검사 함수. ch 값이 공백 문자(CR FF HT NL VT space), 기타 locale 문자 (0x09~0x0d, 0x20)이면 참, 아니면 거짓	297

함수 이름	기능	페이지
isupper( )	문자검사 함수. ch 값이 영어 대문자('A'~'Z')이면 참, 아니면 거짓	297
isxdigit( )	문자검사 함수. ch 값이 16진수(0~9, 'A'~'F', 'a'~'f')이면 참, 아니면 거짓	297
itoa( )	숫자를 문자열 숫자로 변환한다.	307, 316~318
labs(long x)	$\|x\|$	113
list( )	배열의 시작 주소를 매개변수에 전달하는 함수	269
localtime( )	time( ) 함수를 사용하여 구한 세계표준 시간을 로컬 시간(현재 사용하는 국가의 시간, 우리나라에서는 한국표준시간)으로 변환하는 함수	489
log(double x)	log x	113
log10(double x)	ln x	113
ltoa( )	long형 정수를 문자열로 변환한다.	307, 316~318
main( )	함수의 몸체가 되는 주 함수	39
malloc( )	메모리를 동적으로 힙(heap)에 할당하는 함수	299~302
memcmp( )	메모리를 비교하는 함수	302~304
memcpy( )	메모리 블록 간의 데이터의 바이트를 복사(붙여넣기)하는 함수	302~304
memmove( )	한 메모리 블록에서 일정양을 복사하지만 메모리 블록이 겹치면 겹치는 영역의 원본 데이터를 덮어쓰기 전에 복사해두는 함수	302~304
memset( )	메모리에서 모든 블록을 특정값으로 설정하는 함수	302~304
mktime( )	tm 구조체로 표현되는 시간을 time_t 타입으로 1970년 1월 1일을 기준으로 경과된 초의 값으로 변환하는 함수.	489
perror( )	에러 메시지를 표준 에러 스트림(stderr)에 출력한다. stderr은 화면이다.	396
pow(double x, double y)	x^2	113
printf( )	모니터에 다양한 데이터를 출력하는 표준 출력 함수	70~78, 292
putc( )	fputc( ) 함수를 시스템에서 속도를 빠르게 하기 위해 매크로로 구현한 것 뿐 기능은 동일하며, 파일 포인터 fp로 지정한 파일을 열고 한 개의 문자를 저장한다.	399
putchar( )	한 문자를 출력하는 함수	292, 399
puts( )	화면으로 문자열을 출력하는 함수	306~309, 399
qsort( )	정렬 방법 중 가장 빠른 속도를 자랑하는 퀵 정렬 함수	485~486
rand( )	난수를 발생시키는 함수	116~118
scanf( )	키보드에서 다양한 형식으로 입력할 수 있는 표준 입력 함수. 단어 입력용으로 사용한다.	79~90, 292~296, 306, 399
sin(double x)	sin x	113
sinh(double x)	sinh x	113
sizeof( )	자료형에 대한 크기를 알아 보는 함수	48
sprintf( )	printf( ) 함수처럼 포인터 str로 지정한 버퍼에 저장한다.	307
sprintf( )	자동적으로 포인터 변수 str의 맨 마지막에 NULL 문자를 붙이므로 항상 한 칸의 여유가 있어야 한다.	321~323
sqrt(double x)	$\sqrt{x}$	113
srand( )	난수의 초기값(seed 값)을 바꿔주는 함수	116~118

함수 이름	기능	페이지
sscanf( )	키보드가 아닌 문자열 변수에서 정해진 형식의 데이터를 받아들이고, sprintf( ) 함수는 정해진 형식의 출력을 모니터가 아닌 문자열 변수에 저장한다. 버퍼에 저장된 문자열을 자유롭게 활용할 수 있으므로 매우 유용하다.	307, 321~323
sscanf( )	포인터 이동이 없으므로 %d를 읽을 데이터 개수만큼 나열해야 한다.	
strcat( )	첫 번째 인자의 문자열의 널 문자 위치에 두 번째 인자로 지정한 문자열을 덧붙인다.	307, 311~312
strchr( )	문자열의 앞에서 뒤로 특정한 문자가 처음 나타나는 위치를 찾는다.	320
strcmp( )	첫 번째 인자의 문자열의 널 문자 위치에 두 번째 인자로 지정한 문자열을 사전적 순서로 비교하여 첫 번째가 크면 양수, 작으면 음수, 같으면 0을 리턴한다.	307, 312~313
strcpy( )	포인터 source로 지정한 문자열을 포인터 destination로 지정한 위치로 복사한다.	307, 310~311, 339
strftime( )	시간을 다양한 형식으로 문자열로 저장하는 함수	490
strlen( )	문자열의 길이를 나타내는 함수. 문자열의 시작에서부터 널 문자 직전까지의 문자의 개수를 반환한다.	307
strlwr( )	문자열을 소문자로 변환한다.	319
strncat( )	strcat( ) 함수와 동일하지만 지정한 개수 n개만큼 덧붙인다.	307, 311~312
strncmp( )	strcmp( ) 함수와 동일하지만 n개만큼만 비교한다.	307, 312~313
strncpy( )	strcpy( ) 함수와 유사하지만 복사할 문자 n만큼을 지정한다. 만약 source의 길이가 n보다 작으면 dest의 남는 공간은 null로 채워진다.	307, 310~311
strrchr( )	문자열의 뒤에서 앞으로, 처음 나타나는 위치를 찾는다.	320
strtod( )	문자열을 double형 값으로 변환한다.	314
strtol( )	문자열을 long형 정수로 변환한다.	313~316
strtoul( )	문자열을 unsigned long 값으로 변환한다.	314
strupr( )	포인터 str로 지정한 문자열을 대문자로 변환한다. 영문자가 아닌 문자들은 영향을 받지 않으므로 그대로 유지한다.	319
swap( )	참조에 의한 호출(call by reference)로 변수값이 아닌, 변수가 저장된 메모리 주소가 저장되는 함수	192~193
system( )	운영체제의 명령을 직접 실행하는 함수	287
tan(double x)	tan x	113
tanh(double x)	tanh x	113
time()	시스템에 내장된 현재 시간을 세계표준시간으로 산출하는 함수	488~489
toascii( )	문자 변환 함수. ch 값의 문자를 ASCII 문자로 변환	298
tolower( )	문자 변환 함수. ch 값의 영문자를 소문자로 변환	298, 307
toupper( )	문자 변환 함수. ch 값의 영문자를 대문자로 변환	298, 307
ultoa()	unsigned long 값을 문자열로 변환한다.	307, 316~318
void( )	함수의 몸체 끝에 return문이 없는 함수	48

참고 문헌 및 사이트

1. 「C 언어 프로그래밍 제 2판」, Brian W. Kernighan, Dennis M. Ritchie, 대영사, 2002.

2. 「C:A Reference Manual 5th Edition」, Harbison Samuel P;Steele Guy L, , 번역판, Pearson 출판사, 2005.

3. 「C 기초 플러스 5판」, Stephen Prata, 성안당, 2005.

4. 「C How To Program 제 5판」, Harvey M. Deitel, 번역판, Pearson 출판사, 2005.

5. 「예제가 가득한 C 언어 길라잡이」, 김은철, 김명진 공저, 정보문화사, 2006.

6. 「Perfect C」, 강환수, 신용현 공저, INFINITYBOOKS, 2007.

7. 「열혈강의 C 포인터」, 공동환, FREELEC, 2006.

8. 「열혈강의 C 프로그래밍」, 윤성우, FREELEC, 2003.

9. 「C 언어 프로그래밍 입문」, 김일광, 한빛미디어, 2004.

10. 「뇌를 자극하는 C 프로그래밍」, 서현우, 한빛미디어, 2005.

11. 「Introduction To Algorithms」, second edition, Thomas H. Cormen, Cahrles E. Leiserson, Ronald L. Rivest, Clifford Stein, 한빛미디어, 2005.

12. 「Algorithms In C 제 3판」, Robert Sedgwick, 대영사, 2005.

13. http://www.dinkumware.com/htm_cl/index.html

14. http://www.eskimo.com/~scs/C-faq/top.html ▶ C FAQ(자주 묻는 질문) 사이트

15. http://pweb.netcom.com/~tjensen/ptr

16. http://www.bloodshed.net/devc.html

17. 「C 언어의 이론·응용프로그램」, 강성수, 성안당, 1988.

18. 「TURBO C 언어 입문」, 강성수, 서문문화사, 1989.

19. 「New C 언어 입문 기초편」, HARUHIKO HAYASHI, 영진닷컴, 2003.

20. 「New C 언어 입문 중급편」, HARUHIKO HAYASHI, 영진닷컴, 2003.

21. 「New C 언어 입문 응용편」, Shozo Kashihara, 영진닷컴, 2003.

22. 「C 언어 함수의 사용법 + 작성법 완전제패」, HARUHIKO HAYASHI, 영진닷컴, 2003.

23. 「C 프로그래밍 별거 아니네」, 內田智史 편저, 이형배 역, (주)사이버출판사, 2003.

24. 「쉽게 배우는 C 프로그래밍 테크닉」, Hiroaki Sakai 저, 김일환 역, 정보문화사, 2004.

25. 「Programming in C Third Edition」, Stephen G. Kochan, 주홍택, 백낙훈, 홍동권 역, 이한출판사, 2006.

26. 「C 언어 Nitty Gritty C」, 클라우스 쉬뢰더 저, 전창호 외 3명 역, PEARSON, 2002.

27. 「문법 떼고 다시 배우는 C 프로그래밍」, 카사하라 쇼조 저, 김용준 역, 한빛미디어, 2006.

28. 「C가 보이는 그림책」, ANK Co., Ltd저, 김성훈 역, 성안당, 2003.

29. 「가벼운 마음으로 배워보는 C 언어」, 최재규, 영진닷컴, 2005.

30. 「정품 소프트웨어가 들어있는 C」, Peter Aitken. Bradley Jones, 박춘 편역, 정보문화사, 2004.

31. 「Beginning C 기초부터 천천히」, Ivor Horton 저, 김기영 역, 에이콘, 2005.

32. 「파워 코딩 C Concept」, 배영승, 박문각, 2005.

33. 「한권으로 끝내는 C/C++」, 현윤섭, 네모도리 공저, 정보문화사, 2006.

34. 「원리가 보이는 C 프로그래밍」, 노희영, 한빛미디어, 2006.

35. 「클릭하세요 C 언어 입문」, 성윤정, 도서출판 대림, 2005.

36. 「C 무작정 따라하기」, 여인춘, 길벗, 2007.

37. 「초보자를 위한 C 언어 300제」, 김은철, 정보문화사, 2004.

38. 「C로 배우는 쉬운 자료구조」, 이지영, 한빛미디어, 2005.

39. 「C/C++로 배우는 자료구조론」, 주우석, 한빛미디어, 2004.

40. 「정보처리기사 실기 C 특별대비」, 영진정보연구소, 영진닷컴, 2004.

41. 「다시 체계적으로 배우는 C 언어 포인터」, 정재은, 정보문화사, 2003.

42. 「Pointers On C」, 케네스 릭 지음 이종응 옮김, PEARSON, 2004.

43. 「알고리즘이 보이는 그림책」, ANK Co., Ltd 저, 이영란 역, 성안당, 2004.

44. 「C 언어로 배우는 알고리즘 입문」, 카사이 아사오저 저, 진명조 역, 한빛미디어, 2004.

45. 「C 언어 알고리즘 철저 입문」, Shozo Kashihara 저, 영진닷컴, 2003.

46. 「문제해결을 위한 C 언어 프로그래밍」, Yuksel Uckan 저, 고진광 외 15명 역, 대영사, 2001.

47. 「시스템 엔지니어를 위한 C/C++ 완벽 가이드」, 박규환, 홍릉과학출판사, 2001.

48. 「쉽게 풀어쓴 C 언어 Express」, 천일국, 생능출판사, 2007.

49. 「비기전수 C 프로그래밍」, 윤성우, 인피니티북스, 2009.

50. 「개념을 콕콕 잡아주는 C 프로그래밍」, 천정아, 이한출판사, 2009.

51. 「누구나 쉽게 즐기는 C 언어 콘서트」, 천일국, 생능출판사, 2010.

52. 「난 정말 C programming을 공부한 적이 없다구요!」, 윤성우, 인피니티북스, 2009.

53. 「명품 C 언어 프로그래밍」, 안기수, 생능출판사, 2007.

54. 「열혈강의 C 언어 본색」, 박정민, 프리렉, 2011.

55. 「예제로 쉽게 풀어쓴 C 기초 프로그래밍」, 강성수, 이영돈 공저, 성안당, 2008.

56. 「쾌도난마 C 프로그래밍」, 강성수, 북스홀릭 Publishing, 2012.